KB209072

기독교 문명개혁운동: 세상을 변화시키는 지도력

기독교 문명개혁운동

세상을 변화시키는 지도력

홍성건

NCMN · 규장

출간하면서

예수께서 승천하신 후 지금까지의 2천 년 기독교 역사는 '문명개혁 운동사'라고 말할 수 있다. 복음서에서 예수 그리스도께서는 끊임없이 하나님의 나라에 대하여 말씀하셨다. 예수 그리스도의 고난과 십자가의 죽으심, 그리고 부활을 통하여 하나님의 나라의 기반을 이루셨다. 그리고 부활 후 승천하시기 전 40일을 제자들에게 하나님의 나라의 일을 말씀하셨다. 사도들에게 이를 분부하시고 승천하셨다. 그리고 10일이 지나 오순절 성령의 임함으로 하나님의 나라의 일은 본격적으로 가동되었다.

"가서 모든 족속으로 제자를 삼으라"(마 28:19)는 지상대명령은 마태복음 24장 14절, 마가복음 16장 15절, 사도행전 1장 8절의 말씀과 함께 우리의 순종을 요구하고, 요한계시록 5장 9,10절, 7장 9,10절과 하박국 2장 14절은 그 결과를 미리 보여준다. 그리고 시편 67편, 87편, 이사야 49장 5,6절은 구약의 지상대명령이다. 요한복음 13장 34,35절의 "서로 사랑하라"는 지상대명령 성취의 동기요 과정이다.

우리 주 예수 그리스도의 지상대명령의 성취는 어디까지를 말하는가? 하박국 2장 14절의 "물이 바다를 덮음같이 여호와의 영광을 인정하는 것이 온 세상에 가득하리라"는 어떻게 이해하여야 하는가? 그것은 이사야 66장 18-21절의 말씀처럼 땅 끝까지의 복음의 넓이를 말한다. 동시에 사회의 각 영역에 하나님의 원칙을 기반으로 하는 하나님의 성품이 나타나는 복음의 깊이도 말한다.

기독교 문명개혁운동은 복음의 넓이와 깊이를 잘 보여준다. 1979년 9월에 대학 캠퍼스 사역을 시작하면서 내 마음 속의 가장 큰 부담은 '그리스도인이 어떻게 세상에 영향을 줄 것인가'에 있었다. 그 길만이 주님의 지상대명령에 대한 우리의 응답이기 때문이다. 나는 1990년부터 'Nations-Changer'라는 말을 사용하였다. 이 명령에 응답하는 자를 가리킨다.

나의 논문, 〈A Missiological Study of the Christian Civilization Movements: With Special Reference to the NCMN in Korea 기독교 문명개혁운동에 관한 선교학적 연구: 한국의 NCMN 사역을 중심으로〉는 이러한 사역 가운데 성경과 신학, 그리고 역사를 살피며 고심하던 나의 생각의 표현이라고 할 수 있다.

캘리포니아 파사데나의 William Carey International University의 Global Leadership Center의 소장이신 임윤택 박사에게 깊이 감사를 드린다. 그는 나에게 이 학위를 하도록 격려하고 지지하였다. 또한 논문이 나오기까지 세세히 지도하였다.

NCMN의 모든 간사들에게도 감사를 드린다. 이들은 기독교 문명개혁운동에 전심으로 함께 수고하는 귀한 동역자들이다.

내 심령으로 사랑하는 한국교회에, 그리고 함께 하나님의 나라를 위해 헌신하는 동역자들에게 약간이라도 도움이 되기를 바라서 이 논문을 책으로 출간하였다.

2017년 4월

기독교 문명개혁운동의 사례로서
한국 NCMN에 대한 선교학적 평가

홍성건

이 책은 특히 한국 NCMN(Nations-Changer Movement and Network) 과 관련된 기독교 문명개혁운동의 선교학적 연구이다. 이것은 NCMN 패러다임을 발전시키기 위한 나의 영적, 선교적 여정을 보여준다. 나는 1978년에 데이비드 로스(David Ross :한국명-오대원) 선교사가 창립한 예수전도단에 전임사역자로 사역을 시작하였다. 그는 열방을 제자화하기 위해 한국 청년들을 동원하도록 도와준 나의 멘토였다.

데이비드 로스가 한국을 떠난 후, 나는 그의 뒤를 이어 1986년부터 2003년까지 YWAM의 국내 대표로 섬겼다. 랄프 윈터(Ralph Winter) 박사를 만난 후 나는 한국에 세계선교관학교(Mission Perspectives)를 도입하여 진행했다. 나의 여정에 포함된 다른 의미 있는 사건들 중 하나는 1996년에 제주 열방대학을 설립한 것이다.

사역을 하는 내내 나는 한국의 젊은 지도자들에게 열방을 변화시키는 자들이 되도록 도전했다. 그리고 2013년에 NCMN을 시작했다. 그것은 기독교 문명개혁운동을 위한 역동적인 모델을 제시해주며, 빠른 속도로 성장하고 있다. 한국 NCMN은 하나님의 선교(*Missio Dei*)에 동참하는 새로운 운동이다.

서론은 연구의 배경, 연구 방법론을 설명한다.

1장은 기독교 문명운동에 대한 성경적인 관점들을 요약한다. 존 스토토(John Stott)와 아더 글래서(Arthur Glasser)의 성경적, 신학적 관점들을 통합한다.

2장은 기독교 문명운동에 관한 세계 기독교의 관점들을 살펴본다. 이 장에서는 랄프 윈터(RDW), 라투렛(Latourette), 그리고 피어슨(Pierson)의 선교학적 관점들을 통합하여 NCMN을 평가하는 틀로 삼았다.

3장은 기독교 문명운동의 전략적 관점들에 대한 평가로서, 도널드 맥가브란과 랄프 윈터 그리고 성경에서 얻은 통찰들을 포함하고 있다.

4장은 기독교 문명운동의 방향을 위한 미래의 가능성들을 보여준다. 나는 NCMN의 미래 관점들을 전개하기 위해 다음 사역들을 소개했다. 쉐마 말씀학교, 왕의 재정학교, 체인저 리더십 학교, NC 비전스쿨, 차세대 리더십 세우기 운동, 중보기도의 사역 등.

결론은 연구 절차를 요약하고, 더 깊은 연구를 위해 관련된 연구 주제들을 제안한다.

이 연구는 새로운 선교학적 통찰들로 열방을 변화시키기 위한 새로운 기독교 운동의 한국 사례연구를 제시한다. 하나님은 NCMN을 통해 일하고 계시며, 오늘날 한국에서 하나님의 뜻을 이루기 위해 신실한 하나님의 사람들이 깊이 헌신하고 있다.

차례

LIST OF ABBREVIATIONS

NC   Nations-Changer
NCMN Nations-Changer Movement and Network
SVM   Student Volunteer Movement
YWAM Youth With A Mission

기독교 문명개혁운동과 기독교 문명운동을 동일 의미로 혼용함.

LIST OF TABLES

LIST OF FIGURES

A Missiological Evaluation of NCMN in Korea as a Case for Christian Civilization Movements

서론

이 책은 국가와 민족을 변화시킨 기독교 문명운동에 관한 연구로, 한국의 NCMN 운동을 중심으로 기술했다.

기독교의 복음에는 능력이 있다. 사회학자인 알빈 슈미트가 지적한 바와 같이, 복음에는 사람을 변화시키고 사회를 변혁하는 능력이 있다. 예수 그리스도의 복음으로 변화받은 사람들은 새로운 기독교 문명을 창조했다. 기독교 문명은 인간생명에 존엄성을 부여했다. 성도덕을 향상시켰다. 여성의 인권과 자유를 확대했다. 약한 자들을 배려하는 봉사활동을 장려했다. 병자들을 위한 병원을 개원했다. 교육을 강화했다. 노동을 신성시하게 되었다. 과학을 우호적으로 이해하고 발전시켰다.[1] 모든 사람들에게 자유와 정의를 증대시켰다. 노예제도를 철폐시켰고, 예술과 건축술을 발전시켰다. 문학과 음악을 발전시켰다.[2]

기독교 복음은 문명을 변혁했다. 복음은 다양한 문명운동을 통하여 전 세계로 퍼져나갔다. 문명운동은 예수님께서 소수의 제자들과 함께 일으킨 운동이다. 이 복음운동은 나라와 민족들을 변화시켰다. 세상과 역사를 변화시켰다.

역사가 라투렛은 지적한다.

기독교는 그 시초에 가장 가망이 없는 것같이 보였다. 예수님의 제자들의 내부적 소집단 밖에 있던 당시의 관측자들은, 기독교가 그 시초 5세기 안에 로마제국의 종교적 충성을 얻으려는 경쟁자들을 앞지르게 된다는 것은 불가능하리라고 생각했을 것이다. 더군다나 2,000년도 못 되는 동안 기독교가 전 세계적인 것이 되고, 어느 다른 종교보다 더 넓은 지역에

전파될 것이며, 인류에 대한 더 큰 영향력을 발휘하리라는 것은 꿈조차 꿀 수 없었을 것이다.[3]

윌리엄 캐리가 인도문명에 끼친 영향은 놀랍다. 캐리는 기독교 문명운동에 있어서 탁월한 모델을 제시한다. 맹갈와디는 성경의 문명개혁 능력을 강조하면서 캐리가 인도 근대화에 공헌한 중요한 NC였음을 지적한다.

윌리엄 캐리는 세계의 모든 지역으로 나아가는 서구의 현대 선교운동의 선구자였으며, 인도의 프로테스탄트 교회의 개척자이자 40여 개의 인도 언어들로 성경을 번역, 출판한 사람이었다. 캐리는 진리의 빛으로 인도인의 삶의 모든 구석진 어두운 곳을 밝히는 데 가능한 모든 수단을 사용한 복음전도자였다. 그는 인도 근대화의 줄거리에 등장한 중심 인물이다.[4]

비서구권 나라들에서 기독교 문명운동이 일어나고 있다. 기독교 문명운동은 복합적인 문화변혁 과정을 통해 이루어진다. 랄프 윈터는 지적한다.[5]

현재의 복음 역시 서구문화의 옷을 벗고 새로운 문화적 옷으로 갈아입고 새로운 교회를 만들어 가고 있다. 아프리카, 인도, 그리고 중국 문화권에서 서양문화와는 다른 토착 기독교가 새롭게 형성되고 확장되고 있다. 이는 실로 복잡하고 복합적인 문화변혁의 과정을 통해 이루어진다.[6]

윈터는 지난 서구문명사 2,000년을 다섯 번의 기독교 르네상스 시대로 구분했다. 윈터는 2,000년 역사를 0-400, 400-800, 800-1200,

1200-1600, 1600-2000년 등 400년 단위로 나누었다. 그리고 각 시대 마지막 부분에서 다섯 번의 기독교 문명의 르네상스가 있었음을 발견했다. 윈터가 지적한 다섯 번의 르네상스는 다음과 같다.[7]

1. 300-400, 고전적 르네상스(The Classical Renaissance)

2. 700-800, 카롤링거 르네상스(The Carolingian Renaissance)

3. 1100-1200, 12세기 르네상스(The Twelfth-Century Renaissance)

4. 1500-1600, 전통적 르네상스(The Renaissance)

5. 1800-2000, 복음주의 르네상스(The Evangelical Renaissance)

윈터는 아래 도표를 통해 그가 기술한 다섯 르네상스가 라투렛 박사가 역사를 시대적으로 구분하여 기술한 "역사적 파동"(Pulses)과 근본적으로 동일함을 보여주었다.[8] 윈터는 기독교 르네상스를 라투렛의 《기독교사》와 연결을 시도하는 아래 그림을 제시했다.

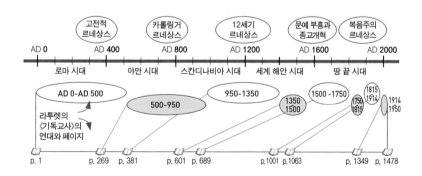

FIGURE 1 기독교 르네상스(임윤택 2013, 413)

하나님은 모든 민족들에게 복 주시기 원하신다.[9] 기독교 문명운동을 통하여 새로운 기독교 문명을 창달하기 원하신다. 하나님께서는 지난 4,000년 동안 새로운 문명을 만드는 일을 주도하셨다. 자신의 구원계획을 유지하셨다. "이 천국 복음이 모든 민족에게 증언되기 위하여 온 세상에 전파되리니 그제야 끝이 오리라."[10]

우리는 기독교 문명운동을 일으켜야 한다. 만약 우리가 하나님의 목적을 성취하는 기독교 문명운동을 주저하면, 하나님은 다른 사람들을 일으키실 것이다. 역사는 이미 그런 일이 여러 번 일어났다는 사실을 보여준다.[11]

이제 우리는 복음주의 르네상스 시대를 맞고 있다. 우리는 어떤 기독교 문명운동을 일으켜야 할 것인가? 윌리엄 캐리, 라투렛, 윈터, 그리고 피어슨은 나에게 역사적 통찰과 아울러 문명운동에 대한 새로운 패러다임을 갖게 했다.
피어슨은 지적한다.[12]

우리는 많은 문제 속에서 살아간다. 민족이동, 유배, 핍박, 도시문제들이 있다. 역사연구는 문제를 보는 새로운 안목을 주고, 하나님께서 그런 문제 상황 속에서 어떻게 일하실지를 분별하는 통찰력을 제공한다.[13]

기독교 문명사를 보는 거시적 안목(larger perspectives)이 필요하다. 우리는 오늘의 긴박한 문제들과 짧은 역사 속에 갇혀 거시적 안목을 갖지 못하고 산다. 그래서 역사연구가 중요하다. 문명운동의 역사적 의미를 살펴볼 필요가 있다.

역사적 통찰력이 중요하다. 우리는 간혹 문제에 빠져 당황할 때가 있다. 혼돈과 변화 속에서 방황할 때도 있다. 역사는 해답을 제시한다. 역사를 연구해 보면 우리는 하나님께서 복음에 강하게 저항하는 사람들 가운데 일어나는 극한 어려움 속에서 놀랍게 역사하시는 것을 볼 수 있다.[14]

한국교회는 숱한 고난과 역경을 견디고 오늘에 이르렀다. 놀라운 성장을 이루었다. 한국 기독교는 새로운 기독교 문명을 창출하는 역사적 사명을 감당하고 있다. 한국에서 시작되는 새로운 기독교 문명은 세계가 경험하지 못했던 새로운 모델을 제시할 것이다. 세바스찬 김은 기술한다.

한국 기독교 역사는 한국 기독교가 계속해서 역동적으로 발전하는 모습을 보여준다. 한국적 삶과 사회적 상황 가운데 기독교의 참모습을 설명하고 보여주는 모델을 제공할 것이다. 어떤 미래가 다가오더라도 한국교회가 가지고 있는, 한국과 세계 속에서 기독교 문명을 발전시켜 나갈 가능성은 결코 무시할 수 없을 것이다.[15]

연구 배경 (Background of the Study)

필자는 1978년부터 한국예수전도단 전임사역자 사역을 시작했다. 로스(David Ross) 선교사가 시작한 예수전도단에 초기 사역 전임간사로 들어간 것이다. 이것은 하나님의 인도였다. 이 땅의 청년들을 일으키는 일을 하라는 하나님의 부르심에 응답했고, 그 한 가지 부르심에 집중했다.

1986년 한국정부의 정치적인 변화로 로스 선교사는 본국으로 귀국했다. 그런 상황에서 나는 1986년 8월부터 2003년까지 예수전도단 대표로 사역했다. 예수전도단(YWAM Korea)을 통하여 데이비드 로스 선교사와 YWAM 창립자인 로렌 커닝햄(Loren Cunningham)을 만난 것은 축복이었다. 커닝햄은 나에게 '성경말씀으로 세상을 변혁하는 성경말씀의 능력'[16]을 가르쳐 주었다. 말씀으로 어떤 나라도 바꿀 수 있다는 확신을 갖게 되었다. 그는 '하나님의 음성을 듣는 방법'[17]을 가르쳐 주었다. 주님만을 주로 모시고 살면서,[18] 경제적 영역과 후원을 하나님께 맡기고 믿음으로 살고,[19] '여성 리더들을 포함하여 하나님께서 사용하시는 리더들'[20]과 함께 사역하는 방법을 배웠다. 하나님과 하나님 나라를 위하여 나의 권리를 포기하는 법을 배웠다. 나는 커닝햄의 고백에 동의한다.

우리는 악과 싸우는 것을 포기하는 것이 아니다. 정반대의 삶을 살아야 한다. 나는 지난 25년 동안 국제 사역을 하면서 경험한 드라마 같은 상황을 통해 나 자신의 권리를 내려놓는 법을 배웠다. 나의 권리를 포기하는 것이 사탄과의 엄청난 전투에서 승리하는 비결이라는 사실을 배웠다. 우리가 우리 개인적인 권리를 주님을 위해 드릴 때, 주님을 위해 온 세상을 유산으로 받는 비밀을 발견한다. 그리스도인이 배워야 할 이보다 더 중요하고 벅찬 주제는 없다.[21]

나는 성령과 역사 그리고 대학 캠퍼스 사역을 통하여 무엇보다 지상명령을 성취하는 제자도를 통하여 나라를 바꾸는 리더(Nation Changer) 개념을 정립하게 되었다. 그리스도의 몸된 조직체의 의미를 깨닫게 되었다. 교회와 선교단체가 함께 하나님의 거룩한 부르심을 위해 사역하는 방법을 배웠다. 커닝햄은 고백한다.

그리스도의 몸은 감옥이 아니다. 예수 그리스도 안에서 참 자유를 찾은 제자들의 연합체이다. 주님 주신 자유를 누리며 함께 걸을 때 우리는 더 위대한 사역, 즉 하나님의 선교적 대사명을 감당하는 종이 되기 위하여 하나님께서 주신 좋은 것들까지 버리고 떠나라는 음성을 듣는다. 우리처럼 주님을 사랑하지만, 나와 다른 사람들과 함께 하나되어 사역하라는 음성을 듣는다.[22]

예수전도단 대표로 사역하는 중에 1996년 9월 제주 열방대학을 설립하여 기독교 문명운동에 영향을 줄 수 있는 지도자들을 양성했다.[23] 국제 YWAM 동아시아 대표로도 섬겼다. 2003년 대표직을 사임했다. 2012년 1월 7일 열방대학 대표도 사임했다.[24]

나는 대표직을 이양하기로 결정한 후, 금식하면서 하나님의 뜻을 물었다. 주님 앞에 백지장을 갖고 순전한 마음으로 나갔다. "주님, 제가 앞으로 어떤 사역을 하기 원하십니까?" 그 기도에 주님께서 응답을 주셨다. 응답은 NCMN 운동이었다. 이태형 기자는 인터뷰를 통하여 당시 상황을 다음과 같이 정리해 주었다.

그때 하나님이 홍 목사에게 주신 단어가 'NCMN'이었다. 'Nations-Changer Movement and Network'의 약어로 '온 세상 변혁자 운동과 네트워크'라고 번역될 수 있다. 그러나 한국어로의 번역은 아무래도 어감상 차이가 있다면서 NCMN(NC 운동&네트워크)으로 사용하고 있단다. 홍 목사는 캠퍼스에서 대학생들을 양육할 때부터 어떻게 하면 이 땅이 주의 백성들에 의해 영향을 받는 기독교국가가 될 것인가를 늘 생각했다. 열방대학을 세운 이유도 거기 있었다. 예수전도단에서는 '네이션 체인지'(Nation Change)란 말을 1990년대부터 쓰기 시작했다. 지금은 한국교회에 빠른 속도로 이 개념이 확산되고 있다.[25]

1979년에 시작한 대학 캠퍼스 사역은 배움의 시간들이었다. 그때 배운 중요한 제자도의 개념이 NC 개념이다. 예수님의 제자는 예수님을 따르고, 예수님의 가르침을 배우는 자일 뿐만 아니라, 나라와 민족을 변화시켜 주님의 복음이 문화와 문명의 전 영역에 편만해지도록 리더십을 발휘해야만 한다는 것이다. "성경은 국가를 새롭게 변화시킨다. 성경 이야기는 국가를 변혁시킨다."[26] 그때부터 국가와 민족의 운명을 결정하는 NC의 중요성을 인식했다.[27]

NC(Nation Changer) 개념은 마태복음 28장 18-20절을 바탕으로 발전된 것이다. 여기서 Nation은 국가 이상의 개념이다. 정치(법조, 외교 포함), 경제, 교육, 매스컴, 예술(연예, 스포츠 포함), 종교, 과학기술(의료 포함) 가정 등 이 땅의 모든 영역 하나하나가 Nation의 개념 속에 포함된다. 교회도 여기에 포함될 것이다. 그리스도의 제자가 영향을 주어야 할 영역은 이 땅의 모든 영역이다. 이 모든 영역에 변화를 주라는 것이 주님의 명령이다. 나는 이 명령을 나의 사명으로 받아들였다. 2012년 10월에 NCMN(:Nations-Changer Movement & Network 사회의 각 영역의 변화를 위한 운동네트워크)을 설립하고 2013년부터 사역을 시작했다.

NC에게는 기본적으로 세 가지 훈련이 필요하다. 첫째는 변화를 일으키는 리더십이다. 목회자뿐만 아니라 평신도들이 변해야 한다. 모두 하나님 나라의 사역자가 되어야 한다. 리더십 학교는 성경과 삶의 현장을 연결하는 훈련과정이다.

둘째는 말씀이다. 세상을 변화시키기 위해 성경을 관통해야 한다. 성경이 세상을 어떻게 변화시켜야 하는지를 알려주는 교과서이기 때문이다. 그리스도의 제자들은 성경을 통해 말씀하시는 하나님의 음성에 귀를 기울여야 한다. 모든 문명운동의 근본은 성경에서 출발해야

한다. 100일 동안 말씀관통을 훈련하는 것이 필요하다.[28]

셋째는 성경적 재정 원칙이다. 성경이 보여주는 재정원칙을 알아야만 세상을 바꿀 수 있다. 빚을 진 사람들은 모두 물질의 노예가 된다. 세상을 자세히 살펴보면 주인이 보인다. 크리스천들도 돈에 종속되어 있는 경우가 많다. 예수님이 주인이 아니라 돈을 주인삼아 살아가는 사람들이 태반이다. 삶의 주인을 예수님으로 바꾸는 주인 바꾸기 운동이 필요하다. 돈 뒤에는 맘몬(사탄에게 속한 어두운 영)이 있다. 돈을 주인으로 섬기는 사람은 아무리 신앙생활을 한다고 해도 예수님의 제자가 될 수 없다. 주인을 바꾸는 과감한 결단이 필요하다. 이런 주인 바꾸기 운동이 한국에 일어나야 한다. 신앙이 삶의 전 영역에 변혁을 이루어 나가야 한다. 세바스찬 김은 공공(公共)영역의 신학을 강조한다. "공공신학(public theology) 작업을 하는 현장에 있는 크리스천에게 공공영역(public sphere)의 개념은 중요한 신학의 장으로 남아 있다."[29]

한국 기독교 문명운동에 대한 관점이 필요하다. 서양 선교사의 관점이 아닌 문화적 내부자의 관점에서 '한국 기독교와 한국 상황의 상호관계에 초점을 맞춘 역사적 기술과 상황분석'[30]이 필요하다. 이런 역사서술 과정을 통하여 NCMN의 전략적 관점을 개발할 수 있을 것이다.

NCMN은 네트워크를 강조한다. 이 운동을 위해 1만 개의 교회와 함께 일하기 원한다. 그래서 10만 명의 NC를 길러내고 있다. 성경에는 가난한 자와 고아를 돌아보라는 말씀이 3,000여 회 나온다. 그래서 이웃을 사랑으로 돌아보는 5Km 운동을 일으키고 있다. 교회가 이렇게 이웃을 돌아본다면 교회의 복음 메시지는 더욱 강력한 힘을 갖게 될 것이다. 커닝햄의 다음 도전이 곧 나의 도전이다.

당신이 자신의 생명을 구하려 한다면 잃을 것이다. 당신이 주님과 복음을 위하여 생명을 드린다면, 생명을 구하게 될 것이다. 예수님께서 그렇게 하셨다. 예수님은 어느 누구보다 자신을 겸손하게 낮추셨다. 지옥에까지 내려가셨다. 하나님께서는 예수님을 높이셨다. 모든 무릎을 그 앞에 꿇게 하시겠다고 약속하셨다. 그 예수님께서 우리에게 말씀하신다. "십자가를 지라. 나를 따르라. 신발을 벗어라. 맨발로 따라오라. 종이 되라. 너의 권리를 포기하라. 그러면 너는 하나님 나라를 얻게 될 것이다. 너는 나와 함께 다스리게 될 것이다. 너는 나를 위해 온 세상을 얻게 될 것이다."[31]

한국교회와 선교현장은 NC를 부르고 있다. 필자는 기독교 문명운동으로 태동한 NC 운동의 성경적, 역사적, 그리고 전략적 정립을 위하여 이 책의 연구주제를 선정했다.

연구 방법론 (Methodology)

이 연구는 다음 네 가지 방법론을 기본으로 사용한다.[32]

첫째, 문헌연구 방법론이다. 기독교 문명운동에 관한 문헌연구를 기본적으로 사용한다. 문헌연구의 기본적 관점은 랄프 윈터의 《기독교 문명운동사》적 관점이다.[33]

윈터의 《기독교 문명운동사》는 라투렛이 구속사의 연장선상에서 기독교의 세계적 확장을 기술한 기독교 확장사관에서 출발한다.[34] 라투렛의 기독교 확장사관은 라투렛의 예일대 제자인 백낙준의 〈한국개신교사〉에 나타난다. 백낙준은 라투렛의 사관으로 한국 기독교의 태동을 기술했다. 라투렛은 서문에서 백낙준의 사관을 적극 지지했다.

그는 한국에 기독교 신앙을 선포한 인물들의 배경을 알고 있다. 그는 서양

사학가(西洋史學家)의 방법론을 능수능란하게 사용하는 훈련을 받았으며 지구력을 가지고 자료를 수집하였고, 그 자료의 비판과 해석에는 객관성을 견지할 줄 아는 기술을 소유했다. 그 결과는 초기 한국 개신교의 활동을 기록하는, 이 처음되는 진지한 시도에 거의 완벽을 기했다. [35]

폴 피어슨은 라투렛과 사무엘 마펫의 사관[36]을 접목하여 기독교 선교운동사적 관점을 천거했다. 피어슨의 선교운동사관은 풀러선교대학원의 복음주의 선교학을 바탕으로 발전했다. [37] 피어슨은 역사에 나타난 선교운동에 주목한다.

역사연구는 선택적이다. 이 강좌는 중요한 선교운동에 주목한다. 지난 2천 년 동안 이루어진 선교역사를 총망라하여 다 다루지 않는다. 핵심적인 내용에 초점을 맞춘다. 우리가 중요한 선교운동을 분석하는 이유가 있다. 역사에 나타난 선교운동의 역학을 분석해 보면, 하나님께서 오늘 어떻게 역사하고 계시는지 알 수 있기 때문이다. [38]

둘째, 역사적 사례 연구방법론이다. 이 책은 세계 역사에 나타난 기독교 문명운동의 역사적 사례들을 연구한다. 하나님은 역사의 주이시다.

셋째, 참여자 관찰법이다. YWAM 사역을 하면서부터 NC 운동을 시작하여 한국과 세계선교 현장에서 전개한 필자의 현장경험을 참여자 관찰의 관점에서 기술한다.

넷째, 통섭 방법론이다. NC 운동에 관한 성경적, 문명운동사적, 선교전략적, 그리고 전략적 관점을 '선교학적 통섭 방법론'[39]을 통하여 통합한다.

요약

이 책은 국가와 민족을 변화시킨 기독교 문명운동에 관한 연구로 한국의 기독교 문명운동을 중심으로 기술하는 것이다. 서론에서는 연구의 배경, 연구 방법론을 다루었다.

1장에서는 본 주제와 관련된 기독교 문명운동의 성경적 관점에 관하여 기술할 것이다.

제 1 장

기독교 문명운동의 성경적 관점

이 책은 기독교 문명개혁운동에 관한 것이다. NCMN은 이 운동에 동참하고자 시작되었다. 1장에서는 NCMN 운동의 기반이 되는 성경적 관점에 관하여 기술한다. 기독교 문명운동은 성경에서 출발한다. 그래서 이 장에서는 성경에 나타난 문명운동에 관하여 기술한다.

하나님께서는 창조주이시다. 그분은 온 땅과 문명에 대한 그만의 계획을 가지고 계신다. 문명운동가의 관심은 오직 하나님의 계획에 있다. 왜냐하면 하나님이 창조주이기 때문이다. 또한 그분은 역사의 주인이다. 하나님은 사랑이다. 그는 선하시며 공의로우시며 인자하시다. 그는 전능하시며, 전지하시다. 그의 지혜는 어느 것도 비교할 수 없다. 이러한 하나님이시기에 우리는 그의 계획을 신뢰한다. 성경 전체에 하나님의 선교계획이 드러나 있다.

신구약성경은 전체가 선교적인 책이다. 즉 인간 역사 가운데 펼쳐지는 하나님의 선교 활동과 목적을 계시하는 책이다. 구약은 사도적 교회의 성경으로써 예수님도 구약을 하나님의 말씀으로 받아들이셨으며, 제자들도 그분의 모범을 따랐다. 구약은 일차적으로 이스라엘에게 주어진 말씀이지만, 그 가치는 신약에서 세상의 구세주이시며 이스라엘의 메시아에 대해 선포하는 것 그 이상이다. 구약은 하나님이 인간을 위해 창조하신 세상과 하나님의 백성을 향한 하나님의 전능하신 역사와 영광스런 목적을 제시한다. 또한 신약과 구약은 상호 긴밀한 관계를 갖고 있다. 성경에서 하나님은 이들을 통해 역사하신다.[1]

하나님의 계획은 인간이 다 알 수 없다. 그분께서 계획을 우리에게 보여주셔야만 우리는 알 수 있다. 감사하게도 하나님께서 그의 뜻을 그의 영으로 감동하심을 입은 사람들을 통하여 우리에게 보여주셨다. 우리의 언어로 기록하게 하셨다. 그것이 바로 성경이다. 우리는 성경을 하나님의 말씀으로 고백한다. NCMN 운동의 기본정신은 성경에 있다.

하나님의 선교운동

하나님의 선교운동은 하나님의 선교(Missio Dei) 개념에서 출발한다. "하나님의 선교에 대한 삼위일체적 관점은 성자와 성령을 통해 인간역사와 상호관계를 맺으시는 삼위일체 하나님을 이해하는 포괄적 관점이다."[2]

삼위일체 Missio Dei 개념은 기독론 중심의 복음의 편협함을 하나님의 창조 전 영역을 다루는 총체적 신학작업을 가능하게 하여 하나님의 선교적 백성들을 성령의 능력을 받은 복음 증거자로 만들어 세상으로 나가게 인도한다.[3]

하나님의 선교는 선교적 사고의 기준점이다. "하나님의 선교적 의도와 목적을 집약한 것이다."[4] '하나님의 선교'[5]란 무엇인가? "하나님의 선교(Missio Dei)란 우선 선교가 하나님께 속한 활동임을 의미한다. 그는 주(主)님이시고, 위임명령하시는 분이시며, 소유자이시고, 만물을 돌보시는 분이다."[6] 우리가 참여하는 "선교활동의 원천은 삼위일체 하나님 자신 안에 있다."[7] 보쉬는 하나님의 선교를 성경의 중요한 주제로 본다.

성경 전체를 주의 깊게 읽어 보면, 선교의 주체가 바로 하나님임을 알게 된다. 여기에서 이 말은 미시오 데이(*Missio Dei*), 즉 하나님의 선교와 관계가 있다. 특히 하나님이 선교의 창시자라는 확신을 표현하고자 구약이 쓰는 방식 중 하나는 인간이 하는 일보다 하나님이 하시는 일을 훨씬 더 많이 강조하는 것이다.[8]

하나님의 선교는 하나님에 의한 선교이다. 하나님은 보내시는 분이다. "선교란 구원받은 전 피조물 위에 그리스도의 주권을 세우려는 포괄적인 목표를 가지고 아들을 보내심 곧 하나님의 선교에 참여하는 것이다.[9] "하나님은 보내시는 분임과 동시에 보냄받는 분도 되신다."[10]

선교의 최상의 신비는 하나님이 그의 아들을 보내시고 아버지와 아들은 성령을 보내신다는 사실이며, 이로 말미암아 선교는 살고 자라난다. 이렇게 함으로 하나님은 그 자신을 보냄받는 자로 만드실 뿐만 아니라 동시에 보냄의 내용도 되신다.[11]

하나님의 선교는 인간의 구원을 향하고 있다. "하나님은 그의 선교를 통해 자신이 절대주가 되심을 나타내 보이신다."[12]

하나님의 선교에 나타난 하나님의 계시는 어느 경우나 인간의 구원을 위해 나타난다. 하나님은 그의 행위를 통해 자신을 계시함과 동시에 인간에 관해 언급하며, 인간을 그의 심판 아래 세우고, 또 그렇게 함으로써 그의 사자들로 하여금 인간에게 파송의 내용과 그로 말미암는 인간의 구원을 가져올 수 있게 한다. 그러므로 선교란 하나님의 구원 행위를 선포함으로써 하나님의 구원의 활동을 지속해 나가는 것, 바로 그것이다.[13]

하나님의 선교적 의도는 이교도였던 이스라엘을 택하심에서 드러난다. 이스라엘은 하나님의 선교에 관여하여, 세상에서 하나님의 선교적 도구가 되어 하나님의 증인이 되어야 할 책임이 있다.

이스라엘은 열방에 대한 하나님의 선교에 완전히 관여한다. 이스라엘은 하나님이 구원받도록 택하신 이교도였다. 하지만 그들은 세상에서 자신의 책임을 받아들이고 그에 따라 사는 경우에만 '비이교도'로서 그들이 새로 얻은 특별한 지위를 유지한다. 주로 이것은 여호와께 여전히 진실한 것을 의미한다. 하지만 다음에 그것은 세상에 모범이 됨으로써 자기 빛을 비추고, 세상에 진실한 것을 의미한다. 이스라엘은 말과 행동으로 증거해야 한다.[14]

하나님의 선교는 결단을 요청한다. 하나님의 선교적 부르심을 피할 수 없다. 부르심을 받은 자에게는 하나님의 선교에 동참해야 하는 책임이 따른다.

그러므로 하나님의 선교는 언제나 결단으로의 부름이기도 하다. 그의 행동은, 그것이 개인적으로 발생하건 또는 비개인적으로 발생하건 언제나 동시에 이 부름을 전달하는 사자이다. 하나님은 언제나 대답을 요구하는 위임명령을 하시는 분이며 이 위임명령에 응답할 수밖에 없도록 영향력을 행사하신다. 어느 누구도 이 부름에서 피할 수 없으며, 또 이 부름을 무성의하게 무시할 수도 없다. 하나님의 행동은 인간을 언제나 책임성 안에 세운다(행 14:17; 롬 1:8).[15]

하나님의 보내심

휘체돔은 하나님의 선교를 하나님 나라의 성취를 위해 인간구원을 하시려는 하나님의 모든 계획의 총화라고 설명한다. 여기서 하나님 나라에 참여하는 선교는 하나님의 사랑의 행위이다.

하나님의 선교(*Missio Dei*)는 인간의 구원을 위하여 하나님께서 계획하고 계신 모든 것, 하나님의 구속의 나라가 완전히 성취되는 일을 하나님께서 보내신 사람들을 통하여 사람들에게 주어서, 사람들이 죄와 세상 나라로부터 해방되어 다시 하나님과 사귈 수 있도록 하시는 하나님의 역사(役事)이다. 그리하여 보내심은 잃어버린 인간에 대한 하나님의 사랑의 행위가 된다. 선교는 하나님의 자비의 표현이다.[16]

휘체돔은 하나님의 사랑을 통하여 보냄을 받는 자와 연합된다고 주장한다. 동시에 보내심을 받는 자를 통하여 하나님 나라의 선포를 듣는 자들과 연결된다.
그러므로 교회의 선교는 하나님의 선교로부터 이해해야만 한다.[17] 모든 보내심은 먼저 보내시는 자, 곧 인간을 구원하기 위해 애쓰시는 하나님에 대한 진술이다(사 6:8; 창 12:1).[18]

하나님께서는 보내심을 통하여 당신이 구하고자 하는 사람들과 자신 사이에 다리를 놓으며 연관을 갖는다. 그렇기 때문에 하나님의 견지에서 본다면, 보내심은 항상 성취되어야 할 분명한 임무와 주체적인 목표가 있는 것이다. 이 임무를 통하여 교회와 교회의 설교는 다만 연결기능이 될 뿐이며, 그 자체로서 독립된 일을 위한 실재는 아니다.[19]

휘체돔은 선택과 보내심에 대해 요하네스 블라우(J. Blauw)와 입장을 같이한다. 하나님께서 민족들 가운데 오직 하나님께만 속한 민족을 택하시어 부르시고 보내심으로, 이 세상으로의 보내심을 수행하신다. 이스라엘의 선택은 선교의 부르심을 의미한다. 이스라엘의 선택은 여러 민족들에 대한 하나님의 봉사이며, 그것은 하나님의 선교의 일부이다. 하나님께서는 이스라엘의 선택을 통하여 다른 민족들도 그 언약에 포함시키셨다(창 12:1). 이런 관점에서 이스라엘은 언약의 전달자이며 축복의 중개자였다. 이 언약 속에 다른 민족들도 하나님 나라의 구원에 참여할 수 있다.[20]

이스라엘은 여러 민족들 가운데 살았다. 하나님께서는 이스라엘에게 세상의 모든 민족들 가운데서 하나님의 백성으로 살아가면서, 그의 생활과 현존을 통하여 하나님을 증거할 기회를 주셨다. 하나님께서는 먼저 자기 백성을 인도하심으로써 보내심을 수행하신다.[21]

하나님의 창조 사역

하나님께서 세상을 창조하셨다. 시공간에 최초에 일어난 사건은 창조 사건이다. 하나님은 창조를 통해서 자신을 계시하기 시작하셨다.[22]

시공간에 일어난 최초의 사건은 창조 사건이다. 하나님은 창조를 통해 자신을 계시하기 시작하셨다. 창세기 저자는 하나님의 능력을 설명하고 있다. 하나님의 말씀을 하나님의 행하심과 동일하게 취급하여 그분의 능력을 보여준다.[23]

하나님의 창조에는 하나님의 성품이 드러나 있다. 창조는 하나님의 영광을 드러낸다. 하나님은 하나님의 영광을 드러내는 창조물을 기뻐하신다.

하나님의 창조에는 완전함이 드러나 있다. 하나님의 전지전능하심이 아우러진 우주는 정교한 질서로 운행하며 하나님의 영광을 드러낸다. 땅은 무한한 복합체이지만 조화를 이루고 있다. 만물이 상호 의존하며 균형을 이루는 아름다운 모습을 보시고, 하나님은 창조하신 모든 것들을 기뻐하셨다.[24]

창세기 1, 2장은 하나님의 창조 사건을 기록하고 있다. 하나님은 보이는 것과 보이지 않는 것 모두를 창조하셨다. 하나님께서는 창조를 통하여 자신의 속성을 드러내셨다. 또한 온 세상에 대한 그의 계획을 보여주셨다. "창세로부터 그의 보이지 아니하는 것들 곧 그의 영원하신 능력과 신성이 그가 만드신 만물에 분명히 보여 알려졌나니."[25]

창세기 1장은 하나님이 보이는 것들을 창조하신 내용을 기술한다. '창조하다'라는 단어가 세 번의 창조의 순간에 쓰여졌다. 이것은 우리로 특별한 관심을 가지게 한다. 첫 번째는 하나님께서 무에서 유를 창조하실 때이다. 1장 1절의 "태초에 하나님이 천지를 창조하시니라"가 바로 그것이다. 두 번째는 의식 있는 생명체를 창조하실 때이다(창 1:21). 세 번째는 사람을 창조하실 때이다.

하나님께서 말씀으로 세상을 창조하셨다. 히브리서 11장 3절에, "모든 세계가 하나님의 말씀으로 지어진 줄을 우리가 안다"고 기록되어 있다. 시편 33편 9절에, "저가 말씀하시매 이루었으며 명하시매 견고히 섰도다"(개역한글) 하심같이 하나님은 말씀으로 세상을 창조하셨다. 프란시스 쉐퍼는 특히 이 구절에 대하여 다음과 같이 명백하게 설명한다.

흠정역에는 "For he spake, and it was done"(저가 말씀하시매, 이루었도다)라고 했는데, done이란 말을 굵은 펜으로 지워버려 주기 바란다. 그것은 원문에도 없는 것인데 번역자가 왜 거기에다 삽입하여 놓았는지 이 이유를 나는 알 길이 없다. "이루었도다"(done)라는 말은 사실 원문의 위력과 의미를 해치고 있다. 그것보다는 "For he spake, and it was"(저가 말씀하시매, 있었도다)가 되어야 한다. 다시 말하면, 전에는 없었던 것이 하나님의 말씀의 명령에 의해서 존재하게 되었다는 것이다. 이것이 우리가 '역사'로 인식하고 있는 시간과 공간의 연속의 흐름의 시작인 것이다.[26]

하나님은 창조하실 때에 그의 선하심을 따라 지으셨다. 기쁨으로 지으셨다. 우리가 사는 세상은 우리가 성경에서 보는 대로 하나님이 6일 동안 창조하셨다. 창조 사건에 "보시기에 좋았더라"는 말씀이 6번 반복된다(창 1:4,10,12,18,21,25). 특히 마지막으로 사람을 창조하신 후에는 "보시기에 심히 좋았더라" 하심으로 하나님의 사람 창조하심에 특별한 관심을 가지셨다.

벤 엥겐은 하나님의 창조에 하나님의 선교적 의도가 드러나 있다고 주장한다. 창조는 하나님의 선교행위이다.

창조는, 하나님의 사랑의 자기 표현(The self-expression of God's love)이며 일반계시이다. 창조는 혼돈으로부터 질서를 만든 작업이었다. 하나님께서 언약을 맺으실 자들을 만드셨다. 하나님께 자발적으로 순종하는 관계를 이룰 자들을 만드셨다. 창조주가 소유권, 왕권, 우선권(prior claim)을 갖는다. 땅은 주의 소유(시 24, 90, 102:25)이다. 창조를 통해 인간에게 주어진 창조물에 대한 청지기직(부섭정직 vice-regency)과 돌봄의 임무가 있다. 하나님의 형상은 인간의 존귀성과 인생의 가치를 드러낸다. 남자와 여자의 관계는 사랑과 상호성에 입각한 관계이다.

피조물의 반역이 있었지만 하나님은 악에 대해 궁극적 승리를 이루실 것이다. 창조는 YHWH 하나님의 변함없는 긍휼과 돌보심과 사랑을 보여준다.[27]

인간 창조 사역

하나님께서 사람을 창조하셨다. 하나님께서 사람을 창조하시기 전에 원탁회의를 가지셨다. 회의의 결론으로 "우리가 만들자"고 하셨다.[28] 사람을 창조하심은 이전까지의 모든 피조물을 창조하실 때와는 판이하게 다르다. 그 차이점은 바로 사람을 '하나님의 형상'으로 지었다는 것이다.[29]

하나님의 형상

인간은 존귀한 존재이다. 하나님께서 모든 것을 그 종류대로 만드시고 다양성을 추구하셨다. 그러나 하나님은 사람을 창조하실 때 달랐다. 그는 그 종류대로 다양하게 만들지 않으셨다. 남자와 여자를 만드셨지만 사람을 각각 다른 종류로 만드신 것은 아니다. 인류가 가진 부정할 수 없는 통일성은 인간이 하나님의 형상대로 지으심을 받았다는 사실이다.[30]

사람이 하나님의 형상으로 지어졌다는 그 자체로 사람의 존귀함이 드러난다. 사람의 존귀함은 하나님의 형상됨에 있다. 사람의 존귀함은 학력, 위치, 재력, 배경, 외모 등에 있지 않다. '하나님의 형상' 그 자체로 가치가 있다. 그 자체로 사랑받을 만한 가치가 있다. 그러므로 우리 각 사람은 자기 자신을 존귀히 여겨야 한다. 또한 서로를 존귀히 여겨야 한다. 사람은 빈부귀천, 남녀노소를 막론하고 모두가 존귀한 존재이다. 사람은 인종, 언어, 국가를 초월해서 모두가 존귀하다. 안타깝게도 사람이 이러한 놀라운 진리를 알지 못하고 스스로 차별을 두었다.

예수께서는 "천하보다 귀한 것이 사람의 생명"이라고 하셨다(마 16:26). 하나님이 '존귀한 나'를 사랑하시어서 '존귀한 나'를 위해서 독생자를 보내셨다. 창세기 22장은 아브라함이 그의 아들 이삭을 번제로 드림으로 그의 삶에 하나님이 가장 귀한 위치에 계심을 보여준다. 그러나 이것은 아브라함의 순종과 믿음만을 보여주는 이야기가 아니다. 그것은 하나님 자신의 이야기이다. 하나님이 우리를 얼마나 사랑하시는지, 우리가 하나님에게 있어서 얼마나 존귀한 존재인지를 보여준다. 창세기 22장은 하나님이 '나'를 얼마나 사랑하시는지를 보여주는 구약의 요한복음 3장 16절이다.

하나님과의 교제

피조물 사람이 창조주 하나님과 인격적으로 사귐을 가진다는 것은 가장 놀라운 사실이 아닐 수 없다. 사람에게 있어서 이보다 더 큰 영광은 없다. 사람은 사랑의 대상이다. 하나님은 사람이 그분께 나아와 인격적인 사귐을 가지도록 지으셨다. 사람이 '하나님의 형상'인 것은 여기에 있다. 하나님과 인간의 관계는 사랑하는 인격적 관계이다.

사람은 마땅히 하나님께 나아가 그를 경배해야 한다. 하나님의 말씀에 귀를 기울이고 그의 말씀에 순종하는 것이 겸손의 자리이다. 겸손은 자기의 분수를 아는 것이다. 자기에게 합당한 삶을 사는 것이다. 피조물인 사람에게 이 같은 놀라운 영광을 주신 하나님께 마땅히 드려야 할 반응을 보이는 것이 진정한 겸손의 자리이다. 하나님 앞에 나아가 그에게 모든 영광과 존귀와 능력을 드리는 것이 겸손의 자리이다. 이같이 창조주 하나님과 교제할 수 있는 특별한 관계를 가진 사람은 마음을 마음을 다하고 성품을 다하고 힘을 다하여 하나님을 사랑해야 한다(신 6:5).

하나님의 영광

하나님은 보이지 아니하는 영이시다. 하나님은 그가 지으신 보이는 세계에 자기 자신을 나타내기를 기뻐하신다. 하나님은 만물과는 구별된 인격으로 계신다. 그럼에도 불구하고 만물에는 하나님의 속성이 드러난다. 만물 그 자체는 하나님이 아니라 하나님의 속성을 부분적으로 가지고 있다. 다윗은 하나님이 만드신 산을 보면서 나의 도움이 되시는 창조주 하나님을 보았다(시 121:1,2). 하늘을 보면서 하나님의 사랑과 신실하심이 얼마나 높은지를 묵상했다(시 57:10).

하나님이 사람을 그의 형상으로 지으심으로 온 세상에 대한 그의 뜻을 보여주셨다. 보이지 않는 하나님은 보이는 세상에 보이는 사람을 통하여 그 자신을 알리기를 원하신다. 이것이 사람을 하나님의 형상으로 지으신 이유이다. 하나님은 그가 어떤 분인지를 그의 형상인 사람을 통하여 세상이 알기를 원하신다.

첫째로, 그의 성품을 알리기를 원하신다. 사랑, 공의, 진실, 지혜, 정직, 거룩, 긍휼 등을 사람을 통해 알리기 원하신다.

둘째로, 하나님은 그의 원리원칙을 알리기 원하신다. 하나님의 모든 길은 그의 성품과 일치한다. 정직하신 하나님은 그의 모든 길에 정직하시다. 의로우신 하나님은 그의 모든 행위에 의로우시다. 은혜로우신 하나님은 그의 모든 행사가 다 은혜로우시다. 공평하신 하나님은 그 하시는 모든 일에 공평하시다. 하나님이 사람을 그의 형상대로 지으심은 이러한 하나님의 길을 사람을 통해서 나타내기를 원하시기 때문이다.

셋째로, 하나님은 그의 하시는 일들을 통하여 자신을 알리기를 원하신다. 하나님은 위로의 하나님이다. 치료의 하나님, 자유하게 하시는 하나님, 큰 능력을 행하시는 하나님, 소망의 하나님이시다. 하나님은 그의 형상대로 지으심을 받은 사람의 삶에서 하나님의 형상이 드러나고 하나님의 행동이 나타나기를 원하신다. 그러므로 사람은 보이지 않는 하나님의 보이는 영광이다. 사람은 하나님의 본성과 모습을 나타내려고 열심을 다해야 한다.

하나님의 대리자

하나님은 사람을 창조하시기 전에 모든 만물을 먼저 창조하셨다. 삼위일체의 하나님은 그가 지으신 모든 것을 다스릴 자로 사람을 창조하셨다. 하나님은 만물의 창조주시며 주인이시다. 하나님이 이 모든 것을 다스리신다. 그런데 놀랍게도 하나님은 그의 형상대로 사람을 지으시고 그들에게 하나님을 대신하여 다스리게 할 계획을 세우셨다. 사람이 하나님의 형상됨의 가장 큰 뜻이 여기에 있다. 이것은 사람에게 주어진 위대한 영광이요 특권이다.

하나님이 아담과 하와를 창조하시는 순간, 하나님은 이들에게 하나님이 지으신 모든 것을 가리키며 말씀하셨다. "보라, 이 모든 것은 우리가 창조했다. 이제 이것을 너희에게 맡기겠다. 너희는 우리를 대신하여 이것을 다스리라." 하나님은 사람에게 이 같은 사명을 감당할 모든 능력을 주셨다. 아서 글라서는 인간이 가진 특성을 다음과 같이 기술했다.

인간들은 언어와 이성을 사용하는 사고, 도구를 만들고 개발하여 사용하는 기술, 사회 조직과 법을 입안하는 사회성, 전통을 축적하는 역사의식, 장식물을 만들고 즐기는 미학적인 측면, 도덕적 가치를 중요하게 여기는 윤리, 그리고 보이지 않는 세계를 갈망하는 종교성 등을 가지고 있다.[31]

하나님의 형상인 사람은 하나님을 알 수 있고 하나님의 음성을 들을 수 있는 놀라운 능력으로 하나님의 뜻을 따라 순종하여 하나님의 영광을 나타내어야 한다. 그리고 다스릴 수 있도록 주신 지적, 사회적, 기술적인 능력을 사용하여 하나님의 뜻을 최선을 다해 이루어야 한다.

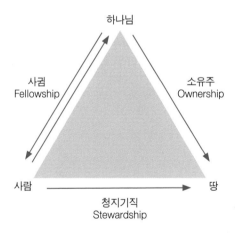

FIGURE 2 하나님의 청지기직

문화명령

창조에 나타난 하나님의 선교가 있다. 문화명령(the cultural mandate)은 창세기 1장 26-28절에 나타난다. 하나님의 문화명령에는 원예 선교적 의미가 포함되어 있다. 문화(culture)는 '경작하다'(cultivate)라는 동사에서 파생되었다. 경작에는 식물을 파종하기 위해 땅을 개간하고, 고르고, 씨앗을 파종하고, 가꾸고, 마침내 수확하는 모든 과정이 들어 있다.

문화(culture)의 어근은 'cult'이다. 'Cult'는 신적인 존재에게 경배한다는 의미를 가지고 있다. 예배를 의미한다. 라틴어로 'cultus'는 경배(adoration) 혹은 숭배(veneration)를 의미한다. 이런 경배의 의미를 가진 영어 단어에는 'cult, cultic, 그리고 occult' 등이 있다.[32]

창세기 2장 19절에서 하나님께서 인간에게 자연을 다스리라고 명령하셨다. 새로운 문화를 창조하는 창의력을 발휘하라고 명령하셨다. 아담과 하와는 에덴동산에서 영적으로는 하나님을 예배하면서, 자연을 다스리며 문화를 창조해야 하는 사명을 받게 되었다. 땅을 경작하는 농예(agriculture)와 동산을 경작하는 원예(horticulture), 그리고 바다의 생물을 다스리는 양어(aquaculture)를 감당해야만 했다.

문화명령에 순종하는 것이 복음이 된다. 문화명령은 피조물에게 놀라운 복음이다. 피조물에게 유익한 것이 또한 인간에게도 유익하다.

피조물에게 유익이 되는 것이 장기적으로 볼 때 인간에게도 궁극적으로 유익이 된다는 것은 의심의 여지가 없다. 게다가 피조물이 받는 고통은 인간의 악함과 결합되어 있으므로, 땅에 좋은 소식은 사람들에게 좋은 소식의 일부다. 복음은 실로 피조물 전체에게 좋은 소식이다.[33]

하나님께서 아담과 하와에게 문화적 명령을 하셨다. 이것은 인간을 창조하신 하나님의 명령으로 특정 활동을 하라는 것이었다.

이런 활동들은 가장 먼저 그들의 사회적 실존을 포용하는 것이었다. 인성성을 온전하게 하고 출산을 위한 결혼, 토지를 정복하고 경작하고 보호하는 노동, 통치하는 정부활동을 하는 것이었다. 하나님이 문화적 명령에 사용하신 핵심 용어는 "다스리라", "일하라", "지키라", 그리고 창조물들의 "이름을 지어라"(창 1:26-27, 2:15,18-25)였다. 이 명령은 여러 가지 책임을 동반했다. 가정과 공동체를 위한 명령, 법과 질서, 문화와 문명, 생태학적 관심 등은 성경을 연구하면 연구할수록 폭이 넓어지고 깊어진다. 이와 같은 문화적 명령을 통해 하나님은 자신의 형상을 가진 모든 인간들이 이 세상에 대한 대리 통치자 역할을 하고, 이 일에 책임감을 가지고 동참하라고 부르신다.[34]

청지기직의 의미는, 창세기 2장 5절, 15절의 "땅을 경작하라"는 말씀에서 이해할 수 있다. 이는 노동을 통하여 황무지와 같은 땅을 옥토로 바꾸는 삶을 말한다.

창세기 1, 2장의 창조의 부분은 서로 상반되거나 일치하지 않는 두 개의 다른 내용이 편집된 것이 아니다. 쉐퍼 박사는 다음과 같이 말하고 있다. "창세기 1장과 2장은 하나님의 단일성을 형성하고 있다. 어느 하나도 그 자체로 완전해질 수가 없다. 이 두 장들은 서로 보완적이다. 각 장은 인간 이해에 중요한 독특한 자료들을 내포하고 있다."[35]

창세기 1장 1절부터 2장 3절까지의 내용은 하나님이 6일 동안에 창조하신 내용을 순서적으로 기록하고 있다. 그리고 나서 다시 2장 4-25절은 하나님이 사람을 창조하신 것을 집중적으로 보다 자세하게 기록하고 있다. 하나님께서 문학적 기법으로 창조의 사건을 기록하셨다는 사실이 놀랍다. 만일에 창세기 1장과 2장을 연대기순으로 기록한다면 창세기 2장 4-25절의 말씀은 창세기 1장 26-28절의 가운데, 정확히는 27절 중간에 있어야 한다. 창세기 1장은 남자와 여자를 만드신 것을 요약했지만 실제로는 남자를 만드시고 후에 남자의 갈비뼈를 사용하셔서 여자를 만드신 것이다. 사람을 창조하신 것을 더 자세히 기록한 부분은 다음과 같이 시작하고 있다.

여호와 하나님이 천지를 창조하신 때에 천지의 창조된 대략이 이러하니라 여호와 하나님이 땅에 비를 내리지 아니하셨고 경작할 사람도 없었으므로 들에는 초목이 아직 없었고 밭에는 채소가 나지 아니하였으며 안개만 땅에서 올라와 온 지면을 적셨더라.[36]

땅을 경작하라는 말씀은 창세기 1장 1절에서 2장 3절까지의 전반부하고 비교하면 다른 점이 있다. 전반부에는 분명히 초목이 먼저 있었고 채소가 있었고 그 다음에 사람을 지었다. 그런데 2장에서는 아직 사람이 없기 때문에 초목도 있지 않고, 채소도 없었다고 말씀하신다. 그런데 사실은 아직까지 사람이 없었기 때문에 채소나 초목이 없다고 말하는 게 아니라 경작할 사람, 이런 모든 채소나 초목이나 하나님이 지으신 모든 것을 경작할 사람에 대하여 강조하고 있는 것이다.

창세기 1장 26,28절을 보면 "땅을 다스리라"는 말이 두 번 기록되어 하나님의 형상대로 지음을 받은 사람의 의미를 자세히 말하고 있다. 그런데 창세기 2장 5절에서는 "경작할 사람"이라고 표현하고 있다.

창세기 1장의 "다스리라"(히브리어로 '라다, radah')는 말씀은 '권위를 가지고 다스림으로 복종하게 하다'는 의미가 강조되고, 창세기 2장의

"경작"(히브리어로 '아바드, abad')은 '노동하다, 일하다, 수고를 함으로 섬기다'는 의미가 강조되고 있다. 1장은 마치 주인이 하인을 다스리는 입장을 말한다면, 2장은 종이 주인을 섬기는 입장을 말하고 있다.

인류는 하나의 사명을 갖고 이 땅에 있게 되었다. 다른 창조세계를 다스리고 지키고 돌보라는 것이었다. 하나님은 인간들에게 땅에 충만할 뿐 아니라(이는 다른 피조물들에게도 주어진 명령이다), 또한 그것을 정복하고(히브리어로 카바스) 다스리라고(히브리어로 라다) 명령하셨다(창 1:28). '카바스'라는 말과 '라다'라는 말은 강한 말로, 분발과 노력을 의미하며 다른 어떤 것에게 강력하게 뜻을 주장한다는 의미다. 하지만 그 용어들은 현대 생태학적 신화들이 희화화시키듯 폭력이나 오용을 의미하는 말은 아니다.[37]

본문은 "경작하라"는 말로 "다스리라"는 말의 의미를 더욱 구체화시키고 있다. 즉, 자칫 잘못하면 "다스리라"는 말이 강자가 약자에 대하여 군림하는 것으로 오해하기가 쉽기 때문이다. 그러므로 "경작하라"는 말로 "다스리라"는 말의 진정한 의미를 이해하도록 도와주고 있다. 즉 섬김으로 다스리라는 의미다. 이 두 단어가 함께 서로를 보완하면서 하나님의 형상으로서 "땅을 다스리라"는 진정한 의미를 보여주고 있다. "경작하라"는 의미에 담긴 섬김의 수고가 "다스리라"는 의미를 올바르게 이해하도록 보완하고 있다. "다스린다"는 것은 적극적이며 능동적이고, 긍정적이며 창조적인 행동을 말하고 있다. 이는 마치 온도계가 아니라 온도조절계처럼 영향을 주며 변화를 주는 그 삶의 태도를 말한다. 하나님의 왕권의 특성으로 "다스리라"는 단어 '라다'의 의미가 중요하다.

'라다'는 더욱 독특하다. 그것은 다른 어떤 생물에게도 주어지지 않고 인간들에게만 주어진 역할을 묘사한다. 그것은 통치하는 혹은 지배권을 행사하는 기능이다. 창세기 1장 28절을 보면, 하나님이 인간의 손에 피조물 전체에 대한 자신의 왕적 권위를 위임하고 계시다는 것이 분명하다. 고대 왕과 황제들은 어떤 지역과 그곳 사람들에 대한 자신의 주권을 표시하려고, 그들의 영역에서 멀리 떨어진 모퉁이에 자신들의 형상을 세워 놓았다. 그 형상은 왕의 권위를 나타냈다. 마찬가지로, 하나님은 피조세계 안에 최종적으로는 이 땅의 창조주이자 소유주이신 하나님께 속하는 권위의 형상인 인간들을 두셨다.[38]

"경작하라"는 것은 변화를 주며 영향을 주는 삶이 되기 위해서는 수고가 뒤따르며, 시간과 인내, 노력이 있어야 함을 말해 주고 있다. 좋은 열매를 맺기 위해서는 어떤 과정이 필요한가를 말하여 주는 것이다. 한마디로 노동이 뒤따라야 한다는 것이다. '노동'이란 단어는 땀을 흘리며 애쓰고 수고한다는 것을 포함하고 있다.

문화명령에 순종하는 것은 전도에 유익하다. 하나님의 사랑을 창조물에 실천하는 것이다. 독생자 예수님을 주심으로 드러난 하나님의 사랑을 구체적으로 실천하는 사역이다.

환경을 돌보는 그리스도인들의 행동은 또한 전도면에서도 열매를 맺는다. 그것이 어떤 식으로든 '진짜 선교'를 하지 않아도 된다는 핑계를 제공하기 때문이 아니다. 인간이라는 피조물에 대한 사랑도 포함된, 자신의 피조물 전체를 향한 창조주의 무한하신 사랑을 말과 행동으로 선포하며, 창조주가 인간과 다른 피조물들을 구속하려고 치르신 대가에 대한 성경 이야기를 만천하에 드러내기 때문이다. 그런 행동은 자신이 지은 모든 것을 하나님이 사랑하시며, 바로 그 하나님이 세상을 사랑하사 자신의 독생자를 주셨다는 성경 진리들을 선교적으로 구현하는 것이다.[39]

땅을 다스리라

다윗은 시편 8편에서 사람에게 주어진 영광에 대해서 노래하고 있다. 그리고 이러한 놀라운 일을 행하시는 하나님을 찬양하고 있다. "주의 손가락으로 만드신 주의 하늘과 주께서 베풀어 두신 달과 별들을 내가 봅니다."[40]

일반적으로 태양, 달, 별, 높은 산과 깊은 골짜기, 바다를 바라볼 때에 두 부류로 반응한다. 첫 번째는, 사람들이 대자연을 바라보면서 그 자체에 대한 경외심을 가지고 신격화한다. 태양신, 달의 여신, 별의 신들, 바다의 용왕 등으로 이름을 지어 부르며 섬긴다. 두려움을 가지고 경배한다. 각각 많은 신화와 전설을 갖고 있기도 하다. 이러한 대자연에게 나 자신을 맡기고 의지하며 소원을 빌기도 한다. 어부들은 바다로 나가기 전에 고사를 드리기도 한다. 어촌지역, 섬에 사는 사람들이 다른 데보다 더 많은 우상을 섬기는 이유가 여기에 있다.

두 번째는, 그리스도인들의 일반적인 반응이다. 창조의 아름다움에 감탄을 하고 즐거워한다. 자연 그 자체를 두려워하거나 신격화하지 않는다. 경배하지도 않는다. 자연은 오직 창조주 하나님의 창조물에 불과하기 때문이다. 자연을 바라보면서 이를 지으신 창조주 하나님을 찬양한다.

그런데 다윗에게는 이 두 경우와 아주 다른 반응을 볼 수 있다. 물론 시편 다른 여러 곳에서 다윗은 자연을 보면서 하나님의 능력과 영광을 찬양했다. 그리고 하나님의 성품을 노래했다. 그러나 시편 8편은 아주 색다른 차원으로 반응을 한다.

다윗은 자연을 경배하는 일은 물론 안 했거니와 단순히 자연을 보고 감탄하며 자연을 지으신 하나님을 노래하는 것도 아니었다.

그는 이렇게 말했다. "사람이 무엇이관대 주께서 저를 생각하시며 인자가 무엇이관대 주께서 저를 권고하시나이까."[41] 놀랍게도 다윗은 자연을 바라보면서 사람에게 집중을 했다. 그는 하나님이 사람을 생각하시며 권고하시는 것을 노래했다. 그는 자연도, 하나님도 아닌 자기 자신, 사람에게 집중했다. 그의 시각은 매우 달랐다. 왜 그랬을까? 다윗은 사람의 위치와 영광에 대해서 노래하고 있다. "저를 천사보다 조금 못하게 하시고 영화와 존귀로 관을 씌우셨나이다."[42]

여기에 나오는 단어 '천사'는 번역에 문제가 있다. 히브리어 원어에는 '엘로힘'(Elohim)으로 기록되어 있다. 즉 삼위일체의 하나님을 지칭한다. 창세기 1장에서 우리 말로 '하나님'으로 기록된 모든 단어들은 히브리어로는 '엘로힘'이다. '엘'(EL)은 엘로힘(ELOHIM)의 단수다. 신구약 중간시대에 학자들이 구약을 헬라어로 번역할 때에 '엘로힘'을 '천사'로 번역을 했다. 당시의 학자들은 "사람을 하나님보다 조금 못하게 하시고"라는 의미가 받아들이기 어려웠던 것 같다. 당시의 히브리인들은 천사를 사람과 하나님과의 중간에 있는 존재로 이해했다.

천사를 사람보다는 위에, 하나님보다 아래에 있는 하나님과 사람의 중간계급으로 보았다. 물론 이와 같은 이해는 초대교회 때도 있었다. 지금도 이 같은 견해를 주장하는 사람들이 있다. 사도 바울은 성령으로 골로새서에서 이를 엄격하게 대했다.

누구든지 일부러 겸손함과 천사 숭배함을 인하여 너희 상을 빼앗지 못하게 하라. 저가 그 본 것을 의지하여 그 육체의 마음을 좇아 헛되이 과장하고, 머리를 붙들지 아니하는지라. 온 몸이 머리로 말미암아 마디와 힘

줄로 공급함을 얻고 연합하여 하나님이 자라게 하심으로 자라느니라. [43]

또한 히브리서에서는 천사는 사람을 섬기라고 보내심을 받았다고 한다. [44] 시편 8편 5절의 말씀은 '천사'가 아닌, '하나님'으로 기록되어야 한다. 하나님이 사람을 하나님보다 조금 못하게 하시고 영화와 존귀로 관을 씌우셨다고 하신다. 이는 사람이 어떤 존재인지에 대한 놀라운 고백이다. 다윗의 계속적인 찬양을 보면 우리는 그 이유를 알 수가 있다. "주의 손으로 만드신 것을 다스리게 하시고 만물을 그 발아래 두셨으니, 곧 모든 우양과 들짐승이며 공중의 새와 바다의 어족과 해로에 다니는 것이니이다." [45]

하나님이 사람에게 지으신 모든 것을 다스리게 하시고 만물을 그 발아래에 두셨다. 다윗은 창세기에서 하나님이 사람을 그분의 형상대로 지으시고 축복하시며 명하신 말씀을 명확하게 이해하고 있었다. 그는 자연을 바라보면서 사람에게 주신 영광과 존귀를 기억하며 하나님을 찬양했다.

사람은 분명히 피조물이다. 그러나 하나님은 다른 모든 피조물과 구별되게 하셨다. 마치 창조주와 피조물의 차이만큼이나 사람을 높이셨다. 하나님은 사람으로 하여금 하나님이 지으신 모든 것들을 다스리도록 하셨다.

다스리는 삶으로 부르신 줄을 아는 사람들, 사람에게 주신 영화와 존귀를 인하여 하나님을 찬양하는 다윗과 같은 사람들은 긍정적이며, 적극적, 능동적, 창조적인 태도를 가지고 살아간다. 비록 앞에 장애물이 가로막혀 있어도 낙심하지 않고 이를 다스리려고 적극적인 반응을 할 것이다.

노동하라

노동의 의미가 중요하다. 노동은 하나님의 문화명령에 참여하는 구제적인 생활양식이다. 노동이란 말이 창세기 3장 이전에 나오느냐 아니면 이후에 나오느냐에 따라서 그 의미가 달라진다. 많은 사람들이 노동은 창세기 3장 이후에 나온다고 생각한다. 즉 노동을 저주의 결과로 생각하며 부정적인 시각으로 바라본다. 결국 노동의 행위를 낮게 평가하려는 경향이 있다.

노동은 하나님의 형상으로 지으심을 받은 사람의 구체적인 행동을 말한다. 땀을 흘리며 수고하고 애쓰는 것은 죄의 결과로 주어진 저주가 아니라, 하나님이 지으신 이 세상을 새로이 창조하는 놀라운 축복이다.

시베리아의 수용소에서 15년을 지내면서, 혹독한 노동을 통해 노동의 진정한 의미를 깨달은 월터 J. 취제크라는 가톨릭 신부는 그의 회고록에서 다음과 같이 말했다.

하나님은 지상생활의 대부분을 촌동네의 목수로 보내셨다. 그는 의자나 탁자나 침대나 대들보나 쟁기들을 기적의 힘으로가 아닌 망치와 톱, 도끼와 까뀌를 써서 만드셨다. 그는 오랫동안 양부를 도와 일하시다가 후에는 홀몸이 된 어머니를 모시고 산골동네의 장인으로서 거친 일을 맡아 하셨다. 그는 20여 년을 날이면 날마다 매일 목공소에서 일하셨다.[46]

그는 계속 설명한다.

하나님이 손수 노동을 하셨다면, 노동이란 결코 저주가 될 수가 없을 것이다. …노동이란 하나님의 선물이요, 그것도 하나님이 최초의 인간 아담을, 당신의 형상대로 지으셔서 에덴동산으로 데려가 하나님의 청지기로서 그곳을 맡아 경작하도록 하시면서 그에게 내리신 바로 그 선물이라는 것이다.[47]

원예명령

문화명령에는 원예명령(horticultural mandate)이 포함되어 있다. 원예명령은 창세기 1장 11-12절에 나타난다. 씨앗을 통해 채소와 나무가 자라는 것을 보시고 하나님께서 기뻐하셨다. 이런 생명의 성장과정에 하나님의 신비로운 생명력이 작용한다. 이런 과정을 통해 우리는 하나님의 사랑과 능력을 경험하며, 겸허히 그분을 경배한다.

하나님이 이르시되 땅은 풀과 씨 맺는 채소와 각기 종류대로 씨 가진 열매 맺는 나무를 내라 하시니 그대로 되어 땅이 풀과 각기 종류대로 씨 맺는 채소와 각기 종류대로 씨 가진 열매 맺는 나무를 내니 하나님이 보시기에 좋았더라. 저녁이 되고 아침이 되니 이는 셋째 날이니라(창 1:11-13).

창세기 1장 29절부터 2장 1절 말씀에서 원예명령은 더욱 분명해진다. 하나님께서 씨 맺는 채소와 씨 가진 나무를 우리에게 식품으로 주셨다.

하나님이 이르시되 내가 온 지면의 씨 맺는 모든 채소와 씨 가진 열매 맺는 모든 나무를 너희에게 주노니 너희의 먹을거리가 되리라. 또 땅의 모든 짐승과 하늘의 모든 새와 생명이 있어 땅에 기는 모든 것에게는 내가 모든 푸른 풀을 먹을거리로 주노라 하시니 그대로 되니라. 하나님이 지으신 그 모든 것을 보시니 보시기에 심히 좋았더라. 저녁이 되고 아침이 되니 이는 여섯째 날이니라. 천지와 만물이 다 이루어지니라(창 1:29-2:1).

윌리엄 캐리는 원예명령에 순종했다. 그는 인도인들에게 맞는 좋은 작물을 경작할 수 있게 했다. 가난한 자들에게 농예와 원예를 가르쳤다. 그는 인도 정부가 가난한 백성들에게 땅을 경작하지 못하게 하고, 60% 이상의 국토를 개간되지 않은 상태로 두어 아무런 식물을 생산하지 못하는 상황을 보며 격분했다. 캐리는 땅을 개간하여 과일과 식물을 가꿀 수 있도록 격려했다.[48]

캐리는 인도의 임업환경도 변화시켰다. 캐리는 인도 산림청이 산림관리를 시작하기 50년 전에 인도의 산림을 어떻게 조성하여 열매 맺는 나무들을 가꿀 수 있을지에 대한 연구논문을 작성하여 발표했다. 환경에 맞는 목재를 생산하는 방법을 가르쳤다. 캐리는 하나님께서 우리에게 땅을 경작하고 산림을 돌보라는 명령을 주셨다고 믿었다. 인도 정부는 캐리의 권고를 받아들여 산림을 돌보는 정책을 시행하게 되었다.[49]

성경적인 선교는 하나님의 선교이다. 하나님의 선교운동 정신에 맞추어 문화명령에 순종해야 한다. 하나님의 선교운동 정신으로 하나님의 창조세계를 변혁하는 새로운 창조를 계속해야 한다. 이것이 바로 기독교 문명이다.

성경적인 선교 신학의 출발점과 결승점은 하나님 자신의 선교가 되어야 한다. 하나님이 몰두하셨으며 역사 전체를 성취하는, 가장 중요한 선교는 무엇인가? 그것은 그저 인간의 구원이 아니라 또한 피조물 전체의 구속이다. 하나님은 성자 하나님의 부활과 비슷한 방식으로, 그리고 자신의 구속받은 백성의 부활체가 거주할 곳으로 창조세계를 변혁시키고 새

롭게 하는 것을 통해 새창조를 확립하고 계신다.[50]

타락

인간은 타락했다. 그 결과로 하나님의 형상을 상실했다. 하나님의 명령에 불순종하여 우상을 섬김으로 하나님의 형상을 상실했다. 인류 역사에서 일어난 가장 불행한 사건이 담긴 창세기 3장은 창세기 1장과 2장의 하나님의 형상됨의 놀라운 사실을 한순간에 뒤집는 사건이다. 이 모든 것이 창세기 3장에서 아담과 하와가 '선악을 아는 나무'의 열매를 먹는 순간에 물거품이 되고 말았다.

하나님께서는 자신의 형상대로 인간을 창조하시고 자유롭게 사랑으로 교제하려고 하셨지만, 인간은 하나님을 반역하기로 선택했다. 이 반역은 인간이 선악과의 열매를 먹는 것으로 나타났다. 그들은 선악을 분별하여 하나님같이 되기를 원했다. 인간은 죄를 짓고, 타락하고, 반역을 선택하고, 하나님의 계획에서 분리되어 나가기로 선택했다. 이러한 선택은 즉각적이고도 장기적인 네 가지 결과를 초래했다.[51]

1. 하나님과의 관계 단절(3:10)
2. 남자와 여자의 관계 단절(3:12)
3. 인간과 창조 질서간의 관계 단절(3:17-19)
4. 자손간의 관계 단절(4:8)

아담과 하와가 일으킨 반역은 이후에 계속될 반역의 시발점이었다 (창 1-11장). 아담과 하와의 반역은 가인의 반역, 라멕의 반역 그리고 하나님의 아들들과 하와의 딸들의 반역으로 이어졌다. 바벨탑의 반역은 인류를 분산시켰고 언어의 혼잡을 가져왔다. 이와 같은 죄의 소용

돌이 속에서 하나님과 인간의 관계에 대해 네 가지 중요한 의미가 포착된다. 이 이야기는 모든 인류에게 해당된다.[52]

A. 혼돈 중에서의 보존
B. 심판 중에서의 은혜
C. 죄에 대한 대응으로써의 심판
D. 죄의 결과

하나님께서는 인간이 타락하여 실패한 이후에 놀라운 메시지를 주셨다. 모든 인류를 구원하는 벅찬 메시지를 주셨다.

창세기 제일 앞장들의 범위는 우주적이고, 그 청중은 세계적이다. 하나님이 창세기 1-11장의 세 중대한 국면에서 구원의 은혜를 베푸셨을 때, '땅의 모든 족속'을 대상으로 하지 않으셨던가? 인간의 타락, 땅의 홍수, 바벨탑에서의 실패 후 하나님은 모든 인류에게 웅대한 구원의 메시지들을 주셨다(창 3:15, 9:17, 12:1-3).[53]

우상에 대한 정의
우상이란 무엇인가? 다음의 몇 가지들은 우상에 대한 설명들이다.

1. 하나님보다 더 사랑하는 것
2. 하나님보다 더 가치를 두는 것
3. 하나님보다 더 의미를 가지고 마음을 두는 것

결론적으로 '우상'이란, '하나님 자리를 대신하는 것'이라고 할 수 있다. 아담과 하와는 "동산 각종 나무의 실과는 네가 임의로 먹되, 선악을 알게 하는 나무의 실과는 먹지 말라 네가 먹는 날에는 정녕 죽으리라"[54]는 하나님의 명백한 말씀을 들었다. 그러나 아담과 하와는 하나님의 말씀을 무시하고 "너희가 결코 죽지 아니하리라. 너희가 그것을 먹는 날에는 너희 눈이 밝아져 하나님과 같이 되어 선악을 알 줄 하나님이 아심이니라"(창 3:4,5)는 마귀의 말을 들었다.

그들은 하나님의 자리에 마귀를 두었다. 이들의 행위는 심각한 것이다. 로마서 6장 16절에, "너희 자신을 종으로 드려 누구에게 순종하든지 그 순종함을 받는 자의 종이 되는 줄을 너희가 알지 못하느냐 혹은 죄의 종으로 사망에 이르고 혹은 순종의 종으로 의에 이르느니라"(개역한글)라고 하셨다.

즉 아담과 하와는 마귀의 말을 따라 행하여 마귀에게 순종함으로 마귀의 종이 되었다. 그들 스스로 마귀에게 권위를 부여한 것이다. 하나님은 우리가 오직 하나님만 섬기기를 원하신다. 하나님의 말씀을 듣고 순종하여 하나님께만 권위를 드리기를 원하신다. 그러나 이들은 하나님의 자리에 마귀를 두었다.

하나님은 우리가 하나님을 대신하여 그 어떤 것에도 권위를 부여하기를 원하지 않으신다. 우리의 예배의 대상은 오직 하나님뿐이다. 우리가 어떤 일을 행할 때에 오직 하나님의 말씀을 듣고 행하기를 원하신다.

아담과 하와의 죄는 금지된 선악을 아는 나무의 열매를 먹은 것에 있지만, 이들의 근본적인 죄는 하나님의 말씀을 따라 행한 것이 아니라 하나님의 말씀을 거절하여 불순종하고, 대신 마귀의 말을 듣고 따른 것이다. 하나님의 자리에 마귀를 둔 것이다. 이것은 우상을 섬기는 죄의 대표적인 모습이다. 하나님의 자리를 어느 것으로도 대신할 수 없다. 하나님께만 권위를 부여하는 길은 오직 하나님의 말씀에만 순종하는 것이다.

우상에 대한 다른 정의

사탄은 이스라엘이 하나님을 반역하고 우상을 섬기게 했다. 이스라엘은 우상숭배를 통하여 수많은 고통을 경험해야만 했다.

구약 전체에서 사탄은 이스라엘이 하나님을 떠나 애굽 사람, 아모리 사람, 가나안 사람, 에돔 사람의 거짓 신들을 따르도록 만들었다. 하나님은 그 일이 가져올 결과가 무엇인지 이스라엘에게 경고하셨으며, 그 결과 그들은 억압, 종살이, 외국의 침략, 가난 등을 맛보았다(삿 6:6, 10:16; 신 28장). 오늘날 세계도 동일한 죄와 그 결과로 고통을 겪고 있다.[55]

우상이란, '보이지 않는 신의 보이는 표현'이라고 할 수 있다. 다국적팀의 리더로 1983년에 일본에서 선교하고 있을 때 오사카의 한 백화점에 들렀다가 깜짝 놀랐다. 백화점의 한 층 전체가 우상을 제작하여 판매하고 있었다. 재질도 각각이었다. 금, 은, 동, 철, 놋, 나무, 돌 등이었다. 우상의 형상도 다양했다. 사람이나 짐승, 그리고 자연을 소재로 하여 여러 가지 괴이한 모습으로 만들어져 있었다. 사람들은 그것을 사서 집에 가장 잘 보이는 곳에 두었다.

나는 당시 일본에 가기 전에 한 달 이상을 대만 중남부의 어느 마을에서 머물면서 전도를 했다. 그 마을의 각 집을 전부 방문하며 전도를 하는데, 친절하게도 중국인들은 항상 우리를 영접하여 거실에서 차를 대접하면서 우리가 전하는 복음을 들었다. 우리는 각 집의 거실벽 가운데에 우상이 놓여 있는 것을 보았다. 사람들은 우상을 사서 집에 둘

때에 적어도 두 가지의 사실은 이미 알고 있다.

첫째, 이 우상은 누군가 사람이 깎거나 다듬거나, 부어 만들었다는 것이다. 그리고 우상의 재질은 금, 은, 동, 철, 돌, 나무 등 어디에서나 구할 수 있는 평범한 것이다. 둘째, 이 우상 자체가 어떤 초자연적인 능력이 있어서 자신의 모든 필요에 응답하는 존재가 아니다. 우상 자체가 절대적인 신이 아니라는 것을 이들은 이미 알고 있다. 그럼에도 불구하고 왜 사람들은 우상을 가져다 놓고 그 앞에 나아가 절하여 의지하며 소원을 비는가?

사람들은 자기의 필요를 채워 줄 수 있는 절대자에 대한 막연한 이해와 신의 존재에 대한 막연한 믿음을 가지고 있다. 그 신은 초월적이며 보이지 않아서 사람들은 어떻게 그에게 나아가야 할지를 모른다. 그러므로 사람이 만든 우상을 매개체로 하여서 보이지 않는 신에게 나아가려는 것이다.

이처럼 우상은 사람들을 이끈다. 우상은 사람들을 보이지 않는 하나님께로 향하게 한다. 우상은 사람들의 필요를 듣는 대상이다. 사람으로는 해결할 수 없는 어떤 필요를 가지고 사람들은 우상에게로 나아가서 해결하여 주기를 갈망한다. 우상을 매체로 하여서 보이지 않는, 전능한 초월자에게 나아가고자 하는 것이다.

따라서 우상이란, '보이지 않는 신의 보이는 표현'이다. 그런데 우리가 이미 보았듯이 보이지 않는 하나님의 보이는 표현은 하나님의 형상인 '사람'을 가리킨다. 성경에는 '형상'과 '우상'을 함께 사용한 부분이 많다. "너희가 너희 왕 식굿과 너희 우상 기윤 곧 너희가 너희를 위하여 만들어서 신으로 삼은 별 형상을 지고 가리라"(암 5:26 개역한글).

'우상'이라는 단어와 '형상'이라는 단어는 실제는 같은 단어다. 아모스 5장 26절의 '우상'이라는 단어의 원문은 첼렘(tselem)이다. 즉 창세기 1장 26-28절의 '형상'이라는 단어의 히브리어 원문과 동일하다. 구약에는 이 같은 구절이 많이 있다. "그 땅 거민을 너희 앞에서 다 몰아내고 그 새긴 석상과 부어 만든 우상을 다 파멸하며 산당을 다 훼파하고"(민 33:52 개역한글). "온 국민이 바알의 당으로 가서 그 당을 훼파하고 그 단들과 우상들을 깨뜨리고"(대하 23:17 개역한글). "그들이 그 화려한 장식으로 인하여 교만을 품었고 또 그것으로 가증한 우상과 미운 물건을 지었은즉"(겔 7:20 개역한글). "네가 또 나의 준 금, 은 장식품으로 너를 위하여 남자 우상을 만들어 행음하며"(겔 16:17 개역한글).

보이지 않는 하나님의 보이는 표현은 오직 하나님의 형상대로 지으심을 입은 사람뿐이다. 사람의 영광이요 특권이다. 그런데 사람들이 우상을 만들면 그 우상이 사람의 자리를 대신하게 된다. 하나님의 형상인 사람이 해야 할 역할을 사람이 만든 우상이 대신하게 된다.

십계명의 제2계명은, "너를 위하여 새긴 우상을 만들지 말고 또 위로 하늘에 있는 것이나 아래로 땅에 있는 것이나 땅 아래 물 속에 있는 것의 아무 형상이든지 만들지 말며, 그것들에게 절하지 말며, 그것들을 섬기지 말라"(출 20:4,5 개역한글)이다. 제2계명의 요점은 '우상을 만들지 말라'는 것과 '우상을 섬기지 말라'는 것이다. 우상을 만들지 말라는 말씀에서 '하나님을 위하여'가 아니라 '너를 위하여'라고 하신다. 우리가 우상을 만들면 우상은 곧 사람의 자리를 대신하게 되기 때문이다. 하나님은 우리의 자리를 우상에게 주신 적이 없으시다.

십계명의 제1계명은 하나님의 자리를 대신하여 우상을 두지 말라는 것이라면, 십계명의 제2계명은 사람의 자리를 대신하여 우상을 두지 말라는 것이라고 볼 수 있다.

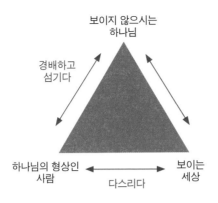

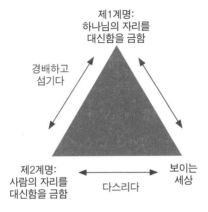

FIGURE 3 제 2 계명의 의미

우상을 만들면 그것은 사람들을 이끄는 힘이 있다. 사람들은 만든 우상을 통하여 보이지 않는 하나님께로 나아가서 도움을 받고자 한다.

그러나 하나님은 하나님의 형상대로 지음을 받은 사람이 그 역할을 하기를 원하신다. 하나님은 우상을 통하여 하나님을 나타내기를 계획하신 적이 없다. 하나님은 하나님의 형상인 사람을 통하여 하나님을 나타내기를 원하신다. 하나님은 또한 그의 형상된 사람을 통하여 세상을 다스리기를 원하신다. 하나님은 사람이 하나님의 대리자인 청지기로서 이 세상의 문제를 해결하고 다스리기를 원하신다.

타락의 결과

타락은 불행을 가져왔다. 창세기 3장의 아담과 하와의 불순종은 이러한 위대함, 뛰어남, 다스림, 영광, 존귀를 스스로 버리는 결과를 가져왔다. 하나님의 자리에 하나님이 아닌 다른 것을 둠으로써 모든 것을 다 깨뜨리는 불행을 가져왔다.

첫째는, 하나님과의 코이노니아를 깨뜨렸다. 하나님과의 친밀한 사귐을 상실했다. 이들은 이제는 에덴동산에 거니시는 하나님의 음성을 듣고 하나님의 낯을 피하여 나무 사이에 숨기에 이르렀다.

둘째는, 스스로의 가치를 깨뜨렸다. 자기들의 몸이 벗은 줄을 알고 무화과나무 잎을 엮어서 치마를 했다. 자기의 모습을 있는 그대로 받아들일 힘을 잃었다. 자기를 용납하지 않고, 사랑하지 않게 되었다. 자기의 모습을 부끄러워했다. 자기의 존귀함과 아름다움의 가치를 잃었다. 담대함과 안정과 평강 대신에 수치스러움과 정죄감, 미움과 열등감이 자리잡았다. 이러한 것은 결국 다른 사람과의 관계도 깨뜨렸다. 용납하고 용서하고 불쌍히 여기며, 위로와 격려와 사랑의 관계가 아니라 상대방의 연약함을 들추어내고, 판단하고, 미워하게 되었다.

셋째는, 이 세상에 하나님의 성품과 그분의 원리원칙들을 드러내지 못하게 되었다. 반대로 아름답지 못한 것, 참되지 못한 모습만 드러내게 되었다.

넷째는, 하나님의 대리자로서의 권위를 상실하게 되었다. 세상을 다스리며 경작하는 일을 올바르게 할 수가 없게 되었다.

이처럼 한 사람의 불순종은 전반적인 영역에 총체적인 파괴를 가져왔다.

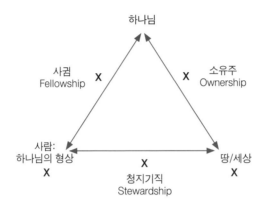

FIGURE 4 불순종의 결과

이스라엘 자손들아 여호와의 말씀을 들으라. 여호와께서 이 땅 거민과 쟁변하시나니 이 땅에는 진실도 없고 인애도 없고 하나님을 아는 지식도 없고, 오직 저주와 사위와 살인과 투절과 간음뿐이요 강포하여 피가 피를 뒤대임이라. 그러므로 이 땅이 슬퍼하며 무릇 거기 거하는 자와 들짐승과 공중에 나는 새가 다 쇠잔할 것이요 바다의 고기도 없어지리라.[56]

우상숭배는 왕이요 창조주이신 하나님의 정당한 자리를 빼앗았다. 우상숭배는 하나님의 대리자라는 우리의 영광스러운 자리를 빼앗았다. 우리의 원수 마귀는 우리의 불순종으로 인하여 이같이 엄청난 불행을 가져오게 했다. 하나님은 우리가 하나님을 대신할 그 어떤 것도 두기를 원하지 않으신다. 우리가 하나님의 말씀에 귀를 기울이고 순종한다면 우리는 오직 하나님만을 섬기게 될 것이다. 그럴 때에 우리는 하나님의 형상됨의 아름다움, 영광을 가지게 될 것이다.

재창조

재창조는 잃어버린 하나님의 형상을 회복하는 것이다. 아담과 하와는 불순종하여 우상을 섬김으로 하나님의 형상을 상실했다. 이는 인류역사에 가장 불행한 사건이었다. 이로 인하여 삶의 전반적인 영역에 파괴와 무질서, 혼돈, 슬픔, 그리고 사망이 오게 되었다. 자신의 가치에 대한 인식이 깨어져서 열등감과 두려움에 사로잡히게 되었다. 서로 사랑으로 섬기며 사는 관계가 아니라, 미워하고 정죄하며 판단하는 깨어진관계를 이루게 되었다. 하나님과의 친밀감을 잃어버리고 하나님을 멀리했다. 세상에 영향을 주는 삶을 사는 대신에, 세상에 의해서 영향을받는 삶을 살게 되었다.

그러나 하나님은 그분의 끝없는 사랑으로 인한 놀라운 지혜로 우리를 구속하셨다. 하나님은 사람의 불순종으로 파괴된 것들을 회복하려는 계획을 세우셨다(고전1:18,23-24).

에덴동산에 선포된 복음

에덴동산에 복음이 선포되었다. 아담과 하와가 범죄하였을 때 이미하나님은 이들을 회복하기 위한 구원의 계획을 나타내셨다. 하나님은사람을 미혹하여 범죄하게 한 마귀에게 말씀하셨다. "내가 너(:뱀 즉, 마귀)로 여자와 원수가 되게 하고 너(:뱀)의 후손도 여자의 후손과 원수가되게 하리니 여자의 후손은 네(:뱀) 머리를 상하게 할것이요 너(:뱀)는그의 발꿈치를 상하게 할 것이니라"(창 3:15 개역한글).

여자의 후손이라 함은 곧 예수 그리스도를 가리키는 것이다. 머리를 상하게 한다는 것은 치명적이다. 발꿈치를 상하게 하는 것과는 비교할 수 없다. 발꿈치를 상하게 하는 것은 예수님이 십자가에 달리심으로써 마귀가 자신이 승리하는 줄로 아는 것을 말한다. 그러나 예수님은 십자가로 마귀의 모든 일을 결박하고 무장해제시키고(골 2:14,15) 결국은 마귀의 일을 멸하셨다(요일 3:8).

죄를 지은 사람에 대한 하나님의 해결책은 가죽옷을 지어 입히시는 것이었다(창 3:21). 죄를 지은 아담과 하와는 무화과나무 잎을 엮어 옷을 입었으나(창 3:7) 이는 그들의 부끄러움을 근본적으로 해결할 수가 없었다. 하나님은 이들을 위하여 가죽옷을 지어 입히셨다.

어린양이신 예수 그리스도께서 십자가에서 흘리신 피로만 죄로 인한 부끄러움을 씻을 수가 있다. 예수의 십자가 보혈은 우리의 모든 부끄러움을 해결할 수가 있다.

예수 그리스도의 십자가는 하나님의 지혜요 하나님의 능력이다. 하나님은 예수 그리스도의 십자가로 우리를 어두움에서 빛으로 옮기셨다. 상실된 하나님의 형상을 회복하셨다.

구약의 지상명령

구약에서 선택이라는 용어가 이스라엘에게 쓰일 때마다 능동태로 쓰였다. 수동태로 쓰인 적이 없다. 그러므로 이스라엘은 여호와가 '선택하신 백성'이다. 성경에서 이스라엘을 여호와께 '선택받은 백성'이라고 언급한 곳이 없다.[57] 이스라엘의 선택은 "선택을 통한 봉사가 아닌, 봉사를 위한 선택이라고 할 수 있다."[58] 아브라함에게 하신 하나님의 약속은 온 땅에 흩어진 민족들을 염두에 두고 하신 것이다. 카이저는 지적한다.

하나님이 아브라함에게 하신 약속(창 12:1-3)이 국제적 범위와 보편적 제의를 담고 있음이 믿기지 않는다면, 온 땅에 흩어진 '족속들'이 창세기 10장에서 흔히 '70민족 목록표'라고 부르는 것에 나온다는 사실을 주목해야 한다. 모든 민족, 언어, 족속에 대한 이 목록은 창세기 12장 3절에 나오는, '땅의 모든 족속'을 복 주시겠다는 하나님 약속의 배경이 된다.[59]

하나님의 선택에는 목적이 있다. 아브라함을 택하신 하나님의 부르심은 아담에서 시작된다. 아브라함은 민족들을 축복하기 위한 도구였다. 아브라함이 "선택받았다고 해서 남보다 훨씬 더 우월하다고 여겨서는 안 된다는 것이다. 그와 반대로, 앞으로 곧 살펴보겠지만, 하나님은 한 사람과 그 가족을 통해 땅의 모든 족속을 축복하려고 그들을 택하셨다."[60]

창세기 12장은 하나님이 아브라함을 부르셔서 언약을 통해서 하나님의 재창조를 시작하시는 것을 보여준다. 그리고 누구든지 예수를 믿는 자는 하나님이 아브라함에게 하신 언약을 유업으로 이어받게 하셨다.

여호와께서 아브람에게 이르시되 너는 너의 본토 친척 아비 집을 떠나 내가 네게 지시할 땅으로 가라. 내가 너로 큰 민족을 이루고 네게 복을 주어 네 이름을 창대케 하리니 너는 복의 근원이 될찌라. 너를 축복하는 자에게는 내가 복을 내리고 너를 저주하는 자에게는 내가 저주하리니 땅의 모든 족속이 너를 인하여 복을 얻을 것이니라 하신지라.[61]

이 말씀에는 두 가지 내용이 담겨 있다. 명령과 약속이다. 명령은 내가 하나님께 순종해야 할 부분이고 약속은 하나님이 나에게 이루어 주실 부분, 즉 하나님의 약속에 대하여 우리가 신뢰할 부분이다.

여기의 핵심 단어는 '복을 주다' 또는 '복'이라는 말이다. 이는 아담과 하와에게 하신 "그들에게 복을 주시며 그들에게 이르시되 생육하고 번성하라"는 말에서 시작한 것으로, 이 부분 전체의 특징이다. 자비롭게도 짐승들에게 또한 복 주겠다고 약속하신 것과 마찬가지다.[62]

TABLE 1 명령과 약속

하나님의 명령 – 내가 하나님에게 행할 영역: 나의 반응은 순종
하나님의 약속 – 하나님이 나에게 행하실 영역: 나의 반응은 신뢰

하나님은 아브라함에게 두 가지 명령을 하셨다.

TABLE 2 하나님의 명령

하나님의 명령	떠나라 – 너의 본토, 친척, 아비 집을
	가라 – 내가 네게 지시할 땅으로

하나님은 또한 아브라함에게 여섯 가지 약속을 하셨다.[63]

1. 내가 너로 큰 민족을 이루게 하리라.
2. 내가 네게 복을 주리라.
3. 내가 네 이름을 창대하게 하리라.
4. 너는 복의 근원이 될지라.

5. 너를 축복하는 자에게는 내가 복을 내리고 너를 저주하는 자에게는 내가 저주하리라.
6. 땅의 모든 족속이 너를 인하여 복을 얻을 것이라.

하나님의 약속을 이처럼 여섯 가지로 볼 수 있으나 이를 크게 두 가지로 요약할 수 있다.

첫째, 내가 너를 축복하리라. 둘째, 내가 너를 통하여 땅의 모든 족속을 축복하리라. 너는 복의 근원이 될지라. 성령께서 이 같은 축복이 나에게 주어진 것을 알게 하셨을 때에 나는 또다시 영적인 전환점을 맞이했다.

첫 번째 약속이 주는 전환점은 나의 연약함을 부끄러워하거나 감추지 않고 오히려 자랑하고 드러내게 되었다. 왜냐하면 하나님의 강하심으로 축복을 받게 되기 때문이다. 두 번째 약속이 주는 전환점은 첫 번째보다 훨씬 놀랍다. 왜냐하면 하나님이 나를 열방을 위한 복의 근원이 되게 하심은 나의 생각, 나의 마음, 나의 미래의 폭을 넓혀 주었기 때문이다.

첫 번째 약속은 연약한 나를 강하게 하시는 하나님, 미련한 나를 지혜롭게 하시는 하나님, 그리하여 하나님의 부요를 경험하는 나, 이것이 나의 시야였다. 그러나 두 번째 약속은 더 이상 나 자신의 필요를 바라보는 것이 아니라 다른 사람들의 필요를 바라보게 했다. 내 옆의 사람들, 내가 사는 도시, 지역, 나라에 대하여 관심을 가지게 되었다. 나의 시야는 더욱 넓혀져서 주변의 나라들, 족속들, 열방을 바라보게 되었다. 그리고 그들의 필요가 무엇인가에 관심을 갖게 됐다. 왜냐하면 나는 복의 근원이기 때문이다. 땅의 모든 족속이 나를 통하여 복을 받게 되기 때문이다.

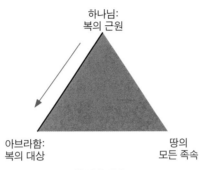

첫 번째 약속

내가 너를 축복하리라.
I will bless you.

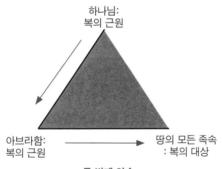

두 번째 약속

내가 땅의 모든 족속을
너를 통하여 축복하리라.
I will bless the nations
through you.
너는 복의 근원이 될지라.

FIGURE 5 하나님의 약속

하나님께서는 아브라함의 믿음을 의롭다 하시고 그와 언약을 세우셨다. 그리고 누구든지 믿는 자는 아브라함의 아들로서 언약을 유업으로 이어받게 하셨다. 하나님의 형상은 이처럼 재창조를 통하여 이루어졌다.

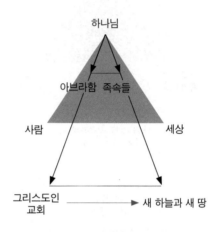

FIGURE 6 아브라함의 언약과 유업

첫 번째 약속을 모르는 사람은 자신에 대한 싸움으로 가득 차게 될 것이다. 첫 번째 약속만 아는 사람은 자신에게 주시는 하나님의 풍성한 은혜에는 감사하지만 자신이 아닌 주변의 필요에 대해서는 능동적으로 대처하기가 쉽지 않다. 그러나 두 번째 약속을 아는 사람이라면 "주여, 나를 평화의 도구로 써주소서"라고 기도한 성 프란시스처럼 영향을 주는 삶에 자신을 기꺼이, 그리고 능동적으로 드릴 것이다. 다른 사람들의 필요를 채우는 복의 통로로 자신을 드릴 것이다.

하나님은 나를 복의 근원이 되게 하셨다. 다윗은 이에 대하여 시편 57편 9절(개역한글)에서 이같이 노래했다. "주여 내가 만민 중에서 주께 감사하오며 열방 중에서 주를 찬송하리이다." 이것은 우리로 세계를 품는 그리스도인이 되게 한다. 아브라함의 자손인 이스라엘은 하나님의 특별한 소유, 특별한 백성이 되어야 했다. 카이저는 그 특별한 의미를 강조한다.

영어의 '특별한'(peculiar)이라는 말은 라틴어에서 왔는데, 부동산이나 땅에 첨부되어 있는 재화와 대조되는 개념으로, 귀중품 또는 이동할 수 있는 재화, 이를테면 보석, 주식, 채권 등을 의미했다. 그것은 이스라엘이 하나님의 아들, 하나님의 백성, 하나님의 장자(출 4:22), 그리고 이제는 특별한 보물이 되어야 한다는 것이다. 여기의 강조점은 하나님의 메시지를 가지고 다닐 수 있다는 것과 하나님이 사람들을 그처럼 귀하게 여기셨다는 사실이다.[64]

윈터는 창세기 12장에 나타난 아브라함의 언약을 구약의 지상명령(the Great Commission)으로 해석한다. 그리고 성경은 창세기 처음부터 하나님의 지상명령을 중심으로 전개된다고 주장한다.[65]

아브라함 언약을 지상명령으로 해석하는 관점은 성경에 대한 전혀 새로운 관점을 제공했다. 이 관점은 특히 신학대학원을 졸업한 학생들이 미션 퍼스펙티브를 공부하면서 가장 받아들이기 어려운 내용 중 하나이다. 개념은 간명하다. 지상명령은 신약성경 일부에 나오는 가르침이 아니다. 지상명령은 성경 전체를 아우르는 중추와 같다. 대부분의 그리스도인들은 성경에 대해 이런 선교적 관점을 갖지 못하고 있다. 이런 관점의 대전환이 필요하다.[66]

하나님은 아브라함과 그 자손에게 복을 주셨다. 약속을 지키셨다. 순종하는 자들에게 복을 주시고, 불순종하는 자들에게는 벌을 주셨다.

하나님은 적어도 부분적으로는 자손과 땅에 대한 약속들을 지키셨다. 그렇다면 복에 대해서는 어떠한가? 시내산에서 하나님은 아브라함과 맺은 언약을 모세에게 확인시켜 주고 명확하게 하셨으며, 자신이 이스라엘의 하나님이 되리라고 맹세하셨다(출 19:3-6 참고). 구약 나머지 전체에서, 하나님은 계속해서 불순종한 자들을 심판하셨고 순종하는 자들에게는 복을 주셨다.[67]

이방인도 아브라함의 믿음 안에서 복을 받는다. 바울은 선언한다. "그런즉 믿음으로 말미암은 자들, 믿음이 있는 아브라함과 함께 복을 받은 자들은 아브라함의 아들인 줄 알지어다"(갈 3:6-9). 이방인이 함께 받은 복은 무엇인가?

모든 이방인이 받을 복은 무엇인가?(갈 3:8) 한마디로 그것은 구원의 복이다. 우리는 율법의 저주 아래 있었으나, 그리스도가 우리 대신 저주를 받으사 그 저주에서 우리를 구해 주셨다. 이는 "그리스도 예수 안에서 아브라함의 복이 이방인에게 미치게 하고 또 우리로 하여금 믿음으로 말미암아 성령의 약속을 받게 하려 함"(갈 3:10-14)이었다.[68]

성경은 전체가 선교적인 책이다. 인간 역사 가운데 펼쳐지는 하나님의 선교활동과 하나님의 선교목적을 제시하는 책이다.[69] 신구약의 하나님은 동일하시다. 우리는 구약에서도 신약에서처럼 지상명령을 하시는 하나님을 만난다. 나는 윈터의 주장에 동의한다. 아브라함의 하나님은 지상명령을 내리시는 하나님이다.

하나님이 "땅의 모든 족속"을 복 주겠다고 약속하셨다면, "아브라함의 씨"로 말미암아 그렇게 하겠다고 약속하신 것이다(창 12:3, 22:18). 이제 우리는 믿음으로 아브라함의 씨가 되었다. 그리고 땅의 족속은 우리가 복음을 가지고 그들에게 가야만 복을 받을 것이다. 그것이 하나님의 명백한 목적이다.[70]

예수님의 선교운동

하나님께서는 스스로 선교사업을 하신다. 하나님께서는 아들을 통하여 선교사업을 하시며, 하나님의 아들 예수님은 보내심을 받은 자, 곧 사도가 되신다(히 3:1).[71]

하나님의 특별한 선교는 예수 그리스도와 함께 시작된다. 왜냐하면 예수 그리스도 안에서 하나님은 보내시는 자이며 동시에 보냄을 받는 자이고, 계시자이면서 계시이고, 심판하는 거룩한 분이면서 구원하시는 분이기 때문이다. 그의 아들의 성육신과 왕으로 들리우심을 통하여 하나님은 스스로 보내심의 내용이 되신다.[72]

휘체돔은 예수님 안에서 보내심의 내용이 완성된다고 주장한다. 오직 예수님을 통해서만 사람들이 하나님을 알 수 있고, 오직 예수님을 통해서만 성부께로 가는 길을 발견할 수 있다고 강조한다.[73]

예수는 자신의 선교 임무를 이와 같은 보내심에서 갖는다. 그러나 이것은 항상 삼위일체 하나님이 세상의 구원을 위하여 스스로에게 부과한 임무이며 뜻이다. 예수는 항상 성부와 일치하여 행동한다. 그리고 그는 성부 자신이 일하시는 것처럼 행동한다. 그는 성부의 일을 성취한다(요 4:34). 그리고 이것은 하나님께서 그를 보내시고 그 자신이 일하고 계신다고 하는 증거다(요 9:3). 이 보내심 안에서 사람들에게 분명해져야 하는 것은, 성부가 성자 안에 있으며, 성자는 성부 안에 있다고 하는 사실이다.[74]

사도들의 선교운동

사도들은 교회 안에서 가장 근본적인 위치를 가진다. "그들은 예수의 생애와 부활의 증인으로서, 육신을 가지고 현재하고 있는 주님을 더 이상 알지 못하는 교회를 주님과 연결시켜 준다."[75] 사도들 가운데 바울은 이방인의 사도로 자신을 인식했다.

바울은 자신이 사도들과 동등하다는 것을 가장 강조했다. 그는 자신의 인격이 아니라 그가 하는 일을 인정받고자 했다. 그렇기 때문에 바울은 자신이 이방인을 위한 사도로서 특별한 임무를 받았다는 것을 증명하고 있다. 즉 그는 태아 때부터 이미 사도로 부름을 받았으며 이것을 위해 선택되었다는 것이다(롬 1:1; 갈 1:15). 그는 그 자신이 부활하신 그분을 보았기 때문에 그로부터 사도직분을 받았다고 확신했다.[76]

사도들은 예수님의 역사적 사건인 삶과 죽음 그리고 부활의 목격자이다. 예수님께서 부활의 증인으로 사도를 선택하셨다. "사도는 부활하신 분의 나타남을 증거할 수 있어야 하며, 따라서 이 결정적인 구원의 사실을 증거할 수 있어야 한다"(눅 24:29; 행 1:22; 고전 15:8).[77] 부활하신 그리스도께서 열두 제자를 부르시고 보내셨다. "제자들은 사도

가 되었다. 선교적 제자로 보냄 받았다."[78] 이 보내심은 삼위일체 하나
님께서 하신 일이었다.

왜냐하면 예수님은 부활한 자로서 성부를 대신하여 사도들을 파송하며,
사도들의 파송을 자기 자신의 파송에 연결시키기 때문이다. 그러므로 사
도들의 파송과 예수의 파송은 근본적으로 다른 것이 아니다. 여기서 수
행되는 것은 언제나 한 가지로 하나님의 선교이다(마 28:18; 요 20:21).[79]

예수님의 선교(*Missio Christi*)는 요한복음 8장에서도 나타난다.[80] 예
수님은 세상의 빛이시다(8:12; cf. 요 1:7-9). 세상은 다르다. 예수님은
세상에 속하지 않으신다(8:23; cf. 요 1:10-11). 예수님은 아버지로부터
세상으로 보내심을 받았다(8:16,18,26,29). 예수님은 아버지로부터 들
은 것을 세상에 말하신다(8:19,26). 예수님을 믿는 자는 진리를 알고
구원을 받는다는 점이 특별하다(8:12,30,32). 복음을 들었던 청중은 제
자로서 예수님을 따르라는 부름을 받는다(8:12,13,31). 예수님의 메시
지는 분명하다. "진리가 너희를 자유케 하리라"(8:32).

선교의 방편은 예수 그리스도의 복음을 수용자들이 난 곳 방언으로
들을 수 있도록 전하는 것이다. 인간은 예수 그리스도의 모든 일을 들
음으로 성도가 되고, 그분의 역사에 참여할 수 있다.[81]

케리그마는 항상 인간이 들을 수 있도록 전해야 한다. 인간은 스스로 그
나라에 들어가지 못한다. 그들을 불러들여야 한다. 그들이 따라오라는
부름을 듣지 못하면 제자들이 되지 못한다. 이같이 복음의 사신은 인간
이 듣고 이해할 수 있도록 전달해야 한다.[82]

메시아 선교모델

윌버트 쉥크(Shenk)는 예수님을 첫 선교사로 보고 메시아 선교모델을 천명한다. 예수 그리스도의 삶과 사역에 선교의 기초를 둔다. 사람을 향한 하나님의 선교를 우리들이 할 수 있도록 길을 열어 주신 것이 예수님의 선교이고, 예수님은 바로 그 선교의 모범이다.

메시아 예수가 첫 번째 선교사이므로 우리가 오늘날의 선교를 이해하기 위해 그분은 가장 중요하다는 것이다. 예수님은 하나님의 나라를 선포하고 증명하기 위해 그의 모든 사역을 바쳤다. 오직 하나님 나라 선교 모델만이 신뢰성과 완전성을 지닌다.[83]

쉥크가 《변형된 선교》(*The Transfiguration of Mission*)[84]에서 지적하는 점은 오늘의 선교가 예수님의 선교와는 너무도 다르게 변형되었다는 것이다.

쉥크는 주후 1세기 팔레스타인에서 하나님의 통치에 관해 예수님이 말씀하신 다양한 증언에 초점을 맞춘다. 예수님께서 당시의 상황에서 변혁적인 실천과 권력과의 관계를 어떻게 설정하고 사역하셨는지를 연구한다. 이런 과정을 통해 예수님의 선교를 이해하고, 오늘 우리가 하는 선교 사역의 기초가 되는 분명한 틀을 갖게 한다.[85]

쉥크는 주장한다. "선교는 반드시 메시아이신 예수님이 했던 사역을 모델로 해야 한다. 그분의 선교는 사람들을 자기 중심적인 죄에서 자유케 하고 하나님과 다른 사람들을 자유롭게 섬기게 하는 것이었다."[86]

예수님의 삶을 통해 우리는 하나님 나라의 복음에 대한 설교와 실천이 그분 사역의 핵심이었음을 알게 된다. 하나님 나라는 성령의 능력에 의해서 사는 공동체를 탄생시켰다. 하나님 나라의 실천은 교회의 형태를 결정짓는다. 기독교국가 이후의 상황에서는 오직 하나님의 나라에 기초를 둔 선교만이 예수님이 보여줬던 신뢰성과 완전성을 갖는다.[87]

쉥크 교수는 먼저 메시아 선교가 무엇인지 정의하는데, 그것은 "재림을 기대하며 이 땅에서 하나님의 목적 완성을 위한 하나님 나라 운동"[88]이라는 것이다. 쉥크 교수는 메시아 선교는 항상 종말론의 테두리 안에서 진행되어야 함을 주장한다. 그 이유는 아래에서 좀 더 자세히 다루겠지만, 이 땅에는 항상 하나님 나라와 세상 사이에 긴장이 존재하는데 그것은 예수께서 재림하실 때 세상을 구원하심으로 해소되기에, 메시아 공동체는 그 시점을 염두에 두어야 한다고 주장한다.[89]
메시아 공동체는 세상의 다양한 세력들 가운데 있다. 메시아 공동체는 세상으로부터 도피하거나 무관하게 살지 않는다. 이 공동체는 이 땅에 존재하고 있음으로 인해 생기는 긴장을 받아들인다. 대신 예수에 대해서 전적인 충성을 보이고 세상에 대해서는 끊임없는 사랑과 연민을 가짐으로 인해 주님이 없는 세상에 하나님 나라 운동을 수행한다.[90]

예수님을 통한 구속

예수님을 통한 구속이 복음이다. 바울은 선언한다.

우리가 그리스도 안에서 그의 은혜의 풍성함을 따라 그의 피로 말미암아 구속 곧 죄 사함을 받았으니, 이는 그가 모든 지혜와 총명으로 우리에게 넘치게 하사, 그 뜻의 비밀을 우리에게 알리셨으니 곧 그 기쁘심을 따라 그리스도 안에서 때가 찬 경륜을 위하여 예정하신 것이니, 하늘에 있는 것이나 땅에 있는 것이 다 그리스도 안에서 통일되게 하려 하심이라(엡 1:7-10 개역한글).

이 복음은 화목케 하는 복음이다. "그의 십자가의 피로 화평을 이루사 만물 곧 땅에 있는 것들이나 하늘에 있는 것들을 그로 말미암아 자기와 화목케 되기를 기뻐하심이라"(골 1:20 개역한글).

"또 너희의 범죄와 육체의 무할례로 죽었던 너희를 하나님이 그와 함께 살리시고 우리에게 모든 죄를 사하시고 우리를 거스리고 우리를 대적하는 의문에 쓴 증서를 도말하시고 제하여 버리사 십자가에 못 박으시고 정사와 권세를 벗어버려 밝히 드러내시고 십자가로 승리하셨느니라"(골 2:13-15 개역한글).

"또 주께서 너희를 위하여 예정하신 그리스도 곧 예수를 보내시리니, 하나님이 영원 전부터 거룩한 선지자의 입을 의탁하여 말씀하신바 만유를 회복하실 때까지는 하늘이 마땅히 그를 받아두리라"(행 3:20-21 개역한글).

위의 말씀에서 다음의 네 가지를 알 수가 있다.

1. 예수의 피로 죄사함을 받음
2. 예수의 피로 구속하심 - 하나님이 우리를 거스리고 대적하는 의문에 쓴 증서를 도말하시고 제하여 버리셔서 십자가에 못 박으심
3. 예수의 피로 승리하심. 사단을 결박하심 - 정사와 권세를 벗어버려(:헬라어 원어로는 무장해제시켜) 밝히 드러내시고 십자가로

승리하심

4. 하나님의 창조의 전반에 걸쳐 구속이 이루어짐

이와 같이 하나님은 예수 그리스도를 통하여 우리를 하나님의 형상으로 회복시키셨다. 처음 창조하실 때의 하나님의 뜻을 이루시도록 다음과 같이 모든 것을 회복하셨다.

첫째, 우리의 죄를 사하셨다. 그리하여 우리의 가치를 회복하셨다. 죄로 인한 자아의 파괴, 가치의 상실, 두려움, 좌절감, 실패감, 열등감과 부끄러움으로부터 우리를 회복하셨다. 사람들 사이의 미움, 거절감, 각종 상처 등에서 치료하시고 사랑, 신뢰, 용서, 용납, 관용, 이해의 관계로 나아가도록 하셨다.

둘째, 우리로 하나님과 화목하게 하심으로 하나님과의 코이노니아가 회복되었다. 죄로 하나님과 원수 되었던 우리를 하나님의 자녀 되게 하셨다. 정죄감과 죄의식에서 자유롭게 하셨다.

셋째, 우리를 통하여 만물을 회복하게 하시고, 또한 우리의 다스리는 권세, 청지기직을 회복하셨다.

넷째, 특히 하나님을 먼저 믿은 그리스도인들을 통하여 잃어버린 영혼들, 족속들이 하나님과 화목하게 하는 일을 맡기셨다. 특히 아브라함을 이 모든 일에 조상으로 삼으셨다. 땅의 모든 족속을 축복하여 그들로 하나님께 나아가도록 하는 화목의 대사로 삼으셨다.

호세아는 이를 다음과 같이 말씀한다.

그러므로 내가 저를 개유하여 거친 들로 데리고 가서 말로 위로하고, 거기서 비로소 저의 포도원을 저에게 주고 아골 골짜기로 소망의 문을 삼아 주리니 저가 거기서 응대하기를 어렸을 때와 애굽 땅에서 올라오던

79

날과 같이 하리라. 여호와께서 이르시되 그날에 네가 나를 내 남편이라 일컫고 다시는 내 바알이라 일컫지 아니하리라. 내가 바알들의 이름을 저의 입에서 제하여 다시는 그 이름을 기억하여 일컬음이 없게 하리라. 그날에는 내가 저희를 위하여 들짐승과 공중의 새와 땅의 곤충으로 더불어 언약을 세우며 또 이 땅에서 활과 칼을 꺾어 전쟁을 없이 하고 저희로 평안히 눕게 하리라. 내가 네게 장가들어 영원히 살되 의와 공변됨과 은총과 긍휼히 여김으로 네게 장가들며, 진실함으로 네게 장가들리니 네가 여호와를 알리라. 여호와께서 가라사대 그날에 내가 응하리라. 나는 하늘에 응하고 하늘은 땅에 응하고, 땅은 곡식과 포도주와 기름에 응하고 또 이것들은 이스르엘에 응하리라. 내가 나를 위하여 저를 이 땅에 심고 긍휼히 여김을 받지 못하였던 자를 긍휼히 여기며 내 백성 아니었던 자에게 향하여 이르기를 너는 내 백성이라 하리니 저희는 이르기를 주는 내 하나님이시라 하리라.[91]

이 말씀을 요약하면 다음과 같다.

1. 하나님은 아골 골짜기로 소망의 문을 삼으심
2. 처음의 때와 같이 회복하심
3. 하나님과 결혼한 바가 됨. 온전한 연합
4. 만물을 회복하심

베드로는 우리의 회복을 다음과 같이 말씀한다.

오직 너희는 택하신 족속이요 왕 같은 제사장들이요 거룩한 나라요 그의 소유된 백성이니 이는 너희를 어두운데서 불러내어 그의 기이한 빛에 들어가게 하신 자의 아름다운 덕을 선전하게 하려 하심이라. 너희가 전에는 백성이 아니더니 이제는 하나님의 백성이요 전에는 긍휼을 얻지 못하였더니 이제는 긍휼을 얻은 자니라.[92]

베드로는 다음과 같이 말한다.

1. 우리는 택하신 족속이다.
2. 우리는 왕 같은 제사장이다.
3. 우리는 거룩한 나라이다.
4. 우리는 그의 소유된 백성이다.
5. 우리는 하나님의 특별한 대사이다.

우리의 사명은 하나님의 덕을 선전하는 것이다. 이 모든 말씀은 하나님이 불순종의 죄로 하나님의 형상을 상실한 우리를 예수 그리스도 안에서 온전히 회복하신 것을 보여준다.

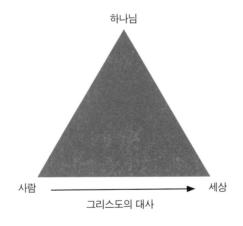

FIGURE 7 그리스도로 말미암은 회복

그러나 차이가 있다. 그 차이는 회복에 있다. 하나님의 형상은 모든 사람이 아니라 그리스도를 믿는 사람을 가리킨다. 예수 그리스도를 믿을 때에 하나님의 형상으로 회복되어 그의 뜻을 온전히 이루는 삶을 살게 된다. 하나님께서는 예수 그리스도를 통하여 우리를 회복하셨다. 그러나 모든 사람이 하나님의 형상으로 회복된 것이 아니다. 오직 믿는 자만 회복된다.

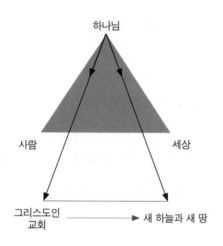

FIGURE 8 그리스도를 통한 회복

지상명령

열방을 제자로 삼으라! 이것이 지상명령이다. 예수께서 승천하시기 전에 제자들에게 말씀하신 지상대명령은 이제까지 창세기에서 살펴본 말씀의 연속이다. 이는 마치 에덴동산에서 아담과 하와에게 말씀하신, 그리고 아브라함을 통하여 말씀하신 것의 메아리와 같다.

예수께서 나아와 일러 가라사대 하늘과 땅의 모든 권세를 내게 주셨으니, 그러므로 너희는 가서 모든 족속으로 제자를 삼아 아버지와 아들과 성령의 이름으로 세례를 주고, 내가 너희에게 분부한 모든 것을 가르쳐 지키게 하라. 볼찌어다 내가 세상 끝날까지 너희와 항상 함께 있으리라 하시니라. [93]

이 말씀의 핵심은, "가서 모든 족속으로 제자를 삼으라"이다. "제자를 삼으라"가 명령형 주동사가 되고, "가서", "세례를 주고", "가르쳐 지키게 하라"는 다른 모든 동사들은 이 명령을 수행하는 데 부가되는 행동들이다. "예수님의 지상명령은 그 범위를 최대한 광범위하게 넓히고 있다. 제자들로 하여금 사람이 살고 있는 지구상에 있는 모든 나라들에 가야 하는 책임을 부과하고 있다." [94]

캐리는 지상명령이 사도시대뿐만 아니라 이 시대에도 유효한 하나님의 명령이라고 논증한다. 우리는 모든 민족을 제자 삼아야 한다. 그들의 언어로 된 모국어 성경이 없고, 사역자가 없고, 좋은 시민정부가 없는 미전도종족들에게 복음을 전하기 위하여 모든 활용가능한 수단을 사용해야만 할 것이다. [95]

나라를 변화시키는 사람

예수님이 "모든 족속으로 제자를 삼으라"(Disciple the Nations)고 하신 이 명령에 순종하는 사람들을 'A Nation-Discipler'(족속을 제자화하는 사람) 또는 'A Nation-Changer'(족속을 변화시키는 사람)라고 말할 수 있다. 이것은 새로운 개념이 아니다. 이미 창세기에서부터 살펴본 바 대로 하나님의 형상으로서 다스리는 삶, 경작하는 삶의 연속선상에 있다. 더구나 창세기 12장에서 아브라함을 부르시고 땅의 모든 족속을 축복하는 복의 근원으로 부르심의 반복이라 할 수 있다.

예수님은 우리가 어떻게 살 것을 말씀하신다. 이미 에덴동산에서부터 말씀하신 것을 반복하신다. 우리는 이 세상에 의하여 영향을 받으며 살도록 부르심 받지 않았다. 또한 영향을 받지 않으려고 안간힘을 쓰며 겨우겨우 살아가도록 부르시지도 않았다. 하나님은 우리가 이 세상에 영향을 주면서 변화를 주도록 부르셨다. 이것이 우리의 부르심이다.

열방을 제자로 삼는다는 것은 단지 하나의 아이디어나 이상을 말하는 것이 아니다. 이는 예수님의 명령이다. 우리가 이 명령을 수행할 때 실현이 가능한 이유는 이를 명령하신 이가 예수 그리스도이기 때문이다. 그는 하늘과 땅의 모든 권세를 가지셨다. 그는 열방을 다스리신다. 그가 행하시면 아무도 거역할 수가 없다.

우리가 나라나 도시, 족속이나 사회의 각 영역을 변화시키고자 할 때, 우리 자신의 권위에 근거한 것이 아니라 예수 그리스도의 권위로 행하는 것이다. 우리는 그의 권위를 의지하여 담대하게 확신을 가지고 나라를 변화시키며 영향을 주는 일을 시도해야 한다.

열방을 제자로 삼는 일이 가능한 또 다른 이유는 이 놀라운 권세를 가지신 예수께서 우리가 이를 성취할 때까지 우리와 항상 함께 계시기 때문이다. "볼지어다, 내가 세상 끝날까지 너희와 항상 함께 있으리라"고 약속하셨다. 예수께서 우리를 도우신다. 필요한 모든 것을 공급하셔서 충분히 이를 이루게 하신다. 지혜와 힘을 주시며, 환경을 여시며 필요한 재정을 공급하신다.

우리는 열방을 제자화하는 일을 최우선으로 수행해야 한다. 우리는 예수님의 이 말씀을 지상대사명 또는 지상대명령이라고 한다. '지상'이라 함은 '가장 높은'이라는 뜻이다. 즉 이보다 더 큰 명령이 없다. 예수님은 우리에게 여러 가지로 명령을 하셨다. 그러나 "가서 모든 족속을 제자 삼으라"는 것이 가장 높고 시급한 명령이다. 우리는 이 명령을 수행하는 것에 최우선권을 두어야 한다. 우리의 모든 에너지와 시간들을 이를 성취하는 데 드려야 한다.

주님은 "가라"고 명하셨다. 예수 그리스도는 우리가 주도권을 가지고 적극적이고 능동적이며 창조적으로 행동하기를 원하신다. 희생을 각오해야 한다. 마치 아브라함이 본토, 친척, 아비 집을 떠나야 했듯이, 익숙한 삶, 안정된 삶, 안락하게 살고자 하는 생각을 버려야 한다. 그러할 때 더 크고 놀라운 하나님의 나라의 영광을 보게 될 것이다. 언제나 하나님은 그러한 사람들을 통하여 그의 뜻을 이루셨다.

성령의 선교운동

휘체돔은 네덜란드 선교신학이 사도직의 신학을 전개하는 것을 주목하면서, 사도직과 성령을 파송임무를 수행한다는 관점에서 상호보완적으로 본다. 사도직의 신학에서 파송은 세상과 관계를 맺고 있는 삼위일체 하나님의 활동 안에 그 근거가 있다고 주장한다.[96]

파송은 성령님의 보내심을 통하여 그 자신의 특별한 힘과 전권을 받으며, 이를 통하여 하나님의 선교에 연결된다. 파송에의 명령은 계시 안에서 미리 주어진 객관적인 사실이며, 성령의 체험에 의존되어 있는 것은 아니다. 이 명령을 통하여 교회는 자신이 나아갈 방향을 부여 받는다.[97]

휘체돔은 바르트의 설명에 동의한다. "사도적이란 교회가 사도들의 계속적인 활동과 말씀을 통하여 존재한다는 의미이다."[98] 교회는 성령의 역사를 통하여 사도적 사명을 감당한다. "사도행전에 나타난 성령은 오순절에 일회성으로만 부어진 것이 아니라 계속 부어졌다. 성령은 선교적으로 중요한 순간마다 계속 부어지고 있다.”[99] 오순절과 같은 성령의 역사는 사마리아 오순절, 이방인의 오순절, 그리고 에베소 오순절에도 나타났다.[100]

휘체돔은 “사도직” 개념을 교회에 적용할 수 있는지를 다룬다. 그는 니케아 신조에 나오는 “사도적”이라는 용어를 주목한다. “사도적이란 교회가 사도들과 예언자들의 토대 위에 서 있고, 따라서 교회가 사도적 교회이며, 또 교회가 그 전통에서 사도들 위에 근거할 때만 그럴 수 있다”고 상기시킨다.[101]

휘체돔은 선교명령을 실천하기 위해 어떤 전제조건이 있는지를 물으면서, 사도직의 전제로 제자직을 강조한다. 우리가 예수님의 증인이 되기 전에 먼저 제자가 되어야 한다는 것이다.[102]

그러므로 주님이 믿는 자의 공동체를 만들었다는 사실은 사도직과 선교 의무에 대한 전제이다. 공동체는 항상 교회의 선교에 앞서 가고 선교적 태도를 취한다. 선교는 성령으로부터만 일어나는 사건이 아니다. 그것은 이 땅 위에서 예수께서 오늘도 모으고 있고, 선교의 역군이 되는 제자들이 있으므로 존재한다.[103]

휘체돔은 예수님의 제자직을 전혀 새로운 모델로 본다. “제자직은 구원사에 있어서 새로운 것이다. 왜냐하면 예수 이후, 그리고 그로 말미암아 제자직이 존재하게 되었기 때문이다.”[104]

이 제자들 가운데 주님은 그의 사도를 선택하셨고, 그들을 세상에 보내어 봉사하게 하셨다. 사도들을 부르심에 있어서의 전제조건은 그 사람이 제자가 되어야 한다는 것이다. 모든 제자가 사도로 부름 받은 것은 아니다. 그러나 모든 사도는 제자이고, 모든 제자는 그가 전적으로 종속되어 있는 주님의 증인이다.[105]

모든 신자들은 성령을 통해 기름부음을 받은 사역자들이다. 성령은 그들로 교회를 만드시고 다양한 은사와 직책을 주시고 선교를 위해 사용하신다.

성령은 교회를 만드시고, 유지하시고, 교회에 능력을 부어 주신다. 구약에는 왕이나 선지자와 같이 극소수의 무리에게만 성령이 임했다. 하지만 선지자 요엘은 종말의 날에 모든 믿는 자들에게 성령이 부어질 것을 예언했다(욜 2:28). 오순절이 이르자, 각 개인과 전체 공동체에 성령이 부어졌다(행 2:1ff; 고전 3:16).[106]

사도행전에는 온 땅에 대한 하나님의 계획이 잘 나타나 있다.

그가 고난 받으신 후에 또한 그들에게 확실한 많은 증거로 친히 살아계심을 나타내사 사십 일 동안 그들에게 보이시며 하나님 나라의 일을 말씀하시니라. 사도와 함께 모이사 그들에게 분부하여 이르시되, '예루살렘을 떠나지 말고 내게서 들은 바 아버지께서 약속하신 것을 기다리라. 요한은 물로 세례를 베풀었으나 너희는 몇 날이 못되어 성령으로 세례를 받으리라' 하셨느니라.[107]

부활하신 예수께서 40일이나 이 세상에 계셨다. 그 짧지 않은 기간에 무엇을 하셨는가? 무슨 말씀을 하셨는가? 성경은 예수께서 십자가에 죽으시기 직전의 고난주간에 대하여는 길게 그리고 자세히 기록했다. 그러나 부활하신 후 40일간의 기록은 아주 짧다. 사도행전은 이를 한 문장으로 요약했다. "그들에게 확실한 많은 증거로 친히 살아계심을 나타내사 사십 일 동안 그들에게 보이시며 하나님 나라의 일을 말씀하시니라."[108] 그 내용은 "하나님 나라의 일"이다. 이 하나님의 나라는 성경 전체의 주제이다.

"나라"를 구성하는 요소는 '영토, 주권, 국민'이다. 시편 24편 1절에, "땅과 거기에 충만한 것과 세계와 그 가운데에 사는 자들은 다 여호와의 것이로다"라고 하듯 온 땅이 주의 것이고, 열방의 모든 백성들도 주의 것이고 주권도 주께 속했다. 다윗도 이를 이해했다. "여호와여 위대하심과 권능과 영광과 승리와 위엄이 다 주께 속하였사오니 천지에 있는 것이 다 주의 것이로소이다. 여호와여 주권도 주께 속하였사오니 주는 높으사 만물의 머리이심이니이다."[109] 또한 시편 117편 1절에, "너희 모든 나라들아 여호와를 찬양하며 너희 모든 백성들아 그를 찬송할지어다"라고 선포했다.

"시편 67편은 '구약의 주기도문'이라고 불린다. 이 시는 땅의 모든 족속들에게 복의 근원이 될 것이라는 아브라함의 언약에 초점이 모아져 있다."[110] 하나님이 우리를 통하여 세상의 모든 민족이 구원을 얻기를 원하심을 보여준다. 이것이 하나님의 관심이다. 사도 바울은 이 같은 하나님의 뜻을 알고 자신의 삶을 드렸다.

나의 복음과 예수 그리스도를 전파함은 영세 전부터 감추어졌다가 이제는 나타내신 바 되었으며 영원하신 하나님의 명을 따라 선지자들의 글로말미암아 모든 민족이 믿어 순종하게 하시려고 알게 하신 바 그 신비의 계시를 따라 된 것이니 이 복음으로 너희를 능히 견고하게 하실 지혜로

우신 하나님께 예수 그리스도로 말미암아 영광이 세세무궁하도록 있을 지어다 아멘.[111]

여기서 말하는 "민족"은 '모든 문화, 인종, 언어집단'을 의미한다. 히브리어의 '고이'와 '암'과 같은 의미이다. 이와 같이 하나님의 뜻은 명확하다. 즉 모든 인종, 언어, 문화집단에 속한 사람들이 복음을 듣고 믿어 순종하는 데 있다.[112]

사도행전의 초점은 하나님의 나라에 있다. 사도행전은 하나님의 나라로 시작하여 하나님의 나라로 마친다.[113] 예수 그리스도는 승천하시기 전에 이를 위해서 사도들에게 준비하도록 분부하셨다. 성령의 능력을 받도록 명하셨다. 이것이 하나님의 나라의 일의 첫 번째로 준비할 사항이다.

"사도와 함께 모이사 그들에게 분부하여 이르시되 예루살렘을 떠나지 말고 내게서 들은 바 아버지께서 약속하신 것을 기다리라."[114] 예수 그리스도는 고난받으시기 전에 이미 제자들에게 보혜사 성령에 대하여 말씀하셨다.[115]

예수께서 말씀하신 "아버지의 약속하신 것"은 곧 성령세례를 말하는 것이다. "요한은 물로 세례를 베풀었으나 너희는 몇 날이 못되어 성령으로 세례를 받으리라."[116] 성령세례를 물세례와 대조적으로 말씀하신다. 물세례가 회개와 구원의 결과라면 성령세례는 증인으로서 무장되어야 할 능력 받음에 있다. "오직 성령이 너희에게 임하시면 너희가 권능을 받고… 내 증인이 되리라."[117] 성령은 교회를 통해 그리스도의 선교를 이루게 하신다.

성령께서 이 모든 것을 가능하게 하신다. 아버지 되신 하나님께서 아들을 계시하시고 내어 주시며, 삼위 중 한 분이신 성령을 통하여 선교를 완성하신다. 그리하여 그리스도의 교회를 통한 그리스도의 선교는 성령의 역사하심으로 이루어진다.[118]

예수 그리스도의 고난과 죽음, 부활 이것이 복음의 핵심이다. 그러나 하나님의 나라는 더 나아가 죄 사함 받게 하는 회개가 모든 족속에게 전파되는 것이다. 즉 모든 종족, 언어, 문화집단에 전파되는 것이다.[119] 이것을 마태복음 28장 19절에서는 "제자로 삼으라"고 하셨다. 커닝햄은 선언한다.

우리가 주의 음성을 듣고 그분의 말씀을 따라 행한다면, 우리는 모든 민족들을 제자 삼을 것이다. 우리는 세상을 변화시킬 것이다. 우리는 물이 바다를 덮음같이 주를 아는 지식이 온 땅을 덮는 것을 보게 될 것이다.[120]

사도행전에는 성령의 능력 받는 장면이 다섯 번 언급된다.

1. 오순절 성령 받음이다. 사도행전 2장 1-4절은 오순절에 성령이 임하심으로 교회가 형성되어 하나님의 나라가 시작됨을 알린다.
2. 사마리아에서의 복음의 확산이다. 스데반의 순교 후 예루살렘 교회에 큰 핍박이 일어나서 그리스도인들이 사방으로 흩어졌다. 빌립은 사마리아에 가서 성령의 능력으로 복음을 전했다. 이때에 예루살렘에 있던 사도들이 베드로와 요한을 보내어 성령의 능력으로 무장되도록 했다(8:14-17).
3. 사울의 성령의 능력 받음은 그의 회심과 더불어 주어진 이방선교의 사명을 감당하게 하기 위함이었다(9:15-19).

4. 이방인 최초로 고넬료의 집에 성령이 임하셨다. 로마의 백부장 고넬료는 비록 로마인이라 할지라도 경건한 기도의 사람이었다. 하나님은 고넬료에게 베드로를 초청하라고 지시하셨다. 베드로가 그의 집에 와서 말씀을 전할 때 성령께서 그 집의 모든 사람에게 임했다. 베드로와 함께 온 여섯 명의 유대인들은 이 광경을 보며 오순절 성령의 임함과 비슷하다고 증언했다(10:44-46).

5. 바울의 3차 여행에서 에베소에서의 사역의 시작은 에베소의 그리스도인들이 성령의 능력 받음으로 견고하여졌다(19:1-7).

복음 확산 운동

복음과 함께 하나님의 나라는 확산된다. 마태복음 13장은 '하나님의 나라에 대한 비유장'이다. 일곱 가지의 비유 가운데 겨자씨와 누룩의 비유가 있다. 겨자씨는 모든 씨보다 작은 것이다. 그러나 풀보다 더 자라나서 새들이 깃들일 정도의 큰 나무가 된다. 누룩은 그것이 들어가는 것마다 전부 부풀게 한다. 하나님의 나라가 이와 같다.

네덜란드의 신학자 요하네스 블라우는 "구약과 신약의 복음의 확산이 다르다"고 교회의 선교적 본질에서 설명했다.[121] 구약시대의 선교는 구심적이었다. 즉 하나님의 성산이 있는 예루살렘으로 '오라'는 초대였다. 오순절은 이러한 구심적 선교의 성취라고 할 수 있다. 오순절을 지나면서 선교는 원심적으로 바뀌었다. 시온으로 오는 것이 아니라 이제는 시온에서부터 땅 끝까지 가는 것이다.

오순절 이후 복음은 다음의 두 가지 영역에서 확장되었다. 첫째, 지리적 확장이다.[122] 사도행전 1장 8절에서, "예루살렘, 유대, 사마리아, 땅 끝까지 이르러 증인이 되라"고 명하신다.

둘째, 인종 문화적 확장이다.[123] 하나님의 나라는 경계가 없다. 복음은 인종과 문화적 경계를 넘어간다. 예루살렘과 유다를 넘어 사마리아로 전파됨은 단순히 지리적인 경계만이 아니다. B.C. 722년 북 이스라엘이 앗수르에 멸망한 이후 앗수르의 혼혈정책으로 사마리아는 유대와 이방인의 혼합이 되었다. 그것은 문화적인 경계를 가져왔다. 성령은 빌립을 광야로 나아가게 하여 에디오피아 사람에게 복음을 전하도록 하셨다. 고넬료의 가정에 임한 성령의 역사도 문화적 경계를 넘어서는 놀라운 사건이었다. 사도행전은 바울을 선두주자로 내세워 본격적인 복음의 확장을 기록했다. 안디옥 교회는 바나바와 바울을 파송했다. 이들의 주 사역은 이방인 선교였다.

이들을 통해 전파된 복음의 능력은 단지 한 개인의 회심을 넘어서서 문화적인 변혁을 일으켰다. 에베소에서는 마술을 행하던 사람들이 그 책을 모아 가지고 와서 사람들 앞에서 불살랐다. 그 책값은 은 오만이나 되었다(행 19:19).

하나님의 선교 동참운동

부활하신 예수 그리스도는 하나님의 나라의 일을 말씀하신 후 사도들에게 분부하셨다. 예수의 제자들은 분부하심을 따라 성령으로 세례를 받고 하나님의 나라의 일에 동참했다. 베드로와 열한 사도는 오순절에 예루살렘에 모인 유대인 디아스포라에게 복음을 전했다. 그날에 세례를 받은 자의 수가 3,000명이었다(행 2:41).

빌립은 복음이 예루살렘을 넘어서서 사마리아로 전파되는 데 수고했다(행 8장). 핍박자 사울의 회심은 복음이 이방인에게 전하여지는 데 공헌했다. 예수 그리스도는 그를 이방인의 사도로 부르셨다. 그리고 그의 부르심을 위하여 아나니아를 보내서서 준비하게 하셨다(행 9장). 하나님은 경건한 백부장 고넬료에게 은혜를 주시고자 베드로를 부르셨다 (행 10장). 흥미가 있는 것은, 하나님은 사울이나 고넬료가 기도할 때 직접 은혜를 주실 수 있음에도 불구하고 굳이 아나니아와 베드로를 부르시고 그들을 통하여 일하셨다는 것이다. 안디옥 교회를 견고하게 하여 최초로 이방인에게 선교사를 파송하게 하실 때에도 먼저 바나바와 사울을 통해 교회를 준비하게 하셨다(행 13장).

사도행전 13장은 선교적인 사건이다. 여기에 세 가지 선교학적 이론이 밝히 드러난다. 안디옥 교회 지도자들이 금식하며 기도할 때 성령께서 말씀하셨다. "내가 불러 시키는 일을 위하여 바나바와 사울을 따로 세우라"(13:2). 이 사건을 통해 최초의 선교단체가 조직되었다. 몇몇 사람들이 기도하며 금식할 때, 선교운동을 위한 핵심 인물이 드러났다. 전 교회가 선교적인 부름을 받은 것은 확실하지만 그 가운데 헌신된 사람들이 선교단체를 조직하여 선교활동을 시작해야 했다. 선교단체를 통한 선교는 사도행전의 선교원리일 뿐 아니라 전 역사에 나타난 선교원리이기도 하다. [124]

하나님은 언제나 사람을 통해서 일하신다. 사람을 그의 동역자로 부르신다. 이들은 하나님과 깊은 교제를 하며 그의 뜻을 확실하게 들은 사람들이었다. 이들은 하나님의 나라를 이해했다. 세상을 향해 하나님의 심장을 가지고 나가는 새로운 비전의 사람들이었다. 하나님께서 이러한 핵심 인물들을 통하여 복음을 새로운 장소와 새로운 집단들에게 전하셨다. 이들은 하나님의 나라를 위한 도구였다. [125]

이들의 공통적인 특징은 기도의 사람이라는 점이다. 기도를 통하여 하나님의 뜻을 알게 되었다. 또한 성령의 능력을 의지했다. 하나님의 나라는 오직 성령의 능력에 있다. 하나님의 뜻에 전적으로 헌신했다.

복음이 성령의 능력으로 문화를 넘어 이방 세계로 확산되었다.

사도행전 15장에 나타난 바와 같이 이방인 교회는 교회가 유대 문화에만 머물지 않게 하기 위해 논쟁했다. 예루살렘 공의회의 결정에 따라, 이방인 교회는 철저하게 이방인 문화를 가진 토착교회가 될 수 있는 자유를 갖게 되었다.[126]

팀사역을 통한 성령운동

하나님은 하나님의 일을 성취하고자 사람을 부르셔서 동역하실 뿐 아니라 하나님의 사람들 개개인으로가 아니라 팀으로 일하기를 원하신다. 사도행전은 이에 대하여 잘 보여주고 있다. 베드로는 오순절에 일어난 일에 대하여 설명할 때에 "열한 사도와 함께 서서 소리를 높여" 말했다(2:14).

나면서부터 앉은뱅이 된 자를 주의 이름으로 낫게 할 때도 베드로는 요한과 함께 일했다(3:1-10). 이후 공회 앞에서 사역할 때에도 두 사람이 함께 했다(4:13, 5:29, 8:14). 베드로는 고넬료의 집을 방문할 때도 혼자 가지 않고 여섯 명의 형제들과 함께 갔다(10:44, 11:12).

바나바는 안디옥 교회 사역을 위해 바울을 초청하여 함께 사역했다(11:25-26). 이후에 선교지로 갈 때도 두 사람은 함께 사역했다. 사도 바울도 항상 여러 사람과 팀을 이루어 사역했다. 대체로 10명 내지 12명 정도가 팀으로 사역했다(20:4). 사도 바울팀은 언어와 문화와 종족과 나라와 연령을 초월한 구성원이었다. 그러한 팀은 사고의 영역이 넓다. 수용성이 크다. 복음의 능력을 어느 문화권에서나 어느 사회의 영역에서나 발휘할 수 있는 조건을 갖추었다.

팀사역은 하나님의 아이디어다. 성령께서 안디옥 교회에게 이방선교를 명하실 때 "내가 불러 시키는 일을 위하여 바나바와 사울을 따로 세우라"(13:2)고 하셨다. 하나님 나라의 확장을 위한 하나님의 전략이다. 초대교회가 하나님 나라의 확장을 성공적으로 수행할 수 있었던 것은 이 같은 팀사역이 기반이 되었기 때문이다.

선교단(Missionary bands)이 중요하다. 선교단을 조직한 것은 교회 확장에 가장 중요한 방법 중 하나였다. 바울과 바나바, 바나바와 마가, 베드로와 마가, 바울, 실라, 디모데, 그리고 누가 선교단은 초대교회 확장사에 중요한 역할을 했던 여러 선교단의 일부에 불과하다. 선교단은 최초의 선교조직체였다.[127]

이 같은 팀사역은 모든 영역에 다 해당한다. 어느 부서의 한 사역이나 교회공동체에서만이 아니라 지역교회와 선교단체와의 팀사역도 마찬가지다. 신명기 32장 30절에는, "하나가 천을 쫓으며 둘이 만을 도망하게 했다"고 한다. 그렇다면 셋이면 더 큰 힘을 발휘할 것이다.

이 같은 팀사역은 성령의 능력으로만 가능하다. 성령은 하나되게 하시는 영이시다(엡 4:3). 오순절 이전과 이후의 큰 변화는 공동체 형성이다. 팀으로 사역하는 것의 가장 중심은 공동체 정신이다. 단순히 둘 이상이 사역한다는 의미가 아니다. 사람은 복잡한 존재이다. 상처도 많으며 각각 다르다. 의견과 주장과 생각이 다르다. 그럼에도 이같은 차이와 다름을 하나로 묶어 주는 힘은 오직 성령 안에 있다. 그것은 가족과도 같다. 서로 사랑하고 신뢰하고 존중히 여기고 용납과 용서가 있다.

안디옥 교회는 바나바와 바울을 타문화권 선교에 파송했다. 그리고 그들로 하여금 자유롭게 팀을 형성하여 현지의 사역을 감당할 자유를 주었다. 문화적으로 혹은 지리적으로 거리가 있는 집단이나 지역에 효과적으로 복음을 전하기 위해서는 선교단체의 활동이 필요하다. 폴 피어슨은 말한다.

> 건강한 교회는 특수한 선교사역을 감당하기 위해 계속해서 선교단체들을 만들 것이다. 선교사역의 대상은 다양할 수 있다. 지역적 차원에서 특정 집단을 대상으로 하거나, 국제적 차원에서 문화적 거리감이 있는 집단을 대상으로 삼을 수 있다.[128]

지역교회가 자체적으로 구성할 수도 있고 교단 선교부와도 협력할 수 있다. 그러나 일반적으로 가장 창의적이고 효과적인 선교는 초교파적인 선교단체들이다. 이것은 지역교회가 선교활동에 수동적이어야 한다는 뜻이 아니다. 선교활동은 지역교회와 선교단체들이 서로 협력하며 함께 적극적이고 창의적으로 동참할 때 시너지 효과가 나오게 된다.

교회의 선교운동

신약 교회는 선교운동체였다. "초대교회 공동체는 예수 그리스도의 참된 제자들의 모임이었다."[129] 제자들은 서로 사랑하며 살았다. "제자 됨의 표징은 사랑이었다."[130] 교회는 신앙공동체이다. 그들은 "참 제자의 신앙고백으로 예수님이 주님이시라고 고백했다."[131] 그들의 참 제자도는 세상을 향해 원심적으로 나아가는 삶으로 표출되었다.[132] 초대교회는 하나님의 선교를 수행하는 도구였다.

하나님의 선교는 하나님의 주권이라는 말로 대치할 수 있다.[133] "교회의 직무는 하나님의 봉사에 의해 이미 주어져 있으며, 그 직무의 의미와 내용은 하나님의 선교로부터 규정된다."[134] 교회는 선교의 주체가 아니다. 교회가 선교의 주체가 되는 것이 선교를 위험에 빠뜨린다.

위험은 교회 자체가 선교의 출발점, 목표, 주체가 되는 데 있다. 그러나 이것은 성경에 근거한 것이 아니다. 왜냐하면 언제나 삼위일체 하나님 자신이 행동하시는 분이고, 그를 믿는 자들을 그의 나라의 백성으로 받아들이시는 분이기 때문이다. 교회는 하나님의 손에 쥐어진 도구에 불과하다. 교회 자체는 보내시고 구원하시는 하나님의 행동의 결과일 뿐이다.[135]

교회와 선교는 모두 하나님의 도구요, 기구에 지나지 않는다. 이들을 통해 하나님께서 하나님 자신의 선교를 수행하신다. 선교는 하나님의 일이다. 선교는 하나님의 이끄심이다. 교회가 겸손하게 하나님의 선교적 의도를 성취할 때 교회는 자신의 선교에 대해 언급할 수 있다. 왜냐하면 교회의 선교가 하나님의 선교 속에 포함되기 때문이다. 선교는 하나님 자신의 행위 속에 근거하고, 하나님은 스스로 선교를 성취하신다. 교회는 하나님께서 지금 행하고 계시는 일에 참여할 때에만 하나님의 선교를 성취할 수 있다.[136]

교회는 하나님에 의해 사용될 수 있을 때에만 하나님의 그릇과 도구가 될 수 있다. 교회가 하나님의 이 관심사를 거절한다면 교회는 불복종하게 될 것이고 하나님의 뜻에 합당한 교회가 결코 될 수 없다.[137]

하손(Hawthorne)은 하나님의 선교와 교회의 선교 그리고 복음전도를 위한 여러 선교활동들에 대해 다음 그림과 같이 설명한다. 하나님의 선교는 하나님께서 하시는 모든 하나님의 선교활동으로 하나님 나라를 임하게 하시고 하나님의 축복을 베푸시는 하나님의 사역이다. 교회의 선교는 교회가 이 세상 속에서 하나님과 함께 행하는 사역이다. 제자 삼기 위하여 복음전도를 하고 교회개척을 하는 운동들은 모두 다양한 선교사역에 속한다.[138]

FIGURE 9 MISSIO DEI, MISSION AND MISSIONS(Hawthorne 2013, 346)

교회의 선교는 하나님의 선교에 그 기원을 둔다. 교회는 그리스도의 말씀을 선포하기 위해 보냄 받았다. "하나님의 보내심은 이것이 그 백성에게 주시는 말씀이 되는 곳에서(시 19:1-7,8-11), 하나님이 인간에게 보내신 구원자 예수 그리스도 안에서 특별한 계시가 된다."[139] 교회가 그리스도 안에 있다면 하나님의 선교에 동참할 수밖에 없다.

교회가 '그리스도 안에' 있다면 그들은 선교에 관여하는 것이다. 그렇다면 교회의 전 존재는 선교적 특징을 지니고 있다. 교회의 말뿐 아니라 교회의 행동은 불신자들을 납득시키고(벧전 2:12), 그들의 어리석음과 무지를 잠잠케 할 것이다(벧전 2:15). 베드로가 쓴 편지의 수신자인 "하나님의 흩어진 백성"(참고. 1:1)은 택하신 족속, 왕 같은 제사장, 봉헌된 나라, 하나님 자신의 것이라고 주장하시는 백성이다. 그리스도 안에서 이 새로운 지위는 분명한 목적을 갖고 있다. 그것은 바로 그들을 어두운 데서 불러내사 기이한 빛에 들어가게 하신 분의 승리를 선포하는 것이다(벧전 2:9 참고).[140]

벤 엥겐은 신약에 나타난 두 교회가 예수님의 참 제자들로 모인 선교적 교회를 대표한다고 보았다. 오순절에 모인 예루살렘 교회(행 2:42-47)와 데살로니가 교회(살전 1:2-10)가 선교하는 초대교회의 모습을 대표하고 있다고 설명한다.[141] 하나님의 오순절 백성인 교회에 나타난 특징들은 다음과 같다.[142] 사도행전 2장 43-47절은 예루살렘 교회의 특징을 다음과 같이 묘사한다.

1. 표적과 기사가 나타남
2. 주변 공동체에 영향을 줌
3. 모든 물건을 서로 통용함
4. 함께 음식을 먹고 교제함
5. 하나님을 예배함
6. 주께서 구원받는 사람을 더하심

데살로니가 교회의 특징(살전 1:2-10)은 다음과 같다. 이런 특징들이 동력화되는 교회가 선교적 교회라고 할 수 있다.[143]

1. 예수를 주로 고백했음

2. "표적과 기사"가 있었음.

3. 말씀을 설교했음.

4. 사랑의 교제가 있었음.

5. 모범적인 삶을 보였음.

6. 복음을 위해 고난을 받았음.

7. 새로운 영적 기쁨이 드러났음.

8. 뚜렷한 회심을 보였음.

9. 세상에 대해 증인이었음.

10. 새로운 희망이 있었음.

사도적 직무

휘체돔은 교회가 사도적 직무를 수행할 책임이 있다고 주장한다. 바울의 경우, 부활하신 그리스도에게서 사도적 직무와 권위를 받았고, 안디옥 교회는 그를 이방인의 사도로 파송했다. "교회는 사도적 봉사를 전달할 수 있지만 아무도 사도로 만들 수는 없다."[144]

사도적 권위와 교회의 공동책임, 이 두 가지를 사도 바울에게서 볼 수 있다. 이것이 보여주는 것은 또한, 교회에 의하여 부름을 받은 사람들 중에서 바울만이 사도의 이름을 가질 수 있다고 하는 것이다(고후 8:23; 빌 2:25; 행 13:1-3).[145]

교회는 사도를 통하여 사람들을 구원으로 인도하는 임무를 부여 받는다. 교회의 모든 봉사는 사도적 임무를 통하여 의미와 목적을 갖는다.[146]

교회는 구원의 완성과 마지막 심판 사이에 수행해야 할 사도적 사명이 있다.[147]

이리하여 교회는 아직 구원을 알지 못하는 사람들을 향해 가는 도상에 있는 순례의 교회가 되는 것이다. 교회의 봉사는 백성에서 백성에게로, 대륙에서 대륙으로 "가는 일"이며, 그러므로 민족들에게 구원의 날을 가져다 주는 것이다.[148]

주님은 교회에 사도적 기능을 주셨다. "하나님의 선교에 있어서 교회는 하나님의 자비를 베푸는 도구이다. 주님은 사도적 기능을 교회에 넘겨주셨다. 그러므로 사도들이 행하고 선포한 것과 내용상 관련된 사도적 직무는 주님에 의하여 교회에 넘겨진 것이다."[149]

휘체돔은 선교와 교회의 관계를 사도직으로 설명한다. 교회는 사도직의 결과물이다. 하나님께서 예수님을 보내셨다. 예수님은 사도들로부터 우리까지를 보내심으로 교회를 형성하셨다. 교회는 예수님이 인간을 통하여 그의 말씀을 전파하게 하고, 인간들이 구원의 사신으로 말미암아 세상에서 부름 받은 모임이다.[150]

교회의 선교는 오늘 이루어지는 하나님의 선교이다(마 10:16; 눅 9:2, 10:1; 요 17:18). 선교는 하나님의 사업이다. 교회의 선교에 있어서도 하나님께서 보내시고, 인도하시고, 결정하시는 분이다.[151]

선교사의 생명은 전적으로 하나님께 달려 있다. 그들은 전적으로 하나님을 의지한다. 이것은 사도 바울의 삶을 통하여 우리에게 명백해진다. 그에게는 피할 곳이 없었다. 그는 "죽든지 살든지 그의 몸으로 예수 그리스도를 높이기 위해 최선을 다했다"(빌 1:20).[152]

휘체돔은 교회를 하나님의 새로운 백성 개념으로 설명한다. 교회는 그리스도를 통하여 세상에 보내졌다. 공동체 안에서 새로운 하나님의 백성으로 결속되어 있다.[153]

이 새로운 하나님의 백성은 구약의 모든 속성을 지닌다(벧전 2:9). 이를 통하여 그들은 하나님의 백성으로서 세상과 구별된다. 그들은 삶과 내적 태도에서 세상과 다르다. 그것은 자기 자신에도 세상에도 속하여 있지 않고, 하나님께 속하여 있다. 그 안에서 그리스도에게서 온 생명이 드러난다. 그 때문에 그것은 세상에 보내는 그리스도의 서신이며(고후 3:3), 세상이 보고 읽을 수 있다. …교회는 자신을 위함이 아니요, 세상을 위하여 있다. 그러므로 우리가 교회의 본질을 말할 때, 단지 우리는 하나님에게서 출발하여 하나님의 관점에서만 교회가 무엇인지를 결정할 수 있다. 이같이 오직 하나님의 선교를 통해서만 공동체의 참 본질이 분명해진다.[154]

성경에 선교적 교회의 모습이 나온다. 벤 엥겐은 지역교회의 선교적 본질을 설명하면서 에베소서에 주목한다.

우리가 지역교회의 선교적 본질에 대한 새로운 이미지를 구축하려면 먼저 성경에서 확실한 기초를 찾아야 한다. 이런 신학작업을 하는 데, 바울이 에베소 교회에 보낸 편지는 가장 중요한 자료들 가운데 하나이다. 에베소서를 자세히 연구하면 지역교회의 선교적 본질에 대한 개념을 이해할 수 있다.[155]

바울은 교회를 그림언어로 설명한다.

바울은 에베소서에서 적어도 15개의 그림언어(Word Picture)를 사용하고 있다. 이 중 중요한 단어들은 성도(9회), 몸(8회), 무장한 군사(8회), 그리고 신부(7회)이다. 작은 그림언어들은 큰 개념들을 꾸며 주고 있다. 하나님의 택함받은 백성(4회), 아들이나 가족(4회), 건축자, 건물 또는 성전(3회), 찬양의 노래 또는 제물(2회), 새 사람(2회). 마지막으로 한 번씩 비춰며 지나가는 그림언어들도 다양하다. 사랑의 넓이, 길이, 높이와 깊이, 하나님을 닮아가는 사람들, 그리스도의 왕국, 빛의 자녀, 지혜로운 사람, 대사들(ambassadors)이 교회를 설명하는 그림언어들이다.[156]

통일성 운동

교회선교는 통일성에서 나타난다(엡 4:1-16).

몸이 하나이요 성령이 하나이니 이와 같이 너희가 부르심의 한 소망 안에서 부르심을 입었느니라 주도 하나이요 믿음도 하나이요 세례도 하나이요 하나님도 하나이시니 곧 만유의 아버지시라 만유 위에 계시고 만유를 통일하시고 만유 가운데 계시도다.[157]

"바울은 교회를 하나님께서 그리스도와 성령을 통해서 친히 지으시는 건물처럼 지어져 가는 것이라고 설명한다(엡 2:10, 21-22). 하나님께서 건물을 지으시는 방법은 선교이다. 그 열매는 그리스도의 몸된 교회의 통일성이다."[158]

바울은 하나된 그리스도의 몸을 강조한다. 바울의 강조점은 우리가 믿음으로 우주적 교회의 하나됨을 받아들이고, 세상을 향해 우리의 받은 바 은사를 따라 선교함으로 그 하나됨을 이루게 하는 데 있다. 에베소서 4장 1-6절에 나타난 하나됨의 의미는 4장 7-16절에서 각 지체가 몸의 일부로 자기가 받은 각양 은사를 따라 섬기는 '몸된 교회'라는 말로 잘 나타나 있다.[159]

에베소서는 교회가 하나되어 성장해야 함을 강조한다.

우리가 다 하나님의 아들을 믿는 것과 아는 일에 하나가 되어 온전한 사람을 이루어 그리스도의 장성한 분량이 충만한 데까지 이르리니… 오직 사랑 안에서 참된 것을 하여 범사에 그에게까지 자랄찌라 그는 머리니 곧 그리스도라 그에게서 온몸이 각 마디를 통하여 도움을 입음으로 연락하고 상합하여 각 지체의 분량대로 역사하여 그 몸을 자라게 하며 사랑 안에서 스스로 세우느니라.[160]

선교와 교회는 둘이 아니다. "바울의 교회론에서 선교와 교회는 하나이다. 우리도 언젠가 성숙하여져서 그리스도께서 '자기 앞에 영광스러운 교회로 세우사 티나 주름 잡힌 것이나 이런 것들이 없이 거룩하고 흠 없게' 하실 것이다."[161]

성결성 운동

교회는 거룩한 하나님의 백성이다. 교회의 본질은 성결성에 있다. 이 성결성은 선교운동의 방향을 결정한다.

우리는 교회의 성결성을 믿음으로 수용한다(엡 1:1-14). 이 거룩함은 하나님께서 우리를 향하신 목적으로 확인된 하나님의 선물이다. 바울은 그의 서신 첫머리를 하나님 나라에 함축된 의미가 있는 열 가지의 축복을 노래한 초대교회 찬양으로 시작한다. 이 찬양은 삼위일체 되신 하나님께서 행하신 놀라운 일에 대한 찬양이다.[162]

교회의 성결성은 영적 대결을 요구한다. 세상 주관자는 교회의 성결성에 도전한다. 교회는 악한 영들과의 전쟁을 감당해야만 한다.

우리가 속한 사회 안에서 교회의 성결성은 "혈과 육에 대한 것이 아니요 정사와 권세와 이 어두움의 세상 주관자들과 하늘에 있는 악의 영들에게 대한"(엡 6:12 개역한글) 전쟁을 요구한다. 개체적이나 단체적인 악들 사이에서, 교회는 정치나 경제적인 힘이 주 안에 있는 성결케 하는 힘을 대신할 수 있다는 생각을 해서는 안 된다. 교회는 진리로 허리띠를 띠고, 모든 관계 중심에 의를 세우고, 복음의 신발을 신고, 악한 자의 불화살을 막을 수 있는 믿음으로 어려움을 이겨내야 한다. 교회는 확실한 구원을 선포하고, 하나님의 말씀으로 악한 공격을 물리치고, 세상의 필요들을 하나님께 아뢰는 기도와 간구가 있어야 한다(엡 6:10-20).[163]

사랑 안에서 성결성이 온전해진다. "교회 안에 하나님의 거룩한 임재를 무엇으로 알 수 있는가? 그것은 사랑이다! 예수님께서 말씀하셨다. '이로써 모든 사람이 너희가 내 제자인 줄 알리라'(요 13:35, 15:10-12). 주님이 함께하는 교회와 신자를 분명히 밝혀 주는 행실은 사랑뿐이다."[164]

보편성 운동

벤 엥겐은 모두에게 하는 선교의 보편성을 강조한다. 교회는 그리스도로부터 선교의 본질적 사명을 받기 때문이다. 그는 주장한다. "그리스도론은 교회론의 핵심이다. 바울은 우리가 교회의 머리 되신 분을 앎으로 교회에 대해 알게 되기를 원한다. 왜냐하면 교회는 성자 예수 그리스도로부터 생명과 본질적 사명을 받기 때문이다."[165]

교회의 보편성은 어떻게 확인할 수 있는가? 우리의 눈으로 교회의 보편성을 볼 수 없다. 우리는 다만 믿음으로 교회의 보편성을 수용한다. 우리는 그리스도 안에서 믿음으로 교회의 보편성을 고백한다. 동시에 이 세상에서 그 보편성을 실현하려 힘쓴다(엡 2:1-13). 이것이 보편성에 나타난 선교이다.[166]

교회는 모든 사람을 위한 곳이다. 그러므로 우리는 모든 사람들이 교회 안으로 들어올 수 있도록 초청하고 불러들이는 일을 계속해야 한다. 보편적인 교회는 왕의 특별한 초청을 전하는 전달자로서 큰 길이나 작은 길에 나가 사람들을 불러 잔치에 참석할 수 있게 해야만 한다. 보편적인 교회는 그 문이 항상 활짝 열려 있다. 모든 사람에게 열려 있는 열린 공동체이다. 보편적 교회는 사회적 신분이나, 경제적 수준이나, 피부 색깔이나, 성별, 문화적 배경, 국적 때문에 서로를 배타시하거나 반목함으로 보편성을 잃어서는 안 된다. 보편적 교회는 본질적으로 선교적이다. 선교적 교회는 '모든 만물을 충만케' 하시는 교회의 머리 되신 그리스도에 의해 모든 민족 가운데 보내졌다.[167]

교회는 보편성을 지닌다. "우리가 신앙을 고백할 때 '하나이며 거룩하고 보편적인 교회와 성도가 교통함을' 고백한다. 이것은 우리 자신을 철저하게 하나님의 선교에 헌신하고, 이 세상에서 선교적 교회로, 선교하는 하나님의 백성으로 살아갈 것을 고백하는 것이다."[168]

교회가 점점 더 많은 사람들을 위한 교회가 되어질 때, 그 몸은 보편성을 가진 참된 교회의 모습을 드러낸다(엡 3:1-13). 바울이 에베소서에 기술한 교회의 선교적 본질은 간결하면서도 심오하다. 믿음으로 깨달은 대로 보편성은 우리가 최선을 다하여 이루어야 할 목표이다.[169]

문성일은 벤 엥겐의 네 가지 속성에 대한 선교적 표현으로 '하나님의 백성 주도적 교회'(laos-driven church)를 설명한다. 안수받은 목회자와 평신도의 구분이 없는 '하나님의 백성' 주도적 교회가 어떻게 하나님의 선교에 동참할 수 있는지에 대해 설명하면서, 교회의 네 가지 속성들이 동사형으로 바뀌어 선교적 동력을 얻는 역동적인 모델을 제시한다.[170]

선교적 교회의 본질

벤 엥겐이 제시하는 선교적 교회는 교회의 속성들을 교회의 본질로 이해한다. 지금까지 신학자들이 이해한 명사형 교회를 동사형 교회로 이해한다. 그러면 교회의 속성들은 형용사에서 부사로 바뀌게 된다.

이제 우리는 니케아 회의의 네 단어들을 우리가 아는 명사형 교회를 수식하는 형용사로 보지 말고 이 세상에서 영생을 가진 교회의 선교활동을 하는 동사형 교회를 수식하는 부사로 이해할 때가 되었다. 이렇게 하면 교회의 네 가지 본질은 정적인 '속성들'에 머물지 않고 시험하는 '측량자들' 이상이 되며 역동적인 '은사와 사역' 이상으로 동적(動的) 개념이 된다. 이 관점은 우리로 하여금 네 가지 단어를 세상에서 선교적 교회의 수족(手足)으로 보게 한다.[171]

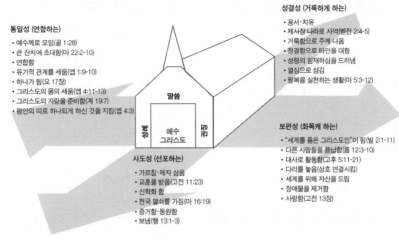

성결성 (거룩하게 하는)
- 용서·치유
- 제사장 나라로 사역(벧전 2:4-5)
- 거룩함으로 주께 나옴
- 청결함으로 타인을 대함
- 성령의 임재하심을 드러냄
- 열심으로 섬김
- 팔복을 실천하는 생활(마 5:3-12)

통일성 (연합하는)
- 예수께로 모임(골 1:28)
- 큰 잔치에 초대함(마 22:2-10)
- 연합함
- 유기적 관계를 세움(엡 1:9-10)
- 하나가 됨(요 17장)
- 그리스도의 몸의 세움(엡 4:11-13)
- 그리스도의 지랑을 준비함(계 19:7)
- 평안의 띠로 하나되게 하신 것을 지킴(엡 4:3)

말씀

예수
그리스도

보편성 (화목케 하는)
- "세계를 품은 그리스도인"이 됨(빌 2:1-11)
- 다른 사람들을 용납함(롬 12:3-10)
- 대사로 활동함(고후 5:11-21)
- 다리를 놓음(상호 연결시킴)
- 세계를 위해 자신을 드림
- 장애물을 제거함
- 사랑함(고전 13장)

사도성 (선포하는)
- 가르침·제자 삼음
- 교훈을 받음(고전 11:23)
- 신학화 함
- 천국 열쇠를 가짐(마 16:19)
- 증거함·동원함
- 보냄(행 13:1-3)

FIGURE 10 선교적 관점에서 본 교회의 네 가지 본질(Van Engen 2014, 111)

　　선교적 관점에서 보는 교회의 네 가지 본질은 동적이다. 정적인 개념이 아니다. "이 관점은 교회를 선교운동이나 선교적으로 의미가 있는 사건을 일으키는 동사형(動詞形) 집단으로 이해하게 한다."[172]

　　벤 엥겐은 교회의 본질로 '성장을 향한 갈망'(yearning for the growth)을 천명한다. 교회의 네 가지 속성과 개혁자들이 주장한 세 가지 특징에 한 가지를 첨가해야 한다고 주장한다.

　　이러한 평가 과정에 우리는 한 가지 핵심 개념을 더 첨가해야만 한다. 나는 '수적인 성장을 갈망함'(yearning for the growth)이 교회의 본질적인 특성이라는 것을 〈참 교회의 성장〉(The Growth of the True Church)에서 논증했다. 수적인 성장에 대한 갈망은 성경에서 발견한 중요한 주제들 가운데 하나이다.[173]

벤 엥겐은 전도자 바울이 수적인 성장을 갈망했다고 본다. 바울이 "나의 형제 곧 골육의 친척을 위하여 내 자신이 저주를 받아 그리스도에게서 끊어질지라도 원하는 바로라"(롬 9:3)라고 고백하였기 때문이다. 벤 엥겐은 바울의 절절한 고백에서 수적인 성장을 향한 갈망을 보았다.[174]

성장을 향한 갈망과 수적인 성장은 참 교회의 표징이다.[175] 잃은 양을 찾고, 잃은 동전을 찾고, 잃어버린 아들을 찾아 교회의 책임 있는 구성원이 되게 하는 것은 교회의 본질에 속한다.

선교의 목표

휘체돔은 교회를 하나님의 새로운 백성 개념으로 설명한다. 교회는 그리스도를 통하여 세상에 보내졌다. 공동체 안에서 새로운 하나님의 백성으로 결속되어 있다.[176]

이 새로운 하나님의 백성은 구약의 모든 속성을 지닌다(벧전 2:9). 이를 통하여 그들은 하나님의 백성으로서 세상과 구별된다. 그들은 삶과 내적 태도에서 세상과 다르다. 그것은 자기 자신에도 세상에도 속하여 있지 않고, 하나님께 속하여 있다. 그 안에서 그리스도에게서 온 생명이 드러난다. 그 때문에 그것은 세상에 보내는 그리스도의 서신이며(고후 3:3), 세상이 보고 읽을 수 있다… 교회는 자신을 위함이 아니요, 세상을 위하여 있다. 그러므로 우리가 교회의 본질을 말할 때, 단지 우리는 하나님에게서 출발하여 하나님의 관점에서만 교회가 무엇인지를 결정할 수 있다. 이같이 오직 하나님의 선교를 통해서만 공동체의 참 본질이 분명해진다.[177]

개종운동

휘체돔은 선교의 목표를 민족[178]을 얻어 믿음의 공동체를 형성하는 데 둔다. 교회가 하나님의 백성을 이루는 선교적 도구이기 때문이다.[179]

선교의 목표는 이방 나라를 회개시켜 교회를 세우는 것이다. "교회는 잃어버린 세상과 비기독교인들에게 구원의 복음을 전파하고 듣는 자의 편에서 복음을 받아들임으로써 지상에 구속된 자의 공동체, 하나님의 백성을 이루어야 할 것이다."[180] 선교의 목표는 "모든 인간을 구원하여 그리스도의 교회로 모으는 일이다."[181]

선교명령에서 "모든 사람"은 마태복음 24장 14절에서 분명히 이해될 수 있다. 이방인은 아무도 제외되지 않는다. 복음은 민족들이 살고 있는 공간, 교회 선포의 범위인 온 오이쿠메네에 선포되어야 한다.[182]

기독교 문명운동

휘체돔은 바르넥의 선교신학을 기술하면서 그가 기독교화와 국민교회의 개념으로 선교를 이해하고 있다고 지적한다. 복음화와 개종에 대한 관심이 없다고 지적한다. 바르넥은 이방인 기독교인들이 기독교 전통을 가지고 있지 않아서 완전한 의미에서의 기독교인이 될 수 없기 때문에 점진적인 개종을 위해 수 세대를 통하여 교육해야 한다는 교육적 사고를 하고 있다고 설명한다.[183]

휘체돔은 바르넥이 민족과 국가 전체가 복음 아래 들어와, 세례 받은 자들의 공동체가 주도권을 잡고 새로운 기독교적 문명을 창달해 내는 생각을 하지 못하고 있다고 비판한다.[184]

휘체돔은 바울이 자신의 선교사명을 제시한 고린도전서 9장 19절

말씀을 통하여 복음전도를 강조한다. 복음전도는 열방에서 사람들이 믿음에 순종하는 선교사의 직무이기에, 구체적인 목표를 세우고, 목표를 완수하기 위해 충성스럽게 노력해야 할 것을 강조했다.[185]

교회는 사도직을 수행하기 위한 공동체이다. "교회는 성령을 받고 오고 있는 나라를 증거하도록 부름 받았다. 모든 세례 받은 자들은 증거의 의무와 권위를 받았다."[186] 하나님은 교회를 통해 사도직을 수행하신다. 래드는 말한다.

그분은 하늘에서 다스리신다. 그리고 그분은 지금 교회 안에서 교회를 통해 이 땅에서 그분의 통치를 보고 계신다. 그리스도는 지금 "세상 끝날까지"(마 28:20) 우리의 선교를 완수하기 위해 우리와 함께 일하신다. 그분은 영광 중에 다시 오셔서 그분의 나라를 설립하실 것이다. 우리는 하나님의 날이 오기를 기다릴 뿐 아니라 그날이 오는 것을 앞당길 수도 있다(벧후 3:12). 이것이 하나님 나라의 복음이며, 이것이 우리의 선교다.[187]

서구교회들이 신생 교회가 선교하는 일을 격려하지 않는 것은 신생 교회가 갖는 교회됨의 특권을 박탈하는 것이다. 하나님 나라를 위한 선교는 어느 수준의 문화에 도달했을 때에만 가능하다는 생각은 오류이다. 선교는 서구교회의 확장도 아니며 서구교회만의 특권도 아니다. 모든 교회에게는 선교적 사명이 있다.[188]

그러므로 공동체는 항상 무엇을 통해 구원이 오는가에 주목해야 한다. 예수 그리스도로 인하여 교회는 인류 역사 안에 결정적 사실이 되었다. 그러므로 우리는 약속한 나라가 이미 왔다고 하는 것을 선포함으로써 그 나라의 증거를 완성할 수 있다. 그러므로 구원을 알고 있는 교회는 계시

와 구원의 봉사를 하게 되어 있다. 교회는 예수 그리스도를 통한 구원의
교회가 되었고, 그러므로 모든 민족에 구원을 가져다 줄 수 있다.[189]

요약

이 장에서는 기독교 문명운동의 성경적 관점을 기술했다. 삼위
일체 신학적 관점에서 하나님의 선교를 주제로 삼고 하나님의 선
교운동, 예수님의 선교운동, 성령의 선교운동, 그리고 교회의 선
교운동에 대하여 기술했다.

다음 장에서는 기독교 문명운동의 기독교 문명운동사적 관점
을 기술할 것이다.

제 2 장

기독교 문명운동의
기독교 문명운동사 관점

이 장에서는 기독교 문명운동의 역사적 관점을 기술한다. 여기서 성경에 나타난 온 세상에 대한 하나님의 계획을 하나님이 어떻게 역사 속에서 선교운동을 통하여 이루어 가시는지를 살펴보고자 한다.

창세기부터 성경 전체에서 반복하고 있는 세상을 변화시키라는 주의 명령을 그의 교회가 어떻게 순종하며 이루어 갔는지를 역사적 관점에서, 역사적인 사건들을 바탕으로 기술할 것이다. 하나님의 선교 명령을 성취하여 가는 선교운동들을 선택적으로 살펴볼 것이다.

기독교 문명운동으로 혁신적 변화를 일으켰던 사건들을 통해 하나님께서 역사에 간섭하시는 원칙들을 살펴보고자 한다. 왜냐하면 모든 사건에는 하나님이 개입되어 있기 때문이다. 하나님께서 자신이 세우신 경륜을 어떻게 섭리하시는가를 보고 그 의미와 중요성을 이해하면, 기독교 문명운동에 참여하는 우리가 어떻게 그의 뜻을 이어갈 수 있는지를 배울 수 있을 것이다.

역사의 주인이신 하나님

하나님은 역사의 주님이시다. "모든 일을 그의 뜻의 결정대로 일하시는 이의 계획을 따라 우리가 예정을 입었다"(엡 1:11). 하나님은 시간과 공간의 역사에서 일어나는 일들을 그의 뜻의 결정대로 일하신다. 하나님께서는 그의 영원한 계획을 따라 의도적이며 주도적으로 일하신다. 그러므로 역사는 하나님의 이야기이다.

다니엘은 바벨론 왕 느부갓네살의 꿈을 알고 이해하였을 때에 하나님을 찬양했다. "다니엘이 말하여 이르되, 영원부터 영원까지 하나님의 이름을 찬송할 것은 지혜와 능력이 그에게 있음이로다. 그는 때와 계절을 바꾸시며 왕들을 폐하시고 왕들을 세우시며"(단 2:20,21). 하나님은 그의 경륜을 따라 역사 속에서 섭리하신다(엡 1:9).

공관복음서는 이 같은 하나님의 경륜을 따라 예수 그리스도를 이 세상에 보내시는 그의 섭리를 볼 수 있다. 특히 누가복음 3장 1,2절은 세례 요한과 예수님이 등장하는 역사적 상황을 자세히 기록하고 있다. 이를 통해서 우리가 알 수 있는 것은 하나님은 구체적인 역사적 상황 속에서 일하고 계신다는 점이다. 하나님은 역사적 진공상태에서 일하지 않으신다. 우리의 삶 가운데로 들어오신다. 막연한 영적 세계 어디에서가 아니라 우리가 살아가는 오늘의 삶의 현장에서 하나님을 섬기게 하려는 것이다.[1]

하나님은 상상 속의 피안의 세계가 아니라 삶의 현장에 관심이 있으시다. 하나님은 우리의 일상생활에 관심이 있으시다. 하나님은 구체적인 역사적 상황 속에서 우리를 부르신다. 부르심을 받은 사람들은 땅 끝을 향해 나갔다. 기독교 문명운동은 전 세계로 퍼져나갔다. 기독교는 이제 세계적인 종교로 자리매김을 했다. 다양한 사회 문화 속으로 번져갔다. 세바스찬 김은 '기독교가 세계 문명들 가운데 어떤 모습으로 나타나고 있는지'[2]에 관심을 가졌다.

랄프 윈터는 역사 속에서 이 같은 일들을 문명운동이라 불렀다. 랄프 윈터는 신약시대 이후 지금까지 2천 년의 역사를 하나님의 문명운동의 연속이라 해석했다. 그는 이 기간을 5막으로 구성된 역사 드라마로 본다.[3] 즉 2,000년을 400년 단위로 나누었다. 즉 0-400년, 400-800년, 800-1200년, 1200-1600년, 1600-2000년으로 구분했다. 그리고 각 막의 마지막 장은 나름의 기독교 르네상스를 연출했다고 본다. 즉 각 막의 마지막에는 르네상스 운동이 일어났다고 본다. 그리고 그 특징은 성경에 나타난 하나님의 나라가 한 문화권에서 다른 문화권으로 확장되는 과정이 나타난다고 했다.[4] 즉 "신앙이 증대되고 평화와 안정이 유지되면서 문명이 만개하는 시기들을 말한다"고 했다.[5] 윈터는 이것을 '기독교 르네상스'라고 지칭했다. 윈터는 라투렛의 기독교 "재기"(Resurgence)가 가진 의미를 살려 '기독교 르네상스'라 부른다.[6]

이 다섯 번의 르네상스는 다음과 같다. 고전적 르네상스(300-400A. D.), 카롤링거 르네상스(700-800A.D.), 12세기 르네상스(1100-1200A. D.), 전통적 르네상스(1500-1600A.D.), 복음주의적 르네상스(1800-2000A.D.). 기독교 문명사에 나타난 복음 르네상스들은 다음과 같다.[7]

서구 문명사 맥 잡기

기독교 신앙이 각각의 새로운 문화 분지로 이동함에 따라 학자들이 '르네상스'라고 불렀던 시대 안에 그것이 받아들여지기 전에는 어려움을 겪었다.

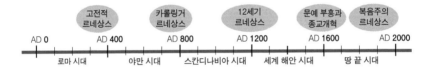

FIGURE 11 기독교 문명사의 르네상스(임윤택 2013, 365)

윈터는 말하기를 "시대가 발전해 가면서 르네상스는 매번 조금씩 빨라졌고 더 강력해졌다"고 한다. 그리고 "다섯 번째 르네상스는 이전과는 현저한 차이가 있어 폭발적이었다"고 한다.[8]

그런데 또 다른 특이한 점은, 각 시대는 공통적으로 혼돈과 핍박으로 시작되었다는 것이다. 처음에는 로마제국이 세계를 혼란과 핍박으로 몰아갔고, 두 번째는 고트족과 색슨족의 침략, 세 번째는 바이킹족의 침략이었다. 네 번째는 십자군 운동, 다섯 번째는 서구 열강의 식민주의 운동이다.

역사는 우리에게 교훈을 준다. 폴 피어슨은 역사 연구를 해야 하는 이유를 여섯 가지로 말하고 있다.[9]

첫째, 우리의 정체성을 확립하여 준다. 우리가 누구이며, 성경을 어떻게 바라보아야 하는지를 바로 알게 한다. 우리는 아브라함의 영적 후사이다. 영적인 계승자이다. 우리는 사도와 선지자, 신약교회의 계승자이다. 중세교회, 종교개혁자들의 교회, 17, 18세기의 부흥운동과 선교운동의 계승자들이다. 우리는 역사 속에 나타난 지역교회와 선교 단체의 영적 계승자들이다. 또한 그들의 수혜자들이다. 초대교회의 부흥은 우리의 신앙의 뿌리를 형성시켜 주었다. 그들의 믿음은 오늘 우리의 복음과 선교에 영향을 주었다. 갱신운동은 저항운동이다. 교회가 성경적 기준을 떠났을 때 이를 회복하기 위한 운동이 시작되었다.

둘째, 역사적 안목을 제공한다. 역사에 나타난 하나님의 활동을 보면 오늘 우리가 살아가는 교회와 세상에서 역사하시는 하나님의 활동을 볼 수 있는 통찰력을 얻게 된다. 우리의 편협하고 근시안적인 시각을 교정하여 줄 것이다.

셋째, 역사적 통찰력을 가지게 된다. 혼돈과 변화 속에서 해답을 얻을 수 있다. 문제를 보는 새로운 안목을 주고, 하나님께서 그런 문제의 상황 속에서 어떻게 일하실지를 분별하는 통찰력을 제공한다.

넷째, 인식적 도구를 제공한다. 역사는 이슈를 인식하는 도구를 제공한다. 새롭게 일어나는 선교운동 전체를 폭넓게 이해하게 하여 주고 우리의 사역을 분석하는 도구를 제공한다. 피어슨은 말하기를, "주변에서 일어나는 이상하고 새로운 선교운동을 가볍게 여기지 말라. 성령께서 그 운동을 통하여 가장 위대한 하나님의 창의성을 나타내고 계신지 모른다. 역사는 그러한 하나님의 창조적 역사들로 가득하다"라고 했다.

다섯째, 선교적인 이슈를 제공한다. 역사는 반복되지 않지만 역사에 등장하는 이슈들은 반복된다. 그 중의 하나가 문화와 기독교 신앙에 대한 이슈이다. 우리는 문화적 이슈들을 지혜롭게 다루어야 한다.

여섯째, 개방적 태도를 가지게 한다. 하나님은 언제나 새로운 일을 하신다. 성령은 계속하여 창조하신다. 우리가 만든 조직이나 기관이 최고라고 간주하면 안 된다.

올바른 역사적 안목

하나의 동일한 사건을 두고도 보는 시각이 다를 수 있다. 당연히 그 해석도 다를 수 있다. 폴 피어슨은 이렇게 말한다.

이집트 수도 멤피스에서 발간된 기원전 1300년 6월 6일자 신문 기사를 스크랩한 것이 있다고 상상해 보자. 기자는 이렇게 기술했다. "어제 홍해 바다가 갑자기 범람하여 수많은 바로의 군대가 물에 빠져 숨졌다. 람세스 2세는 도망치는 불법 외국인들을 체포하기 위해 군대를 파견했다. 그들은 팔레스타인 국경을 넘어와 고센지방에 정착했으며 벽돌 만드는 일을 하던 노동자들이었다. 황실 대변인은 홍해바다의 갑작스런 범람은 얼마 전 나일강 계곡에서 일어난 자연재해와는 전혀 관계가 없다고 단언했다." 그러나 우리가 기자라면 보도 내용은 상당히 달랐을 것이다. 우리는 이 사건 속에 하나님이 개입되어 있음을 믿는다. 우리는 성경에 기록된 사건을 사실로 믿는다.[10]

성경에 나타난 사건은 우리가 하나님의 관점으로 사건을 바라보고 이해하고 해석하게 한다. 그러나 성경에 나타나지 않는 사도행전 이후의 교회의 역사는 어떻게 이해할 것인가? 위의 홍해바다의 사건을 두고 정반대의 이해와 해석이 있듯이 오늘에도 역사이해는 마찬가지이다. 그러나 우리는 성경에 나타난 역사이해를 바탕으로 역사를 살펴볼 수가 있다. 그것은 바로 하나님의 관점이다. 우리에게는 성경이 있다. 또한 하나님의 말씀을 조명하여 이해를 주시는 성령이 있다. 성령은 우리로 올바른 역사적 안목을 가지게 도와주신다.

속사도시대의 하나님의 나라 운동

사도행전에는 두 번의 중요한 회의가 기록되어 있다. 11장과 15장에 나타난 예루살렘 회의는 하나님의 나라의 운동에 대한 이해를 주는 데 있어서 결정적인 역할을 했다. 하나님의 나라는 유대인에게만 국한된 것이 아니라 모든 족속들을 위한 것이라는 하나님의 관점을 심어주는 것이었다.

베드로가 로마 주둔군 장교 고넬료의 집을 방문하여 복음을 전파한 것은 당시의 유대문화에서는 있을 수 없는 일이었다. 예루살렘에 있는 사도들과 형제들이 이를 가지고 베드로를 비난했다. 베드로는 이에 대하여 그 과정을 차례로 설명했다. 베드로 자신도 이방인에게 복음을 전하는 일에 대하여 선입견을 가지고 있었다. 그러나 하나님의 뜻이 명확하여졌을 때에 베드로는 이 장애물을 뛰어넘어 돌파했다. 베드로는 말했다. "내가 누구이기에 하나님을 능히 막겠느냐?"(행 11:17) 베드로의 설명을 듣고 이들은 잠잠하여 하나님께 영광을 돌렸다. 그리고 말했다. "그러면 하나님께서 이방인에게도 생명 얻는 회개를 주셨도다"(행 11:18).

사도행전 11장의 예루살렘 회의는 하나님의 나라에 대한 이해에 새로운 지평을 여는 순간이었다. 하나님의 나라는 유대인에게만 국한된 것이 아니라 모든 족속에게도 해당한다는 이해를 가지게 되었다. 이후에 복음이 이방인에게 확장되는 전환점이 되었다.

바울과 바나바가 1차 전도여행을 마치고 안디옥에 있을 때에 유대로부터 내려온 교사들이 모세의 법대로 할례를 행해야 구원을 받는다고 가르쳤다. 바울과 바나바와 이들 사이에 적지 않은 다툼과 변론이 일어났다. 안디옥 교회는 이를 위하여 바울과 바나바와 몇 사람을 예루살렘의 사도와 장로들에게 보내었다. 이 일로 소집된 회의를 통하여 복음을 전함에 있어서 할례를 행하고 율법을 지킴이 아니라 오직 주 예수의 은혜로 구원받음을 견고히 했다(행 15:1-29).

사도행전 15장의 예루살렘 회의는 하나님의 나라에 있어서 복음에 대한 이해를 확실히 하게 되는 전환점이 되었다. 복음은 오직 예수 그리스도를 믿음으로 구원받음에 대한 것이다. 율법이나 할례가 아니라 오직 예수 그리스도의 은혜로만 구원을 받는다.

사도행전 11장은 하나님의 나라의 넓이에 대하여, 15장은 하나님의 나라의 깊이에 대하여 다루었다. 하나님의 나라가 이루어짐에 있어서 유대적 사고의 편협에서부터 자유로워질 필요가 있었다.[11] 사도들과 리더들은 유대주의적 문화의 사고의 틀을 깨뜨리고 장애물을 넘어갔다. 하나님의 나라의 확장에는 이 같은 돌파가 있어서 장벽을 깨뜨려야 한다. 그러나 놀랍게도 이러한 비슷한 현상들은 교회 역사에서 여러 차례 발견할 수가 있다. 폴 피어슨은 말한다. "현대 개신교 선교운동이 시작된 지난 2세기 동안, 기독교 신앙은 '서양종교' 혹은 '백인들의 종교'로 인식되어 왔다."[12]

유럽의 선교사들이 아프리카에 와서 교회당을 지었을 때에 현지인들이 참석을 꺼려했다. 그 이유는 건물이 사각형으로 지어져서 너무 딱딱하고 어색하다는 것이었다. 그들은 모든 공동체의 모임을 원형으로 했다. 그래서 건물도 원형으로 짓는다. 문화양식들은 하나님의 영광을 담는 질그릇이다.[13]

서구 선교사들이 전해 준 서구의 기독교 문화의 틀을 벗어나야 한다. 토착문화의 형식을 사용할 때에 건전하고 건강한 교회를 이룬다. 그러나 그 모든 것은 언제나 성경적이어야 하고 성령의 인도하심을 받아야 한다. 사도행전에 나타난 하나님은 오늘도 동일하게 일하신다. 우리가 사도행전을 살피는 이유는 초대교회를 유대주의적인 사고와 문화에서 자유롭게 하신 성령의 일하심을 오늘도 경험하기를 바라기 때문이다. 전통적이며 제도적인 교회문화로부터 자유로워져서 새로운 문화형식으로 신앙생활을 해야 한다.[14] 동시에 우리는 혼합주의를 경계해야 한다. 자신이 가진 특정문화적 신앙형식을 중시하는 자문화 중심주의를 경계해야 한다. 언제나 진정한 성경적 신앙을 추구해야 한다. 문화와 신앙양식의 변화는 있더라도 믿음의 본질은 유지해야 한다.

　　초대교회를 거쳐 속사도시대에 이르러 교회에 대한 이해가 달라졌다. 사도행전 1장에서 예루살렘에 머물지 않고 문화적으로, 지리적으로, 인종적으로, 언어적으로 복음의 확장을 감당하여 교회가 점차 확장되자 교회의 안정을 주도하는 리더십이 강조되었다. 선교지향적인 리더십과 목회적인 리더십의 긴장이 발생했다. 데이비드 보쉬는 말한다.

1세기 말이 되자 교회론에 대한 이해가 달라지기 시작했다. 신약성경에도 나타난 바와 같이 복음전도자, 선지자, 사도들의 선교사역이 위축되고 장로와 집사 등 안정적인 목회 사역자들이 힘을 얻기 시작하면서 긴장관계가 형성되었다. 이런 창조적 긴장관계는 시간이 지나면서 점차적으로 목회적 리더십을 강화하는 쪽으로 결론이 났다.[15]

당시에는 두 가지의 특성을 가진 리더십이 병행했다. 첫째는 선교적 리더십이다. 이들은 복음이 전파되지 않은 지역에 복음을 전하고 교회를 세우는 일에 주력했다. 이들은 한곳에 정착하지 않고 이동했다. 둘째는 목회적 리더십이다. 지역교회가 성장하면서 이들을 책임지고 돌보는 리더십이 필요했다. 이들을 장로나 감독이라 불렀다.

바울과 아볼로의 사역이 서로 다른 것도 이 같은 사역의 필요성 때문이다. 바울이 2차 선교여행으로 마게도냐행을 하면서 이른 곳이 고린도이다. 바울은 그 지역에 1년 6개월이라는 비교적 오랜 기간 머물면서 고린도 교회를 개척했다. 그 후 바울을 이어서 아볼로가 이르러 이들을 양육했다.

나는 심었고 아볼로는 물을 주었으되 오직 하나님께서 자라나게 하셨나니 그런즉 심는 이나 물 주는 이는 아무것도 아니로되 오직 자라게 하시는 이는 하나님뿐이니라. 심는 이와 물 주는 이는 한 가지이나 각각 자기가 일한 대로 자기의 상을 받으리라.[16]

바울서신의 초기 교회의 조직과 말기 서신에 나타나는 교회의 조직은 이러한 면에서 다르다. 고린도전서에는 사도, 선지자, 교사, 능력 행하는 자, 병 고치는 자, 서로 돕는 것, 다스리는 것, 각종 방언을 말하는 것이 열거되어 있다(고전 12:28-30). 또한 에베소서에는 사도, 선지자, 교사, 목자(한글성경에는 목사라고 되어 있으나 이는 목자로 보아야 한다), 전도자로 열거되었다(엡 4:11). 교회는 사도들과 선지자들의 터 위에 세우심을 입었다(엡 2:20). 물론 사도행전에는 주로 사도와 선지자가 언급되었다.

목회서신인 디모데전후서와 디도서는 바울의 말기에 기록된 서신이다. 이때는 이미 교회가 어느 정도 확장되고 형성된 때이다. 바울은 디모데와 디도가 교회의 목회 사역자로서 그 임무를 감당하기를 원했다. 당시는 교회의 조직에 변화가 있었다. 감독과 집사(딤전 3:1-13), 장로와 감독(딛 1:5-9) 등으로 불렸다. 베드로전서에도 장로가 언급되었다(벧전 5:1-5). 가장 후기에 속하는 요한의 서신에도 장로가 언급되어 있다(요한 2, 3서).

이 같은 두 형태의 리더십은 서로 충돌하거나 상반된 것이 아니라 서로 협력함으로 하나님의 나라를 이룰 수 있다. 즉 지역교회가 목회적 리더십에 의해서 더욱 견고하여지고 성장해야 한다. 그러나 동시에 교회의 본질인 '통일성, 거룩성, 사도성, 보편성'을 놓쳐서는 안 된다. 이 같은 교회의 본질을 붙들고자 한다면 교회는 쉴 새 없이 복음 전파에 힘써야 한다. 이 같은 일을 성취하고자 한다면 선교적 리더십이 더 드러나야 한다. 왜냐하면 교회의 본질 네 가지 중 세 가지는 선교적인 용어이기 때문이다. 교회는 하나됨으로 부르심을 받았다. 또한 특별한 목적을 위해 구별되어 부르심을 받았다. 그리고 사도적 가르침에 충실하여 보내심을 받은 자로 부르심을 받았다. 또한 땅에 있는 모든 족속을 다 포함하는 보편성의 부르심을 받았다. 이 모든 부르심을 온전히 성취하고자 한다면 교회는 끊임없이 선교적 사명을 수행해야 한다.

그러므로 목회적 리더십과 선교적 리더십이 서로 조화를 이루어야 한다. 어느 하나를 강조하거나 소홀히 여길 수가 없다. 명칭에 대한 것이 초점이 아니라 비전과 가치, 그리고 목적에 초점을 맞추어야 한다. 그리고 무엇보다도 성령의 이끄심을 받아야 한다. 또한 성경적이어야 한다. 목회적 리더십이나 선교적 리더십에 있어서 성령과 성경은 절대적이다.

오늘 역사하시는 하나님은 초대교회에 역사하신 하나님이시다. 사도행전에 나타나는 리더십이 전적으로 성령의 명령과 인도하심에 순종함으로 나타났다면 오늘에도 이것은 변함이 없다.

하나님의 주권과 교회의 순종

하나님의 나라가 임하는 것이 온 땅에 대한 하나님의 계획이다. 하나님은 그의 주권으로 그의 뜻을 이루신다. "모든 일을 그의 뜻의 결정대로 일하시는 이의 계획을 따라 우리가 예정을 입어 그 안에서 기업이 되었다"(엡 1:11)고 기록되었듯이, 하나님은 일을 행하시는 여호와, 그것을 만들며 성취하시는 여호와이시다(렘 33:2). 느부갓네살이 보았던 이상을 다니엘이 성령으로 알게 되었을 때, 다니엘은 하나님께 경배했다. "다니엘이 말하여 이르되, 영원부터 영원까지 하나님의 이름을 찬송할 것은 지혜와 능력이 그에게 있음이로다. 그는 때와 계절을 바꾸시며 왕들을 폐하시고 왕들을 세우시며 지혜자에게 지혜를 주시고 총명한 자에게 지식을 주시는도다"(단 2:20,21).

하나님은 복음의 확산을 주도하신다. 지리적으로, 문화적으로 확장되는 데 하나님은 일하신다.

1) 이방인 고넬료−베드로

2) 마게도냐 환상−바울

3) 로마제국: 하나님은 그의 경륜을 이루기 위해 "로마제국을 움직이셨다."[17] 다음의 세 가지 요소들은 하나님이 복음전파를 위해 역사를 어떻게 이끄시는지를 볼 수 있다. 하나님은 역사의 주이시다.

첫째, 팍스 로마나(Pax Romana)이다. 바벨론, 메디아와 페르시아, 그리스를 이어 로마가 1세기 당시 지중해 연안을 다스렸다. 로마제국은 광대한 제국으로 200년간이나 평화를 유지했다. 당시의 역사에서는 찾아볼 수 없는 놀라운 일이었다. 여행의 자유화는 복음전파에 가장 중요한 요소였다.

둘째, 로마의 행정과 도로망이었다. 공평한 로마법과 이에 따른 행정이 있었다. 로마의 시민권자인 바울은 로마법에 의해 보호를 받았다. '모든 길은 로마로 통한다'는 말이 있다. 13만 5천 마일(:21만 6천 킬로미터)에 이르는 견고한 도로망은 유럽을 가로질렀다. 그 길로 당시의 전차는 하루에 100-150킬로미터를 달릴 수 있었다. 탁월한 토목과 건축기술로 이루어진 도로, 다리 등은 아직도 많은 부분이 사용되고 있다. 놀라운 것은 이러한 도로가 실크로드와 연결되어 유럽 전역, 소아시아, 중앙아시아, 인도, 그리고 중국까지 이르는 거대한 무역루트로 사용되었다는 점이다. 물론 이러한 도로망과 행정은 선교를 위해 가장 중요하게 사용되었다.

셋째, 코이네 헬라어의 사용이다. 로마는 헬라를 정복하여 거대한 제국을 이루었지만 문화와 언어는 놀랍게도 헬라 중심이었다. 코이네 헬라어는 당시의 평민들이 사용하던 일상언어였다. 구약성경이 이러한 일상어인 코이네 헬라어로 번역되었다. 복음은 헬라어로 전파되었다.

4) 회당과 디아스포라

당시의 회당은 온 땅을 향한 하나님의 경륜을 이룸에 있어서 중요한 역할을 했다. 회당은 바벨론 포로기에 형성되었다. 파괴된 예루살렘 성전을 대신하여 당시 로마제국 전역에 디아스포라로 흩어져 살던 유대인들의 믿음의 공동체인 예배처소의 중심이 되었다. 성전 중심의 유대교는 바벨론 포로생활과 함께 끝났다. 대신에 율법을 강조하는 신명기적인 가족 중심의 신앙형식이 일어났다. 가족을 대표하는 족장 10명이 모이면 회당을 세울 수 있었다.

그들은 모든 중요 도시에 회당을 세웠다. 사도행전에 언급된 대부분의 도시에는 회당이 있었다. 바울은 언제나 먼저 유대인 회당을 찾아가 메시아를 선포했다. 회당은 복음의 교량 역할을 했다. 복음을 받아들이는 유대인들은 복음을 받아들이기를 거절하는 유대인으로부터 분리되어 따로 모였다. 교회공동체는 회당과 분리된 새로운 믿음의 공동체가 되어 하나님의 나라를 이루는 중심 역할을 했다. 이처럼 하나님은 온 땅에 대한 그의 마스터 플랜을 갖고 이를 성취하기 위해 역사를 주관하신다. 오늘날에도 하나님은 동일하게 일하신다. 중요한 교두보 역할을 하는 '오늘의 회당'을 찾아서 전략적으로 접근을 해야 한다.

선교조직체 이론도 중요하다. 선교가 수행되는 역사적 맥락을 이해하는 것이 중요하다. 동시에 선교단체가 있어야만 선교사를 파송할 수 있다는 사실도 기억해야 한다. 1세기 세계는 특별했다. 선교에 유익한 요소들이 많았다. 로마가 닦아 놓은 길, 코이네 헬라어, 팍스 로마나의 질서, 디아스포라의 회당, 국제무역의 성장 등이 복음의 확산을 촉진했다.[18]

교회공동체 운동

그리스도인 공동체인 교회공동체는 사회의 변화를 일으키며 하나님의 나라를 이루게 했다.[19] 이 같은 로마제국의 구조로 인해 복음전파를 통하여 그리스도인 공동체가 견고하게 형성되었다. 온 땅에 대한 하나님의 마스터 플랜은 이미 창세기에서부터 시작되었다. 하나님은 개인의 삶만 아니라 지역과 도시와 나라와 문화와 사회의 구조 전반에 걸쳐 하나님의 영광이 나타나기를 원하신다. 한마디로 하나님의 나라가 임하는 것이다. 하나님은 먼저 개인만 아니라 그리스도인 공동체를 이루도록 하시고 그 공동체를 통하여 그의 뜻을 이루신다. 이러한 그리스도인 공동체를 교회공동체라고 말할 수도 있다. 그러나 그것은 건물을 말하는 것이 아니다.

그리스도인들은 개인구원에 머무는 것이 아니라 사회의 전반적인 영역에 영향을 주었다. 이들은 주변의 가난한 사람들을 돌보았다. 당시에 제도화되어 있는 노예제도를 고치려고 시도하기보다는 공동체에서 종이나 자유자나 헬라인이나 야만인이나 유대인이나 남녀노소, 빈부귀천을 넘어서서 모두가 가족으로서 존중히 여김을 받았다. 이것은 분명 당시의 제도와 문화를 변혁하는 데 중요한 역할을 했다.

그리스도인들의 삶이 아름다운 간증이 되었다. 당시에 만연되어 있던 헬라철학은 말로만 했다. 그러나 그리스도인들은 변화된 삶으로 하나님을 증거했다. 세상이 이들의 변화된 아름다운 삶을 칭찬했다. 예루살렘 공동체가 그러했고(행 2:47), 안디옥 교회가 그랬다(행 11:26). 빌레몬서는 이러한 면을 단적으로 보여주고 있다. 주인에게 피해를 주던 도망자 노예인 오네시모가 변화되어 훗날에 가장 존경받는 에베소의 감독이 되었다.

폴 피어슨은 당시에 그리스도인들을 비난한 글을 다음과 같이 인용하면서 오히려 그 글에서 그리스도인들의 아름다움을 엿볼 수 있다고 했다.[20] "그들은 베를 짜는 사람, 구두수선공, 세탁부, 그리고 가장 배우지 못하고 촌스러운 사람들이다. 그들은 총명한 주인이나 식견이 높은 원로들 앞에서 감히 입을 열지 않을 것이다. 그러나 그들은 그들처럼 무식한 아낙네들이나 아이들에게 다가갈 것이다. 주인이나 선생들이 다가가면 그들은 말한다. '그분이 계셔서 여기서는 설명해드릴 수 없어요. 하지만 여자 분과 함께 여자 숙소, 구둣방 또는 세탁장으로 오세요. 거기로 오면 모든 것을 말씀드릴 수 있습니다.' 이런 말로 사람들에게 접근했다. 그들은 이렇게 전도했다."[21]

이같이 일상의 삶에서 증거하는 당시 그리스도인들의 아름다운 모습을 엿볼 수 있다. 이들은 로마사회에 높은 윤리기준을 보여주었다. 은혜와 용서, 차별이 없는 사랑, 조건이 없는 사랑을 실천했다. 이들은 당시의 제도와 권위구조를 존중히 여겼다. 성경적 기준으로 본다면 잘못된 요소들이 많은 사회구조였지만 그것을 거역하거나 거절하지 않았다. 그러한 제한된 사회 속에서 그리스도의 사랑과 순결로 살았다. 그들은 서두르지 않았다. 조급해 하지도 않았다. 그러한 제한된 구조 가운데서 최선을 다할 때 역사의 주이신 하나님이 반드시 그의 뜻을 이루실 것을 믿었다. 폴 피어슨은 "분명한 것은 기독교는 로마사회에 속한 사람들이 가진 가장 깊은 고민에 대한 해답을 제시했다"고 말한다.[22]

아르메니아 기독교 문명운동

아르메니아 기독교 문명운동은 특별하다.[23] 아르메니아는 초대교회의 하나님의 나라 확장에 중요한 위치를 차지하고 있다. 기독교를 국교로 삼은 최초의 국가이기 때문이다. 콘스탄틴 대제가 기독교를 로마의 국교로 받아들이기 이전이다. 이를 위해 핵심적인 역할을 한 사람은 그레고리였다.

핵심 인물은 그레고리였다. 그는 왕족 출신으로 기원후 240년에서 332년까지 살았으며 아르메니아 복음화에 기여했다. 그는 콘스탄틴 대제가 기독교를 받아들이기 이전에 한 국가를 기독교로 개종시켰던 지도자였기에, 역사는 그를 '계몽자 그레고리'(Gregory the Illuminator)라 부른다.[24]

그는 왕족 출신으로서 페르시아가 아르메니아를 정복하였을 때에 갑바도기아로 망명을 갔다가 거기서 그리스도인이 되었다. 그리고 아르메니아가 페르시아로부터 독립하자 아르메니아로 돌아왔다. 그는 아르메니아의 전통종교에 맞서서 그의 믿음을 보여주었다. 이로 인해 그는 감옥에 갇히고 고문을 당했지만 잘 견뎌내었다. 그의 인척인 왕은 그의 삶과 증거와 인내를 보면서 그리스도인이 되었다. 왕과 그레고리는 귀족들을 설득시켜 기독교를 국교로 수용하게 했다.[25]

> 국교는 아르메니아 국가와 문화를 긍정적으로 수용하고 성경과 기독교 신앙을 합당한 것으로 인정했다. 국교는 아르메니아 사회 전반에 놀라운 활기와 인내성을 불어넣어 주었다. 역사적으로 보면, 아르메니아 사람들은 유대인과 유사점이 많다. 수세기 동안 자신의 영토에서 추방되어 고향을 떠나 방황하며 핍박을 감내해야만 했다.[26]

기독교는 아르메니아의 국가와 문화를 긍정적으로 수용하면서 사회 전반에 걸쳐 많은 변화를 일으켰다. 기독교가 토착문화와 신앙을 얼마나 수용하느냐 하는 것은 중요한 관건이다. 무조건적인 수용은 혼합주의를 가져온다. 반면에 모든 것을 거절하고 배격하면 문화의 아름다움을 잃어버리게 된다.

기독교는 나라를 변화시키는 데 있어서 문화와 언어 문제에 민감해야 한다. 문화적으로 이방인이 아니라 내부자로 받아들이는 것이 중요하다. 종교개혁과 민족주의의 조화가 있어야 한다.

루터는 종교개혁자이면서 동시에 독일 민족주의자였다. 그는 "의롭고 거룩하신 하나님의 요구를 만족시키기 위한 영혼을 뒤흔드는 투쟁에서 비롯된 심오한 종교적 체험"[27]을 가진 사람이었다. 존 낙스도 개혁자이면서 동시에 스코틀랜드 민족주의자였다.

아브라함이 조카 롯을 당시의 근동전쟁 포로에서 구출하여 돌아올 때, 살렘 왕 멜기세덱과 소돔 왕이 그를 맞이했다. 아브라함은 멜기세덱이 주는 것은 받아들이고 소돔 왕이 주는 것은 거절했다(창 14:17-24). 멜기세덱은 복음이 전파되기 전이라 할지라도 이미 하나님 나라의 것으로 사는 대표적인 인물이다. 이것을 자연계시라고 한다. 소돔 왕은 하나님을 근본적으로 대적하는 세상적 요소의 대표적 인물이다. 누구를 받아들이고 거절할 것인가를 결정하는 것은 아브라함이다. 이것을 특별계시라고 한다. 돈 리차드슨은 이것을 아브라함 요소, 멜기세덱 요소, 소돔 요소라고 말했다.[28]

어느 나라나 사회나 문화에는 이같이 멜기세덱 요소와 소돔 요소가 혼재하여 있다. 우리는 이것을 잘 분별해야 한다. 아브라함 요소란 무엇인가? 기록된 성경과 성령 하나님이다. 성경이 그 기준을 제시한다. 성령 하나님은 이것을 옳게 분별하고 이해하고 적용하게 하신다.

아르메니아도 마찬가지다. 기독교를 국교로 받아들이면서 기존의 문화와 종교, 가치관, 세계관을 분별해야 했다. 무엇이 받아들여야 할 멜기세덱 요소인가, 거절할 소돔 요소인가를 신중하게 살펴야 한다. 성령은 우리가 하나님의 말씀을 이해하고 들을 수 있게 도우신다. 우리가 성령의 도움을 받으며 성경을 살핀다면 종교개혁과 민족주의와의 조화를 이룰 수 있을 것이다.

하나님은 각 민족의 연대를 정하시고 거주의 한계를 정하셔서 일정한 곳에 두셨다(행 17:26). 마치 개개인에게 개성을 선물로 주신 것처럼 각 민족에게도 문화의 아름다움을 주셨다. 그러나 안타깝게도 가나안의 족속들이 바알과 아세라를 섬기듯 우상을 섬기며 문화를 퇴락시키는 부분도 있다. 그것은 하나님으로부터 온 것이 아니다. 기독교국가가 된다는 것은 각 민족의 고유한 문화를 제거하는 것이 아니라 더욱 빛나게 하는 것이다. 한편 문화를 퇴락시키는 부분은 과감히 제거하는 것이다.

이러한 면에서 볼 때에 한국 선교 운동사와 중국 선교 운동사는 그 출발과 과정이 매우 다른 상황이었다. 중국은 선교사들이 제국주의의 옷을 입고 들어왔다. 서구 열강이 각종 불평등 조약을 중국과 맺을 때, 선교사들은 이러한 조약을 등에 업고 선교활동을 전개했다. 이러한 일로 인하여 중국인들은 선교사들을 서구 제국주의와 동일시했다. 중국과 중국인들은 지금도 반기독교적인 정서가 남아 있다. 처음 중국에서 선교활동을 하던 선교사들은 문화적 지혜가 부족했다.

그러나 한국의 경우는 사뭇 다르다. 선교사들이 한국에 처음 발을 들여 놓을 당시 한국의 정국은 풍전등화와 같았다. 특히 일본의 침략 야욕이 불타던 때였다. 1910년에는 급기야 한일합방이 일어났다. 초기의 선교사들과 기독교인들은 한국적 민족주의에 앞장섰다. 1919년에는 3.1운동이 일어나며 대대적인 독립운동이 전개될 때 기독교인들이 독립만세운동을 주도하며 일본의 제국주의와 맞서 싸웠다.

기독교는 건전한 민족주의를 고취해야 한다. 그리스도인들은 애국자가 되도록 격려해야 한다. 긍정적 민족주의는 자신의 문화를 지지하고 자국인과 자국의 발전을 위해 최선을 다한다.[29] 우리는 이러한 긍정적 민족주의와 함께 하나님의 나라를 이루어 가야 한다.

하나님은 모든 민족들에게 최상의 것을 제공하기를 원하신다. 정치, 경제, 교육, 매스컴, 예술, 종교, 과학기술, 가정 등 사회의 각 영역에 하나님의 나라가 이루어져 가도록 우리는 적극적으로 참여하며 최선을 다해야 한다.

긍정적 민족주의와 하나님의 나라는 서로 충돌하는 것이 아니다. 그러나 민족주의나 국가 건설이 하나님의 나라보다 우선할 수는 없다. 그 의미는 이 둘이 서로 상반되거나 분리되었다는 것을 말하는 것이 아니다. 하나님의 나라의 가장 큰 가치는 사랑, 공의, 정직, 진실, 지혜, 거룩, 긍휼에 있다. 긍정적 민족주의와 국가 건설의 가치가 하나님의 나라의 가치를 중심으로 할 때 건강한 민족주의와 견고한 국가 건설이 이루어질 수 있다. 그러므로 그리스도인들은 긍정적 민족주의와 국가 건설에 적극적으로 깊이 관여해야 한다.

그런데 한 가지 짚고 넘어가야 할 점이 있다. 나는 최근 몇 년 동안 터키, 팔레스타인, 이집트를 몇 차례 방문하면서 나 자신과 팀원들에게 질문을 던졌다. 그토록 강했던 소아시아 교회와 북아프리카의 교회들이 이슬람의 공격을 막아내지 못하고 왜 그렇게 쉽게 무너졌는가? 초대교회와 교부시대를 거치면서 뛰어난 기독교 지도자들이 배출되며 성장하였던 교회가 어떻게 그처럼 신속하게 이슬람에 의해 거의 말살되다시피 할 수가 있었는가? 그 이유가 무엇인가?

첫째, 북아프리카의 교회는 전체 시민들 가운데 상당히 엘리트 계층에 제한되어 있었다. 기독교는 카르타고 사람들과 베르베르족에게 뿌리를 내리지 못했다. 어거스틴은 베르베르족 사람들에게 라틴어로 예배하도록 강요했다.[30] 한국은 1700년대 후반기에 젊은 실학자들이 중국에서 공부할 때 복음을 접하게 되었다. 이들이 귀국하여 자발적으로 복음을 전했다. 선교사들에 의해서가 아닌 자국인에 의해 복음이 확산된 것이 매우 특별한 경우이다. 이것이 한국 가톨릭의 시작이다. 그러나 100년 후 개신교 선교사들이 들어오면서 한국의 복음은 더욱 활성화되었다. 그 이유도 북아프리카의 경우와 같다. 한국의 가톨릭은 주로 엘리트 계층에 제한되어 있었다. 성경은 주로 중국 성경을 그대로 사용하였고 최근 30년 전까지도 교회에서는 라틴어로 성경이 읽혀졌다. 그러나 개신교는 처음부터 일반인들에게 뿌리를 내리면서 복음이 급격히 확산되었다. 성경도 모든 사람들이 사용하는 한글로 번역되어 읽혀졌다. 물론 지금은 한국의 가톨릭도 일반인에게 깊이 뿌리를 내리고 또한 한글로 성경이 읽혀지고 있다. 복음이 특정 계층을 넘어서서 일반인에게까지 뿌리가 깊이 내리는 것, 성경이 일반인들이 말하고 읽고 쓰는 언어로 번역되어 사용되는 것은 중요하다.

둘째, 올바른 성경적 재정원리를 몰랐다. 하나님은 그의 백성들에게 부와 재물의 축복을 주신다. 그리고 그러한 재물로 주변의 가난한 사람, 궁핍한 사람들을 섬기도록 명하셨다. 그 일은 초대교회를 거쳐서 속사도시대까지는 활발하게 이어졌다. 그러나 점차로 교회는 재물을 내부에만 머물게 했다. 교회당 건축에 재물을 쏟았다. 빈부의 격차가 점차로 벌어졌다. 이슬람이 침략할 때 교회는 이미 활기를 잃고 있었다. 점점 명목상의 그리스도인으로 되어가고 있었다.

최근의 한국교회는 가톨릭의 성장과 개신교의 후퇴 현상이 일어나고 있다. 특히 젊은 사람들이 개신교회에서 가톨릭으로 옮겨가고 있다. 가장 큰 이유는, 개신교는 재물을 주로 교회 내에 머물게 하고 사회의 가난하고 소외된 사람들에게 소극적인 데 비하여 가톨릭은 보다 적극적으로 활동하고 있기 때문이다.

셋째, 하나님의 말씀인 성경이 활발하게 읽혀지고 사용되지 않았다. 루터의 종교개혁 이전까지는 성경보다는 종교적 의식과 교리문답이 더 많이 강조되었다. 스스로 자신의 믿음을 성장시킬 수 있기보다 주어진 교리와 의식을 따르는 수동적인 신앙이 되었다. 어떠한 압박에도 굴하지 않는 믿음을 보여주지 못했다. 믿음의 성장은 하나님의 말씀을 들음에 있다. 안타깝게도 성경은 일반인들이 읽을 수 있는 언어로 번역되기보다는 주로 사제들만 읽고 사용하도록 라틴어로 번역되었다.

로마 기독교 운동

기독교를 심하게 핍박하던 로마제국이 예수 그리스도 앞에 무릎을 꿇게 된 중요한 역할은 로마제국의 콘스탄틴 장군이 했다. 그는 어느 날 전쟁을 앞두고 십자가와 '이 군호로 정복하라'는 환상을 보았다. 십자가의 군호를 단 그의 군대가 승리했다. 그는 그리스도인이 되었다.

로마는 멋진 하나님의 도구였다. 주님의 오심을 예비한 하나님의 손길이었다. 로마는 당시 세계에 알려진 어떤 왕국보다 거대한 영토를 통치하고 있었다. 팍스 로마나(the "Pax Romana") 깃발 아래 수많은 야만족들이 하나의 왕국을 이루고 있었다.[31]

313년 밀라노 칙령이 내렸다. 기독교가 다른 종교와 동등한 법적 기반을 가지게 되었다. 역사상 처음으로 교회가 부동산을 소유할 수 있게 되었다. 10년 후, 323년에 콘스탄틴은 로마황제가 되었다.

로마는 기독교를 수용한 지 얼마 지나지 않아 서구 기독교의 중심도시가 되었다. 로마교회는 4세기에 이르러 독보적인 교회로 자리매김을 했다. 325년에 소아시아에서 열린 니케아 회의(The Council of Nicaea)는 최초의 대규모 세계교회 회의였다. 니케아 회의는 멀리 스페인과 북아프리카 교회의 감독들까지 불러 모았다. 콘스탄틴은 신학적 이슈를 해결하기 위해 니케아 회의를 소집했다. 그가 신학적 이슈들을 잘 이해하고 있었기 때문이 아니었다. 교회가 하나가 되기를 원했기 때문이었다.[32]

370년에 로마제국의 모든 사람들은 그리스도인이 되어야 한다는 황제의 칙령이 선포되었다. 기독교가 힘을 가지게 되었다. 국가가 교회를 지원하는 기독교왕국이 되었다. 오래전 느부갓네살이 보았던, 다니엘이 해석한 그 꿈이 문자적으로 실현되었다(단 2:31-45). 하나님의 나라는 영원한 나라이며, 하나님은 모든 나라와 왕들의 주재이시다.

기독교왕국 건설운동

콘스탄틴 시대의 주요 특징은 기독교왕국의 설립이다. 즉 국가가 교회를 지원하는 시스템으로 형성되었다. 또한 모든 시민들은 기독교인이고, 교회의 일원이 되어야 한다는 것을 의미했다. 이러한 시스템은 유익한 면도 있지만 기독교에 대한 심각한 왜곡도 불러일으켰다.

기독교왕국들이 생겨났다. 유럽의 여러 나라들이 기독교국가들이 되었다. 스페인이나 이탈리아의 로마 가톨릭 교회, 영국의 성공회, 스코틀랜드의 장로교, 독일의 루터교 등의 경우를 보더라도 그렇다. 교회가 잘못된 방향으로 힘과 부가 남용되었다. 오늘날의 미국과 영국, 그리고 뉴질랜드 등은 기독교국가를 지향하고자 했다. 그러나 지금은 더이상 기독교국가가 아니다. 그러나 그러한 현상을 부정적으로만 보면 안 된다. 오히려 기독교의 신앙, 교회의 본질을 더욱 날카롭게 하는 긍정적인 면이라고 볼 수도 있다.

후일, 개신교 운동이 활발하게 되었을 때 이탈리아, 스페인, 프랑스, 모라비아, 독일, 그리고 영국에 흩어진 성도들은 성경을 연구했다. 그들의 삶은 변했다. 복음을 전하기 시작했다. 그들은 서서히 자신을 의식하게 되었다. 로마제국의 시민이라기보다, 독일인이나 프랑스인이 되었다.[33]

몬타누스의 갱신운동

몬타누스주의(Montanism) 갱신운동은 2세기 중반에 일어났다. 이 운동은 오늘의 '은사주의'와 비슷하다.

몬타누스 갱신운동은 성령의 은사를 강조했다. 그리스도의 신속한 재림, 남녀 모두에 의한 예언사역을 강조했다. 여성들이 사역 전면에 나섰다. 몬타누스 갱신운동은 그리스도가 재림하실 장소까지 미리 예언했다. 이 운동은 한편으로 초대교회의 신앙공동체가 가졌던 활기와 자유로운 성령사역으로 되돌아가려고 노력했다. 하지만 몬타누스 운동은 보다 폭이 넓은 보편적 교회론을 갖지 못하고 편협한 분파주의적 교회가 되고 말았다.[34]

교회는 한 세기를 지나면서 점점 열정을 잃어갔다. 그렇다고 핍박이 끝난 것도 아니었다. 일반적으로 교회는 핍박을 받으면서 복음에 대한 열정이 불 일 듯 일어나는데 놀랍게도 2세기 중반에는 교회가 여전히 핍박 속에 있으면서도 복음의 열정이 식어갔다. 제일 큰 이유는 교회가 점점 형식화, 제도화하여 갔기 때문이다. 이러한 가운데 몬타누스는 성령의 은사, 성령의 능력을 강조했다. 특히 예언사역을 강조하였고 여성들의 사역이 더 활발하여졌다. 초대교회의 열정을 회복하려 했다.

이 운동은 그리스도의 재림에 대한 열망이 컸다. 그러나 그리스도의 재림의 시기와 장소까지 예언하는 등 말씀에 대한 넓은 이해를 가지진 못했다. 교회에 대한 보편적이며 폭넓은 이해보다는 편협된 분파주의적 이론을 펼쳤다. 결국 이 운동이 초대교회의 신앙공동체의 열정과 활기, 성령의 사역을 회복하고자 노력하였음에도 불구하고 공교회에 의하여 이단으로 정죄되고 말았다. 부흥운동이나 갱신운동이 보편적 교회를 무시하거나 거절한다면 그 운동은 힘을 잃고 말 것이다. 물론 교회가 부흥운동이나 갱신운동을 거부하는 경향이 있다. 그렇다 할지라도 갱신운동이 보편적 교회를 거부하거나 무시하여서는 안 된다.[35]

초기 수도원 운동

로마제국이 기독교국가가 되었지만 교회는 오히려 활기를 잃어가고 그리스도인의 삶은 왜곡되었다. 결국 영향을 주는 교회가 되지 못했다. 모든 사람이 그리스도인이 된다는 것의 바른 이해가 부족했던 로마제국이 주는 결과이다. '그리스도인'의 정의를 변형시켰다. 로마시대의 그리스도인은 유아세례를 받고 교회의 예식에 참여하면 그만이었다. 로마의 가치관을 그대로 수용하며 살았다. 당시의 로마문화는 타락한 문화였다. 노예제도, 검투사 문화 등이 그대로 존속했다. 명목상의 그리스도인이 되어갔다.

> 당시 로마문화는 타락한 문화였다. 노예제도가 있었고 검투사들의 검투를 즐기는 문화였다. 교회가 핍박을 받고 순교하던 시대는 지나갔다. 하지만 명목주의가 급증하는 상황 속에서, 일부 신자들은 보다 철저한 신앙생활을 지켜나감으로써 살아있는 '순교자의 삶'을 추구했다.[36]

수도원 운동은 이러한 가운데 시작되었다. 초기 수도원 운동은 3, 4세기에 일어났다. 일부 그리스도인들이 철저한 신앙생활을 하고자 사막으로 들어가 기도와 청빈, 금욕, 수행의 삶을 살았다. 그러나 아쉽게도 이들은 예수 그리스도의 모델을 따르기보다는 세례 요한의 삶의 모델을 따랐다.

독신자로 기도와 헌신의 삶을 살았다. 대부분 수도자의 제자들이 죽지 않고 생명을 유지할 수 있을 정도로 최소한의 음식과 물을 제공했다. 수도자들은 사람들의 마음을 끌었다. 사람들은 수행자들에게 찾아와 기도를 받거나 가르침을 구했다. 수행자들은 기적을 행하는 사람들로 여겨졌다.[37]

갱신운동은 교회의 순수함과 바른 신앙의 삶을 추구하기에 일어나는 것이다. 그런데 그러한 갱신운동을 어떻게 펼쳐 나가야 하는가가 중요하다. 교회역사를 통해 알 수 있는 것은 많은 경우에 모교회를 떠나 새로운 교회를 형성하여 운동을 펼친다는 것이다. 어떤 경우에는 새로운 교단이 생겨나기도 했다. 감리교단이 그 대표적인 예이다. 요한 웨슬리는 성공회를 떠날 마음이 없었다. 그러나 웨슬리와 제자들에 의해 전도된 새로운 신자들이 현실적으로 성공회에 참석할 수가 없었다. 결국 새로운 교단을 만들 수밖에 없었다.[38] 웨슬리 운동을 완고한 성공회 조직이 수용할 수 없었기 때문이다. 새 술을 담을 새 가죽부대가 허락되지 않는 완고함이 문제였다.[39] 갱신운동을 펼치는 바람직한 길은 교단 내에 머물면서 작은 집단을 형성하는 것이다. 수도원 제도는 이러한 길에서 형성되었다. 또한 경건주의 운동과 청교도 운동도 이와 비슷한 경우다.

수도원 운동에 대한 평가

수도원 운동의 긍정적인 면은 깊은 사막의 영성을 기반으로 하는 영적 갱신의 추구라 할 수 있다. 이들은 교회의 딱딱한 형식과 제도를 떠나 성령의 인도하심과 역사하심에 대하여 개방적이고 민감하게 반응했다. 또한 이 운동은 주로 평신도 남녀에 의하여 주도되었다. 아시시의 성 프란시스, 예수회의 이냐시오 로욜라 등이 그 대표적인 예이다. 이들은 또한 단순한 삶의 방식을 취했다. 프란시스는 "나는 평생 청빈 부인과 노새 형제와 함께 살았다"고 말했다. 즉 청빈한 삶과 노새처럼 고집 센 육체를 다루며 살았다는 것이다. 초기 수도원 운동은 민주적 체제로 운영되었다. 또한 수도원 공동체는 자신들만의 신앙을 유지하기 위한 것이 아니라 문화변혁을 위한 선교공동체가 주목적이었다. 성령께서 인도하신 공동체였다.[40]

휘튼대학의 역사학 교수인 마크 놀(Mark Noll)은 기독교 문명사의 가장 탁월한 금자탑은 수행과 연구를 병행한 수도원 제도의 발흥이라고 지적했다.[41] 수도원이 선교지향적이었다는 점도 특별하다.

수도원은 선교적이었다. 수도원은 처음 시작될 때부터 선교를 염두에 둔 기관은 아니었지만, 수도원 운동은 간혹 열렬한 선교운동을 일으켰다. 우리가 선교역사를 연구하면서 관찰해 보면, 교회사에 등장하는 대부분의 선교사들이 수도원 출신이었다는 사실을 알 수 있다.[42]

수도원 운동의 부정적인 면은 영지주의의 영향을 받았다는 점이다. 폴 피어슨은 "교회가 영지주의를 앞문으로 추방하였으나 수도원 운동 뒷문으로 들어왔다"고 말한다.[43]

수도원 운동은 육체를 무시하는 경향이 있었다. 육체에 고통을 가하는 사람이 더 영적인 사람이라는 잘못된 개념을 심어 주었다. 우리의 구원과 영적 성장이 오직 예수 그리스도 안에 있는 믿음과 하나님의 은혜로만 이루어지는 것이 아니라 육체를 부정하고, 단순한 삶을 살며, 많은 기도의 시간에 있음을 강조했다. 수도사 루터는 이러한 면에서 갈등을 겪다가 결국 개신교 종교개혁을 불러 일으키게 되었다.

루터는 개인의 구원문제로 고뇌하고 있었다. 중세문화는 루터에게 구원의 길을 다르게 가르쳤다. 구원을 얻기 위해 수도원에 들어가서 기도, 금식, 묵상, 그리고 선행을 행하는 금욕적인 생활을 해야 한다고 가르쳤다. 그런 중세적 가치관에 따라 루터는 수도원에 들어갔다. 루터는 수도원에서 구원을 받는 방법에 대해 성경적으로 그리고 신학적으로 노력했다. 마침내 루터는 자신의 구원관을 정립할 수 있게 되었다. 그가 내린 결론은 개신교 종교개혁을 불러 일으켰다.[44]

초기 수도원 운동은 세상으로부터 격리된 삶을 강조했다. 그러나 후기 수도원 운동은 기도와 묵상, 연구의 시간으로 준비하여 세상에 나가 영향을 주는 선교공동체로 나아갔다. 켈트족, 프란치스코회, 도미니쿠스회, 예수회가 그 대표적인 예이다.[45]

린 화이트(Lynn T. White)는 그의 논문 〈중세 기독교의 의미〉에서 수도원 운동에 관하여 설명했다.[46] 초기 수도원 운동의 특이한 점은 수도승들이 최초로 육체적 노동과 지적 노동을 함께 했다는 것이다. 이론과 실제를 겸비한 지적 노동자들이었다. 그들은 손톱에 때가 끼도록 노동했다. 종들이 힘쓰는 노동을 하고, 주인들과 귀족들은 일하지 않았던 로마문화와 대조적이다. 육체노동자들을 무시하고 낮은 계급에 두고, 지적 노동자들을 상류계급에 두는 일은 놀랍게도 최근까지 이어져 왔음을 감안한다면 이들은 참으로 놀라운 개척자들이다. 사실 성경은 창조역사의 초기부터 이러한 것의 구별을 두지 않고 있다. 창세기 1장 26-28절의 "땅을 다스리고 정복하라", 창세기 2장 5,15절의 "땅을 경작하며 지키라"는 말씀은 이를 가리키는 것이다. 수도승들은 손에 흙을 묻히고 노동을 한 최초의 중세 지식인들이었다. 이들은 농장에서 농작물을 가꾸었고 새로운 농사법을 개발했다. 또한 도서관에서 고대 문서들을 필사했다. 이들은 또한 학교를 설립하여 교육에 전념했다. 이것이 훗날 대학으로 발전했다. 이들은 서양문화에 큰 영향을 주었다.

수도원 운동의 쇠퇴

맥가브란의 교회성장학 이론 가운데 전도장애 이론이 있다.[47] 그리스도의 제자가 되면 회개하고 새로운 피조물이 된다. 보다 유능한 사람이 되어 생활이 향상된다. 신앙을 갖게 되면 다양한 원인으로 생활이 향상된다. 이런 생활의 향상은 신분을 상승시키는 대신 인간관계에 문제가 발생한다. 이 "구원과 생활향상으로 인한 전도장애 이론"(Redemption and lift)이 수도원의 쇠퇴를 잘 설명하고 있다. 불신자가 신앙을 갖게 되면 생활이 향상된다. 죄인이 회개하고 새로운 피조물이 된다. 탐욕, 게으름, 음주, 증오, 시기를 극복한다. 그는 보다 유능하고 생산적인 사람이 된다. 선교활동은 생활을 향상시킨다. 여러 가지 원조, 학교, 병원, 농업 발전, 문맹 퇴치, 직업학교 등을 통해 생활이 향상된다. 일반적으로 신분이 상승되어 이전에 알던 사람들과 사회적 분리가 일어나 효과적인 전도에 방해를 받게 되는 것을 맥가브란은 지적했다.

생활이 향상되어 이전의 인간관계에서 분리된다. 새로운 집단에 속해 일하게 된다. 생활이 향상될수록 이전에 교제하던 사람들과의 간격은 심화된다. 이러한 분리로 인하여 그들은 흔히 그들의 이전 지기(知己)들 가운데서 효율적인 복음전달자들이 되기를 중지하게 되고 그들의 새로운 수준에서 비기독교인들과의 친지적 유대관계를 끊게 된다.[48]

가난했던 수도원이 갑자기 부해졌다. "수도원에는 지식 있는 노동력이 풍부했다. 그래서 자연스럽게 부유해졌다. 그런데 그것이 문제였다."[49] 풍부한 지식인 노동력으로 인하여 상당수의 수도원은 경제적 풍요를 누리게 되었다. 수도승들은 과일 재배법을 개발하여 가장 맛있는 과일을 생산했다. 시토파 수도회는 영국에서 양털 모직물 산업을 발전시켰다. 뿐만 아니라 여러 귀족들이 자신들의 토지나 재산들을 수도원에 헌납했다.

귀족들은 사망한 이후 그들의 영혼을 위해 수도승들이 기도해 주는 조건으로 재산을 헌납했다. 이런 풍습은 중세교회의 연옥에 대한 가르침과 관련된다. 중세교회는 사람이 죽으면 영혼은 연옥에 가게 되는데, 반드시 수도승들의 기도로 도움을 받아야 연옥에 있는 영혼이 천국에 갈 수 있다고 가르쳤다. 이런 까닭에, 수많은 귀족들이 토지와 다른 재산들을 수도원에 헌납한 것이다.[50]

이러한 수도원의 물질적 풍요는 안타깝게도 타락을 불러왔다. 검소하고 엄격한 생활을 하던 초기 수도승들이 점차 화려한 삶에 물들어갔다. 수도원 운동이 초기의 개척자의 비전을 추구하기보다는 기관이나 제도를 유지하는 방향으로 나아갔다. 수도원은 간혹 정치세력의 중심지가 되기도 했다. 정치적 야심을 가진 귀족들과 수도원장들이 정치적 동맹관계를 맺으려 했다. 수도원장도 점차 일종의 봉건영주가 되었다. 수도원은 더이상 영성을 추구하는 곳이 아니라 정치권력을 추구하는 집단으로 전락했다.[51]

수도원은 귀족의 아들이 모이는 곳이 되어갔다. 귀족의 장남은 가문을 이어가지만 다른 아들들 특히 막내는 설자리가 없었다. 귀족들은 이러한 아들들을 본인들의 의지와 상관없이 수도원으로 보냈다. 이들은 수도원 생활을 통하여 영성을 키우기보다는 타락과 방탕에 빠지는 경향이 더 컸다.[52] 수사들과 수녀들이 타락한 모습을 보이기도 했다.[53]

또한 수도원의 신학은 초기의 교회를 갱신하고 문화변혁을 꾀하던 운동에서 갈수록 더 자기 자신의 구원에 초점을 맞추었다. 세상에서 격리되어 자신의 영적 생활을 추구했다. 수도원은 세상에 영향을 주려는 선교공동체이기보다는 현상을 유지하거나 영성의 깊이만 추구하는 공동체로 나아갔다. 이러한 움직임은 수도원 운동의 쇠퇴를 가져왔다.[54]

켈트족 선교운동

켈트족 교회는 역사가의 눈길을 끈다. 켈트족 교회는 역사상 가장 흥미로운 선교운동이었다.[55] "켈트족은 첫 번째 천 년기 동안 가장 활동적인 인종집단이었다. 그들은 선교에 앞장선 탁월한 선교운동을 했다."[56] 켈트족은 스코틀랜드와 아일랜드로 국한되지 않는다. B.C. 500년, 켈트족은 프랑스 남부와 스페인 북부에 살았다. 이들은 지금의 독일, 스위스, 오스트리아 지역에 넓게 퍼져 살았다. "사실 켈트족은 전 유럽에 흩어져 살고 있었다. 켈트족은 현재 터키에도 살고 있다."[57]

B.C. 390년, 이들은 로마를 약탈했다. 폴 피어슨은 갈라디아 교회는 아마 켈트족 교회였을 것이라고 주장한다.[58] 터키의 수도 앙카라는 원래 켈트족 도시였다. 스페인 북방의 '갈리시아'(Galicia)도 켈트족 지역이었다. 켈트족 선교운동은 야만인들에게도 복음의 빛을 전했다.[59] "샤를마뉴(Charlemagne)는 자신의 영토에 켈트족 수도승 3천 명을 데려와 학교를 설립했다. 이런 학교 설립 운동들이 발전하여 대학을 형

성하는 배경이 되었다."[60]

패트릭은 켈트족 수도원 운동을 일으켰다. 그는 영국교회의 배경을 가지고 있다. 390년경, 그는 영국교회 사제의 손자이며 부제의 아들로 태어났다. 그런데 그가 16세 때 노예상에게 붙잡혀 아일랜드에 종으로 팔려가는 엄청난 비극이 일어났다. 그는 노예로서 6년간 양을 치면서 새로운 언어와 문화에 익숙하게 되었다.

당시 그는 인생이 그렇게 끝난 줄 알았을 것이다. 이런 광야 경험은 위대한 지도자들이 통과해야 할 중요한 시련이다. 이런 광야 경험은 미래의 지도자들에게 보통 있는 일이다. 성경의 인물 모세가 그러했다. 그런 일이 패트릭에게도 일어났다. 그가 종으로 잡혀가기 전에 말했다. 그는 신앙적인 가르침에 아무 관심이 없었으며, 하나님을 믿지 않았고, 사제들이 어리석다고 말했다. 그러나 패트릭은 이제 부모님이 믿었던 하나님께로 돌아왔다.[61]

그의 삶은 마치 다윗과 같았다. 그는 매일 양을 치면서 광야에서 하나님을 깊이 만났다. 하나님의 사랑, 하나님을 경외함을 경험했다. 그는 기도의 사람이 되어갔다. 밤중이나 새벽에, 그리고 종일 기도했다. 하나님은 그의 기도생활에서 만나 주셨다. 어느 날 패트릭은 노예생활에서 도망쳤다. "프랑스로 도주하여 레렝(Lerins) 수도원의 수도승이 되었다."[62] 그는 다시 영국으로 돌아왔다. 그리고 동방교회의 신앙교육을 받았다. 430년경, 패트릭은 마치 마게도냐 환상을 본 바울처럼(행 16:9), 한 사람이 아일랜드로 돌아와 달라고 간청하는 꿈을 꾸었다.[63]

패트릭은 가족과 친구들의 반대에도 불구하고 아일랜드로 가서 거기서 죽을 때까지 30년간 사역했다. 그는 주로 지역 영주나 왕을 찾아가 복음을 전했다. 마치 모세가 바로의 마술사들과 능력 대결한 것과 같다. 그는 아일랜드의 마술사와 이교신앙의 사제들과 충돌했다.

켈트족 민간신앙은 풍요에 초점을 둔 다신교 신앙이었다. 풍요를 기원하는 제사는 성전 매춘과 깊이 연관되어 있었다. 예배자들은 예배행위의 일부로 남창이나 여창을 이용했다. 켈트족 민간신앙은 이런 풍요를 기원하는 제사와 함께, 간혹 유아 희생제물(infant sacrifice)을 바치기도 했다. 사람들은 남신과 여신의 축복을 확실히 받아내기 위해 자기 첫아들을 제물로 바치기도 했다. 패트릭은 선교사역의 초기부터 강적을 만났다. 아주 잔인하고 육욕적인 이교사상과 맞닥뜨려야 했다. 켈트족은 야만인의 사람 사냥을 즐겼다. 죽인 원수의 해골바가지를 음료수 잔으로 사용했다.[64]

그의 사역의 독특하면서도 뛰어난 것은 그가 수도원을 창립했다는 것이다. 그는 열심 있는 개종자들을 수도원 공동체로 불러서 그들을 리더로, 선교사로 훈련시켰다. 수도원에 머무는 것이 아니라 밖에 나가서 전도하게 한 것이다. 하나님의 말씀인 성경을 통하여 훈련시키며 선교적 열정이 스며들게 했다. 여성들을 위한 수도원도 세웠다. 이러한 수도원들은 선교본부가 되었다. 아일랜드 전역에 수도원을 세웠다. 그리고 더 나아가 스코틀랜드, 영국, 그리고 독일로 가서 복음을 전했다. 이것을 켈트족 수도원 운동이라고 부른다. 선교지향적인 이러한 수도원 운동은 급속히 성장했다. 교회는 인재들을 수도원에서 찾았다. 오늘날의 소달리티와 모달리티의 패턴이었다.

패트릭은 철저히 그리스도 중심적이었다. 하나님께서 그리스도 안에서 이루신 일을 강조했다.[65] 그는 성경에 능통했다. 로마서를 가장 사랑했다. 그는 또한 겸손했다. 정직하고 거룩한 사람이었다. 용기와 지혜를 가진 사람이었다. 아일랜드는 그에 의하여 거의 복음화되었다. 패트릭의 마지막 고백은 아주 감동적이다.

나는 기도한다. 하나님을 믿고 경외하는 사람은 누구나 패트릭이 쓴 이 글을 받아 볼 수 있기를. 패트릭, 죄인, 모든 사람들이 아는 바와 같이 무식한 놈, 아일랜드에서 사람이 되었다. 내가 이룬 작은 일들이 나의 무식함으로 이룩된 것이라거나 하나님의 기뻐하시는 뜻과 일치한 사역이라는 말은 아무도 하지 말라. 그러나 잘 판단해 보라. 그리고 그것은 하나님의 선물이었다고 확신할 수 있기를 바란다. 이것이 죽기 전에 남기는 나의 고백이다.[66]

그의 고백은 마치 바울의 고백과 같다.

그러나 나의 나 된 것은 하나님의 은혜로 된 것이니 내게 주신 그의 은혜가 헛되지 아니하여 내가 모든 사도보다 더 많이 수고하였으나 내가 아니요 오직 나와 함께 하신 하나님의 은혜로라.[67]

패트릭의 선교운동의 뛰어난 점은, 첫째, 철저히 성경 중심에 있었다. 성경에서 말하는 바는 하나님의 은혜가 개인의 삶에 머무는 것이 아니라 세상에 변화를 준다는 것이다. 둘째, 헌신된 사람들을 선발하여 리더 교육을 시켰다. 그들이 하나님의 뜻을 알고 순종하도록 가르쳤다. 즉 개인의 변화, 교회의 갱신, 문화변혁을 강조했다. 셋째, 삶에서 그리스도의 성품이 드러났다. 영성, 겸손, 거룩함, 순종, 정직, 그리고 하나님의 능력으로 행했다. "그의 경험 세계에는 꿈이 차지하는 부분이 많았고 그는 항상 선한 것이건 악한 것이건 간에 어떤 초자연적 세계를 의식하며 살았다."[68]

패트릭은 켈트족 교회를 견고한 기반 위에 세우는 데 결정적 역할을 했다. 켈트족 교회 지도자들은 단지 열정만 있고 배우지 못한 무식한 자들이 아니었다. 그들은 높은 헌신과 함께 성경을 깊이 연구하고 폭넓은 지식을 연마했다. 이들의 하나님 나라의 확장을 위한 선교적 열정은 영국, 스코틀랜드를 넘어서 프랑스, 독일 등 중부유럽에 이르렀다. 라틴계 기독교인들은 다른 족속의 언어를 무시하고 무관심했다. 그러나 켈트족 선교사들은 각 족속들의 언어와 문화를 존중했다. 그들은 오순절 정신을 잘 드러내었다. 그들은 자신들을 그리스도를 위한 순례자로 여기고 주님의 인도하심을 따라 어디든지 가고자 하는 열린 마음, 순종의 마음이 있었다. 이들은 가는 곳마다 켈트족 교회를 설립하고 수도원을 설립했다. 수도원 리더십은 여성이 주도했다. 그들은 문화적으로 적합한 리더십을 수용했다.

기독교 신앙이 들어오기 전, 켈트족 문화에서 여성은 주도적인 역할을 감당하였기 때문에, 기독교인이 된 후에도 여성들이 교회에서 중요한 역할을 감당했다. 수녀원장과 같은 경우에는 남자보다 높은 권위를 행사했다.[69]

켈트족 기독교는 기독교 신앙의 르네상스를 일으키는 중요한 힘이 되었다. 서양사에서 기독교 전통이 살아남아 지금까지 유지된 것은 켈트족 '선교현장 기독교인들'의 절대적 공헌 덕분이다.[70] 토마스 카힐(Thomas Cahill)은 켈트족이 유럽문명을 구원했다고 말했다.[71] 샤를마뉴(Charlemagne) 대제가 유럽대륙 전역에 학교를 설립하기 위하여 3,000명의 켈트족 교사들을 요청한 것만으로도 켈트족 기독교 문명운동의 놀라운 영향력을 증명할 수 있다.

어떤 면에 있어서 켈트족 교회는 독특한 교회였다. 교회 생활의 중심은 감독의 교구가 아니라 수도원이었다. 여타의 교회들과 마찬가지로 아일랜드 교회도 감독교회였으나 수도원의 최고 책임자는 감독이 아니라 수도원장이었다.[72]

켈트족 교회는 수도원 운동을 중심으로 이루어졌다. 이 점이 특별하다. 수도원 운동은 놀랍게 성장했다. 수도원은 인재양성의 모판이 되었다. 새로운 리더십 개발양식의 전형을 보여주었다. 이들이 오늘의 NC의 롤모델이다.

켈트족 수도원은 급속히 성장했다. 선교 지향적이기 때문이었다. 새로운 지역에 수도원을 세워 선교본부로 삼았다. 이 모델은 오늘날 우리가 말하는 모달리티(Modality)/ 소달리티(Sodality) 패턴을 잘 아우른 아주 건전한 모델이었다. 켈트족 수도원은 아주 복음적이고 선교적이었기 때문에, 교회는 필요한 인재들을 수도원에서 찾았다.[73]

그들은 수도원을 중심으로 기독교 문명을 발전시켰다. 그들에게는 감탄할 만한 선교적 열정이 있었다.[74]

패트릭 수도원은 베네딕트 수도원과 강조점이 달랐다. 패트릭은 가장 열심 있는 개종자들을 수도원 공동체로 불러들여 선교사로 훈련시켰다. 수도원에 머물지 않고 밖으로 나가 전도하도록 훈련시켰다. 아주 철저하게 영적으로 무장시켰다. 모든 면에서 선교적 열정이 스며들게 했다. 더 나아가 성경공부를 특히 강조했다. 그것은 성공적이었다. 패트릭의 제자들은 밖으로 나가 선교했다. 패트릭 수도원과 같이 선교를 강조하는 새로

운 수도원을 세웠다. 이렇게 수도원들은 선교본부가 되었다.[75]

야만인 선교운동

야만인은 로마제국이 쇠약해져 갈 때에 중앙아시아에서 유럽의 중부와 남부로 흘러들어온 사람들을 말한다. "'야만인'이라는 용어는 라틴어를 구사하지 못하는 침략자들에게 로마인들이 붙여 준 것이다."[76] 켈트족 선교사들은 야만인들에게 복음을 전했다. 그들은 야만인들의 언어와 문화를 소중하게 보았다.

켈트족 수도승들은 선교사가 되어 복음을 전파했다. 그들은 영국과 스코틀랜드로부터 프랑스를 가로질러 중부유럽에 이르렀다. 그들은 야만인 족속들을 만나 복음을 전했다. 그 야만인 족속은 중앙아시아에서 독일지방으로 들어온 사람들이었다.[77]

기독교국가인 로마제국을 침략하던 이들의 눈에는 기독교가 어떻게 비쳤을까? 당시의 로마 기독교는 명목상의 신앙이었다. 기독교를 로마문화의 일부라고 보았을까? 아니면 로마문화를 기독교 문화로 보았을까? 그렇다면 기독교를 수용하지 않으려 했을 것이다. 후일에 앵글로 색슨(Anglo-Saxons)이라 불린 이 야만인 침략자들은 점차 기독교로 개종했다. 시간이 흐르면서 이들은 로마제국의 기독교 문화형식을 점차 수용했다.

기독교와 문화 설정의 관계는 아주 중요하다. 아시아의 상당수의 나라들은 기독교를 부정적인 시각으로 바라보았다. 왜냐하면 지난 2세기 동안에 걸친 선교운동이 서구문화와 밀접한 관계에 있었기 때문이다. 초대교회는 헬라세계에 복음을 전하기 위해 유대문화로부터 자유로워질 필요가 있었다. 초대교회는 교회 스스로 문화적 정체성을 확립했다.

유대인은 표적을 구하고 헬라인은 지혜를 찾으나 우리는 십자가에 못 박힌 그리스도를 전하니 유대인에게는 거리끼는 것이요 이방인에게는 미련한 것이로되 오직 부르심을 받은 자들에게는 유대인이나 헬라인이나 그리스도는 하나님의 능력이요 하나님의 지혜니라.[78] 거기에는 헬라인이나 유대인이나 할례파나 무할례파나 야만인이나 스구디아인이나 종이나 자유인이 차별이 있을 수 없나니, 오직 그리스도는 만유시요 만유 안에 계시니라.[79]

폴 피어슨은 적절하게 지적한다.

이제 기독교 복음은 서구의 옷을 벗고, 더이상 서구문화의 일부가 아니라, 서구문화와 상관 없이 정당성을 인정받을 수 있는 신앙으로 인정받게 될 것이다. 이제 복음은 여러 곳으로 확산되고, 각 문화가 가진 가장 정당한 가치들을 증진시키면서 세계 속의 기독교를 이룰 것이다.[80]

폴 피어슨은 오늘날의 기독교가 서구문화와의 동일시 현상을 극복하고 있는 세 가지 요소를 말했다.[81] 첫째, 기독교 선교운동의 국제화이다. 둘째, 사회과학의 역할이다. 셋째, 서구사회들이 기독교 신앙에서 멀어지고 있다.

중국의 가정교회들은 중국토양에 적합한 토착적이며 성경적인 새로운 모델을 제시하고 있다. 핍박 속에서 예배, 리더십 훈련방식, 리더십 선택을 개발했다. 초기 켈트 선교사들이 토착 언어와 문화를 통해 복음을 전한 것이 효과적이었듯이 최근 20-30년은 지구촌 곳곳에서 선교사들이 부족어를 배우고 부족의 언어로 성경을 번역하고 부족의 문화를 배우며 복음을 전했다. 더 나아가서 음악, 악기, 예배형식까지도 토착적인 문화로 복음이 소개되면서 교회는 빠르게 성장했다.

이러한 가운데 가장 크게 대두되는 것은 교회의 다양성을 인정하면서도 통일성을 이루어야 한다는 것이다. 복음이 다양한 문화 속에서 전파되는 것이 중요하다. 우리는 토착문화를 전폭적으로 수용하느라 복음의 핵심을 빠뜨리거나, 아니면 토착문화를 무조건 배제하며 복음을 전파하는 것 등의 양극단을 피해야 한다. 우리는 다양한 문화권에 복음을 올바르게 전하기 위해서 상황화 작업을 해야 한다. 그러려면 복음의 핵심에 대한 정확한 이해와 토속문화에 대한 이해가 병행되어야 한다.

601년, 교황 그레고리 대제(Gregory the Great)는 적응의 원리(Principle of Accommodation)를 교시했다. 로마 가톨릭 교회는 대부분 이 원리를 따랐다.

현지 사람들의 이교도 사원들은 파괴할 필요가 없고, 그 가운데 있는 우상들만 파괴하면 된다. 만일 신전이 잘 지어졌으면, 사탄을 숭배하는 예배를 하지 못하게 하고 참된 하나님을 예배하도록 개작하는 것은 좋은 생각이다. 그리고 사람들은 그들의 습관에 익숙해져 있기 때문에, 사람들이 소를 잡아 사탄에게 희생제사를 드리기 위해 모일 때, 문화적 대체를 위해 그날을 축제일로 정하는 것이 합리적으로 보인다. 사람들은 소를 잡을 때 사탄을 숭배하기 위함이 아니라 하나님을 경배하고 그들이 음식으로 먹기 위해 잡는다는 것을 배워야만 한다. 그들이 축제음식을 먹을 때, 그들은 모든 선한 것을 주시는 하나님께 감사를 드려야만 한다.

만일 우리가 그들에게 이런 눈에 보이는 기쁨을 허락하면, 그들은 진정한 내면의 기쁨으로 이르는 길을 더 쉽게 발견할 수 있을 것이다. 높은 산에 오르기 위해 준비한 사람이 한 번 껑충 뛰어서 산꼭대기에 오를 수 없듯이, 거친 마음에서 모든 악습을 단번에 다 잘라낼 수는 없을 것이다. 산을 오르듯 한 걸음 한 걸음씩 올라가야 할 것이다.[82]

적응의 원리는 지혜롭지만 언제나 균형이 필요하다. 토착문화를 너무 존중히 여기는 나머지 심각한 혼합주의에 빠질 수 있기 때문이다. 문화의 연속성을 너무 허용하는 것도 위험하지만 또한 지나친 단절도 위험하다. 복음을 전함에 있어서 어떤 문화형식들을 유지시키고 사용할 것인가? 그리고 어떤 문화형식들은 잘라낼 것인가? 이런 주제로 기독교 공동체는 고심해야 할 필요가 있다.[83]

균형은 어떻게 이룰 수 있는가? 이것은 쉬운 영역은 아니지만 그렇다고 어려운 것도 아니다. 가장 중요한 것은 성경과 성령이다. 성경은 문화를 초월하고 시대를 초월하는 하나님의 말씀이다. 또한 성령은 하나님의 말씀의 근본 의미를 우리에게 비춰 주고 가르치며 인도하는 스승이시다. 문화의 외부자인 선교사와 내부자인 현지인이 함께 수고하며 결정해야 한다. 성경에 대한 깊은 이해와 성령의 비추심에 의해서 서로 협력하며 살피고 결정을 해야 한다.

네스토리안 운동

네스토리안 교회 이름은 5세기 콘스탄티노플의 대주교인 네스토리우스(Nestorius)에게서 비롯된다. 당시 교회는 교리적 논쟁으로 심각한 상태였다.

교회가 예수님의 두 가지 본성에 관한 정의 문제로 싸우는 과정에서, 네스토리우스는 이단으로 정죄받고 면직되었다. 이것은 신학적 문제라기보다 정치권력 싸움에서 비롯된 것이었다. 그의 추종자들은 결국 정통 기독론을 수용했다.[84]

네스토리우스와 그를 따르는 사람들은 켈트족 교회처럼 가장 열정적으로 선교를 수행하는 교회의 모범이었다. 그들은 메소포타미아 니시비스(Nisibis)에 학교를 설립했다. 성경연구, 영성훈련, 그리고 선교를 강조했다. 6세기에는 학생이 1,000명이 넘었다.[85]

주목할 만한 점은 이들 네스토리안들은 직업을 가지고 선교했다. 그들은 중앙아시아의 무역로를 따라 복음을 전파했다.[86] 그들은 상인, 은행원, 그리고 의사로 일하며 복음을 전했다. 어떤 네스토리안 여인은 중앙아시아의 어느 부족 족장과 결혼하여 전 부족을 신앙으로 인도했다. 6세기에 네스토리안은 인도에 갔다. 중앙아시아 훈족 선교는 성공적이었다. 훈족이 복음화되고, 훈족 언어가 만들어지고, 새로운 영농기법을 전수했다. 이들은 아라비아, 티베트, 아프가니스탄, 인도, 중국 등 전 세계로 퍼져나갔다.[87]

특히 중국선교가 인상적이다. 중국 기독교는 주로 수도원적이었다. 이런 특징은 중국이 불교신앙과 친숙하고 은둔적 전통에 친숙하기 때문이었다.[88] 중국에서 1623년에 발견된 기념비에는 네스토리안의 중국 사역이 기록되어 있다. 네스토리안 알로펜(Alopen)이 635년 서안에 도착을 했다. 교회와 수도원이 설립되고, 기독교 문서들이 발간되었다.[89] 당시 당 왕조의 황제의 허락을 받았다. 아마도 이들은 신라까지 왔었을 것이다. 네스토리안들이 황제의 허락까지 받으며 활발하게 사역하였음에도 불구하고 13세기까지 활동하고 중국에서 사라

졌다.[90]

그 이유가 무엇인가? 첫째, 그들은 과도한 상황화를 강조했다. 그 결과로 종교 혼합주의에 이르게 되었다. 이들은 중국의 문화를 너무 수용하고 조화시키려 하여 복음의 핵심요소를 상실했다. 둘째, 현지 리더십의 부재이다. 외부 선교사들이 교회를 계속하여 다스리며 현지인 리더들을 배가시키지 못했다. 셋째, 선교운동이 너무 황실에 의존되어 있었다. 당 왕조가 무너질 때(618-907년) 함께 무너지며 거의 소멸되었다. 넷째, 그들은 성경을 강조하며 성경암송을 추구하였지만 성경을 중국어로 번역하지 않았다. 다섯째, 그들은 광범위한 네트워크를 조성하지 않고 단독적으로만 사역했다.[91] 네스토리안의 역사는 오늘 우리의 선교사역을 돌아보게 한다.

기독교왕국의 붕괴와 이슬람 운동

우리는 다시 반복되는 질문을 던지게 된다. 어떻게 교회가 강했던 여러 지역에서 이슬람교가 급속하게 퍼져나갔으며, 왜 교회가 손쉽게 붕괴되었는가? 한마디로 단정지어 말할 수 없을 것이다. 그러나 역사와 문화의 영역에서 이러한 문제를 조심스럽게 살펴보아야 한다.

기독교왕국이 무너졌다. 그것은 결정적인 패배였다. 기독교왕국은 이슬람교와 바이킹의 침략 전쟁에서 철저하게 패배했다. 7세기부터 9세기까지 두 번의 결정적인 패배가 있었다. 쓰라린 아픔이었다. 기독교왕국이 그토록 넓은 영토를 빼앗긴 경우는 20세기에 공산주의와 세속주의가 출현하기 전까지는 전혀 상상할 수 없는 일이었다.[92]

로마제국은 대부분의 유럽 영토를 다스리고 있었다. 그러나 여러 부족들이 중부유럽에서 몰려들었다. 프랑크족, 색슨족, 알레마니족(독일인), 롬바르드족, 스코트족, 그 외에도 여러 종족이 몰려왔다. 약해진 서로마제국에 '야만인들'이 압도적으로 다수가 되었다. 한편, 동로마제국은 7세기 초만 하더라도 크고 강력했다. 이집트, 소아시아, 중동 지역의 대부분, 북아프리카 일부를 지배했다. 그러나 단 몇십 년만에 동로마제국은 수많은 영토를 잃고 종이호랑이로 전락했다.[93]

마호메트에게서 비롯된 이슬람교는 마호메트가 죽은 후부터 세계 정복의 길로 나섰다. 이슬람교가 역사 전면에 나타났다.

이슬람교가 역사에 등장했다. 마호메트가 메카에서 메디나로 이주한, 622년에 있었던 헤지라(The Hegira)는 이슬람교의 시발로 간주된다. 10년 후인 632년, 마호메트는 죽고 그의 후계자들이 여러 지역 정벌에 나서게 되었다. 그들은 635년에 다마스쿠스를 정복하였고, 2년 후에는 예루살렘을 정복했다. 1년 뒤에 안디옥, 두로, 그리고 지중해 연안 도시들을 점령했다. 그 후 10년 이내에, 이슬람교는 북아프리카를 정복하고, 소아시아로 쳐들어갔으며, 673년에서 678년 사이에 거의 전역을 정복했다.[94]

이처럼 이슬람은 서로마제국의 상당한 지역을 장악하여 이슬람과 서로마제국의 장구한 갈등의 계기가 되었다. 그러나 콘스탄티노플은 비록 세력이 약화되고 작은 지역만을 다스리고 있었지만 이슬람은 콘스탄티노플을 정복하지 못했다.

그러면 이 지역에 살던 기독교인들은 어떻게 되었을까? 일부는 떠나고 일부는 로마로 갔다. 나머지는 모슬렘 정복 지역에서 기독교인으로 남았다. 그 중에서 이집트의 콥트교회가 규모가 가장 커서 6백만에서 8백만 명의 기독교인들이 있었다. 이들은 모슬렘 정복어인 아랍어를 사용하지 않고 옛 콥트어를 사용했다. 그 외에 레바논, 시리아 지역의 기독교인들도 살아남았다.[95]

이 지역에서 과거에는 강력했음에도 불구하고 왜 대부분의 교회들이 사라졌을까? 모슬렘이 정치적 압력으로 교회를 없애버린 것이 아니었다. 만일에 모슬렘이 교회를 핍박했다면 교회는 살아남았을 것이다. 그런데 놀랍게도 모슬렘 정복자들은 기독교인들을 그대로 두었다. 핍박하지도 개종을 강요하지도 않았다. 다만 복음전파를 금지시켰다. 교회는 복음을 전할 수가 없었고, 사회적으로 불이익을 당해야 했고, 높은 세금을 지불해야 했다. 기독교인들은 이슬람교로 개종하거나 이슬람 문화에 동화되었고 교회들이 서서히 힘을 잃어갔다. 결국 교회는 열정을 잃어가고 점차적으로 짓눌려 죽어가고 거의 사라지게 되었다.[96]

이러한 외부적 요인 외에도 내부적 요인이 있었다. 즉 교회가 서로 분열했다. 북아프리카와 중동지역의 교회들은 다른 교회들과 교류하지 않았다. 또한 서로를 인정하지 않고 독자적으로 행동했다. 물론 가장 큰 이유는 지역적으로 고립되었기 때문이다. 주변이 이슬람 지역으로 둘러싸여 있었다. 이 같은 분열과 격리는 교회들을 불안정한 상태로 몰아갔고 또한 갈등을 일으켰다.

분열과 격리가 문제였다. 이런 분열과 격리는 북아프리카와 중동교회들을 불안정한 상태로 몰아넣었다. 후에 로마에서 선교사들이 이들 지역에 왔을 때, 선교사들은 남아 있는 교회들을 교황의 권위 아래 포함시키려 함으로 갈등을 조장했다. 이것은 교회의 분리가 교회의 생존과 선교에 막대한 지장을 초래한 경우라고 볼 수 있다.[97]

또한 엘리트 집단 중심의 신앙생활은 복음의 뿌리를 내리지 못하게 했다. 네스토리안들의 당 왕조의 황제 중심의 중국선교나 조선 중기 시대의 양반 중심의 선교, 북아프리카의 베르베르족은 멀리하고 카르타고 사람들 중심으로 진행한 선교가 그 예이다. 카르타고 사람들은 페니키아에서 온 중간계층의 사람들로, 카르타고를 건설하고 베르베르족을 지배했다. 베르베르족은 원주민들로서 사회적 하류계층이었다.[98]

또한 언어가 그 원인 중의 하나다. 대부분의 신학과 예배는 로마인들의 언어인 라틴어로 되어 있었다. 위대한 신학자인 터툴리안, 어거스틴은 북아프리카 출신들이다. 그러나 그들은 모두 라틴어를 사용했다. 카르타고 사람들의 언어로 된 자료는 아주 적었고 베르베르족 언어로 된 것은 거의 없었다. 1980년대에 이르러서야 베르베르족 언어로 신약성경이 번역되었다. 이와는 대조적으로 한국의 개신교 선교는 선교 초기부터 한국어로 성경번역 작업을 활발하게 했다. 모슬렘의 무력에도 불구하고 이집트의 콥트교회가 북아프리카에서 유일하게 살아남았다. 그 이유 중에 가장 큰 것은 그들의 언어인 콥트어 성경을 가지고 있었기 때문이다.[99]

복음이 깊이 뿌리를 내려야 한다. 그 출발은 성경을 상고하는 것이다. 동시에 성령을 구하고 의지해야 한다. 성령의 도움으로만 성경을 통해서 하나님의 뜻을 정확하게 이해하고 열정적으로 신앙생활을 할 수 있다. 또한 성숙한 지도력의 배양이 있어야 한다. 강력한 훈련, 적절한 양육이 있어야 배가가 된다. 그래야 내부적, 외부적으로 강한 도전을 이겨내며 영향을 줄 수 있다.

바이킹족

9세기의 유럽의 교회는 쇠퇴했다. 당시는 귀족계층과 농노계층으로 구분되는 봉건제도에 빠진 시기였다. 귀족들은 지주와 군인계층으로, 당시 사회의 통치자들이었다. 농노들은 거의 노예처럼 일하는 하류계층이었다. 정치권력과 손잡은 교회들은 엄청난 땅을 소유하고 마치 귀족처럼 활동했다. 부패한 교회의 영적 상태는 형편없었다. "9세기에, 유럽은 바이킹의 계속적 침략을 받았다. 바이킹은 옛 스칸디나비아 사람들로, 현재 덴마크, 스웨덴 그리고 노르웨이 지역 출신이었다. 바이킹의 비극적 침략은 유럽에 혹독한 고난이었다."[100]

바이킹은 바다를 통해 침투해 들어왔기 때문에, 그들의 침략을 막기란 무척 어려운 일이었다. 그들을 막으려면 일단 해안선을 봉쇄해야 했으나, 그 누구도 해안선을 다 막을 수는 없었기 때문이다. 바이킹의 침략을 막을 방법이 전혀 없었다. 한마디로 속수무책이었다. 바이킹이 침략하기 전, 핵심 거점에 있던 수도원들은 내륙 지방을 통한 침략은 잘 막아낼 수 있었다. 일부는 바다를 통한 침략에도 잘 견뎠다. 하지만 바이킹들의 침략 앞에서 그들은 모두 무참히 무너졌다. 어떤 수도원도 바이킹의 침략에서 안전하지 못했다.[101]

이러한 상황에서 동쪽과 남쪽에서는 모슬렘이, 북쪽에서는 바이킹이 침략했다. "그들은 250년 동안이나 유럽을 괴롭혔다."[102] 이슬람 지도자들은 이미 높은 문명을 구가하는 지중해를 장악하였기에 무지한 '야만족들'이 사는 북방을 소홀히 했다. "바이킹이 등장할 때쯤에는, 유럽 전체에 베네딕트 선교기지가 1천 개 이상으로 늘어났다."[103]

스칸디나비아인이라 불리는 바이킹은 기독교 신앙을 거부했다. 이들은 수도원과 교회를 약탈했다. 사제들을 죽이고 노예로 삼았다. 프랑스에서만 성직자 3분의 1을 죽였다. 이 잔혹한 해적들은 250년 동안이나 파괴와 약탈을 일삼았다. 수많은 켈트족 선교운동과 베네딕트 수도원들이 파괴되었다.[104] 바이킹은 학교를 파괴했다. 선교의 요람을 무너뜨렸다.

바이킹은 학교를 파괴했다. 요크에 있던 알쿠인(Alcuin) 학교는 중세 최고의 학교였다. 9세기에 알쿠인 학교가 파괴되었다. 다른 켈트족 선교센터들도 같은 운명을 맞았다. 이렇게 학문과 선교의 요람들이 무너졌다.[105]

이처럼 바이킹과 모슬렘의 침략으로 교회는 거의 빈사상태가 되었다. 더이상 회생할 수 없어 보였다. 영국 알프레드 대왕은 바이킹에 대항하고 자국어인 앵글로색슨어로 기독교 문서들을 출간했다.[106] 하지만 카롤링거 왕조가 이루어 놓은 기독교 르네상스는 바이킹의 침략으로 무너졌다.

카롤링거 왕조의 르네상스는 실로 놀라웠다. '야만인들'이 사는 지역이라고 불렸던 유럽 대륙을 완전히 개화시켰다. 그들의 문명을 밝히고 드높였다. 카롤링거 왕조의 르네상스는 실로 유럽 문명의 개화기의 절정이었다. 하지만 안타깝게도 이런 탁월한 문화가 바이킹의 침략으로 파괴되어 버리고 말았다. 이는 유럽 역사에서 너무도 아쉬운 한 장면이다.[107]

그러나 역사적 반전은 놀랍다. 복음은 바이킹을 변화시켰다.[108] 바이킹이 복음을 수용했다. 이제 그들이 기독교 선교운동의 주역이 되었다. "바이킹 정복자들은 자신들이 포로로 잡은 사람들의 신앙에 의해 정복당했다."[109] 윈터는 기독교 문명운동 역사의 3막을 바이킹이 이끌었다고 주장한다. "역사의 제3막을 형성하는 A.D 800년 이후 400년을 이끈 주역들은 누구였는가? 바로 스칸디나비아인들이었다. 이 기간에 스칸디나비아 바이킹이 복음을 수용했다."[110] 그들이 하나님 나라의 확장에 공헌했다.

기독교 문명의 확장은 하나님 나라의 확장을 의미한다. 유럽에서 기독교 문명은 계속 확장되었지만, 동쪽으로 중국과 필리핀, 그리고 남쪽으로 에티오피아에 이르는 동유럽 지역에서는 더디게 확장되었다. 그 지역에서는 기독교 문명 확장에 공헌한 극적인 사건들도 그리 많지 않았다. 그런데 이 시기에 하나님 나라를 확장시킨 중심인물로 등장한 사람들이 있었다. 오늘날 우리가 스칸디나비아 사람이라 부르는 바이킹족이 바로 그들이었다.[111]

바이킹은 십자군 운동에 야만성을 드러내는 결과를 가져왔다.

십자군 운동은 역사적으로 참 놀랍고 흥미로운 사건이다. 사실 십자군 운동은 이전 시대에 이미 시작되었지만, 1200년에서 1600년 시대에 와서 여러 가지 사회적 문제를 일으켰다. 한편으로 십자군은 당시 서양에서 기독교 신앙이 확실히 공식화되고, 문명이 증진되고 있음을 보여주는 사례이기도 하다. 일부 십자군 운동은 광범위한 영적 부흥운동으로 일어났던 것이다. 하지만 다른 한편으로 십자군은 기독교의 야만성도 드러냈다. 지금은 비록 기독교화되었다지만 오래전에 야만적인 배경을 가졌던 고트족과 바이킹족의 문화적 DNA인 야만성이 표면에 드러났다.[112]

161

바이킹이 기독교인이 되어 선교에 주도적으로 참여하게 되었다. 그들은 전투적 민족이었다. 이런 전투적인 야만성이 선교에 투영되었다. "이는 기독교 교회 문화에 바이킹 정신이 스며들었기 때문이다. 모든 십자군 원정은 바이킹의 후예들이 주도했다."[113]

바이킹들이 '복음의 탈환 작전'에 항복하여 기독교인이 되자, 그들은 역사상 가장 왜곡된 전투적 선교에 앞장서게 된다. 그것이 바로 십자군 전쟁이다. 그들은 '자발적으로 가는' 유형을 이용해서 영토를 침략하고 정복해 나갔다. 그러나 그 작전에는 수많은 결함이 있었고, 따라서 사라센들이라 불리던 모슬렘들에게 복음의 축복을 나누는 일은 한 번도 성공하지 못했다. 이와 동시에 새로운 유형의 수도원 운동이 일어났다. 수도원 운동은 본질상 선교적이었다.[114]

클루니 부흥운동

클루니 부흥운동은 놀라운 개혁운동이었다. 909년경 프랑스 중부에 살던 아키텐(Aquitaine) 공작이 클루니(Cluny)에 수도원을 설립했다. 그는 하나님의 영광을 위하여 땅과 재물을 내놓았다. 그는 수도원은 세상권력과 지역교권으로부터 독립적인 기관이 되어야 한다는 조건을 강력히 제시했다. 따라서 수도원은 충분한 권한을 가지고 원래 목표를 위해 영적 훈련과 신앙생활에 매진할 수 있었다. 교황은 중요한 규칙을 제정할 뿐 수도원들의 행정을 관장하지 않았다. 자율적으로 운영되었다.

바이킹들이 나타나기 전에도 아니안의 베네딕트(Benedict of Aniane)는 여기저기에서 개혁을 외쳤다. 901년이 되자 클루니에서 새롭고도 중대한 조치가 취해졌다. 무엇보다도 더는 지역 영주가 수도원을 지배할 수 없게 되었고, 처음으로 영적으로 강력한 하나의 '어머니' 수도원에서 '딸' 수도원들이 생겨났다. 이는 이전의 어느 연계망보다도 광범위한 조직이었다. 더구나 클루니 부흥은 사회 전반에 새로운 개혁적인 태도를 가져왔다.[115]

이러한 클루니 수도원 제도는 당시의 쇠퇴한 교회에 새로운 개혁의 바람을 불러 일으켰다. 수도원 운동은 성장했다. 교회의 갱신과 개혁 그리고 부흥을 열망하는 사람들이 몰려들었다. 다른 많은 수도원들도 서로 연관관계를 맺고 싶어 했다. 수년 내에 여섯 수도원이 클루니 수도원과 클루니 대수도원장의 지도 아래 들어오겠다고 했다. 994년부터 1048년까지 5명의 수도원장이 재임하는 동안 클루니는 수백 개의 수도원을 거느리는 수장이었다. 이들 수도원은 클루니에 의해 설립되거나 개혁되었다.

클루니 수도원 제도는 선교공동체였다. 클루니는 처음에는 개인의 영적 생활의 회복과 성장에 초점을 두었다. 그리고 교회개혁과 사회 개혁에 대하여 관심을 가졌다. 이것은 당연한 과정이다. 먼저 개인의 영적 생활의 회복이 있고 이어서 교회공동체의 개혁이 뒤따르게 된다. 교회가 회복되면 당연히 사회를 개혁하는 움직임이 있게 된다. 이러한 방향은 교회역사에 일어나는 패턴이다.

클루니 수도원 운동은 탁월한 리더를 길러냈다. 탁월한 교황을 길러냈다. 힐데브란트는 클루니 개혁운동의 열매였다.

1000년대 초기의 탁월한 인물인 힐데브란트(Hildebrand) 또한 클루니 개혁의 산물이었다. 힐데브란트의 뒤를 이은 개혁자들은 그보다 더 진일보한 시토 수도회의 부흥으로 영향력이 크게 강화되었다. 힐데브란트는 오랫동안 전체 교회의 전반적인 개혁을 위해 막후에서 일하다가, 마침내 교황 그레고리우스 7세로 등극했다. 비교적 짧은 기간 일했지만, 개혁에 대한 그의 열정은 교황 인노첸시오 3세(Innocentius III)가 큰일을 할 수 있는 기반을 마련해 주었다.[116]

부흥운동이란 먼저 그리스도인 개개인의 삶의 회복에서 시작한다. 이를 '갱신'(Renewal)이라고 한다. 이어서 교회공동체의 영적 회복이 일어난다. 이를 '재복음화'(Reevangelization)라고 한다. 교회는 세상의 소금과 빛으로 영향을 주도록 처음부터 하나님으로부터 시작되었다. 그러므로 사회의 변혁이 일어나는 데 교회가 초점을 맞추게 된다. 이를 '개혁'(Reformation)이라고 부른다. 이 시점에 이르렀을 때에 비로소 '부흥'(Revival)이 일어났다고 일컫게 된다.

부흥운동은 이 같은 패턴으로 이어지며 진행된다. 먼저 개인과 교회 공동체가 확실하게 새롭게 되어야 비로소 사회의 변혁을 할 수 있다. 기독교 문명운동은 클루니 개혁운동을 통하여 활발해졌다. 클루니 개혁운동은 후일 시토파 수도회 운동을 통하여 새롭게 갱신되었다.[117]

시토파 수도회

시토파 수도회는 클루니 개혁운동을 갱신했다. 11세기 말에 이르자 클루니 수도원이 쇠퇴하고 부패하게 되었다.

이런 어려운 상황은 새로운 수도회 제도를 탄생하게 했다. 1098년 설립된 시토파 수도회(Cistercians)였다. 그해 로버트 샹파뉴(Robert Champagne)가 클루니 수도원을 떠났다. 수도원이 보다 더 엄격하지 않았기 때문이었다. 그는 20명의 동료들과 새로운 수도원을 창설했다. 그는 남부 프랑스 디종(Dijon) 근교인 시토(Citeaux)에 수도원을 설립했다. 어떤 면에서 보면, 시토파 수도회는 초기 클루니 수도원의 부활과 같았다. 수도승들은 가난하게 살기로 작정하였고 극도로 간소하게 생활했다.[118]

그들은 금욕주의적 고행과 경건의 삶을 강조했다. 수도승들은 규정 식을 먹었다. 공동체 생활을 하고 언제나 촛불을 켜 놓고 언제든지 일 할 수 있도록 옷을 입고 잠을 잤다. 하루에 6시간씩 기도했다. 1112년 에 베르나르드(Bernard)라는 청년이 동료 30명과 함께 들어오기 전까 지는 시토파 수도원은 소수의 무리였다. 베르나르드는 귀족 출신으로 서 그 시대에 가장 영향력 있는 교회 지도자가 되었다.[119] 그는 묵상의 사람이었다. 찬송의 사람이었다. 그는 〈구주를 생각만 해도〉(찬송가 85장), 〈오 거룩하신 주님〉(찬송가 145장) 등 수많은 찬송을 남겼다. 그 는 교회 중심이었으며 교회에 충실했다. 그로 인하여 시토 수도원 운 동은 상당한 교회개혁을 이루었다.[120] 수도원 개혁운동에서 중요한 것 은 사역자의 영적 훈련이다. 공동체 생활을 통한 절제된 생활, 영적, 지적, 도덕적 훈련을 강조한다. 또한 영적 권위에 대한 이해, 질서에 대한 훈련 등이 요구된다.[121]

시토파는 클루니 수도원과는 다르게 검소함을 강조했다. 교회당은 간소하여 꾸밈이 없게 했다. 주방도 검소했다. 클루니 운동의 화려하 고 정교하며 긴 예배 형식을 거부했다. 수녀원에 더 많은 권한을 부여 했다. 여성 리더십이 강조되었다. 평신도가 수도원 정회원이 되도록 개방했다.[122]

그런데 2세기가 지나자 상황은 달라졌다. 13세기에 이르자 수도원 주방 은 화려하게 변했다. 조리대가 엄청 커졌다. 식탁 위에서 황소를 잡을 수 있을 만큼 커다란 조리대가 두 개나 놓였다. 엄청난 벽로(壁爐)가 생겼다. 벽난로가 얼마나 큰지 내가 들어가서 마음대로 움직일 수 있을 정도였다.[123]

주방 한 켠에 포도주 저장실이 있었다. 일반 교회 본당만한 크기였다. 그곳에 포도주가 가득히 쌓여 있었다.[124] 검소하게 시작한 수도원이 풍요롭게 될 때에 위험이 뒤따른다. 처음에는 가난한 자들을 위해 효과적으로 사역을 하였지만 풍요하게 되자 부패했다. 맥가브란의 '구속과 생활양상으로 인한 전도장애'는 적절한 이론이다.[125] 수도원도 초심을 잃으면 타락한다.

발도파 운동

새로운 부흥운동은 핵심 리더가 시작한다. 이들 가운데 성직자들도 있고 평신도들도 있다. 또한 깊은 학문을 지닌 사람도 있고 정규교육을 받지 못한 사람도 있다. 재물이 많은 사람도 있고 없는 사람도 있다. 물론 남자만 아니라 여자도 있다. 이같이 모든 면에서 다양한 배경을 가진 사람들이다. 그러나 이들의 공통적인 특징이 있다. 이들은 하나님과의 깊은 교제 가운데 세상을 향한 하나님의 마음을 가지게 되고, 열정을 가지고 그 비전을 사람들에게 전달할 줄을 안다. 이들은 성령의 놀라운 역사에 언제나 열린 마음으로 나아가는 사람들이다. 성령의 은사가 드러나고 활력이 넘친다.[126]

피터 발도에 의해 시작된 발도파(Waldensians) 운동은 갱신운동이었다. 발도파는 급변하는 유럽사회의 소용돌이 가운데서 일어났다. 갱신운동은 역사적 상황이 맞을 때 일어난다. 당시 유럽은 봉건제도가 무너지고 상업적인 사회로 변하면서 중산층이 형성되었다.

제조업의 발달과 함께 물물교환, 상거래, 그리고 판매가 생겨났다. 사람들이 모여 그런 상거래를 하기 위한 장소가 필요하게 되었다. 처음에는 사거리에서 상행위가 이루어졌다. 마을이 커지고, 도시가 생겨났다.[127]

프랑스 남부 리옹 출신인 발도는 의류상을 운영하며 부를 쌓았다. 그는 프랑스어로 성경을 번역하는 자금을 지원했다. 1176년에 그는 예수께서, "가서 네 모든 것을 팔아 가난한 자들에게 나누어 주고 나를 따르라"고 하신 말씀을 그대로 받아들여 가족의 쓸 것만을 남겨두고 모든 것을 나누어 주고 전적으로 주를 따랐다. 성경말씀을 충실하게 따르고자 하였고 가난한 자들에게 복음전파하는 데 힘썼다. 많은 사람들이 그를 따르고 함께했다.[128]

발도파는 제도적 교회로부터 이단으로 정죄받았다.[129] 그러나 발도파는 남부 프랑스, 이탈리아, 그리고 중부유럽 전역으로 퍼져나갔다. 14세기에는 독일, 헝가리, 폴란드로 전파되었다. 15세기에서 17세기까지 그들은 핍박을 피해 북부 이탈리아 산속으로 피난했다. 그들은 거기서 공동체를 이루고 학교를 세웠다. 가톨릭의 핍박으로 수천 명이 목숨을 잃었다. 이러한 상황 가운데 발도파 운동은 서서히 자취를 감추었다.[130] 칼뱅은 이러한 발도파에 의하여 영향을 받았다. 모라비안 선교운동도 발도파의 영향을 받았다. 피어슨은 지적한다.

로마 가톨릭 교회는 발도파(Waldensians)를 거부했다. 그럼에도 불구하고 발도파는 12세기와 13세기 중부유럽에 강력한 영향을 미쳤다. 하지만 발도파는 엄청난 핍박을 받고 거의 무너졌다. 현재 발도파는 이탈리아의 아주 작은 교단으로 남아 있다. 외국에는 몇 개의 교회가 있을 뿐이다. 발도파는 초기 모라비안 교도(Moravians)에게 영향을 미쳤다. 모라비안

교도는 개신교 선교운동에 중요한 기폭제 역할을 했다.[131]

발도파는 새로운 리더십 개발양식을 보여주었다. 평신도들을 설교 사역에 참여시켰다. 여성들을 사역에 참여시켰다. "모라비안들은 개신교 최초의 선교사들이었다. 그들은 하나님의 강권적 역사였다. 그들은 남자와 여자 선교사로 전 세계를 향해 나갔다."[132]

선교운동은 새로운 리더십 패턴을 동반한다. 새로운 리더를 선택하고 훈련하는 새로운 방식을 동반한다. 발도파는 옛 사제제도를 거부하고 남녀 평신도를 내보내 설교하게 했다. 발도파는 2세기 몬타누스주의(Montanism) 이후로는 최초로 여성들을 사역에 참여시킨 교단이었다. 이들 남녀 평신도들은 세례를 베풀고 성찬을 집례했다. 발도파는 가톨릭 교회와는 전혀 다른 사역관을 가지고 있었다. 설교와 교회제도에 대해서도 가톨릭 교회와 달랐다. 발도파 전도자들은 그들만의 독특한 복장 대신 상인복장으로 위장하고 여행했다. 가톨릭 교회의 박해를 피하기 위함이었다.[133]

위클리프의 롤라드 운동

위클리프는 놀라운 인물이었다. "그는 학창시절을 옥스포드에서 보냈으며, 결국 스콜라 철학 및 신학에 정통한 사람이 되었다."[134] 그는 어거스틴에게서 강한 영향을 받았다. 영국에서 가장 탁월한 학자였다.[135] 1372년 박사학위를 받은 그는 혼란스러운 교회와 사회에서 일어나는 현상들을 보며 성경과 교부신학을 깊이 연구하기 시작했다.

로마교회는 참 교회는 한 교황을 모신 교회 하나뿐이라고 가르쳤다. 교회는 개인이 구원받기 위해서는 교회조직의 회원이 되어야만 한다고 가르쳤다. 이런 까닭에 사람들은 교황에 복종해야만 했다. 하지만 이제 교황이 둘이나 된 상황에서 어느 교황에게 복종할 것인가? 두 교황이 각자 자신이 유일한 그리스도의 대행자라고 주장하는 상황은, 아주 심각한 영적 딜레마를 조장했다.[136]

교황들은 영적 딜레마를 해결하지 못했다. 위클리프는 성경으로 돌아가자고 주장했다. 만인제사장설을 주장했다. 사제와 감독의 직분은 존중해야 하고 그들의 사역은 중요하지만 성경에는 사제와 평신도의 구분이 없다고 했다. 교회와 국가의 권위는 위로부터 아래로 주장하거나 내세우는 것이 아니라 아래로부터 위로 위임되어야 한다고 주장했다.[137]

위클리프의 가장 큰 업적은 성경 전권을 영어로 번역한 것이다. 위클리프는 모든 교회에 영어로 번역된 성경이 비치되기를 바랐다. 심지어 쟁기를 멘 소를 끄는 시골 소년까지도 성경을 자신의 언어로 읽게 되기를 소원했다. 성경공부를 장려하고 학교에서 성경을 암송하기를 격려했다. 위클리프는 종교개혁이 일어나기 2세기 전에 살았지만, 사람들은 그를 '종교개혁의 샛별'이라 부른다.

당시는 라틴어가 신학을 포함한 문학언어였다. 가톨릭 교회는 한 언어 정책을 고수했다. 성경이 다른 언어로 번역되는 것을 저지하고 억압했다. 위클리프가 제시한 문제의 본질은 성경을 다른 언어로 번역하는 것에 있는 것이 아니라 성경의 권위에 관한 것이었다. 즉 성경이 교황보다 더 높은 권위를 가지고 있느냐에 대한 것이었다. 그는 성경이 교황의 권위보다 더 높다고 보았다. 그러므로 그는 성경적인 근거로 당시 가톨릭 교회의 부와 권력의 남용을 공격했다.[138]

성경을 번역했다는 이유로 위클리프는 이단으로 몰려 출교당했다.[139] 위클리프는 주장했다. "존경할 가치가 없는 교황, 감독, 그리고 사제들을 몰아내야 한다."[140]

그는 추종자들을 설교자로 내보냈다. 그들을 '롤라드'(Lollards)라 불렀다. 그 이름이 어떻게 유래되었는지에 대한 역사적 기록은 분명하지 않다. 초기 롤라드 설교자들은 위클리프의 제자들이었지만, 후일에는 가난한 자들 가운데서 롤라드 설교자들이 많이 나왔다. 그들은 일반인들이 입는 복장을 입고 후원금을 받아 생활했다. 그들은 이렇게 신약에 나타난 사역자 형식을 따랐다. 그들은 영국 지방언어로 성경말씀을 선포했다.[141]

롤라드 운동의 영향은 계속되었다. 지하로 숨었지만 영향력은 여전히 남았다. 그 영향은 1534년에 일어난 영국의 종교개혁에 영적이고 신학적인 여러 요소들을 제공했다. 우리는 영국의 종교개혁이 먼저 정치적 요소들에 의해 촉발된 것으로 알고 있다. 하지만 당시 여러 집단들은 개혁을 원하고 있었다. 참된 신학적 개혁, 구조적 개혁, 그리고 영적 개혁을 갈망하고 있었다. 이런 영적 관심들은 청교도주의로 이어졌다.[142]

도미니쿠스회 갱신운동

발도파 운동이나 롤라드 운동은 처음에는 교회 내에서 개혁과 부흥운동을 전개했다. 그러나 딱딱한 교회가 새로운 비전과 새로운 선교방법을 거부하여 결국 제도권 밖에서 사역할 수밖에 없었다. 그러나 도미니쿠스회, 프란치스코회, 예수회는 교황의 허가를 받아 활동한 훌륭한 수도회들이다.

도미니쿠스는 1170년 스페인 카스티유(Castille)의 귀족 가문에서 태어났다. 그는 훌륭한 영적 훈련을 받았고 어거스틴 교단의 수사가 되었다. 그는 신앙회복을 위해 사람들에게 성경을 가르쳤다. 그는 1216년 교황의 허가를 받아 새로운 수도회를 설립했다.[143] 도미니쿠스를 지지하는 현지 감독의 요청으로 "1216년 교황은 마지못해 새로운 수도회를 허가했다."[144] 그들은 신학연구와 성경연구를 바탕으로 설교를 하고, 사랑과 긍휼, 그리고 섬김의 삶을 살았다.

수도회 설립 후 도미니쿠스는 즉시로 제자들을 유럽 전역의 전략적 거점으로 보내어 사역을 확장했다. 또한 중세 대학이 처음 세워진 파리와 볼로냐로 보내어 거점으로 삼았다. "제자들을 보낸 목적은 여러 도시들에 선교거점을 확보하고, 다른 사람들을 훈련하여 다른 중요한 전략적 거점들로 보내는 것이었다."[145] 이들은 한적한 시골에 머물지 않고 전략적 도시, 특히 대학이 있는 도시로 갔다. 이들의 전략은 일사불란하여 전략을 수월하게 수행했다. 이들은 마치 기동력을 갖춘 군대와 같았고 리더에게 철저히 순종했다. 이러한 전략적 거점 지역들을 중심으로 이들은 기도와 연구를 통해 세상에 영향을 주는 것에 목표를 두었다. 그들은 대학이 있는 도시를 전략적 도시로 삼았다.

수도회는 여러 나라로 퍼져나갔다. 설립 후 4년 만에, 수도원은 8개 나라에 조직되었고, 60개의 숙사가 세워졌다. 도미니쿠스회는 1220년 청빈 서약을 채택했다. 여기서 중요한 수도회 전략을 짚고 넘어가자. 그들은 한적한 시골과 사회와 격리된 은신처로 가지 않았다. 그들의 전략은 새로 생성되고 있는 도시로 가는 것이었다. 특히 대학이 있는 전략적 도시로 가는 것이었다.[146]

도미니쿠스는 1222년에 사망하였으나 그가 쌓아놓은 탄탄한 기초에 의하여 사역이 계속 번창하며 여러 나라로 퍼져나갔다. 이들 수도회 출신 중에 추기경과 교황이 배출되었다. 이들은 학습을 강조하였고 다른 어떤 수도회보다 신학연구를 강조했다. 이들은 대학 캠퍼스 사역을 중요시 여겨 중세 신학자 중 가장 탁월한 인물의 한 사람 알베르투스 마그누스(Albertus Magnus)를 배출했다. 그의 탁월한 제자인 토마스 아퀴나스(Thomas Aquinas)는 스승의 사상을 더욱 발전시켜 중세 신학의 지성적 기초를 세웠다.[147]

도미니쿠스 수도회는 오늘까지 탁월한 선교운동으로 남아 있다. 역사적으로 놀라운 공헌을 했다. 피어슨은 진술한다. "도미니쿠스 수도회는 로마 가톨릭 교회에 놀라운 공헌을 하며 오늘까지 지속되고 있다. 도미니쿠스 수도회는 프란치스코회, 예수회와 함께 훌륭한 선교활동을 펼친 수도회가 되었다."[148]

프란치스코회 갱신운동

프란치스코회는 성 프란시스가 주도했다. '성 프란시스'로 더 잘 알려진 지오반니 베르나르도네(Giovanni Bernardone)는 1182년 이탈리아에서 출생했다. 그의 부친은 의류업을 통해 상당한 부를 쌓은 부유한 중산층이었다. 프란시스는 모험심이 많은 로맨틱한 사람이었다. 그는 환락에 빠져 사는 문제가 많은 젊은이였다. 프란시스는 도미니쿠스처럼 어릴 때부터 경건한 가정에서 자라나 헌신한 사람과는 달리 파괴적인 생활습관에 빠져 살다가 헌신한 사람이었다.[149]

1206년 또는 1207년, 즉 프란시스가 25, 26세 되었을 때 그는 주님을 만나는 신앙의 체험을 했다. 그 이후 그는 오직 예수 그리스도만을 사랑하며 헌신했다. 그는 평생, '청빈이라는 부인'과 결혼했다. 즉 그의 삶은 '청빈'으로 요약할 수 있다.[150]

그는 무소유의 삶을 살며 성당을 보수하고, 가난한 자들을 도왔다.

그가 성당을 보수하는 이유는 꿈에 하나님께서 성당을 보수하라고 하시는 음성을 들었기 때문이다. 그의 주변에 사람들이 몰려들기 시작했다. 대부분 가난한 자들이었다. 이들의 복장은 촌스러울 정도로 간편했다. 이들은 복음대로 살고, 나환자들이나 버림받은 사람들이나 가난한 사람들 등 도움이 필요한 사람들을 돕고, 절대 청빈으로 살고, 아무것도 소유하지 않았다. 농장에서 일손을 거들어 주며 먹을 것을 도움받기도 하고 때로는 구걸했다. 또한 모범을 보이기 위해 장사를 배우기도 했다. 그는 복음을 전파하기 위해 길을 나섰다.

그는 가야 했다. 하나님 나라와 회개의 복음을 전파하기 위해 가야 했다. 돈 없이, 여러 벌 옷도 없이 가야 했다. 그는 그에게 주어지는 음식을 먹어야 했다. 그는 절대 빈곤 속에 살면서, 가능한 예수님을 가깝게 닮아가야 했다. [151]

1216년 교황의 인가를 받아 '작은 형제회'라 일컫는 수도회를 조직했다. [152] 도움이 필요한 모든 사람에게 형제 같은 사랑을 보여주기 때문이었다. 처음에는 이탈리아 시골에서 운영하는 작은 조직이었지만 도시와 나라로 퍼져가면서 큰 조직이 되어갔다. 처음에는 간소한 기관에서 더욱 복잡해진 신학자들의 기관으로 변했다.

원래 프란치스코회 규율은 간단했다. 수도사들은 복음서에 따라 살고 아무것도 소유하지 않는다는 정도였다. 그들은 둘씩 짝지어 나가서 회개를 전하고, 찬양하고, 농부들을 돕고, 나환자들과 버림받은 사람들을 돌보았다. 그들은 모범을 보여 일하기 위해 모두가 장사를 배웠다. 그들에게 먹을 것이 없을 때, 그들은 구걸하며 생활했다. [153]

중세 수도회들 가운데 프란치스코회가 선교적으로 가장 탁월했다. 이들은 중동, 북아프리카, 그리고 실크로드를 따라 중국에까지 갔다.

프란시스는 직접 이집트로 가서 십자군 운동이 벌어지는 동안 이슬람교 군주들인 술탄들에게 설교했다. 그것은 대단히 용기 있는 행동이었다. 프란시스의 설교를 들은 술탄은 그를 성인으로 여기고 정중하게 영접하여 말씀을 듣고, 그가 다음 길을 잘 가도록 도와주었다. 프란시스는 다른 프란치스코회 수도승들을 모슬렘에게 가서 전도하도록 파송했다. 모슬렘 지역에 선교사로 갔던 사람들은 대부분 순교했다. [154]

종교개혁 운동

종교개혁은 놀라운 변화를 가져왔다. 종교개혁은 한순간에 일어난 것이 아니었다. 개신교 종교개혁이 일어나기 한 세기 반 전부터 서유럽의 교회들은 교회 내의 개혁을 갈구하고 있었다. 아무리 어두운 시대라 하더라도 하나님은 항상 역사 속에서 계신다. 성령은 어느 특정 시대에만 계시는 것이 아니다. 성령 하나님은 역사 전반에 걸쳐서 일하신다. 폴 피어슨은 그것을 '역사의 지하수'라고 했다.

겉으로 보기에는 작은 변화가 일어날 때라도 지하에는 강렬한 사상이 지하수처럼 흐르고 있다. 무명인들 가운데서 엄청난 역사가 일어나고 있었다. 지하수가 지층 밖으로 터져 나올 준비를 하고 있었다. 14세기와 15세기에는 눈에 보이지 않는 지층에 영적 생활을 갈망하는 지하수가 흐르고 있었다. [155]

종교개혁자들은 해외선교에도 참여했다. 개혁자들이 해외선교에 관심을 갖지 않았다는 주장은 맞지 않다.

일부 학자들은 루터(Luther)와 칼뱅(Calvin)이 해외선교에 참여하지 않았다고 비판하기도 한다. 그것은 사실이 아니다. 루터의 제자들은 종교 개혁 정신을 덴마크, 노르웨이, 스웨덴, 그리고 핀란드로 전파했다. 칼뱅은 160명의 목회자를 훈련하여 선교사로 프랑스, 헝가리, 폴란드, 네덜란드로 보냈다. 그러나 아쉬운 점도 있다. 그 선교사역을 계속 지원할 수 있는 선교단체를 조직하지 않았다는 점이다. [156]

종교개혁의 필요성

교회개혁이 필요했다. 교회와 수도원 제도의 쇠퇴가 그 원인이었다. 프란치스코회와 도미니쿠스회가 세기를 지나면서 초기 활력을 거의 잃고 쇠퇴했다. 교회는 부하고 탐욕적이고 부도덕했다. 교황청은 성경적인 지도력을 잃고 권위의 남용으로 가득했다.

이러한 가운데 체코의 개혁자 존 후스가 베들레헴 채플에서 불같은 설교를 하며 교회개혁의 기치를 들었다. 후스는 위클리프의 사상에서 영향을 받았다. 그러나 그는 이단 판결을 받고 1415년 7월 6일 화형을 당했다.

르네상스 시대

15세기는 르네상스 시대를 열었다. 서유럽의 문화가 거듭나는 과정이다. [157] 예술과 철학의 변화가 일어났다. 르네상스 운동은 그 출발을 토마스 아퀴나스(Thomas Aquinas 1225?-1274)로 거슬러 올라가야 한다. 그는 '은총과 자연'에 대한 문제를 논한 사람이다. [158] 르네상스는 엄청난 성취였다.

15세기는 르네상스(재탄생) 시대를 열었다. 서유럽문화가 새롭게 거듭나는 과정을 겪게 되었다. 로마와 플로렌스에서 볼 수 있는 르네상스 예술과 건축물은 경이롭다. 예술은 탁월한데 신학은 그렇지 못했다. 우리는 당시 신학도 예술처럼 예술적이었다면 얼마나 좋았을까 상상한다. 로마의 성 베드로 성당은 웅장하다. 미켈란젤로의 조각들은 굉장하다. 콜로세움 뒤편의 교회에 있는 모세상, 플로렌스에 있는 다윗상, 시스티나 예배당 등은 놀랍기 그지없다. 역사상 하나님의 역사와 인간의 몸을 미켈란젤로보다 더 장엄하고 영광스럽게 묘사한 예술가는 없을 것이다.[159]

은총은 상층부이고, 창조주 하나님, 하늘과 하늘에 속한 것들, 보이지 않는 것들, 인간의 영혼이 이에 속한다. 자연은 하층부이고, 피조물, 땅과 땅에 속한 것들, 보이는 것, 자연, 인간의 일들, 인간의 육체가 이에 속한다.

토마스 아퀴나스[160] 이전까지는 상층부에 속한 은총의 영역이 너무나 거룩하기에 사실적으로 묘사하지 못했다. 가령, 마리아와 그리스도를 한번도 사실적으로 그리지 않고 다만 상징적으로 그렸다. 반면 하층부에 속한 자연에는 예술가들의 관심이 없었다. 단지 사람이 사는 세계의 한 부분에 불과했다.

예를 들면, 〈그랑드 외르 드 로항〉(Grandes Heures de Rohan)이라는 제목의 그림에서 이러한 관점을 볼 수 있다. 1415년경에 그려진 이 작은 그림은 아기 예수님이 이집트로 피난하던 당시의 한 사건을 묘사하고 있다. 요셉과 마리아가 아기 예수를 데리고 어떤 사람이 씨를 뿌리고 있는 들을 지나가게 되었다. 그런데 그 순간 기적이 일어났다. 한 시간도 채 되기 전에 곡식이 자라고 열매가 맺혀 추수를 하게 되었다. 농부가 추수를 하려고 할 때 마침 헤롯의 병사들이 뒤쫓아와서 물었다. "그들이 여기를 지나간 지가 얼마나 되나?" 농부가 자기가 씨를 뿌릴 때 그들이 지나갔다고 말하자 병사들이 되돌아갔다는 전설이다. 여기서 흥미로운 것은 이야기의 줄거리가 아니다. 이 작은 그림의 구도법이다. 마리아, 요셉, 아기 예수, 몸종, 당나귀는 유달리 크게 화면의 맨 위에 그려져 온 화면을 차지하는 듯 보이고, 아래쪽에는 추수하는 농부, 병사들의 모습이 아주 작게 그려져 있다. 더구나 위쪽의 배경은 금색 선으로 덮여 있다. 즉 은총이 훨씬 중요하고 자연은 별로 중요하지 않다는 개념을 잘 보여주는 그림이다.

그러나 토마스 아퀴나스가 등장하면서 르네상스의 인본주의적인 요소들이 생성되었다. 르네상스 사상의 좋은 결과는 자연이 더 적절한 평가를 받게 되었다는 점이다. 성경에서 볼 때 자연은 하나님의 창조물로서 중요하다. 육에 속한 것들이 영혼과 비교하여 무시되어서는 안 된다. 이것들은 하나님의 창조적 선물이다. 자연을 보다 낮게 평가하게 되었다. 그러나 반면에 많은 파괴적인 결과도 가져왔다. 토마스 아퀴나스는 인간의 의지(will)는 타락했으나 지성(mind)은 타락하지 않았다고 주장했다. 이같이 타락에 대한 불완전한 아퀴나스의 견해로 인해 갖가지 어려운 문제들이 꼬리를 물고 일어났다. 인간의 지성이 자율적이 되고 독립적이 되었다. 결과적으로 자연신학이 발달했다.

종교개혁의 준비

사실 종교개혁 이전에 종교개혁에 영향을 준 것은 기독교 인문주의자들이었다. 이들은 문화적 뿌리를 성경, 그 중에서도 신약성경에서 찾았다. 이들은 성경으로 돌아가자는 구호를 외쳤다. 많은 사람들이 성경을 연구하게 되었다. 이들은 신약은 헬라어로 구약은 히브리어로 연구했다. 스페인에서는 깊은 영성을 추구하는 '계몽된 사람들'(Illuministas)이 있었다. 그들은 성경에서 참된 영적 생활을 추구했

177

다. 피어슨은 지적한다.

개신교 종교개혁의 기본 동기는 중세교회의 도덕적 타락 문제가 아니라 신학적 문제였다. 종교개혁은 루터의 성경연구로부터 출발한다. 루터는 성경연구를 통해 기본적인 성경적 메시지를 재발견했다. 그것은 오직 믿음으로 받는, 은혜로 얻는 구원이었다. 그동안 중세신학과 예식에는 구원에 관한 성경적 복음은 왜곡되고 사라지고 없었다. 종교개혁의 위대한 가치는 은혜의 복음을 재발견한 것이다.[161]

독일에서 가장 탁월한 헬라어 학자인 로이힐린(Reuchlin)은 유대 문서들을 통해 성경을 배우고자 했다. 또한 로테르담의 에라스무스는 1516년 헬라어 신약성경 개정판을 출간했다. 루터도 이 성경을 사용했다. 사람들은 말하기를, "에라스무스는 알을 낳았고 루터는 그 알을 부화시켰다"라고 한다.[162]

또한 히메네스 데 시스네로스(Ximenes de Cisneros) 추기경은 여러 나라 말로 성경을 연구하여 6개 번역본을 포함한 여러 말 대조성경을 여러 학자들과 함께 만들었다. 그는 행정개혁과 도덕개혁, 그리고 성경연구를 했다. 또 당대 최고의 성서학자인 자쿠에스 레페브르(Lefevre)는 신약연구를 역사-문법적 석의 방법을 사용해야 한다고 주장했다. 즉 성서학자들이 헬라어 본문으로 돌아가 성경 스스로가 말하게 해야 한다고 강조했다. 그는 성경을 더 깊이 연구하여 1512년 바울서신에 관한 주해서를 번역하여 출간했다. 루터는 레페브르의 로마서 주석을 서재에 놓고 읽었다.[163] 기술의 발전은 혁명적 변화를 가져왔다. 이런 변화는 종교개혁의 배경이 되었다.

이 시대에 기술은 눈부시게 발전하고 있었다. 중요한 발명품들이 나왔다. 이동용 타이프와 인쇄기가 발명되었다. 인쇄술의 발달은 사상 전달을 훨씬 신속하게 했다. 유럽에는 1450년에 1만 5천 권의 책이 있었다. 1500년에 이르자, 책은 900만 권으로 늘어났다. 인쇄기술은 놀라운 혁명이었다.[164]

종교개혁

르네상스 운동이 점점 파괴적으로 되어가자 이를 거부하는 운동이 일어났다. 바로 종교개혁이다. 성경에서 말하는 전적인 타락(a total Fall)을 강조했다. 즉 사람이 타락할 때에 지, 정, 의를 포함한 전인의 타락을 말한다. 아퀴나스와는 반대로 오직 하나님만이 자율적이심을 강조했다. 종교개혁자들은 궁극적이며 최종적이고 충분한 지식은 오직 성경에 있다고 주장했다. 다른 어떤 것도 성경과 동등하게 둘 수가 없다. 성경 외에 다른 것을 첨가할 수 없다. 또한 구원에 있어서도 인간은 자율적일 수 없다. 로마 가톨릭이 그리스도의 죽으심과 인간의 노력을 강조하는 인본주의적 요소를 말한다면, 종교개혁자들은 인간이 할 수 있는 일은 아무것도 없으며 인간의 자율적이거나 인본주의적인 노력으로는 구원을 얻을 수 없다고 말한다. 즉 그리스도께서 역사의 시공간에서 죽으심으로 완성하신 사역을 근거로만 사람은 구원을 얻을 수 있다. 그러므로 구원을 얻을 수 있는 유일한 길은 믿음으로 빈손을 들고, 하나님의 은혜로 하나님의 선물을 받아들여야 한다. 즉 오직 믿음으로만 가능하다. 오직 성경과 믿음만이 있다. 성경은 하나님에 대한 지식, 인간에 대한 지식, 자연에 대한 지식을 제시한다. 프란시스 쉐퍼는, "우리는 오직 성경에 기초하여, 비록 완전한 지식은 아니지만 참되고 통일된 지식을 소유한다"고 말했다.[165]

하나님은 누구신가? 나는 누구이며, 왜 이 세상에 왔는가? 왜 나는 독특한 존재인가? 이 모든 질문들은 하나님의 말씀인 성경의 말씀에 귀를 기울일 때 비로소 알게 된다. 우리가 또한 알아야 할 것은 하나님이 성령을 보내서서 우리로 성경에서 하나님의 뜻을 정확하게 알도록 도우신다는 것이다.[166]

창조주 하나님은 인격이시며 또한 무한하시다. 그는 무에서 유를 창조하셨다. 이 세상에 존재하는 모든 것은 유한한 피조물이다. 하나님만이 무한하신 창조주시다.

하나님의 말씀, 즉 성경 말씀에 귀를 기울임으로 우리는 상층부와 하층부에 대해서 이해를 가지게 되었다. 종교개혁자들에게는 르네상스에서 다루던 자연과 은총의 문제가 없고 오직 성경을 통하여 통일성을 가졌다. 계시된 규범 안에서 가능한 참된 자유를 향유하게 되었다. 그러나 늘 잊지 말아야 할 것은, 예술이나 과학, 매스컴이나 교육 등 모든 영역은 성경의 계시 아래 있다. 이들이 자율적이 되기를 시도할 때마다 자연이 은총을 잠식하게 되어 그 의미가 상실되어 무의미하게 된다.

루터와 칼뱅의 종교개혁

종교개혁은 여러 면에서 의의가 크다. 첫째는 언어 개혁이다. 루터는 라틴어로 드려지던 미사를 독일어 미사로 드렸다. "루터는 탁월한 성경번역을 통해, 독일인들에게 표준어를 제공해 주었다."[167] 칼뱅의 《기독교 강요》는 처음으로 프랑스어로 기록된 문학작품이다. 설교도 라틴어가 아닌 일상어로 듣게 되었다. 당시에는 헬라어 신구약성경을 따르는 헬라 정통파와 4세기에 히에로니무스(Hieronymus)가 라틴어로 번역한 성경을 따르는 가톨릭 교회의 라틴어 성경전통이 공존하고 있었다. 루터는 헬라어 성경과 라틴어 성경의 미묘한 해석상의 차이를 넘어서서 자신이 직접 히브리어 원전을 가지고 독일어로 번역했다.

둘째는 교회제도이다. 교회구조가 성직자 중심의 위에서 아래로 내려가는 권위주의적이고 일방적인 수직구조에서 평신도들도 의사결정에 참여하게 하는 수평적 구조로 변화했다.

교회정치 구조도 급속히 변했다. 루터교와 성공회보다 칼뱅주의자와 재세례파 가운데 교회정치 제도는 급격히 변했다. 중세시대에는 교황, 감독, 그리고 사제로 이어지는 성직자 계급제도와 수동적인 평신도 제도가 잘 맞는 제도였다.[168]

특히 칼뱅은 목사와 평신도가 함께 참여하는 교회구조를 만들었다.

셋째는 복음에 대한 새로운 이해다. 제도적 교회에 대한 충성을 통한 구원이 아니라, 예수 그리스도 안에서 하나님이 이루신 일에 초점을 맞추고 하나님의 구원의 은혜를 믿기만 하면 구원에 이른다는 확신을 주었다. 교회는 본질적으로 중요한 기관이지만, 복음을 전파하고 가르치며 서로를 돌아보는 믿음의 공동체이다. 평신도가 교회예배에 적극적으로 참여할 수 있다고 가르쳤다.[169]

이같이 종교개혁은 신학, 성경의 권위, 복음에 대한 재발견에 의의가 있다. 우리는 바른 신학으로 구원받는 것이 아니라 예수 그리스도를 믿음으로 구원받는 것이다. 신학은 우리를 예수 그리스도에게로 인도하고 그를 믿고 따르도록 도움을 주는 것이다.[170]

종교개혁의 중요함은 복음의 능력에 대한 폭넓은 이해에 있다. 복음의 능력이 단지 개인의 구원이나 교회공동체의 변화에만 해당하는 것이 아니라 사회의 전반적인 영역의 변화에도 있다는 것을 이해했다. 그러므로 성령께서 주시는 은사는 교회를 위해서만 아니라 사회의 변화를 위해서도 사용되어야 한다.

원래 '개혁'(re-formation)은 신학이나 도덕 양식의 발전, 또는 재구성을 의미하는 말이다. 하지만 종교개혁은 지중해문화를 기반으로 하는 로마 가톨릭 신학이 무너지고 게르만문화를 기반으로 하는 새로운 신학이 형성된 것이라고 보아야 한다.[171] 랄프 윈터는 종교개혁을 단지 교리적 개혁이 아니라 '새로운 문화 정립 현상'(cultural refomulation)으로 볼 수 있어야 한다고 했다.[172]

윈터는 "성경이 새로운 언어로 번역되더라도 성경은 성경이다"라고 말한다.[173] 즉 복음이라는 보화는 언제나 문화라는 질그릇에 담겨 전달되고 유지되며 보관된다. "문화 양식들은 하나님의 영광을 담는 질그릇이다. 역사에 나타난 다양한 문화 양식을 통해 하나님의 영광이 드러나고, 다른 문화로 전달되었다."[174] 어떤 문화 형식에 담겨 있다 하더라도 성경적 신앙이 가진 의미적 연관성은 그대로 유지된다. 유대 기독교가 헬라와 라틴문화로 전이될 때에도, 거기서 유럽 북부 지방으로 전이될 때에도, 또한 서구 기독교 문화가 비서구권 문화로 전이되는 과정에서도 그 현상은 유사하다. "복음이라는 보화는 언제나 문화라는 질그릇에 담겨 전달되고 유지되며 보관되기 때문이다."[175]

루터는 로마 가톨릭 교회의 비성경적인 것들을 보며 의분을 표출했다. 면죄부 이슈에 대한 신학적 논쟁을 일으키기 위해 1517년 95개조의 반박문을 라틴어로 작성하여 비텐베르크 교회에 붙였다. 이 반박문은 곧 독일어로 번역되어 널리 유포되었다. 피어슨은 이것을 "건초 더미에 성냥불을 던진 것과 같다"[176]고 했다. 로마 가톨릭 교회의 신학적 근거에 도전장을 낸 것이었다. 이후로 루터는 세 편의 논문을 통해서 개개인이 오직 믿음으로 구원받음에 대하여, 만인제사장에 대하여, 크리스천의 자유에 대하여 주장했다. 그리고 포괄적인 교회개혁 프로그램을 제시했다. 루터의 개혁운동은 신속하게 퍼져갔다.

루터가 수사로서 개혁자가 되었다면 그와 동시대 인물인 쯔빙글리는 기독교 인문학자로서 개혁자이다. 이들은 종교개혁자로서 그 내용이 서로 비슷했다. 쯔빙글리는 1519년 취리히에서 사제로 서품을 받고 루터의 글을 읽었다. 취리히의 시 지도자들과 시민들은 쯔빙글리의 지도 하에 종교개혁을 수용했다. 그는 성경의 권위를 강조했다. 중부유럽에 종교개혁이 활발할 때에 불타는 전도자 윌리엄 파렐(Farel)이 제네바에 도착했다. 그는 개신교 사상을 제네바에 설파했다. 당시 제네바는 인구 1만의 도시였다. 1536년 제네바는 종교개혁을 수용했다.[177]

파렐은 칼뱅에게 제네바에 머물며 개혁운동을 이끌어 주기를 요청했다. 칼뱅은 1536년, 《기독교 강요》를 출간하여 프랑스 개신교 운동을 지도했다.

칼뱅이 《기독교 강요》를 쓴 두 가지 이유가 있다. 첫째는 성장하는 프랑스 개신교 운동을 지도하기 위해서였다. 둘째는 칼뱅이 서문에 기록한 바와 같이, 왕에게 개신교는 정부를 전복시키려는 자들이 아니라, 초기 교부들이 가르치고 믿었던 신앙을 따르는 자들이라는 것을 보여주기 위해서였다.[178]

칼뱅은 처음에는 파렐의 요청을 거절했다. 자신은 본래 내성적이고 겁이 많은 성격이어서 스트라스부르로 가서 조용히 연구생활에 몰두하겠다고 했다. 그러나 파렐의 거듭된 강력한 요청을 결국 받아들였다. 칼뱅은 얼마 가지 않아 제네바 개신교 운동의 핵심 인물이 되었다. 제네바는 영향력 있는 도시가 되어 경제적으로 크게 발전했다. 칼뱅은 교육을 강조했다. 칼뱅은 성 피에르 성당 옆에 있는 작은 예배당에서 학생들에게 신학과 성서학을 강의했다. 존 낙스를 비롯하여 여러 지역에서 온 사람들이 칼뱅의 지도를 받았다.[179]

칼뱅은 목회자 160명을 훈련시켜 프랑스로 보냈다. 선교사로 프랑스에 간 많은 칼뱅의 제자들이 순교했다. 드디어 프랑스 인구의 3분의 1일이 개신교도가 되었다. 그 후 프랑스에 핍박이 심해져 교회들을 파괴했다. 칼뱅주의 선교사들은 네덜란드와 벨기에, 헝가리, 그리고 폴란드로 갔다. 그러므로 칼뱅이 선교적 관심이 없었다고 주장하는 것은 잘못이다. 정반대로, 칼뱅은 선교사들을 훈련시켜 유럽 여러 나라들로 파송했다.[180]

이같이 루터와 칼뱅을 대표로 하는 프로테스탄트 운동은 르네상스의 핵심이라 할 수 있는 표현의 자유이다. 성령이 주도하시며 성령의 인도하심을 받는 일, 이전의 교회를 탈피하여 새로운 교회 형식으로 나아간 것, 복음전파의 새로운 방법을 가지는 것 등에 자유를 주었다. 이것들은 당시 로마 가톨릭 교회가 허용하지 않았던 영역들이다. 특히 만인제사장설은 이러한 자유를 더욱 부추겼다. 그러나 이러한 자유는 다양성을 주었지만 또한 대립과 분열을 조장하기도 했다. 피어슨은 질문한다. "우리는 어떻게 신앙표현의 합법적인 다양성을 격려하면서 동시에 전체 그리스도의 몸 안에서 통일성을 확인할 수 있을까?"[181]

이러한 질문은 오늘의 교회에서도 끊임없이 제기되는 것이다. 자유가 너무 많아져서 극도의 개인주의로 가는 위험을 어떻게 극복할 것인가? 또한 자기 방식을 고집하려는 경향은 어떻게 극복할 것인가? 아무리 자유가 주어져도 변하지 말아야 할 것들은 무엇인가? 잠언에서 "옛 지계석을 옮기지 말라"[182], "네 선조가 세운 옛 지계석을 옮기지 말라"[183]는 말씀은 어디까지를 말하는가? 우리가 지켜야 할 원칙은 무엇인가? 그러나 한편 너무 절대적인 것으로 고집하여 파벌을 만들고 편협해져서 변화해야 할 영역을 막는 일은 무엇인가?

전통적 교회구조와 예배형식을 지나치게 고집하여 교회의 다양성을 묶는 일은 없어야 한다. 동시에 너무 선교지의 문화와 종교의식 요소를 흡수하고 수용하여 심각한 혼합주의로 가는 것도 경계해야 한다.

초대교회를 지나 교부시대로 접어들면서, 교회를, "통일성, 성결성, 보편성, 그리고 사도성을 가진 교회"로 정의했다. 이 네 가지 교회의 속성은 교회의 통일성(Unity)과 다양성(Diversity)의 조화를 이루게 하는 중요한 기준이다. 교회의 '통일성과 성결성'은 교회의 변하지 않는, 옮기지 말아야 할 옛 지계석이 무엇인지를 보여준다. 그런가 하면 교회의 '보편성과 사도성'은 교회의 다양성을 추구할 수 있는 기반을 준다. 그리고 이러한 옮기지 말아야 할 통일성은 어떤 영역인지, 또한 옮길 수도 있는 다양성은 어떤 영역인지 기준을 제시할 수 있는 것은 오직 하나님의 말씀인 성경과 성경교사인 성령이시다. 그러므로 우리는 성령의 인도하심을 받으며 하나님의 말씀에 귀를 기울여야 한다.

재세례파의 종교개혁

'재세례파'란 16세기 종교개혁 당시에 '급진적 개혁노선'을 따르던 개신교 종파운동이다. '급진적'이라는 것은 기본에 철저하다는 뜻으로 "사건의 근본뿌리에 접근한다"는 의미를 갖고 있다.[184] '급진적 종교개혁'은 루터파, 칼뱅주의, 성공회가 주도하는 '고전적 종교개혁'을 제외한 운동을 말한다. 이들은 당시의 교회개혁 운동이 충분하지 않다고 보고, 더 '문제의 근본뿌리'로 철저히 돌아가고자 했다.[185]

'재세례파'란 '다시 세례를 받은 자'를 의미했다. 물론 이러한 용어는 반대파에 의하여 붙여진 이름이고 이들은 자신들을 정상적인 세례파로 여겼다. 이들은 로마 가톨릭 교회에서 받은 세례를 무효라고 주장하고 다시 세례를 받아야 한다고 했다. 이들은 유아세례를 거부하고 오직 성인세례만을 받아들였다. 물론 이들은 종교개혁의 핵심인 개인의 믿음으로 구원받는 의에 대하여, 또한 성경의 권위에 대하여 고전적 종교개혁자들과 서로 동의했다.

루터나 칼뱅은 기독교왕국 모델을 수용했다. 교회와 국가 사이에 가까운 관계를 원했다. 국가를 하나님이 세우셨기 때문에 교회는 국가를 존중해야 한다고 믿었다. 재세례파는 회중교회를 형성했다.

재세례파는 기성교회에서 나온 성인 개종자를 중심으로 회중교회를 형성했다. 그것은 그들의 교회에 대한 이해와 교회의 사회와의 관계를 설정하면서 그들의 선교방법을 결정하였기 때문이다.[186]

칼뱅은 교회가 국가에 대하여 선지자적 사명을 감당해야 하기에 교회가 국가로부터 더 독립적이 되어야 한다고 했다. 칼뱅은 개혁이슈를 더 깊이 다루었다. 그러나 재세례파는 교회를 사회공동체와 동일시하지 않았다. 교회는 독립적인 공동체로서 국가나 사회로부터 분리되어야 한다고 주장했다. 이들은 반문화적인 태도를 취했다.

재세례파는 칼뱅보다 더 멀리 나갔다. 중세교회 전통을 거부했다. 그들은 참 교회를 성인세례 교인이 모인 공동체로만 보았다. 그들은 교회를 사회공동체와 전혀 동일시하지 않고, 국가나 사회에서 분리시킬 뿐만 아니라, 여러 측면에서 반문화(countercultural) 집단이 되게 했다.[187]

재세례파에게서 본받을 점은 높은 도덕성을 강조한 점이다. 이들은

'이중결단'을 한 사람들이었다. 검소한 생활을 하며 매일 십자가를 지는 삶을 실천하고자 했다. 이들은 초기 수도원 공동체와 유사한 점이 많았다. 재세례파는 1525년경에는 취리히, 바젤, 갈렌시 등 스위스 전역으로 퍼져나갔다. 이후에는 오스트리아, 독일, 스트라스부르, 네덜란드로 퍼져나갔다. 재세례파는 전통적인 개혁교회에 선교적 영향을 미쳤다.

> 전통적인 개혁교회들인 성공회, 루터교, 그리고 칼뱅주의 교회 내에서 일어난 이들 부흥운동들은 16세기에 배척받은 재세례파 운동의 특별한 장점을 받아들이게 했다. 재세례파와 같이, 그들은 경건과 제자도, 이들의 강조점에서 자라난 세계를 향한 선교에 가장 큰 관심을 두었다.[188]

이들 종교개혁 운동을 통하여 몇 가지 질문이 제기된다. 세상에서 분리되어 산다는 것은 무엇을 의미하는가? 구별된 옷을 입는다는 것은 무슨 뜻인가? 다른 목표, 다른 가치관, 다른 생활습관을 가진다는 것은 어디까지를 말하는가? 교회와 기독교인들은 세상과 어떤 관계를 맺으며 살아야 하는가? 거룩하고 구별된 삶을 산다는 것은 정치나 경제, 그리고 교육이나 기술개발 등에 참여해서는 안 된다는 것인가? 그것은 이 세상과는 아주 격리되어 산다는 것을 말하는가? 믿음의 공동체는 어떤 모습이어야 하는가? 다른 공동체와는 어떤 관계를 가져야 하는가? 이 세상과는 어떤 관계를 가져야 하는가? 우리는 '교회의 신분과 사명은 무엇인가'에 대하여 이해해야 한다.

가톨릭 종교개혁 운동

가톨릭 교회 내에서 개혁운동이 일어났다. 당시 "중세신학에서 가장 중요한 것은 교회와 교황권에 대한 충성이었다. 교회와 교황권에 충성하는 한 신학적인 문제는 융통성이 있었다."[189] 그러나 개신교의 교회개혁과 부흥운동으로 상황은 달라졌다.

가톨릭 교회는 폭을 넓히려 하지 않았고 개신교 사상을 수용하려 하지 않았다. 오히려 더 심하게 제재하기 시작했다. 가톨릭은 개신교 운동을 반대하기 위해 신학적 입장을 더 좁혀나갔고 '오직 믿음으로 의롭게 된다'는 어떤 신학적 가능성도 부인하기에 이르렀다. 교회는 오직 믿음과 선행으로만 의롭다 함을 받는다고 주장했다.[190]

1545년부터 1563년까지 계속된 트렌트 종교 공의회는 개신교 종교개혁에 대응하여 심하게 반대하는 것이 주의제였다. 1864년에는 성모 마리아의 무원죄잉태설 교리를, 1869-1870년에 걸친 제1차 바티칸 공회의를 통해 교황무오설을 선언했다. 그러나 교황 요한 23세는 제2차 바티칸 공의회(1962-1965년)를 소집했다. 개신교 옵저버를 초청하고 조언을 구했다. 개신교에게 문호를 개방하고 "나뉜 형제들"이라고 불렀다.[191]

가톨릭 종교개혁은 개신교적 성향을 거부하고 교리적으로 편협해졌다. 반면에 성경공부를 부추기기 시작했다. 가톨릭 교회가 인정하는 학자들만 미사를 위해 성경을 연구하는 것이 아니라 평신도들도 성경을 연구하기 시작했다.[192]

예수회

로욜라(Loyola, 1491-1556)는 스페인 북부의 바스크(Basque) 사람이다. 군인이었던 그는 전투에서 부상을 입어 군생활을 접고 수도원에 들어갔다. 홀로 묵상하며 기도하다가 깊은 영적인 경험을 했다. 그는 철저한 영적 생활을 수행하였고 가장 규율이 엄격한 조직인 예수회를 설립했다. 로욜라는 루터와는 달리 교황에게 전적으로 헌신했다. 로욜라가 예수회를 설립할 당시 그는 평신도였다. 1534년 로욜라는 프란시스 사비에르(Francis Xavier)를 포함한 여섯 명의 헌신된 동료들과 함께 예수회를 설립했다. 6년 후 교황은 예수회를 수도원 제도, 교회의 군대로 인정했다. 이들은 성지나 교황이 보내는 어느 곳이라도 선교사로 가기로 결심하고 서약했다. 이들의 충성과 희생을 각오하는 높은 헌신, 깊은 영적 수련은 본받을 만하다.

사비에르는 인도로 가서 강력한 로마 가톨릭 공동체를 남겼다. 그 교회는 지금까지 잘 유지되고 있다. 후일에 그는 일본으로 갔다. 일본 가톨릭은 엄청난 핍박을 받았다. 수천 명의 신자와 많은 선교사들이 순교했다. 핍박으로 일본 가톨릭은 거의 무너졌으나 지금도 계속 살아남아 있다. 그는 중국으로 가고자 하였으나 꿈을 이루지 못하고 죽었다. 그는 비전의 사람이었다.

이태리 출신의 마테오 리치(Ricci)는 1583년에 중국에 도착한 예수회 소속 선교사다. 중국은 7세기 초에 네스토리안들에 의해 최초로 교회를 세웠다. 그리고 13세기에 프란치스코회가 사역했다. 마테오 리치가 세 번째 시기에 중국에서 사역했다. 그는 중국문화와 전통을 존중히 여겼다. 중국어와 중국사상과 고전을 배웠다. 중국인들은 그를 존경하고 그의 메시지를 들었다. 리치는 세 가지 이슈에 직면했다. 첫 번째는 언어였다. 하나님을 그들에게 어떻게 소개할 것인가? 그들의 토착어로 어떻게 설명할 것인가? 토착어를 사용할 것인가? 외래어를 사용할 것인가? 두 번째는 조상제사의 문제였다. 기독교인으로서 조상에게 어떤 관계를 가져야 하는가? 조상제사는 조상숭배의 예배행위인가, 아니면 조상에 대한 존경과 감사의 행위인가? 세 번째는 공자 문제이다. 중국 기독교인들은 공자를 어떻게 이해해야 하는가? 공자는 종교지도자인가, 철학자인가, 윤리도덕가인가? 이러한 이슈는 누가 결정하는가? 어떤 기준으로 결정해야 하는가? 우리는 하나님 앞에 나아가 성경을 통하여 성령으로 조심스럽게 이 문제를 살펴야 한다.

라틴 아메리카 선교

라틴 아메리카의 로마 가톨릭 선교는 아주 다양한 모습이다. 대부분 부정적이다. 그렇다고 모두 부정적으로 보아서는 안 된다. 많은 경우, 선교사들은 토착민들을 식민주의자들로부터 보호하고자 애를 썼다. 영화 〈미션〉은 이러한 모습을 보여주는 한 예다. 그러나 대부분의 선교사들은 부정적이다. 이들은 금덩어리와 영혼을 동시에 찾고 있었다. 그러나 금덩어리에 더 관심을 가졌다. 이같이 이들은 혼합된 동기로 출발했다. 또한 이들은 정확한 신앙의 이해도 주지 않은 채 무더기로 그리고 신속하게 세례를 주었다. 이것은 오늘날 종교혼합주의에 처하게 했다. 오늘날 남미의 가톨릭 교도는 민속종교의 기반 위에 얇은 가톨릭 신앙으로 덮여 있다. 또한 현지인 사제를 두지 않아서 사제가 턱없이 부족했다. 또한 교회는 거대한 토지를 가진 지주가 되어갔고 독재적인 지배권을 행사했다. 빈부격차는 더욱 심해졌다. 대부분 가난했다. 남미의 해방신학은 이러한 배경 가운데 생겨난 것이다. 해방신학은 교회로 하여금 가난한 자와 사회의 불의에 대하여 행동을 촉구했다. 그러나 해방신학은 마르크스주의의 기반 위에 형성된 것이었다. 교회 내의 혼란과 분열을 조장했다.

그러나 무엇보다도 가톨릭 선교사들의 헌신과 열정은 본받아야 한다. 이들은 개신교 선교사가 순종하기 2세기 전에 광범위한 선교활동을 했다.

프란치스코회 선교사 후니페로 세라(Junipero Serra)는 멕시코에서 사역을 시작하여 연안을 따라 점점 북상하였고 캘리포니아에 미션을 설립하고 사역했다. 로스엔젤레스, 샌 페르난도, 샌 가브리엘, 샌디에이고, 샌프란시스코, 산타 바바라, 샌루이스, 오비스포 등등의 도시 이름이 그것을 증명한다. 이들은 이 지역의 역사에 놀라운 영향을 미쳤다.

부흥운동

폴 피어슨은 질문한다. "역사의 무대에서 대부분의 사람들은 뒷짐을 지고 구경만 하는데, 왜 특정한 사람들만 새로운 역사적 돌파를 이루기 위해 하나님께 쓰임을 받았는가?"[193] 이들의 특징은 무엇인가?

이들은 무엇보다 성경을 더 깊이 읽으며 세상을 향한 하나님의 말씀을 집중하여 들었다. 성경을 통하여 이들은 세상을 바라보는 통찰력을 가졌다. 세상을 향한 하나님의 비전을 보았다. 그리고 그 하나님의 비전에 순종하려고 자신의 전 생애를 드리는 충성된 개척자들이었다. 답답한 교회와 사회의 현실에 안주하거나 대항하는 것이 아니라 그것을 뛰어넘어 하나님의 비전을 따르는 무리들이었다. 이들은 또한 자신들만 아니라 다른 사람들을 그 비전에 동참하도록 이끌었다. 하지만 동시대 사람들은 이들을 다르게 바라보았다. 몽상가나 별 볼 일 없는 광신자로 치부했다.

부흥운동이 교단 내에 머물 것인가 아니면 교단과 결별할 것인가는

늘 중요하고 심각한 문제이다. 부흥운동이 언제나 교단 변두리에서 일어나기 때문에 교단 내에 머무는 것이 쉽지 않다. 기성교회 지도자들은 부흥운동이 현상태를 위협한다고 판단하고 반대를 한다. 그런가 하면 부흥운동을 주도하는 지도자들도 자기가 옳다는 것에만 집중하여 기성교회에 별 신경을 쓰지 않으려 하고 스스로 교단을 떠나려 한다.

안타깝게도 이들 부흥운동 가운데 하나만 교회에 남았고, 나머지 운동은 기성교회에서 떨어져 나갔다. 이들은 이 부흥운동을 제도적 교회 내에서 시도하였지만 결국 교회가 이들을 수용하지 못하고 밀어내었기 때문이다.

건강한 부흥운동의 특성들은 어떤 것들이 있는가?

부흥운동은 전체 교회의 통일성, 생명력 그리고 통전성에 전념한다. 교회의 통일성과 다양성의 균형 있는 강조가 중요하다. 새로운 사역형식과 리더십을 키우고 훈련한다. 그러므로 사역형태와 리더십 선택과 훈련에 있어서 유연하다. 이들 부흥운동은 평신도 사역을 강조한다. '만인제사장론'은 단지 이론만이 아니라 실질적인 것이다.

부흥운동에 참여하는 사람들은 복음 전파만이 아니라 자신이 속한 사회와 가까운 관계를 유지하여 주변의 가난하고 궁핍한 사람들의 필요를 채우는 일에도 힘을 썼다. 부흥운동은 자신을 넘어서 더 나아가 해외선교를 시작한다. 부흥운동은 권위의 기초로써의 말씀과 사역의 기반으로써의 성령의 균형을 유지한다.

개신교 선교운동

개신교 선교는 가톨릭보다 2세기 후인 17세기에 시작하여 18세기에 본격화됐다. 청교도 운동, 경건주의 운동, 모라비안 운동, 그리고 18세기 복음적 부흥운동이 그 대표적인 운동이다.

이들 개신교 선교운동에는 공통점이 있다. 이들은 대부분 종교개혁의 영향을 받았다. 종교개혁의 기본정신의 연장선상에서 일어났다. 갈라디아서 5장 6절의 "사랑으로써 역사하는 믿음"을 따랐다. 즉 '사랑 안에서 행동하는 믿음'으로 인도하는 기독교인의 삶에 초점을 맞추었다. 믿음으로 구원받음에 대한 것만 아니라 구원받은 그리스도인의 삶을 강조하고 있다. 이들 부흥운동은 현대적인 사회개념과 종교의 자유, 인권, 그리고 민주주의 발전에 강한 영향력을 주었다. 또한 독일, 영국, 그리고 미국의 교육체계에도 지대한 영향을 주었다.

이들 부흥운동은 개인적인 성경연구를 강조했다. 성경은 믿음과 행함의 교과서이며 신학의 원천임을 알기 때문이다. 성경은 오늘을 사는 우리의 삶에 개인적으로 말씀하시는 행동의 원리이며 지침임을 강조했다.

청교도 운동

많은 사람들은 영국교회가 개혁적이고 성경적인 방향으로 이동하기를 갈망했다. 그들은 교회가 청결하고 정화되기를 원했다. 사람들은 이들을 '청교도'라고 불렀다. "영국교회 내에서 시작된 청교도 운동도 칼뱅주의의 영향을 많이 받았다. 더 나아가 우리가 전에 언급한 바와 같이, 칼뱅은 1555년 브라질로 선교사를 파송하는 데도 일조했다."[194]

첫째, 이들은 모든 사제나 목회자들이 서로 동등한 권리를 가지기를 원했다. 교회 계급주의를 타파하고자 했다. 둘째, 성경말씀을 충실하게 해석하고 가르치며 교육하는 깊이가 있고 경건한 목회자를 모든 교구에 배치하고자 했다. 셋째, 예배를 집례하는 사제가 입는 특별한 의상인 제의가운을 입는 것을 거절했다. 또한 성찬을 받을 때 무릎을 꿇는 것을 거절했다. 이러한 주장의 동기에는 모든 사람은 평등하다는 성경의 가르침을 실천하고자 하기 때문이었다. 넷째, 성생활을 악으로 규정하지 않고 아름다운 하나님의 선물로 보았다.

청교도들은 분파주의자들이 아니었다. 그들은 영국교회 전체를 개혁하기 원했다. 하지만 청교도 운동은 정부로부터 박해를 받았다. 내부적인 갈등을 이겨내야만 했다. 결국 청교도는 분열되고 말았다. 일부는 성공회에 그대로 남고, 다른 사람들은 장로교인이 되었다. 그 후로 회중교단, 침례교, 그리고 퀘이커 교도들이 되었다.[195]

회중교인인 올리버 크롬웰이 1642년 혁명을 주도하여 얼마 동안의 자유가 있었던 것을 제외하고 이들은 모두 영국에서 크게 박해를 받았다.[196] 침례교 청교도인 존 번연은 복음을 전했다는 이유로 감옥에 갇혔다. 《천로역정》은 감옥에서 쓰여졌다.

청교도는 문서를 잘 활용했다. 경건서적과 신학서적을 상당히 많이 발간했다. 당시 최고의 청교도 문서들은 영국에서 발간되었다. 이런 청교도 서적들은 독일 경건주의 지도자인 필립 스페너(Spener)에게 강한 영향을 주었다.[197]

경건주의 운동

청교도 운동은 경건주의에 결정적인 영향을 주었다. 이들은 독일과 스칸디나비아 반도로 퍼져나갔다.

청교도주의는 갱신과 부흥운동이었다. 비록 청교도주의는 핍박에 의해 허리가 꺾이고 말았지만, 경건주의에 결정적인 영향을 미쳤다. 경건주의는 독일과 스칸디나비아 여러 나라들로 퍼져나갔다. 경건주의에 뿌리를 둔 모라비안은 개신교 선교의 기폭제가 되었다. 경건주의와 모라비안 선교사들은 아시아, 아프리카, 그리고 서인도제도로 나갔다.[198]

경건주의자들은 대부분 기성교회에 소속되어 활동했다. 이들의 근본적인 강조점은 다음과 같다. 개인적인 거듭남의 필요, 세상 속에 참된 그리스도인으로서 살며 영향을 주는 삶, 개인적 성경연구, 그리스도인의 교제, 함께 모여 기도에 힘씀 등이다. 또한 목회자의 역할과 목회자의 교육의 중요성을 강조했다. 청년들을 일으키는 데 힘쓰고 여러 곳에 가난한 자들을 위한 학교를 설립했다.[199]

경건주의 운동의 리더들

필립 스페너(1631-1705)는 루터파와 개혁교단의 영향이 많았던 스트라스부르(Strassburg) 출신이다. 1675년 〈경건한 갈망〉(Pia Desideria, Pious Desires)이라는 소책자를 발간하여 교회개혁을 부르짖었다.[200] 만인제사장설의 실천을 강조했다. 말씀, 기도, 성도의 교제를 강조했다. "청교도 서적들은 독일 경건주의 지도자인 필립 스페너(Spener)에게 강한 영향을 주었다."[201]

어거스트 허만 프랑케는 1687년 요한복음 3장 16절로 설교를 준비하던 중에 놀라운 거듭남을 경험했다. 그는 새로 세워진 할레대학교에서 가르쳤다. 할레대학교는 경건주의 운동의 목회자들을 훈련하는 센터가 되었다. 가난한 자들을 위한 학교를 세웠다. 고아원을 설립했다. 출판사를 시작했다. 이러한 모든 기관들을 오직 믿음으로 운영했다.[202]

프랑케는 탁월한 인물이었다. 그는 이런 모든 기관들을 오직 믿음으로 운영했다. 우리는 브리스톨의 조지 뮬러를 잘 알고 있다. 그가 믿음으로 운영했던 고아원을 기억한다. 그는 믿음으로 사는 사람이었다. 허드슨 테일러(Taylor)가 중국내지선교회(China Inland Mission)를 세웠을 때, 허드슨 테일러는 조지 뮬러로부터 배운 믿음선교를 선교정책으로 삼았다. 그 믿음선교 정책은 후신인 OMF가 물려받아 계속 따르고 있다.[203]

1706년 덴마크에 할레선교회가 조직되었다. 하인리히 플뤼차우 (Heinrich Plutschau)와 바돌로매 지겐발크(Bartholomew Ziegenbalg)는 이 선교회에서 남인도제도에 파송된 선교사들이다. 당시 선교지는 유럽 개신교 국가들에 의하여 식민지가 되어가고 있었다. 따라서 현지인들은 서양인들에 대하여 적개심을 가지고 있었다. 또한 유럽인들은 자신들을 위한 목회자가 되기를 원할 뿐 현지인들을 위한 사역을 원하지 않았다. 많은 선교사들은 현지인들과 유럽인들에게 따돌림을 받았다. 결국 플뤼차우는 견디지 못하여 몇 년 만에 본국으로 돌아갔다. 그러나 지겐발크는 현지에 끝까지 남아서 사역했다. 그는 현지 타밀어를 배워 1714년 타밀어 신약성경을 완역했다. 그는 1719년 현지에서 죽을 때까지 구약 룻기까지 번역했다. 그는 산업학교를 설립했다. 현지인들을 가르치며 현지인들을 목회자로 세워 훈련시켰다.[204]

그가 1714년부터 1716년까지 유럽을 방문하는 동안 많은 일들이 일어났다. 덴마크 국왕의 영접을 받은 이후 코펜하겐에 왕립 선교대학교가 세워졌다. 다른 경건주의 선교지망생들이 공부를 할 수 있게 되었다. 할레대학교를 방문하여 많은 학생들에게 강렬한 인상을 남겼다. 특히 젊은 니콜라우스 폰 진젠도르프에게 결정적인 영향을 주었다. 최초의 개신교 학생선교단체인 '겨자씨 선교회'(Order of the Mustard Seed)가 할레에 조직되었다.

지겐발크의 할레 방문의 결과, 최초의 개신교 학생선교단체인 '겨자씨 선교회'(Order of the Mustard Seed)가 할레에 조직되었다. 진젠도르프가 학생선교단체의 리더였다. 그들은 교회의 갱신과 부흥 그리고 세계 미전도종족들에게 복음을 전하기 위해 봉사하기로 서약했다. 지겐발크도 영국을 방문했다. 영국 기독교인들에게 선교를 고양시키기 위해서였다. 그는 경건주의 황실목사를 두고 있던 왕의 동조를 얻어냈고, 성공회 내에 '기독교 지식 전수회'(SPCK)를 조직하도록 허락받았다. 이 단체는 18세기 초 영국 식민지를 중심으로 사역하는 선교단체로 조직되었다.[205]

진젠도르프가 그 선교회의 리더였다. 또한 영국을 방문하여 성공회 내에 '기독교 지식 전수회'(SPCK)가 조직되어 18세기 초 영국 식민지 중심의 선교단체로 발전했다. 지겐발크 이후 가장 탁월한 선교사는 슈바르츠(Friedrich Schwartz, 1726-1798)였다. 그는 인도에서 50년간 사역하면서 힌두교도와 모슬렘 가운데 사랑과 존경을 받았다.

그는 인도에서 50년간 머물며 사역하였고, 유럽에는 한 번도 돌아오지 않았다. 그는 힌두교도와 모슬렘 가운데 사랑과 존경을 받았다. 가난하고 약한 자들과 강한 자들 모두에게 사랑과 존경을 받았다.[206]

모라비안 운동

니콜라우스 진젠도르프(1700-1760)는 역사상 가장 탁월한 리더이다.[207] 그의 가족은 경건주의의 영향을 받았다. 아버지의 친구인 필립 스페너가 그의 대부였다. 그는 어렸을 때에 예수 그리스도에게 헌신했다. 그는 할레대학에서 공부했다. 1714년에 지겐발크가 할레에 방문하였을 때 크게 감동했다. 첫 번째 개신교 학생선교단체인 겨자씨 선교회를 조직하는 데 참여했다. 비텐베르크에서 법학을 전공하고 드레스텐 근처 자신의 사유지에서 법정 사무관으로 사회생활을 시작했다.[208]

1722년 모라비아에서 온 작은 집단이 그의 영토로 왔다. 그들은 자신들의 공동체를 헤른후트(Hernhut)라 하였는데,[209] 주님의 파수꾼(The Lord's Watch)이라는 의미다. 진젠도르프는 감독이 되어 이들을 지도했다.[210]

1727년 8월 13일, 이들이 함께 모여 기도할 때에 성령께서 이들에게 강하게 임했다. 이들은 오순절적인 경험을 했다. 이후부터 이들은 24시간 연쇄기도회를 시작하여 100년간이나 지속되었다. 하루 종일 매시간마다 두 사람씩 기도했다. 이들은 깊이 헌신된 공동체가 되었다.[211]

이들은 리더를 세울 때 사회적 지위나 정규 교육의 정도에 따르지 않고, 그들의 은사나 영적 성숙에 따랐다. 토기장이였던 레오나드 도버(Leonard Dober)는 훌륭한 성경교사였다. 이들은 동성으로 구성된 소그룹으로 활동했다. 이것은 서로를 격려하며 성장하는 역할을 했다.

모라비안들은 여러 면에서 개신교 수도원 운동과 유사했다. 다른 점이 있다면, 모라비안들은 결혼을 했다는 점이다. 그들은 매일 기도와 예배로 영적 수련을 했다. 각 개인은 상호 격려하기 위해 소그룹에 소속되었다. 총각은 총각끼리, 결혼한 여자는 결혼한 여자끼리 모였다. 결혼 대상자 선택은 규정에 따라 통제되었다. 총각 처녀들에게는 결혼할 대상자를 정해 주었다. 자녀들은 어려서부터 부모와 떨어져 지내야 했다. 부모들을 만날 수 있는 시간은 식사 시간뿐이었다. 그들은 강한 영적 훈련을 받아야 했다. 복음을 전하기 위해 어느 곳으로든지 갈 수 있도록 준비해야 했다.[212]

1732년 이들은 최초로 선교사를 서인도제도로 파송했다. 이후로 이들은 남아프리카, 북아메리카, 그린란드, 이집트, 중앙아메리카, 알래스카, 남아메리카의 북동부, 수리남 등지로 갔다. 이들은 처음 28년 동안 28개국으로 226명이 갔다.[213] "현대에 모라비아 선교사 형제들의 선한 사역과 견줄 수 있는 사역은 없다."[214]

이들은 세상에서 가장 어려운 지역으로 기꺼이 갔다. 어떤 사람들은 노예들에게 복음을 전하기 위해 자신을 기꺼이 노예로 자원하기도 했다. 어떤 이들은 감옥에 갇혔는데 오히려 감옥에 있는 수백 명의 죄수들에게 복음을 전파하여 많은 사람들이 주께로 돌아왔다. 이들은 자비량 선교사역을 했다. 공동체의 필요도 자급자족했다.

모라비안들은 다른 문화에 대해 큰 존경을 보여주었고 토착음악을 장려했다. 그들은 간혹 헤른후트에서, 여러 나라 출신 개종자들과 함께 다문화 축제를 열었다. 그들은 음악을 사용하여 아이들에게 읽기를 가르치고, 교육학 이론의 선구자였던 코메니우스의 아이디어를 사용했다.[215]

이들은 온 세상을 향한 하나님의 심장을 가진 사람들이었다. 어린 양 예수 그리스도가 온 세상에서 고난의 보상을 받기를 간절히 원했다. 이를 위하여 이들은 어디든 희생하며 갈 준비가 되어 있었다. 이들은 개신교 선교의 기폭제가 되었다. 요한 웨슬리는 이들로부터 강한 영향을 받았다.

그의 위대함은 그가 품었던 비전의 크기와 그와 그의 추종자들이 복음주의 운동에 미친 영향에서 나타난다. 그는 세계를 향한 하나님의 심장의 고동을 느꼈고, 그리스도의 제자는 어느 곳이든 갈 준비가 되어야 하고 복음을 세상에 전하기 위해 어떤 희생도 감수해야 한다고 믿었다. 그런

비전을 가진 사람은 많지 않다. 그처럼 삶으로 비전을 살아낸 사람은 유례를 찾을 수 없다. [216]

감리교 선교운동

웨슬리 운동이 복음주의 부흥운동과 세계 선교운동에 미친 영향은 형언할 수 없다. 웨슬리 운동은 영적 무기력에 빠진 영국교회에 새로운 소망을 보여주었다. [217]

웨슬리 운동은 18세기에 영국과 미국에서 일어난 복음주의 부흥운동의 거대한 물결에 중요한 역할을 했다. 부흥운동은 최초의 개신교 선교단체들을 조직하는 동기가 되었다. 캐리의 침례교 선교부인 초교파 런던선교회가 그러했다. 성공회 선교부, 그리고 영국 해외선교회도 그러하다. 부흥운동은 반노예제 운동을 포함한 중요한 사회개혁 운동을 촉발시켰다. [218]

요한 웨슬리와 찰스 웨슬리의 어머니 수잔나 웨슬리는 청교도 목사의 딸이었다. 그녀는 웨슬리 운동의 결정적인 인물이었다.

수잔나 웨슬리는 청교도 목사의 25번째 딸이었다. 그녀는 아버지로부터 신학과 영성에 관한 대단한 호기심을 물려받았다. 수잔나는 주목할 만한 여인이었다. 그녀는 자녀들에게 신앙적 영향을 미쳤다. [219]

수잔나는 성공회 사제인 사무엘 웨슬리와 결혼하여 19명의 자녀를 낳았다. 요한(1703-1791)은 15번째, 찰스는 18번째 아들이었다. 수잔나는 지겐발크와 플뤼차우 선교사에 관하여 기록한 《덴마크 선교사들의 전기》를 읽고 큰 감명을 받았다. 수잔나는 믿음으로 행동했다.

"수잔나는 자신이 '비록 여자'이지만 주님을 위해 무언가 더 할 수 있는 일을 하기로 결심했다. 수잔나는 자녀들과 종들을 모아 가정 기도회를 시작했다."[220]

1720년, 요한 웨슬리는 옥스퍼드대학에 진학했다. 1725년, 부제로 안수받았다. 1728년, 사제서품을 받았다. 1726-1729년의 3년간 아버지 밑에서 목회를 도왔다. 그 후 요한 웨슬리는 옥스퍼드로 돌아와서 '홀리 클럽'(Holy Club)이라는 기독학생 서클의 리더가 되었다. 회원들은 매일 아침과 저녁으로 1시간씩 기도했다. 9시, 12시, 오후 3시에는 기도문을 낭송했다. 성경을 자주 읽고 하루에 1시간씩 묵상했다. 일주일에 두 번씩 금식했다.[221]

1735년, 웨슬리 형제는 미국 남부 조지아로 가서 원주민 사역을 했다. 사역은 열심히 하였지만 성공적이지 못했다. 1736년, 찰스 웨슬리는 영국으로 돌아오고, 1738년에는 요한 웨슬리도 돌아왔다. 실패감과 영적 혼란 중에 있던 이들 형제는 알더스게이트(Aldersgate)에서 열린 기도회에 참석하고 진정한 구원의 확신과 평안을 체험했다. 그 후 요한 웨슬리는 조나단 에드워즈의 책을 읽으며 큰 감명을 받았다. 그리고 요한 웨슬리는 열정적으로 설교했다. 그 열정이 광신으로 비춰져서 강단사역의 문이 닫혔다. 그리고 이미 강단사역을 할 수 없어서 일터나 노방에서 설교를 하던 조지 휫필드와 합세하여 노방이나 일터에서 설교했다.[222]

웨슬리는 역사상 가장 탁월한 복음전도자의 하나이다. 그는 위대한 하나님의 사람이었다.

웨슬리는 키가 작고 왜소한 사람이었다. 볼품이 없었다. 군중들은 그에게 시비를 걸고 때리기도 했다. 죽을 뻔한 적도 있었다. 하지만 웨슬리는 포기하지 않았다. 계속 설교했다. 웨슬리는 가장 탁월한 복음전도자들 가운데 하나였다. 그처럼 확실한 복음전도의 경력을 가진 인물은 역사상 유례를 찾기 어려울 정도이다.[223]

그는 속회를 조직하여 새로운 신자들을 양육했다. 속회는 새신자 양육기능, 청지기 기능, 리더십 훈련 기능이 있었다. 속회 리더들을 위한 훈련이 따로 진행되었다. 속회 리더들 가운데 일부는 평신도 설교자가 되었다. 웨슬리는 성공회를 떠날 마음이 전혀 없었다. 그러나 성공회의 경직성이 웨슬리주의 운동으로 인도했다. 웨슬리주의 운동은 구원과 개종만 강조한 것이 아니라 자선사업을 비롯하여 노예 근절운동, 감옥 개혁, 가난한 자를 돌아봄 등 포괄적인 사회변혁에 관심을 가졌다.[224]

웨슬리는 전인적인 사역을 추구했다. 그는 말을 타고 이동하면서 여러 주제로 된 책을 읽었다. 새로운 신자들의 일상생활에 도움을 주기 위해서였다. 감리교 운동은 총체적이었다. 구원과 개종만 강조한 것이 아니라 사회변혁에도 관심을 가졌다.[225]

윌리엄 캐리

윌리엄 캐리는 '개신교 선교운동의 아버지'라 불린다. 그를 '개신교 선교운동의 아버지'라고 부르는 이유는 그의 특별한 선교운동사적 역할 때문이다.[226] 특별히 〈이교도 개종을 위한 방법들을 사용해야 하는 기독교인의 의무에 관한 연구〉[227]는 개신교 선교의 새로운 장을 열었다. 그는 하나님 나라를 위하여 우리가 가진 모든 것을 바쳐 최선을 다하기를 선포했다.

예수님께서 명령하셨다. "하늘에 보화를 쌓으라. 좀과 동록이 해할 수 없다. 도둑이 빼앗아 갈 수 없다. 사람이 무엇으로 심든지 심는 대로 거두리라." 이 말씀은 오는 세상에서는 우리가 이생에서 심는 대로 추수하는 기쁨을 얻게 될 것을 보여준다. 은혜로 보상을 받는 것이 진리이지만, 심는 대로 거둔다는 말씀은 격려가 된다. 자신의 모든 것을 주의 사역을 위해 헌신했던 탁월한 선교사 바울, 엘리어트(Elliot), 브레이너드(Brainerd) 그리고 다른 선교사들이 경험할 하늘의 보화와 추수는 얼마나 놀라울까. 그들의 노력을 통해 하나님에 대한 지식을 알게 된 허다한 영국인과 불쌍한 이교도들을 만나는 천국의 기쁨은 얼마나 놀라운 기쁨이랴. 이런 기쁨의 면류관을 위해 수고하는 것은 값진 일이다. 그리스도의 나라와 영혼을 구원하는 일을 위해 우리가 가진 모든 것을 내려놓고 최선을 경주하는 삶이 값진 삶이리라.[228]

캐리는 침례교 평신도 설교자였다. 그는 주로 독학했다. 특히 히브리어, 헬라어, 라틴어를 독학으로 마스터했다. 그는 탁월한 언어학자였다. 그는 설교하며 또한 학교에서 가르쳤다. 가족생계를 위해 구두를 수선했다. 그는 꿈을 꾸고 연구하고 기도했다. 인내의 사람이며 헌신된 하나님의 종이었다. 그는 조나단 에드워즈, 데이비드 브레이너드, 모라비안, 그리고 웨슬리 운동의 영향을 받았다.[229] 폴 피어슨은 웨슬리 선교운동을 다음과 같이 비유했다.

비행기는 1631년 엘리어트에 의하여 활주로로 이동하기 시작했다. 1706년 지겐발크와 플뤼차우에 의해 탄력을 받기 시작했다. 1732년 모라비안에 의해 속력이 붙기 시작했고, 캐리에 의해 엔진에 불이 붙으면서 창공을 향해 높이 날아올랐다.[230]

캐리는 1792년, 〈이교도 개종을 위한 방법들을 사용해야 하는 기독교인의 의무에 관한 연구〉를 출간했다.[231] 이 짧은 책은 선교역사에 큰 파문을 일으켰다. 그의 책의 '방법 사용'이라는 용어는 선교에 대한 그의 탁월한 통찰력을 보여준다. 그가 말한 '방법 사용'이란 선교단체를 말한다. 당시 선교는 인간적인 방법이나 조직을 사용할 필요를 갖지 않았다. 이교도의 구원은 하나님이, 하나님의 방법으로, 하나님 자신이 하실 것이라고 주장하였기 때문이다. 캐리가 말하는 선교단체는 선교를 지원하고 운영하는 것이 그 목적이다.

캐리는 인도로 떠나기 전에 "네 장막터를 넓히며 네 처소의 휘장을 아끼지 말고 널리 펴되 너의 줄을 길게 하며 너의 말뚝을 견고히 할지어다. 이는 네가 좌우로 퍼지며 네 자손은 열방을 얻으며 황폐한 성읍들을 사람 살 곳이 되게 할 것임이라"(사 54:2,3)의 말씀으로 설교했다. 설교 중에 외친 그의 유명한 말은 오늘날에도 많은 사람의 도전이 되고 있다. "하나님으로부터 위대한 일을 기대하라. 하나님을 위해 위대한 일을 시도하라"(Expect Great things from God. Attempt Great things for God).[233]

당시 영국 동인도회사가 인도를 지배하고 있었다. 이들은 선교에 적대적이어서 캐리에게도 적대감을 가지고 있었다. 그들은 캐리가 자신들의 관할지역에 머무는 것조차 허락하지 않았다. 캐리는 덴마크 식민지였던 세람포르(Serampore)로 갔다. 1804년 캐리와 동료들은 '형제단'을 조직하고 공동체 생활을 하며 소유를 나누었다. 그들은 11개의 목적진술에 서약했다.[233]

1. 사람의 영혼에 무한한 가치를 둔다.
2. 인도인들의 마음을 사로잡는 함정을 스스로 숙지한다.

3. 복음에 대한 인도인의 편견을 깊어지게 하는 일은 무슨 일이든 삼간다.

4. 인도인들에게 선한 일을 할 수 있는 모든 기회를 잡는다.

5. 개종을 위한 최고의 방법으로 '십자가에 달리신 그리스도'를 설교한다.

6. 인도인들을 우리와 동등하게 존경하고 대접한다.

7. 모임을 주최하는 사람들을 세우고 보호한다.

8. 인도인들의 은사를 계발한다. 그들에게 선교적 책임을 일깨운다. 인도를 그리스도께 드릴 수 있는 사람은 인도인들뿐이기 때문이다.

9. 성경번역을 위해 쉬지 않고 노력한다.

10. 개인의 신앙이 성장하도록 즉시 노력한다.

11. 선교를 위해 우리 자신을 남김없이 드린다.

윌리엄 캐리의 사역의 영역은 엄청났다. 그러나 첫 번째 회심자에게 세례를 베풀기까지 7년이나 걸렸다. 1810년 회심자는 300명으로 늘어났다. 그는 인도사회에 천문학이라는 과학을 소개하여 운명론과 미신적인 공포에 사로잡히게 하는 점성술의 지배를 받던 인도사회를 자유롭게 했다. 천체는 창조주에 의하여 징조와 표시들로 만들어졌기에 그것을 신중하게 연구해야 한다고 가르쳤다. 점성술의 문화는 사람을 노예화하는 반면에 천문학의 문화는 우리를 자유하게 하며 자연을 다스리는 자가 되게 한다.[234]

맹갈와디는 캐리를 인도 근대화의 기수로, 근대화 과정의 본질로 설명한다.[235]

그는 인도의 벌거숭이 산들에 나무를 심고, 연구하고, 산림관리를 가르쳤다. 황무지를 비옥한 땅으로 바꾸었다. 영국산 데이지를 인도에 들여왔으며 린네식 원예체계를 소개했다. 농업원예협회를 창립하여 조직적으로 농업을 연구하고 농업개혁에 힘썼다. 그는 처음으로 증기기관을 인도에 소개했다.[236]

그는 인도에 저축은행의 개념을 도입하여 사회전반적으로 퍼져 있는 사회악인 고리대금과 싸웠다. 또한 나환자 치료를 위한 캠페인을 이끌었다. 당시에 나환자들은 생매장이나 생화장을 당했다. 캐리는 나환자들은 예수님의 사랑으로 치료해야 한다고 주장했다.

윌리엄 캐리는 나환자 치료를 위한 인도적인 캠페인을 이끈 첫 번째 사람입니다. 그 전까지만 해도 인도에서 나환자들은 때로는 생매장이나 생화장을 당했습니다. 왜냐하면 맹렬한 죽음(a violent end)은 육체를 정화시키며 강건한 새 존재로 환생하도록 보장해 준다는 믿음 때문이었습니다. 인도인은 질병에 의한 자연사가 네 번의 연속적인 탄생으로 이어지는 결과를 가져오며 다섯 번째 생은 나환자로 된다고 믿었습니다. 캐리는 예수님의 사랑으로 나환자들을 만져서 그들이 치료되어야 한다고 믿었습니다.[237]

그는 '인도 인쇄기술의 아버지'라 일컬어진다. 인쇄, 출판과학을 인도에 들여왔다. 또한 최초의 신문을 만들었다. 그는 〈Friend of India〉라는 잡지를 출간하여 인도에 사회개혁운동을 일으켰다. 그는 인도대륙에 개가식 도서관의 개념을 처음 시도한 선구자이다.[238]

캐리는 기독교 문명사적으로 중요한 일을 했다. 여성의 지위를 회복시키기 위하여 여성에 대한 악습과 대항했다. 일부다처제, 여아 살해, 조혼, 과부 화장, 안락사, 여성 문맹화 등과 싸웠다. 캐리는 사회학과 성경을 조직적으로 연구했다. 여학교를 열었다. 여성에 대한 악법인 젊은 아내가 남편의 시체와 함께 산 채로 화장되는 사티 풍습을 금지시키는 데 결정적으로 공헌했다. "캐리의 25년에 걸친 끈질긴 사티와의 싸움이 결국 1829년, 세계에서 가장 가증스러운 종교적 관행 중 하나인 사티를 금지하는 벤팅크 경의 유명한 칙령이 있게 했다."[239]

그는 40여 개의 언어를 연구하여 그 언어로 성경을 번역했다. 벵갈어, 산스크리트어를 배우고 성경을 번역했다. 신구약 전권은 6개 언어로, 신약은 24개 언어로, 성경의 일부는 10개 언어로 번역했다. 100개 이상의 토착어 학교를 세우고 교육에 힘썼다. 당시 인도 최고의 세람포르대학을 설립했다. 인도 지역에 많은 교회를 세웠다. 그는 비인간적인 인도의 풍습과 의식을 타파하고 기회가 있을 때마다 인도인들에게 복음을 전했다.

캐리 선교회는 인도 젊은 여성을 위한 근대 교육에 혁명적 변화를 가져왔다. 1820년에서 1830년 사이에 세람포르에 있던 캐리의 선교회는 벵갈 교외 지역에 여성을 위한 근대교육의 혁명을 시작하는 데 주도적인 역할을 담당했다! 그리고 이것이 베나레스(Benares), 다카(Dacca), 알라하바드(Allahabad)와 같은 곳에서 다른 여학교들이 세워지도록 불길을 일으켰다.[240]

우리는 문화는 철저히 복음에 의하여 변화되어야 한다고 믿는다. 다만 그것은 철저하게 성경적이어야 하고, 변화의 주체는 선교사가 아니라 현지인이 되어야 한다. 선교사는 조력자요 조언자여야 한다. 그러할 때 문화의 변화는 복음적이며 깊이가 있고 지속적이 될 수가 있다. 그러나 무엇보다 성령의 인도하심, 조명하심이 있어야 한다.

윌리엄 캐리는 인도에 기독교 문명을 전했다. 인도의 현대화는 캐리를 떠나 생각할 수 없다. 캐리는 성경을 바탕으로 새로운 기독교 문명이 일어나 인도의 전통과 관습에 혁명적인 변화가 일어나기를 위해 기도했다.

윌리엄 캐리는 인도사회에 천문학이라는 과학을 소개하기를 원했다. 그는 하늘의 별들이 우리의 삶을 주관한다고 믿지 않았다. 그는 인간이 자연을 지배하도록 창조된 것과, 해와 달과 유성들은 우리의 다스림을 받도록 창조된 것임을 알았다. 캐리는 창조자가 별들을 표시나 표적으로 만드셨으므로 그것을 잘 연구해야 한다고 생각했다. 단조로운 우주의 공간이 방향(동서남북)으로 나뉘어지고, 시간이 날짜와 연도와 계절로 나뉘어진다. 그것이 우리로 하여금 달력을 만들고, 역사와 지리를 연구하고, 우리의 삶과 일과 사회를 계획할 수 있게 만든다. 천문학은 우리들이 다스리는 자가 되도록 자유롭게 하는 반면에, 점성술 문화는 우리를 별들에게 다스림을 받도록 만든다.[241]

캐리의 근대화 정신은 19세기 힌두 개혁가들도 수용했다. 그들은 캐리 정신을 인도 근대화의 필수 요소로 간주했다.[242] 캐리는 창조주 하나님을 믿었다. 창조와 지식의 귀납법적 방법을 수용했다. 성경을 통하여 하나님의 지혜와 권능을 배워, 땅을 다스릴 수 있게 된다는 신학적 가정을 했다.[243] 캐리는 창조와 생태학을 연결하였고, 창조신앙으로 사회를 개혁했다.[244]

캐리에게 있어서 하나님의 피조물에 의미와 정의를 주시는 분은 궁극적으로 창조주 하나님이었다. 하나님께서 우리가 누구인지 결정하시며 남편과 아내 관계의 진정한 성격이 어떠한지 결정하시며 혹은 그것이 어떠해야 하는지 결정하신다. 그러므로 한 사회든 개인이든 그 어느 것도 궁극적으로는 인간관계를 설정할 자유가 없다.[245]

캐리는 인도의 악습인 사티를 판단할 때 성경적 기준을 사용했다. 젊은 과부의 생명은 하나님께서 주신 소중한 것이기에 그 생명을 가볍게 여기거나, 스스로 결정하여 자살행위를 택하는 것은 하나님의 창조질서에 어긋나는 것으로 보았다.[246]

사티의 관행은 낙태, 유아 살해, 안락사의 경우처럼 사회적 필요를 채워준다. 고위 카스트 남자의 죽음은 사회 경제적으로 몇몇 특수한 문제를 일으키는데, 그 미망인을 제거하는 사티는 그러한 문제점을 없애준다.[247]

캐리는 기독교 문명운동을 전개했다.[248] 사티 관행은 근절되어야 할 악으로 규정했다. 그 관행이 하나님이 주신 창조정신에 어긋나기 때문이었다. 인간의 생명은 고귀하기 때문이다.[249]

캐리는 학교설립을 통한 복음전도를 선교전략으로 삼았다. 이 전략을 위해 벵갈 지역을 떠나 1799년 세람포르(Serampore)로 이주했다. 캐리가 복음전도를 위해 학교를 개교하였을 때 50명이 입학하여 읽기와 쓰기를 배웠다. 10년 후에는 16개 학교에 1,000여 명의 학생이 등록했다. 1819년에는 92개 학교에 8,000여 명의 학생이 등록했다.[250] 1819년, 캐리는 세람포르대학을 세웠다. 현지 리더, 복음전도자, 그리고 교회개척자를 키우기 위해서였다. 첫해에 37명[251]이 입학했다. 세람포르대학은 영어보다는 산스크리트어를 강조했다. 현지어로 강의했다. 초교과 학생들을 뽑았다. 기독교인과 비기독교인이 함께 공부

했다. 학생들은 적성에 맞는 전공을 선택할 수 있었다. 캐리의 학교설립은 탁월한 선교전략이었다.[252]

월리엄 캐리는 우리처럼 지극히 평범한 사람이다. 그는 신학을 전공한 사람도 아니다. 그는 인도에서 41년을 선교하고 73세로 인도에서 숨을 거두었다. 그의 운구행렬이 거리를 지나는 동안 덴마크 관청에는 조기가 게양되었다.[253]

거리에는 수많은 힌두교인, 모슬렘, 그리스도인들이 벵갈 지역의 전설적인 인물이며 수많은 사람들의 존경과 사랑을 받았던 한 영국인을 마지막으로 보기 위해 모여들었다. 어떻게 한 사람의 생애가 이처럼 인도사회의 여러 영역에 영향을 줄 수가 있었을까? 그는 그가 외치던 모토처럼 살았다. 그는 복음의 능력을 믿었다.

캐리는 개신교 선교운동에 새 장을 열었다. 선교운동에 불을 지폈다. 캐리의 영향으로 많은 선교단체들이 설립되며 선교의 장이 활짝 열렸다.

캐리는 개신교 선교운동에 새 장을 열었다. 다음 세기가 밝아올 즈음 캐리는 선교운동에 불을 지폈다. 라투렛은 캐리가 열어젖힌 선교의 새로운 세기를 '선교의 위대한 세기'(Great Century of Missions)라 부른다. 위대한 세기는 1792년부터 1914년 제1차 세계대전이 일어나기 전까지를 이른다. 제1차 세계대전은 세상을 바꾸었다. 선교의 위대한 세기는 한 세기 이상 지속되었다.[254]

요약

이 장에서는 기독교 문명운동의 역사적 관점에서 기술했다. 성경에 나타난 온 세상에 대한 하나님의 계획을 하나님께서 어떻게 역사 속에서 문명운동을 통하여 이루어 가시는지를 살펴보고자 했다.

하나님은 역사의 주인이시다. 사도시대 이후 속사도시대의 선교운동, 로마 기독교 운동, 켈트족 선교운동, 야만인 선교운동, 네스토리안 선교운동, 종교개혁 운동, 가톨릭 선교운동, 개신교 선교운동, 모라비안, 감리교 운동, 그리고 윌리엄 캐리의 선교운동에 관하여 기술했다.

기독교 문명운동으로 혁신적 변화를 일으켰던 사건들을 통해 하나님께서 역사에 간섭하시는 원칙들을 살펴보고자 했다. 왜냐하면 모든 사건에는 하나님이 개입되어 있기 때문이다. 하나님께서 자신이 세우신 경륜을 어떻게 섭리하시는가를 보고 그 의미와 중요성을 이해하면, NCMN 운동에 참여하는 우리가 어떻게 그의 뜻을 이어갈 수 있는지를 배울 수 있게 된다.

다음 장에서는 기독교 문명운동의 전략적 차원에 관하여 기술할 것이다.

제 3 장

기독교 문명운동의 전략적 관점

이 장에서는 기독교 문명운동의 전략적 차원에 관하여 기술한다. 맥가브란의 인간집단운동 전략, 랄프 윈터의 하나님 나라 운동과 문명개혁 운동, 그리고 티펫과 크래프트의 문화변혁 운동이 갖는 전략적 차원을 기술한다.

인간집단운동 전략

맥가브란은 '인간집단운동'[1]에 주목한다. 다양한 사회를 구성하는 인간집단을 모자이크로 설명한다. 인간집단운동은 맥가브란이 인도 현장에서 경험한 내용을 정리한 것이다. 부족 또는 카스트 제도권 아래 있는 인간집단을 연구하고 그들이 비기독교 신앙에서 기독교 신앙으로 개종하는 첫 번째 단계인 집단개종운동의 역학을 기술한다.[2] "인간집단은 결혼이나 가까운 인간관계가 특정 사회집단 내에서만 일어나는 부족, 종족, 혈족, 카스트 또는 특정 동질집단을 의미한다."[3] "인간집단은 교회에 나올 수 있는 다양한 종류의 사회집단을 의미한다."[4] 맥가브란은 그들이 어떻게 그리스도인이 되는가를 질문한다.[5] "어떤 특정 인간집단이 어떻게 기독교인이 되는가를 이해하는 것은 극히 중요하다."[6]

맥가브란의 관찰은 적합하다. 효과적인 선교운동은 인간집단을 분별하고 그에 적합한 효과적인 전도계획을 설립하는 데 있다. "인류는 여러 가지 다양한 조각들이 모여 이루어진 모자이크와 같으며, 각 조각은 다른 조각에 속한 사람들에게는 생소하고 불쾌하게 보이는 각기 나름대로의 삶의 방식을 가지고 있다."[7]

세계 구원을 위한 하나님의 계획이 시행될 수 있으려면, 대부분의 나라들에 있는 모자이크의 조각들에서 생명력을 지닌 회중들의 폭발적인 증가가 일어나지 않으면 안 된다. 이러한 일은 개인구원뿐만 아니라 집단구원을 가져다 줄 것이다. 인류라는 이 놀라운 모자이크 조각에서 교회들이 개척되어야 한다. 그것이 교회성장의 도전이다.[8]

맥가브란은 인간집단운동 관점에서 성경과 역사를 보았다. 사람들이 어떻게 그리스도인이 되는지를 면밀하게 관찰했다. 그 비밀은 인간집단운동에 있었다.

맥가브란(McGavran)은 우리로 하여금 역사는 그리스도께 나아가는 '인간집단운동들'(people movement)로 가득 차 있다는 사실에 주목하게 했다. 사도행전 2장 41절 그리고 4장 4절에 기록된 놀라운 회심으로부터 시작하여 인도, 아프리카, 뉴기니아와 그 밖의 다른 지역들에서 나타나고 있는 오늘날의 몇 가지 의미 있는 회심 운동의 경우에서 볼 수 있듯이, 이런 종류의 '그리스도를 향한' 다수의 개인들이 참여하는(multi-individual) 운동들이 하나님의 나라의 확장을 위하여 하나님에 의하여 놀랍게 사용되어 왔다. 사람들이 집단적으로 행동할 때 문화변혁의 과정이 촉진되고 가속화되는 것은 일반적인 일이다.[9]

서구화는 개인주의를 동반했다. 서양교육을 받은 선교사들은 인간집단을 바로 인식하지 못한다. 개인주의적 세계관으로 접근한다. 그리고 실패한다. 피어슨은 지적한다. "서양선교사들이 변해야 한다. 상당한 패러다임 전환이 필요하다. 무엇보다 맥가브란이 말하는 인간집단운동(People Movement)을 수용해야 한다."[10] 그 이유는 무엇인가? "하나님의 섭리 속에서 초대교회는 그리스도를 향한 유대인 인간집단운동을 통해 멀리 그리고 널리 확장되었다."[11]

인간집단운동 전략은 NCMN 운동에 전략적 통찰을 제공한다.

인간집단과 동질집단

인간집단은 모두 문화적 동질성을 가지고 있다. 그러므로 인간집단과 동질집단은 상호호환적이다. 맥가브란은 인간집단에 대한 사회학적 통찰을 접목하여 효과적인 복음전도를 제안한다. 그가 발견한 사회학적 진실은 분명하다. "사람들은 인종적, 언어적, 계급적 장벽을 넘지 않고 기독교인이 되기 원한다."[12] 유대인 기독교 운동은 동질집단운동이었다. 그들은 인종적 장벽을 넘지 않고 기독교인이 되었다.

교회사의 처음 15년 동안에 거의 모든 신자들은 유대공동체의 성원들로 남아 있으면서 기독교인들이 되었다. …1900여 년 전에 교회는 유대인들이 인종적인 장벽을 넘지 않고 기독교인이 되는 것을 좋아했다는 것을 발견했다. 유대인 신분사회는 긴밀하게 연결된 사회였다. 그것은 강력한 통제력을 가졌다.[13]

유대인들은 회당공동체를 형성하고 살았다. 회당은 문화적 중심이었다. 그들은 회당 안에서 그리스도인이 되었다.

교회가 지중해 주변에 있는 회당공동체에서 성장하기 시작했을 때, 최초로 그리스도의 제자들이 된 자들은 메시아를 열렬히 대망하고 있던 독실한 유대인들이었다. 회당 안에서 기독교인들이 된 이들은 인종적, 계급적 장벽들을 헐지 않고 그렇게 할 수 있었다.[14]

다양한 인종집단이 혼합되어 있는 대도시 교회는 빠른 성장이 일어나지 않는 경우가 많다. 회심성장은 동질집단 내에서 효과적으로 일어나기 때문이다.

"대부분의 도시들에서 여러 동질집단이 혼합되어 있는 교회들은 회심에 의해서 빠르게 성장하지 않고 있다. 만일 교회들이 증가하면, 교회들은 이동성장에 의해서 성장할 것이다."[15]

집단운동

맥가브란은 선교지에서 인간집단운동을 경험했다. 특정 집단은 하나의 인격체와 같이 움직인다. 중요한 결단을 내릴 때에는 집단적으로 결정한다. 그리스도인이 되는 결정이 집단운동을 통하여 이루어질 때, 가장 효과적인 복음전도가 일어난다.

인간집단운동은 모두 동일 부족집단 출신인 다수의 개인들(5명이든 500명이든)의 공동 결단으로부터 초래된다. 이런 운동은 그들로 하여금 사회적 이동 없이 그리스도인들이 되게 하여 그들의 비기독교적인 친척들과 옛날과 다름없는 접촉을 유지하게 하며, 그 부족집단의 다른 그룹들이 여러 해가 지나 유사한 결단을 하게 하고, 그리하여 오직 그 부족집단의 성원들로 이루어진 기독교 교회를 형성할 수 있게 하는 것이다.[16]

개인적인 결단보다 '복수-개인적 결단'은 특정 동질집단 내에서 더 큰 힘을 발휘한다. 집단운동을 통한 개종은 개인 개종보다 훨씬 강력하다.

'복수—개인적 결단'은 큰 힘을 발휘한다. 이러한 결단들은 개인들로 하여금 그들이 혼자라면 결코 할 수 없는 것을 할 수 있게 한다. 화약을 낱개로 태우면 별 위력이 없다. 그러나 그것을 제한된 공간에서 함께 태울 때 그것들은 화강암도 산산조각 낼 수 있다.[17]

성경은 이스라엘을 하나의 인간집단으로 본다. 하나님께서는 이스라엘 민족을 신앙의 길로 인도하신다. 그들에게 집단적으로 신앙적 결단을 하도록 촉구하신다.

구약은 출발에서부터 하나님께서 민족들을 다루시는 이야기이다. 하나님께서는 히브리 백성, 이스라엘의 후손들인 열두 지파를 애굽에서 불러내셨다. 그리하여 그들을 하나의 백성으로 훈련하셨다. 그들은 거듭거듭 집단적인 결단을 하였고, 죄를 회개하고 하나님의 길을 걷겠다는 계약을 하나님과 맺었다.[18]

NCMN의 사역전략은 이 같은 '집단운동'에 기인한다.

복음전도 운동

하나님 나라의 복음에 우선순위를 둔다. 맥가브란은 전도 우선의 원리를 설파한다. 성경이 전도에 최상의 우선순위(the highest priority)를 두고 있기 때문이다. 사람들에게 복음을 전파하여 그들이 그리스도의 제자가 되게 하고 교회의 책임 있는 구성원이 되게 하는 것이 선교운동의 핵심이다.[19]

잃어버린 영혼을 찾는 일은 다른 어떤 것으로도 대체할 수 없다. 산과 들을 다니며, 계속해서 잃어버린 양을 찾는 것이 선교의 핵심이다.

가장 중요하고 변할 수 없는 선교의 목적은 교회성장이다.[20]

1968년 WCC 웁살라 대회가 분기점이었다. 웁살라 대회는 전적으로 정치적이며 사회적인 관심사만 다루었다. 선교와 복음전도는 다루지 않았다. 도널드 맥가브란이 반발했다. "웁살라는 20억의 영혼을 배신할 것인가?" 당시 복음을 모르는 인구는 20억으로 추산되었다.[21]

WCC는 '새로운 선교신학'에 따라 전도를 포기했다. 그들이 인간의 물질적인 필요를 충족시켜 주고 세계적인 사회질서의 기본적인 부정의를 시정하는 데 몰두하는 동안 사실상 전도를 포기하고 말았다. 맥가브란도 인도에서 사역하면서 나환자 사역, 고아원 사역, 학교와 병원 사역을 통하여 이런 물질적 필요들을 충족시키는 사역에 오랫동안 종사한 적이 있었지만, 사회적 봉사를 최우선시하는 사람들의 견해에 동조할 수 없었다. 맥가브란은 사회적 봉사보다 복음전도에 우선권을 두었다. 맥가브란은 주장한다. "나는 예수 그리스도를 믿는 사람들에게 부여되는 구원이 인간의 최고의 필요이며, 인간의 다른 모든 선한 것은 먼저 하나님과 화해되는 것을 통해서 주어지게 된다고 확신한다."[22] 기독교 신앙은 삶의 전 영역에 변혁을 불러온다. 이런 관점에서 특정 사회집단에 기독교 문명을 공공의 영역으로 확장하는 신학, 세바스찬 김이 주장하는 공공신학(public theology)이 필요하다.

공공신학은 새로운 개념이 아니다. 기독교 신학은 언제나 사회와 상황에 적합한 신학작업을 하려고 노력해 왔다. 이제 기독교 신앙이 사유화(privatization)되어 가고 있기에, 사회와 상황에 적합한 신학적인 토론의 과정에서 공공신학이 출현하게 되었다.[23]

NCMN 운동이 그리스도 안에서 문명적 변화를 주창하고, 한국인들에게 소망을 제시하기 위해 할 수 있는 최선의 전략은 그들이 "그리스도를 주와 구세주로 믿고 그의 교회의 책임 있는 교인이 되게 하는 것이다."[24]

하나님의 다리 운동

인간집단운동은 하나님의 다리를 통하여 일어났다. 초대교회를 성장시킨 원리는 하나님의 다리를 통한 인간집단운동이었다.

성경에 나타난 많은 실례들을 보면서, 성령께서 초대교회를 인도하셔서 인간집단운동을 통해 초대교회를 성장하게 하셨다면, 인간집단운동 자체에는 오류가 없다는 것과, 인간집단운동을 통한 교회성장은 정당하고 성경적이라는 것이다.[25]

인간관계망을 이용한 전도가 효과적이다. 인간관계를 전도에 활용하는 "거미줄 운동은 다소 단속적인 것으로 또한 장기적인 인간집단운동으로 생각할 수 있다."[26]

인간관계망을 형성하는 거미줄은 중요하다. 모든 사람들은 단순히 형제, 누이, 부모, 조부모뿐 아니라 사촌 형제, 숙부, 숙모, 증조부, 처제, 장모, 대부, 대모, 조카, 손녀와 손자 등 많은 인척을 알고 친밀하게 지낸다. 이런 친척관계는 소중하다. 어떤 집에 가서 하룻밤 묵을 수도 있고 개인은 이런 관계망 속에 속해 있다. 친척들은 서로 보호하고, 직업을 얻어 준다. 거미줄 관계망 내에서 일어나는 사망 및 결혼 소식은 번갯불처럼 가족 전체에 전해지며 친척들은 다른 모든 일을 중지하고 장례식이나 결혼식에 참석한다.[27]

부흥운동

부흥운동은 인간집단운동을 강화한다. 특정 민족에게 임한 부흥은 그 민족을 선교적이 되게 한다. 평양에서 일어난 "한국에서의 사건은 부흥의 전형적인 사례이다."[28]

부흥은 "그리스도 교회 내에서의 성령의 활동"이고, 따라서 전능하신 하나님의 주도로 이루어지는 것이지만 대개는 그것을 열렬히 기구하는 사람들에게 주어진다. 기도가 부흥을 가져왔다. 먼저 오랜 기간에 걸쳐 계속되는 열렬한 기도가 있고, 그리고 나서 부흥이 일어나는 것이다.[29]

부흥은 인간집단을 변화시킨다. "부흥은 엄청난 능력을 준다."[30] "부흥은 복음을 전하려는 충동을 유발시킨다."[31] 부흥의 원동력은 성경에서 출발한다.

성경지식은 꼭 필요하다. 성경에 대한 지식이 없으면 부흥이 일어나지 않는다. 유럽과 아메리카 교회들에서의 부흥은 오랜 세월에 걸쳐 가정과 교회에서 주의 깊게 성경을 읽은 것이 낳은 결과였다. 한국의 부흥에서 큰 원동력으로 작용한 것은 장로교회가 1895년 한국에 이식되었을 때부터 교회 치리의 본질적 부분을 형성했던 철저한 성경연구였다.[32]

부흥은 성령의 역사로 이루어진다. 성령은 사람을 새롭게 한다. 변화시킨다. 변화할 수 있는 능력을 제공한다. "오순절날 성령이 강림했을 때가 바로 그러했다. 오순절에 있었던 사건은 부흥과 교회성장 간의 관계에 대한 최고의 실례이다."[33]

성령이라는 선물은 사람들로 하여금 죄를 고백할 수 있게 하고, 죄에 대한 배상을 할 수 있게 하고, 악습을 고칠 수 있게 하고, 승리하는 삶을 영위할 수 있게 하고, 다른 사람들에게 이용가능한 하나님의 능력에 대해 납득시킬 수 있게 하고, 많은 사람들을 그리스도에게로 인도할 수 있게 하고, 교회를 든든히 성장시킬 수 있게 한다.[34]

부흥은 성장을 가져온다. 생활을 향상시킨다. 사람들은 생활이 향상되면 다른 사회적 구성원이 된다. 이전에 사귀던 사람들과는 문화적 거리감이 생긴다. 구원과 생활향상에 기인한 전도장애(Halting due to redemption and lift)가 발생한다.

생활이 향상되어 이전의 인간관계에서 분리된다. 새로운 집단에 속해 일하게 된다. 생활이 향상될수록 이전에 교제하던 사람들과의 간격은 심화된다. 이러한 분리로 인하여 그들은 흔히 그들의 이전 지기(知己)들 가운데서 효율적인 복음전달자들이 되기를 중지하게 되고 그들의 새로운 수준에서 비기독교인들과의 친지적 유대를 끊게 된다.[35]

선교운동은 교육적, 의료적, 농업적인 원조 프로그램들을 통해 인간집단이 누리게 되는 '생활향상'을 포함하는 구원의 효과로 인하여 발생하는 전도장애에 대해 심각하게 고민할 필요가 있다.[36] 우리는 중세 수도원이 경험했던 전도장애에 대해 기억해야 한다.

수도원에는 지식 있는 노동력이 풍부했다. 그래서 자연스럽게 부유해졌다. 그런데 그것이 문제였다. 우리는 수도원 쇠퇴의 원인을 탐구하면서 맥가브란을 생각한다. 맥가브란은 유명한 선교학 용어를 남겼다. 맥가브란의 "구원과 생활향상으로 인한 전도장애 이론"(Redemption and lift)이 수도원의 쇠퇴를 잘 설명한다. 수도원이 설립되어 시간이 흐르자, 상당수의 수도원은 경제적 풍요를 누리게 되었다. 수도승들은 새로운 곳으로 가서 땅을 개간하고, 농사를 짓고, 수확을 얻어 부를 쌓아갔다.[37]

피어슨은 풍요를 누리는 북미교회에 대해 도전한다. 오순절 운동을 포함한 새로운 선교운동들이 부흥과 성장을 경험한 이후에 직면하는 문제를 지적한다.

화려함에는 위험이 따른다. 우리는 북미교회의 위험을 알고 있다. 오순절 운동에도 위험이 따른다. 처음에는 가난한 자들 가운데 효과적인 선교사역을 감당하였지만, 풍요롭게 되자 부패했다. 오순절 운동은 변해갔다. 그들이 수행자를 위해 휴식공간을 지을 때, 화장실 시설물을 전부 금으로 도금한 사실을 기억한다. 우리 복음주의자들은 다시 물어야 한다. 참된 그리스도인의 생활은 전정 어떠해야 하는가?[38]

낙관주의 운동

맥가브란의 교회성장 운동은 낙관주의 운동이다. 서구 열강들이 비서구권 세계에서 물러나고, 새로운 독립국가들이 생겨날 때, 선교학자들은 비관주의에 빠지고 말았다. 그러나 맥가브란은 달랐다. 복음의 능력을 믿었다. 토착교회들이 생겨날 것으로 믿었다.[39]

도널드 맥가브란은 낙관주의자이다. 그는 세계 각국을 다니며 교회성장을 연구했다. 1954년, 인도에서 케냐로 갔고 아프리카 대륙을 돌아보았다. 맥가브란은 아프리카교회가 성장하고 있음을 발견했다. 세기말이 되

면 아프리카 기독교 인구가 3억이 될 것이라고 예견했다. 그는 자신의
말에 귀를 기울이는 모든 사람들에게 확언했다. "선교의 여명이 밝아온
다. 우리는 선교의 일몰이 아닌 선교의 일출봉에 서 있다."[40]

맥가브란은 낙관적으로 과감한 전도계획을 세운다. 그는 확신한다. "교
회성장은 그를 위한 과감한 계획 없이는 좀처럼 이룩되지 않는다."[41]

목표를 설정하는 것이 중요하다. 효율적인 복음전도를 수행할 때 목표를
설정할 필요가 있다. 목표는 노력을 핵심과제에 집중하게 한다. 기독교 지
도자들의 기본적인 목적은 예수 그리스도에 대한 신앙을 통하여 사람들을
구원하시는 하나님의 영원하신 목적과 일치시키는 것이 본질적이다.[42]

맥가브란은 복음을 알지 못하는 미전도종족들에 대해 집중했다. 그
의 관심은 세상을 향해 열려 있었다. 그는 주장한다. "무엇보다도 그
리스도의 이름을 들어 보지도 못한 30억의 인류가 있다. 우리는 그들
에게 구주를 알게 해 주어야 한다."[43]

하나님 나라 운동

그리스도의 제자들은 하나님 나라 운동에 나선다. 하나님의 뜻을
이루기 위해 최선을 다해 경주한다.

그리스도의 제자들은 하나님의 뜻을 이루는 데 자신의 자유의지를 사용
해야 한다. "하나님 나라가 임하고, 하나님의 뜻이 이루어지는" 하나님
나라를 위해 우리의 자유의지를 사용해야 한다. 우리는 하나님과 동역하
여 사탄의 세력을 물리치는 일에 앞장서야 한다. 하나님의 영광을 회복

하는 일에 적극 참여해야 한다.[44]

하나님 나라 운동에 동참하는 사람들이 감당해야 할 책임이 있다. 하나님의 성품을 닮아가는 것이다. "'나라'라는 말이 하나님 나라를 가리킬 때는 언제나 하나님의 통치, 하나님의 지배, 하나님의 주권을 말한다."[45]

우리는 하나님 나라와 천국 가족이 이 땅에서, 오늘 여기서 해야 할 선교적 책임이 무엇인지 올바르게 이해해야 한다. 이 땅에서 천국 가족으로 살아가는 사람은 하나님의 성품을 닮아가려 온 힘을 다하고, 하나님의 이름을 영광스럽게 하기 위해 혼신의 힘을 다하는 사람이다.[46]

하나님의 나라는 하나님의 통치이다. 신약에서 말하는 하나님 나라는 이러한 하나님의 통치를 말한다.

하나님 나라는 하나님의 왕권, 하나님의 통치, 하나님의 권위다. 일단 이것을 깨닫고 나면, 신약 본문에서 이러한 의미를 볼 수 있다. 우리는 하나님 나라가 영토나 사람이 아니라 하나님의 통치라는 것을 볼 수 있다.[47]

하나님 나라는 하나님의 통치를 이루는 제자들을 부른다. 하나님 나라의 소명은 마태 공동체를 변화시켰다. "예수님께서 하나님의 통치에 관하여 선포하심으로 공생애를 시작하셨다. 혁명적 사건이 일어났다. 미래(advantus)가 현재 속으로 파입했다. 왕이신 예수님의 말씀을 듣는 자 가운데 하나님의 통치가 임하고, 현재는 전혀 새로운 의미를 가지게 되었다."[48]

NCMN은 이 일에 헌신하는 제자들을 "Nations-Changer"라고 부른다. 이 같은 NC들을 일으키고 배가시켜 하나님의 나라가 임하는 데 주력한다.

하나님 나라 탈환 작전

윈터는 하나님의 목적이 하나님 나라 탈환 작전에 있다고 주장한다. 이 작전에 참여할 사람들을 동원해야 한다고 선언한다.

성경에 나타난 하나님의 목적은 분명하다. 신약과 구약은 하나님의 목적에 관한 통일된 관점을 견지한다. 그것은 바로 악한 자를 물리치는 것이다. 우리는 악한 자가 다스리는 세상을 탈환해야 한다. 악한 자의 권세 아래 있는 자들을 다시 찾아와야 한다. 우리는 이러한 하나님의 목적을 실행할 사람들, 즉 하나님 나라의 탈환 작전에 참여할 사람들을 동원해야 한다.[49]

성경은 하나님 나라 탈환 작전의 관점에서 볼 수 있다. "창세기 12장부터 성경 전체는 하나님의 통치를 위해 하나님 나라의 탈환 작전이 전개되고 있음을 보여준다. 성경에 나타난 구속사는 바로 하나님 나라의 탈환 작전이다."[50]

사탄의 통치에 대항한 하나님 나라의 탈환 작전은 예수님이 오시기 전부터 시작되었던 것이다. 성경은 하나의 핵심 주제로 엮인 드라마다. 즉, 원수가 점령한 영토 안으로 살아계신 하나님 나라의 능력이 침투해 들어와 영적 전쟁을 벌임으로써 이루어지는, 하나님 나라의 탈환 작전이다. 창세기 12장부터 성경 끝까지, 그리고 종말의 순간까지는 '하나님 나라

의 탈환 작전'이라는 일관성 있는 주제로 드라마가 펼쳐진다.[51]

기독교 문명사를 관통하는 윈터의 논지는 분명하다. 세상을 다스리는 사탄과의 전쟁은 현재 진행형이며, 우리는 사탄을 물리쳐야 한다. 이런 사탄을 물리치는 하나님 나라의 탈환 작전을 효과적으로 감당하기 위해, 우리는 사탄에 대해 더욱 자세한 지식을 가져야만 한다. 그리고 우리도 하나님 나라의 탈환 작전에 적극적으로 동참해야 한다.[52] "선교사들은 이런 분명한 선교적 목적을 갖고 장벽을 넘어가는 사람들이다. 선교사는 의도적으로 장벽을 넘는다."[53]

NCMN은 이를 위해서 "영적 전쟁과 중보기도 세미나"를 개설했다.

두 조직체 운동

랄프 윈터는 선교 조직체를 강조하는 두 조직체 이론을 발전시켰다.[54] "하나님의 구속적 선교를 수행하는 두 조직체가 기독교의 수세기 역사를 통해 끊임없이 반복적으로 나타나고 있다. 기독교 선교운동을 수행하려면, 기본적으로 두 가지 조직체가 함께 움직여야 한다."[55]

랄프 윈터는 중세 수도원 운동에서 두 조직체 이론(two structures theory), 즉 오늘의 선교단체를 설명하는 소달리티 이론을 발전시켰다. 나는 윈터의 역사적 통찰에 전적으로 동의한다. 오늘 복음주의 기독교의 문제는, 중세 수도원적 영성을 잃었기 때문이다. 윈터가 설립한 US Center for World Mission이 바로 그런 중세 수도원적 분위기를 잘 반영하고 있다.[56]

피어슨은 두 조직체를 하나님의 백성, 하나님의 교회로 설명한다.

"두 조직체에 대한 내 논지는 분명하다. 교회의 선교를 완수하기 위해 지역교회 조직과 선교단체 조직이 모두 다 중요하며, 두 조직체가 모두 하나님의 백성들로 구성된 하나님의 교회라는 것이다."[57]

하나님의 백성은 두 조직체 안에서 존재해야 한다. 두 조직체는 다양한 형태로 형성된다. 첫 번째 조직체는 회중 혹은 양육 조직체이다. 랄프 윈터는 이 조직체를 포괄적인 의미로 모달리티(Modality)라 부른다. 두 번째 조직체는 선교단체 조직 또는 소달리티(Sodality)라 부른다. 두 조직체는 그리스도의 몸된 교회의 합법적이며 핵심적 부분이다.[58]

윈터는 역사를 관찰했다. 그리고 권고한다. "4세기에 이르러 서로 다른 종류의 두 조직체(즉, 주교 관구 조직체와 수도원 조직체)가 공존했으며, 이 두 조직체가 모두 기독교 복음전파와 확장에 매우 중요한 기능을 감당했음을 기억할 필요가 있다."[59] 중세에는 두 조직체가 통합을 이루어 나갔다.

중세의 위대한 업적은 이 두 조직체가 궁극적으로는 적절한 조화를 이루면서 통합되어 갔다는 점이다. 두 조직체의 통합을 통해 가톨릭 교회의 두 조직체인 여러 수도회 조직체와 교구 및 관구 조직체는 서로 아무런 갈등이나 충돌을 일으키지 않고 또 교회 선교운동에 퇴보를 가져오지도 않으면서 자신의 기능을 충분히 발휘했다.

두 조직체 사이에는 긍정적이며 유기적인 상호협력관계가 중요하다. 서로가 서로에게 필요한 존재임을 인식해야 할 필요가 있다.

학자들은 이런 부적절한 상황을 "교회 없는 선교활동" 또는 "선교 없는 교회사역"의 위험성이라고 지적한다. 우리는 이런 두 가지 위험을 가능한 피해야만 한다. 그러므로 두 조직체 사이에 긍정적인 상호관계가 가장 중요하다. 유기체적 협력이 필요하다.[60]

윈터는 비서구권 교회들이 선교 조직체를 구성하여 해외선교에 적극적으로 참여하기를 바랐다. 그리고 그런 희망을 한국을 비롯한 여러 나라들에서 보았다.

소위 비서구세계 선교지에 있는 신생 교회들이 얼마나 더 걸려야 선교의 새 시대를 여는 선교단체를 통한 선교운동의 중요성을 인식할 것인가? 교회가 선교, 특히 타문화 선교에서 주도권을 가지고 활기차게 사역하기 위해서 윌리엄 캐리가 주장했던 '방법의 사용'과 같은 전문 선교단체인 소달리티 조직체가 필요하다는 결론에 도달하게 될 것인가 하는 것이다. 다행히도 해답은 희망적이다.[61]

두 조직체가 하나님의 구속적 사역을 위해 동역하는 것이 윈터가 강조하는 핵심이다. 서로를 귀하게 여기고 공생적 상호관계를 유지하려는 노력이 필요하다. 윈터는 두 조직체를 기술한 자신의 목적을 다시 강조한다.

나는 이 글을 통하여 교회 지도자들과 선교 지도자들이 선교적 대사명 완수라는 목표 아래, 두 조직체 모두 정당한 하나님의 기관임을 인정하기 바란다. 그뿐만 아니라 서로 조화를 이루며 동역해야 한다는 것을 주장한다.[62]

나는 윈터의 두 조직체 이론에 동의한다. NCMN을 통하여 한국교회와 선교단체들이 하나님 나라를 위해 하나님의 구속적 선교에 동참할 수 있기를 소망한다. 한국교회에 윈터가 보았던 소망이 보이고 있다. 우리는 보다 효율적으로 하나님 나라 운동을 위한 네트워크를 이루어 나갈 수 있을 것이다. 윌리엄 캐리를 통하여 새로운 선교의 세기가 열렸던 것을 다시 기억한다. NCMN에서 'N'은 'Network'를 말한다.

영국 침례교 선교회(Baptist Missionary Society)는 개신교회 전통에서 생겨난 가장 중요한 선교 조직체 중 하나다. 선교 역사상 침례교 선교회는 개신교 최초의 선교회는 아니었지만, 이를 뒤이어 강력한 '복음주의 각성 운동'이 일어나고 캐리의 소논문이 인쇄, 보급되면서 '이교도' 개종을 위해 이러한 종류의 '방법'을 강구하는 선교단체가 봇물 터지듯 일어나기 시작했다.[63]

윈터의 주기도문 전략
주기도문에는 하나님 나라를 위한 내용이 있다. "예수님은 하나님 나라를 선포하셨다. 하나님 나라는 중요한 성경적 주제이다."[64]

주기도문에는 놀라운 힘과 능력이 깃들어 있다. "나라가 임하시오며 뜻이 하늘에서 이루어진 것같이 땅에서도 이루어지이다"라는 말씀은 무슨 뜻인가? 우리는 이 기도문에 어떻게 응답해야 할 것인가? 이 기도문은 하나님 나라의 선교적 사명을 담고 있다. 하나님 나라를 위해, 그분의 뜻을 이루기 위해 우리가 할 수 있는 모든 일을 다하라는 선교적 명령이다.[65]

하나님 나라는 사탄의 나라보다 강하게 임한다. 음부의 권세도 하나님 나라의 강력한 파입을 막을 수 없다.

예수님은 우리에게 "아버지의 나라가 속히 오게 하소서. 아버지의 뜻이
하늘에서 이루어진 것같이 땅에서도 이루어지게 하소서"(마 6:10)라고
기도하라고 가르쳐 주셨으며, 제자들에게 "내가 이 반석 위에 내 교회를
세우리니 음부의 권세가 이기지 못하리라"(마 16:18)라고 믿음을 심어 주
셨다. 이는 지옥의 요새가 제아무리 강하다 한들 사탄의 일을 멸하는 하
나님의 사역, 즉 하나님 나라의 공격을 막아 낼 수는 없다는 뜻이다.[66]

세례 요한의 사역은 오실 메시아의 길을 예비하는 것이다. 공관복
음은 공통적으로 그의 사역의 근거를 "광야에 외치는 자의 소리가 있
어 이르되 너희는 주의 길을 준비하라. 그가 오실 길을 곧게 하라"는
이사야의 예언(사 40:3)에 둔다(마 3:3; 막 1:2,3; 눅 3:4-6). 그는 광야에
서 "회개하라 천국이 가까이 왔다"고 외쳤다. 그의 메시지의 중심은
'천국'에 있다. 신약성경은 천국과 하나님의 나라를 별개로 두지 않는
다.[67] 마태는 '천국'이라는 용어를, 마가와 누가는 '하나님의 나라'라는
용어를 사용했다. 천국 또는 하나님의 나라의 특징은 무엇보다 하나
님의 통치, 권세, 능력에 있다.[68] 그곳은 하나님의 성품이 드러나는 곳
이며 하나님의 원리원칙이 통하는 곳이다. 주께서 "심령이 가난한 자
는 복이 있나니 천국이 그들의 것임이요"(마 5:3)라고 말씀하셨다. 천
국을 소유한 자의 삶을 말한다. 또한 "하나님의 나라는 너희 안에 있
다"(눅 17:21)라고 말씀하신다. 성경은 우리에게 천국으로 들어가는
길만을 제시하지 않는다. 나의 삶 속에, 나의 삶의 전 영역에 하나님
의 나라가 임하는 것이다.

성경은 더 나아가 하나님의 나라가 우리를 통해 이 세상에 임하는

것에 중점을 둔다. 예수님이 가르치신 기도에서 "나라가 임하시오며"(마 6:10)는 '하나님의 나라'와 직결된 것이어서 하나님의 나라가 언제 어떻게 임하는가 하는 것과 연결해야 올바른 이해를 가질 수 있다. 또한 "이루어지이다" 하는 것도 마찬가지로 '하나님의 뜻'과 연관되어 있다. 하나님의 나라의 임함에 대한 구약적 이해는 "그리스도의 오심으로 단번에 이 세상나라는 끝나고, 하나님의 나라가 시작된 것이다" 라는 것이다. 래드는 하나님의 나라를 다음 그림으로 설명한다.

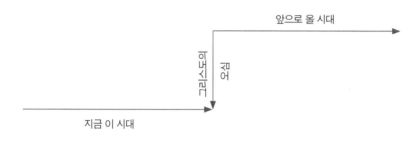

메시아가 하나님의 평강과 권능의 날을 가져오신다

FIGURE 12 하나님 나라에 대한 환상(Ladd 2010, 200)

"나라가 임하시오며"라고 드리는 기도는 어떤 일이 단순히 일어나게 되기만을 기다리는 그런 기도가 아니다. 이것은 하나님의 뜻을 받아들일 것을 약속하는 기도다. 하나님의 뜻을 받아들이기 위해 모든 희생을 각오하겠다는 기도이며, 하나님의 뜻에 어긋나는 모든 것들을 버리겠다는 결단이 이 기도 속에 들어 있다.[69]

"나라가 임하시오며"(마 6:10)라고 기도할 때, 우리는 하늘이 땅으로 내려오도록 기도하는 것인가? 어떤 의미에서는 그렇다. 하지만 우리가 하늘을 바라는 것은, 지금보다 훨씬 완벽하게 하나님의 통치가 실현되는 곳이 하늘이기 때문이다. 하나님의 통치가 아니면 하늘은 의미가 없다. 그러므로 우리는 이렇게 기도한다. "나라가 임하시오며 뜻이 하늘에서 이루어진 것같이 땅에서도 이루어지이다."[70]

주기도문의 핵심은 "나라가 임하시오며, 뜻이 이루어지이다"에 있다. 그리고 그 정확한 의미는 우리 주 예수께서 아버지의 뜻을 위해서 어떻게 사셨는가를 통해서 알 수 있다. "아버지께서 내게 하라고 주신 일을 내가 이루어 아버지를 이 세상에서 영화롭게 하였사오니"(요 17:4). "나를 보내신 이가 나와 함께 하시도다. 나는 항상 그가 기뻐하시는 일을 행하므로 나를 혼자 두지 아니하셨느니라"(요 8:29).

예수께서는 아버지의 뜻이 이루어지기를 바라는 것이 아니라 그 뜻이 무엇인지 알아서 **순종하여 행함으로** 이루는 데에 중점을 두셨다. 이처럼, 하나님의 나라가 임하며 하나님의 뜻이 이루어지는 것에 대한 기도는 언제나 수동적이지 않고 능동적이며 적극적인 행동을 포함한다. 그러므로 "하나님의 나라가 **나를 통해서** 임하시오며, 하나님의 뜻이 **나를 통해서** 이루어지소서"라는 적극적인 위탁과 순종의 고백과 행동이 수반된다. 하나님의 나라는 하나님의 주권과 통치가 행사되는 영역이다. 하나님의 나라는 그리스도께서 지상에 오심으로 임했다.

하나님의 나라는 복음이 전파되면서 확장되고 그리스도의 재림과 더불어 최종적으로 완전한 실현이 이루어진다. 하나님의 나라의 임함은 그리스도의 오심으로 시작되었다. 그리고 이 세상나라는 그리스도의 재림으로 막을 내린다.

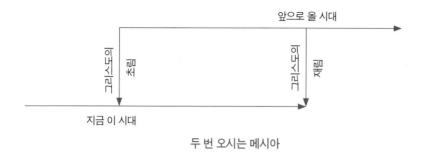

두 번 오시는 메시아

FIGURE 13 하나님 나라의 비밀(Ladd 2010, 201)

우리 주께서 부활하신 후에 제자들에게 '하나님의 나라의 일'을 말씀하시고 바로 제자들에게 성령세례를 받기까지 예루살렘에서 기다리라고 하셨다. 이는 곧 성령의 임하심으로 권능을 받아 복음의 전파로 하나님의 나라가 이미 십자가와 부활을 통하여 이루어진 것을 선포하라는 것이다. 사도행전은 교회가 성령과 함께 이미 임한 하나님의 나라를 선포함으로 나타나서 실현되어 가는 과정을 보여준다.

하나님 나라는 여기 임했다. 하지만 하나의 비밀이 있다. 그것은 하나님 나라에 대한 새로운 계시다. 하나님 나라는 여기 있다. 하지만 그 나라는 인간의 주권을 멸하는 대신 사탄의 지배력에 공격을 가했다. 하나님 나라는 여기 있다. 하지만 그 나라는 외적, 정치적 질서를 바꾸는 대신 영적 질서와 사람들의 삶을 바꾸고 있다. 이것이 하나님 나라의 비밀, 하나님이 구속사에서 지금 처음으로 나타내시는 진리다.[71]

그러므로 하나님의 나라가 임하는 것과 하나님의 뜻이 이루어지는 것은 단순히 수동적으로 구하는 것이 아니라 적극적이며 능동적으로 믿음과 순종을 통하여 이루어지는 것이다. 예수 그리스도는 지금 하늘의 하나님 오른편에 앉으셔서 모든 것을 다스리신다. 그것은 사람 개개인과 문화와 더 나아가 마귀의 권세도 포함하여 말한다. "통치자들과 권세들을 무력화하여 드러내어 구경거리로 삼으시고 십자가로 그들을 이기셨느니라"(골 2:15). 예수 그리스도의 십자가는 마귀의 모든 권세와 능력과 활동에 종지부를 찍었다. 그리고 그 자리에 하나님의 권세와 능력이 발휘되게 했다. 하나님의 나라가 임했다. 그리고 하나님은 그의 교회를 그의 마스터 플랜의 동역자로 부르신다.

> 그는 허물과 죄로 죽었던 너희를 살리셨도다. …허물로 죽은 우리를 그리스도와 함께 살리셨고 (너희는 은혜로 구원을 받은 것이라) 또 함께 일으키사 그리스도 예수 안에서 함께 하늘에 앉히시니, 이는 그리스도 예수 안에서 우리에게 자비하심으로써 그 은혜의 지극히 풍성함을 오는 여러 세대에 나타내려 하심이라.[72]

그리스도인의 현재의 위치는 그리스도와 함께 하늘에 앉아 있다. 예수 그리스도의 고난, 십자가, 죽음, 부활, 그리고 승천은 그리스도인의 위치에 결정적인 역할을 했다. 예수 그리스도와 함께 다스리는 자리이다. 그것은 종말의 때를 가리키는 것이 아니라 현재를 말한다. 그리고 그것은 개인의 삶만 아니라 문화도 포함된다. 그리스도인은 **문화변혁자다.** 그리스도인의 사명은 분명하다. "하나님 나라가 이 땅에 임하도록 사탄과의 전쟁에 적극 참여하는 것이다."[73] 이와 동시에 그리스도가 승리하셨다는 기쁜 소식을 전해야 한다. 래드는 주장한다.

우리는 마태복음 24장 14절에서 메시지와 함께 선교를 발견한다. 하나님 나라의 이 복음, 즉 그리스도가 하나님의 원수들을 이기고 승리하셨다는 이 좋은 소식을 반드시 모든 민족에게 증거하기 위해 온 세상에 전파해야 한다. 이것이 우리의 선교 사명이다.[74]

카이저는 구약에도 주기도문이 있다고 주장한다. 시편 67편, 구약의 주기도문에도 하나님의 선교를 향한 의지가 드러나 있다. 시편 기자는 모든 민족과 족속들이 하나님의 축복을 받아 누리며, 하나님을 경배하기 위하여 기도한다.

시편 기자는 이스라엘의 왕이신 하나님이 이 땅 모든 족속의 주님과 구주로 인정되기를 간절히 바랐다. 우리의 열망이 그보다 못하면 되겠는가? 이스라엘처럼 우리 역시 시편 67편 본문에 나오는 하나님의 목적을 입증하는 바로 그 일을 위해 하나님께 부르심 받지 않았는가? 하나님이 이스라엘에게 주시는 도전은 또한 우리에게 주시는 도전이다. 우리는 열방 가운데 하나님의 이름을 선포하는 중재적 역할을 해야 한다. 지금도 하나님의 뜻은 바로 그것이기 때문이다.[75]

교회공동체 운동

에베소서 2장은 개인의 삶의 BC와 AD만을 말한 게 아니다. 교회공동체로의 부르심도 말한다. 2장 1-10절이 그리스도 안에서의 개인의 위치를 말한다면, 2장 11-22절은 교회공동체로서의 위치를 말한다. 3장은 그러한 사명은 스스로 가진 것이 아니라 위로부터 부르신 것이며 교회가 이를 감당할 수 있게 성령의 능력을 부어 주신다고 말한다. 4장부터 6장 9절까지는 교회공동체가 이 세상에서 어떻게 소금과 빛으로서 행해야 하는지에 대하여 5가지 영역으로 말씀하신다.

1. 부르심에 합당하게 행하라(4:1-16). 그리스도인의 하나됨과 성장에 힘쓰라.
2. 진리로 행하라(4:17-32). 옛사람과 그 행위를 버리고 새 사람과 그 행위를 입으라.
3. 사랑 가운데서 행하라(5:1-7). 모든 동기와 행위의 기반은 사랑이다.
4. 빛의 자녀들처럼 행하라(5:8-14). 빛의 열매는 모든 착함과 의로움과 진실함에 있다.
5. 지혜로 행하라(5:15-6:9). 남편과 아내, 자녀와 부모, 종과 상전 등 모든 관계 가운데 지혜로 행하라.

이 모든 말씀은 하나님께서 교회를 통하여 교회와 함께 이미 임한 하나님의 나라를 이 세상 가운데 나타낼 것을 말한다. 즉 기독교의 문화를 이룰 것을 말한다. 하나님은 교회를 기독교 문명운동의 중심에 두셨다.

에베소서 6장 10-20절은 세상에 영향을 주며 문화를 변혁하는 교회가 반드시 알아야 하고 행해야 하는 것은 영적 전쟁임을 명시한다. 우리의 싸움의 대상이 아닌 것과 대상인 것을 말한다. 우리의 싸움의 대상은 눈에 보이는 사람과 권력구조와 사회가 아니라 이 세상을 하나님의 뜻을 거스르게 하며 하나님을 대적하는 문화로 이끄는 마귀의 세력들이다. 이들은 눈에 보이지 않는 영적 세력들이다. 이들은 정치와 법과 군, 경제, 교육, 매스컴, 예술 및 연예와 스포츠, 종교, 과학기술과 의료, 가정 등 사회의 전반적인 영역에서 활동한다. 이들은 개인은 물론, 가정, 지역, 도시, 나라에서 그 영향을 주고 있다. 이는 시간보다는 공간의 의미가 훨씬 크다. 이들에 의해서 형성된 문화는 세상적, 마귀적, 육신적이다.

교회는 이러한 어두움의 영의 세력들의 활동을 이해해야 하고 전략적으로 싸워야 한다. 예수 그리스도의 죽으심과 부활에 기반을 둔 교회는 이들을 대적하여 물리치고 이들이 구축한 구조에 변혁을 이루어 하나님의 나라의 문화가 형성되게 하는 문명운동의 중심적 역할을 하도록 부르심을 받았다.

오순절 성령강림 이후 시작된 교회공동체는 문화 변혁의 역사관과 성경적 이해를 가지고 역동적이며 적극적인 활동을 했다. 교회는 살아있다. 성령의 능력을 힘입어 많은 놀라운 일들이 일어났다. 참으로 에베소서의 교회의 모습이 그대로 드러났다. 그러나 교회는 첫 3세기는 활발하게 활동하다가 그 후로는 교회다운 모습을 상실했다. 3, 4세대가 흘러가면서 기독교는 점차 명목주의로 빠졌다. 교회는 전통과 형식을 중시하고 생명과 역동성을 잃어갔다. 이론적인 성령의 능력만 강조할 뿐 성령의 능력을 구하지도 드러내지도 않았다. 이러한 현상은 종교개혁이 일어나기 전까지 지속되었다.

16세기의 종교개혁은 교회의 회복운동이라고 할 수 있다. 또한 기독교 문명운동이라고도 할 수 있다. 즉 하나님이 행하시는 패턴이 그대로 나타났다. 그리스도의 충성되고 헌신된 제자들이 하나님과 더 깊은 생활을 추구하다가 먼저 교회를 갱신하여 부흥을 일으켰고 그 운동은 결국 사회개혁운동으로 이어져갔다.

루터와 칼뱅을 대표로 하는 프로테스탄트 운동은 르네상스의 핵심인 자유의 표현이 잘 드러나 있는 기독교 르네상스 운동이다. 기독교 르네상스 운동의 특징은 틀에 박힌 전통을 탈피하고 새로운 교회 형식으로 나아가는 것, 교회의 역할과 사명을 확실하게 하는 것이다. 그리고 이러한 운동은 언제나 성경의 권위가 회복되고, 성령의 인도하심과 주도하심이 먼저 있었다. 부흥이 일어났다.

복음주의 운동은 이런 부흥이 계속되기를 갈망한다. 또한 복음주의 운동은 새로운 신앙 '인증서'를 보여주었는데, 그것은 신앙생활의 열매였다. 성경은 "그들의 열매로 그들을 알리라"(마 7:20)고 했다. 복음주의 운동의 연장선상에서 형성된 복음주의 기독교는 놀라운 사회개혁을 이루어냈다. 그 결과 사회 전반에 걸쳐 근본적인 변화의 물결이 일어났다.[76]

교회의 문명운동

교회 역사를 살펴보면, 교회의 문명운동에는 일정한 패턴이 있다. 첫째, 그리스도인 개인의 차원에서의 개혁이다. 이를 갱신(Renewal) 운동이라 할 수 있다. 나의 가치판단과 생각이 기준이 아니라 오직 하나님의 말씀의 권위가 회복되어 삶의 중심에 성경이 자리잡게 된다. 세상적 사고방식을 깨뜨리는 과정이 있게 된다. 또한 나의 능력과 경험이 아닌 오직 성령을 의지하며 그의 인도하심을 받고자 힘쓴다. 예수 그리스도에게 대한 헌신과 열정, 그리고 사랑이 회복된다. 켈트족 수도원운동을 일으킨 패트릭, 시토파 수도원 운동의 베르나르드, 롤라드 운동의 위클리프, 도미니쿠스 수도회의 도미니쿠스, 그리고 프로테스탄트 운동의 루터와 칼뱅 등이 그 대표적인 예이다.

둘째, 교회공동체 차원에서의 개혁이다. 이를 재복음화(Reevangeli-zation) 운동이라 할 수 있다. 개인의 차원을 넘어선 교회공동체 차원에서의 성경의 권위의 회복, 성령의 주도하심이 있게 된다. 예배가 회복되어 단순히 의식적인 예배가 아니라 시공간적인 하나님의 임재를 경험하는 예배가 이루어진다. 그리스도인 상호간에 사랑과 신뢰가 회복된다. 성경과 성령, 예배와 기도, 사랑과 헌신의 공동체의 형성이 그 특징이라 할 수 있다. 잃어버린 영혼들이 주께로 돌아오며 교회가 견고히 서며 양적, 질적인 성장이 일어난다.

셋째, 사회공동체 차원에서의 개혁이다. 이 단계에서 비로소 개혁(Reformation) 운동이라는 말이 쓰여진다. 사회의 전반적인 영역에 개혁이 일어난다. 비성경적이고 세상적인 기반이 무너지고 성경적인 기반 위에 사회가 세워진다. 진정한 기독교 문명운동이 일어나는 단계이다. 이때를 가리켜 "비로소 부흥이 왔다"라고 말하게 된다.

개인과 교회공동체의 개혁도 부흥이라 할 수 있다. 그러나 진정한 부흥은 사회의 변혁이 이루어질 때이다. 1904년의 웨일즈 부흥운동에서 광부 출신의 사역자 에반 로버츠를 빼놓을 수 없다. 성경을 사랑한 그는 13세부터 탄광 노동자로 지내며 갱 속에서 일하다가도 성경을 읽었다. 그때부터 그는 부흥을 위해 기도했다. 25세에 탄광일을 접고 사역자로 헌신한 그가 고향 모라이어 교회에서 사역하면서 성령의 불길이 타올랐고 그 불길은 웨일즈 전체를 온통 성령의 불로 태웠다. 수많은 사람들이 교회로 밀려들며 눈물로 회개했다. 술집은 텅텅 비었고 경찰서 유치장도 텅 비었다. 에반 로버츠의 사역으로 불과 일 년도 안 되어 10만 명이 회심했다.[77]

사회공동체의 개혁운동은 먼저 교회의 재복음화가 확실하게 될 때에 가능해진다. 교회개혁이 없는 사회개혁은 없다. 교회가 먼저 자체적으로 그리스도를 향한 열정과 헌신이 있어야 사회에 영향을 주게 된다. 이러한 운동의 시작은 언제나 성경이다. 성경을 읽기 시작할 때 성령이 함께 일하시며 개인과 교회와 사회를 향한 하나님의 뜻과 계획을 알게 되기 때문이다.

넷째, 초국가공동체 차원의 개혁이다. 성령의 불길은 개인과 교회공동체, 사회 공동체를 넘어서서 다른 문화권, 언어권으로 번지게 된다. 하나님의 마음은 언제나 모든 족속들에게 있다. 아브라함을 불러먼저 그를 축복하시고 그를 통하여 열방을 축복하신다(창 12:2,3). 시편 67편은 이를 잘 보여주고 있다. 하나님께 은혜를 베푸시기를 구한다. 그의 얼굴 빛을 비추어 주시기를 구한다. 그의 복을 구한다. 하나님께 이 모든 것들을 담대히 구하고 있다. 왜냐하면 모든 민족들이 주를 찬송하기를 원하기 때문이다. 그리고 마지막으로 "땅의 모든 끝이 하나님을 경외할 것"을 노래한다.

1907년에 한국의 평양에서 일어난 부흥의 불길은 한반도 전체로 번져갔고 사회의 변화에 영향을 주었다. 그리고 제주도, 일본, 만주, 중국 등지로 선교사를 파송했다. 이제 우리는 새로운 도전에 직면하고 있다. 교회의 회복이 일어날 때이다. 그리고 국가와 사회의 변혁이 일어나야 한다. 또한 1907년의 부흥을 넘어서서 세계를 섬기는 대한민국이 되어야 한다.

구약의 주기도문

시편 67편은 구약의 주기도문이라 불린다. 시편 기자는 아브라함에게 주어진 언약에 대한 주제를 중심으로 기도한다.[78]

이 기도에서 특별한 점이 있다. 아론의 축도를 모든 민족들에게 적용시킨 점이다. 이스라엘을 축복하던 기도가 모든 백성을 축복하는 것으로 바뀌었다. 이 점은 창세기 12장 3절 말씀과 같다. 카이저는 기도의 정서를 다음과 같이 지적한다.

하나님께서 우리 이스라엘을 긍휼히 여기시고 복을 주소서. 우리 가족들을 번성하게 하시고, 창대하게 하시며, 영적으로 번창하게 하소서. 이런 축복들을 저희에게 허락하여 주소서. 그리하여 민족들이 우리를 보고 아론이 기도한 대로 하나님의 축복이 이루어졌다고 말할 수 있게 하소서. 그리하여 하나님의 계획들이 이루어지게 하시고 이스라엘을 축복하심으로

땅의 모든 나라들도 하나님의 구원의 복음을 들을 수 있게 하소서.[79]

　이 기도에는 하나님의 선교적 목적이 드러나 있다. 아브라함에게 약속하신 언약이 세상 모든 민족들에게까지 확대되어 있다. 하나님께서 이스라엘을 축복하신 것은 모든 민족들을 축복하기 위함이었다. 이 노래는 수장절 축제에서 불렸다는 것이 중요하다. 수장절은 오순절과 연결된다. 요엘 2장 28-31절에 약속된 말씀이 기억난다. 이것은 영적 추수를 의미한다.[80]

　기도에는 의미가 담긴다. "시편 기자의 의도는 선명하다. 하나님께서 찬송을 받으시고 땅의 모든 백성들이 이 영광의 찬가를 부르게 되는 것이다."[81] "물질적 풍요와 축복을 주신 하나님의 임재와 능력이 이제 영적인 축복을 내려주려 하신다. 온 땅의 모든 나라 백성들을 축복하려 하신다."[82] 여기에 NCMN이 드려야 할 기도가 담겨 있다. 하나님의 의도가 담겨 있다.

문화변혁 운동

　문화변혁 운동에는 역학이 있다. 외부 주창자 문화변혁 운동은 내부 주창자가 변화에 호응하고 내부 실행자들이 실행해야 성공할 수 있다. 문화변혁 운동에 작용하는 요인들이 있다. 문화운동과 문화변혁 운동의 역학은 무엇인가?

　찰스 크래프트는 문화변혁 이론들을 다루고 있다. 그는 알란 티펫의 문화인류학 모델을 발전시켜 나갔다.[83] 벤 엥겐과 쇼우는 이런 문화변혁 이론들을 복음전달론에 접목했다.[84] 폴 히버트는 복음 사역을 통한 세계관의 변화에 적용했다.[85]

문화변혁을 위한 주창자 운동

티펫은 호머 바네트(Homer Barnett)의 문화변혁을 위한 혁신자 운동 모델을 수용했다.[86] 주창자는 새로운 문화운동에 대한 생각을 들여오는 사람이다. 주창자 혁신자는 이 문화변혁 과정에서 중요한 역할을 담당한다.

주창자는 새로운 아이디어들을 들여와 사람들의 언어와 문화를 사용하여 이 아이디어들을 사람들에게 가르치는 사람이다. 그 결과, 사람들은 이 아이디어들을 받아들여 그것들을 자신들의 경험과 그들이 영위하고 있는 삶에 대한 그들의 이해, 그리고 그들의 세계관에 연결시킨다. 그들이 이러한 아이디어들을 배워나갈 때, 그들은 자신들의 문화적 격자(cultural grid, 우리가 모델이라고 부른 것)에 비추어 정보를 처리해 나간다(맥도날드 햄버거 식의 복사판이 되든지, 아니면 하나님에 대해 다른 식으로 생각하는 것이 되든지). 새로운 수용자들이(the new) 새로이 받아들인 정보를 그들이 속한 문화의 유형과 그 문화에 대한 기본적 질문들, 그리고 세계관에 어떻게 연관시키는가? 의식적으로 진행하지 않을 때도 종종 있지만, 어떤 특정 사회에 속한 사람들은 새로 받은 정보가 그들이 속한 시공 속에서 의미를 가질 수 있게 하기 위해 끊임없이 정보를 재처리해 나간다. 그렇게 되면, 이들 주창자들은 해당 정보가 실행된 적이 없는 일련의 새로운 환경 속에서 이러한 아이디어들을 혁신한 혁신자들이 된다. 그 결과로 새로운 행동 또는 그들이 다른 사람들에게 주창할 수 있는 일련의 새로운 아이디어들이 나타나게 되고, 이러한 과정이 반복됨으로써 변화의 고리가 사회 전체로 파급되어 간다.[87]

주창자에는 두 종류가 있다. 문화적 외부인과 문화적 내부인이 있다. 가장 효과적인 문화변혁은 내부인 주창자를 통하여 이루어진다. 바네트가 제안하는 "주창자와 혁신자 모델은, 외부인이 올바른 상황 속에서 해당 지역에 대한 복음선포를 성취할 수 있는 내부인 실천자를 적절하게 준비시킬 때 적용될 수 있다."[88] 다음 그림은 외부 주창자와 내부 주창자의 역할에 대한 개념을 잘 설명하고 있다.

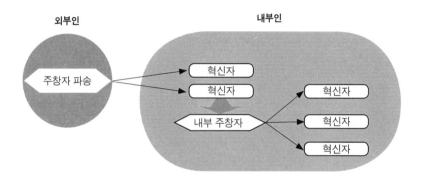

FIGURE 14 주창자와 혁신자(Barnett, 29)

문화변혁 운동의 성패는 내부 주창자에게 있다. 외부 주창자는 어떻게 문화적 내부자를 내부 주창자가 될 수 있도록 독려할지에 초점을 맞추어야 할 것이다. 문화변혁은 내부 주창자와 내부 혁신자들에 의해서 일어나기 때문이다. 이런 문화작용이 기독교의 회심과정에 대한 새로운 통찰을 제공한다.

기독교적 회심은 회심자 문화의 의사결정 유형과 일치해야 한다. 기독교의 주창자들은 회심자 문화의 의사결정 유형을 숙지하고 회심자의 문화적 관점에서 사역해야 한다. 마치 자기 사회나 교단의 유형만이 기독교적인 것으로 간주하고 자기 문화 유형만을 강요해서는 안 된다.[89]

외부 주창자가 문화를 자극하기 위해, 혹은 내부 주창자가 문화변혁을 이끌어 내기 원하는 경우 이 모델을 잘 이해해야 한다. 문화변혁은 사역 대상이 되는 문화의 유형들과 문화적 상황에서 일어나기 때문에, 문화적 내부에서 일어나는 변화의 과정과 역학을 잘 이해하면 보다 효과적으로 문화변혁 사역을 감당할 수 있다.[90] "주창자와 혁신자의 위치는 문화변혁 과정에 결정적이다."[91] 크래프트는 그 이유를 분명하게 지적한다. "외부자는 변화의 주창자만 될 수 있지 결코 개혁자나 실행자는 될 수 없다."[92]

즉 '개혁자' 혹은 '자기 문화의 내부에서 변화들을 주도하는' 문화의 내부자들과 다른 사람들에 의하여 실행되어야 하는 변화의 외부 주창자들 사이에 차이점이 있다. 변화의 주창자는 문화의 내부자일 수도 있고 외부자일 수도 있다. 문화의 외부자들은 변화를 주창하지만 타문화권에서 그들이 주창하는 변화를 스스로 실행하기는 어렵다. 오직 내부자들만이 그런 변화를 가져올 수 있다.[93]

문화변혁 운동의 요인들

수신자의 세계관에 열쇠가 있다. 문화변혁을 위한 운동은 수신자의 세계관에 따라 영향을 받게 된다. 수신자의 세계관은 변화에 대해 개방적일 수도 있고 폐쇄적일 수도 있다. 수신자의 세계관이 주창자의 세계관과 동일한 경우에 변화를 수용할 가능성은 높아진다.[94]

수신자가 새로운 변화를 거부하는 경우가 있다. 아무리 긍정적인 메시지가 전달된다 하더라도, "외부의 도움이 전혀 필요 없다고 믿는 사회 구성원들에게 전달된다면, 십중팔구 그것은 좋은 아이디어라고 할지라도 거부될 것이다."[95] 새롭게 제안되는 아이디어는 수신자의 필요에 적합해야만 한다. 크래프트의 주장이 옳다. "사회집단 안에 존재하는 절실한 필요(felt need)와 새롭게 제안된 아이디어와의 관계는 수용의 가능성 측면에서 매우 중요한 요인이다."[96]

바람직한 변화들이 절실한 필요와 접맥이 되었을 때, 변화에 대한 주창은 상당히 가속화되었다. 보통 주창자들은 어떤 이슈(이슈들)에 대한 다른 사람들의 관점을 자기들의 관점(재해석)으로 바꾸는 데 주력하고, 그들을 자극하여 현 상황을 바꾸기 위한 행동을 독려한다.[97]

바람직한 변화들이 수신자의 필요와 접목이 되었다고 하더라도, 주창자는 수용과 변화에 영향을 미치는 다음 요인들을 이해해야 한다.

1. 변혁적 변화의 영향을 받아야 될 사람들이 그 문제를 전혀 인식하지 못하는 경우가 있다.
2. 그 문제를 어느 정도 인식하기는 하지만 그것이 학습된 것(문화적)이라기보다 '자연스러운 것'(생물학적)이라고 느끼는 경우가 있다. 이 경우에는 문제가 자연스러운 것이기 때문에 그 문제에 대하여 어떤 조치도 취할 수 없다고 생각한다.
3. 그 문제에 대한 문제의식과 그 문제에 대하여 어떤 조치를 취해야 한다는 가능성을 인식하지만 변화를 선도하는 주창자들이 효과적인 변화를 유도하기 위해 충분한 사회적 압력을 어떻게 가할 것인가에 대하여 상호간에 충분한 의견의 일치를 보지 못한 경우가 있다.[98]

복음 주창자는 수신자의 세계관이 복음을 수용하거나 거부하는 데 영향을 미친다는 사실을 분명히 인식할 필요가 있다. 복음 "커뮤니케이션은 문화적 진공상태에서 발생하지 않는다. 커뮤니케이션의 제시와 수용에 동참하는 참여자들의 마음에는 항상 세계관의 전제들, 믿음들, 이해들, 개념들이 있다."[99]

문화변혁 운동

문화는 변한다. 문화변혁은 점진적으로 일어나기도 하고 급속하게 일어나기도 한다. 문화변혁은 기독교의 개종과 비슷한 형태로 일어난다.

변혁적 변화의 대부분은 처음부터 끝까지 점진적이지만, 그보다 훨씬 더 깊고 지속적인 문화변혁은 우리가 문화의 '절정 경험' 혹은 '패러다임의 전환'과 같은 용어들로 규정한다. 이것은 우리가 개인적인 차원에서 묘사한 개종(회심)과 문화적인 차원에서 비슷하다.[100]

문화를 변혁하기 위해서는 변화를 주창하는 운동(movement)이 일어나야 한다. 운동은 특정 인간집단 내에서 변화의 필요를 느껴 왔던 사람들이 조직화되고 동참하면서 일어난다.

우리가 급격한 변혁적 변화의 준비과정에 대하여 언급할 때, 그것은 그 문화 안에 있는 사람들이(혹은 그들 중 최소의 규모가) 그 변화의 필요를 느껴왔고, 또 그 필요를 만족시키기 위하여 변화할 수 있도록 자신들을 준비해 왔다는 것을 뜻한다. 전형적으로 그런 인식과 준비는 새로운 변화들을 초래하는 특별한 목표와 함께 '운동'의 시작이 되며, 관련된 사람들을 동원하는 것으로 귀결된다. 이런 변화를 위하여 운동에 참여한 사람들은 그런 변화를 자신들과 관계된 그룹(들)의 생활 속에서 일으키려고 준비하고 다른 사람으로 하여금 그들의 목적에 동참하게 한다.[101]

기독교 운동은 문화를 변혁하는 운동이다. 이것은 세계관의 변화이고, 패러다임의 전환이다. "기독교는 처음부터 이러한 변혁 운동이었다. 이슬람, 공산주의, 개신교의 종교개혁, 산업혁명, 영적 대각성, 흑인 해방, 여성 해방, 오순절 운동 등 헤아릴 수 없는 다른 변혁적 발전들과 같다."[102]

기독교 운동은 소수의 무리가 시작한 문화변혁 운동이었다. "성경전체는 하나님께 철저히 헌신한 소수 무리의 힘으로 인상적인 사회변화가 일어난 실례들을 보여준다. 성경시대 이후 교회시대에서도 그것은 마찬가지이다. 이 시대에도 그런 변화가 일어나고 있다."[103] 한국에서 일어나고 있는 NCMN 운동은 이런 문화변혁 운동이 될 수 있다. NCMN의 'M'은 'Movement', 즉 '운동'을 말한다.

내부자 문화변혁 운동

문화적 내부자는 자기가 속한 문화를 바꿀 수 있다. 다른 내부자들을 독려하여 문화변혁 운동에 참여시킬 수 있다.

문화의 내부자들은 자기들의 문화를 변화시킬 수 있다. 문화의 내부자들은 또한 자기들의 문화 안에서 변화를 일으키기 위해 다른 사람들을 설득하는 '내부 주창자'가 될 수 있다. 그리스도인은 변화의 주창자 그리고 변화의 실행자가 되라는 부르심을 받았다. 그리스도를 통해 하나님께 나아가는 기독교인들의 충성에 근거하여 우리 문화 안에 있는 삶의 모든 측면들을 평가해야 하고, 이런 충성에 걸맞게 우리의 관습을 사용하는 방법을 바꾸어야 한다.[104]

기독교인들은 자신이 속한 문화 속에서 기독교적 변혁을 계속 시도해야 한다. 세계관의 작은 부분들이 기독교적으로 변할 수 있도록 노력해야 한다. "변혁적 변화를 효과적으로 하려고 모색하는 주창자들은 세계관 내의 주변적인 부분에서 많은 변화를 일으키기보다 핵심적인 부분에서 최소한의 작은 변화가 일어나도록 고무시켜야 한다."[105] 한국에서 일어나는 NCMN은 기독교적 문화변혁 운동을 전개하고 있다. 한국 기독교인들의 세계관의 핵심적인 부분에서 기독교 문명을 향한 작은 변화가 일어나도록 해야 한다.

외부 주창자의 문화변혁 운동

외부 주창자는 자신의 역할을 바로 인식해야만 한다. 새로운 무엇을 주창하기에 앞서 수신자의 세계관을 연구하고 분석해야 할 필요가 있다.

기독교의 외부 주창자들은 먼저 문화 안에서 하나님에 관한 개념이 무엇이며 하나님과 인간과의 관계가 어떤 것인가 하는 것을 발견하기 위해 핵심적인 헌신의 문제를 연구하고 분석해야 할 것이다. 그런 다음에야 그것들을 기독교적인 원리에 근거하여 재평가하고 재해석하도록 주창하는 데 힘을 쏟아야 한다.[106]

외부 주창자는 내부 주창자의 도움이 필요하다. 내부 주창자들은 내부 혁신자들에게 영향을 줄 수 있다. 그러므로 수신자 사회를 잘 관찰할 필요가 있다. 특정 사회 내에서 영향력을 행사하는 여론 선도자를 찾아낼 필요가 있다.

사회학적인 연구를 통하여 외부의 주창자들은 누가 그 사회에서 여론 선도자(opinion leader)인지를 발견할 필요가 있다. 여론 선도자는 특정 사회의 정치나 종교 지도자일 필요는 없다. 이런 지도자들은 단지 자기들의 지위 유지를 위한 보존자들이거나 혹은 다른 차원에서 결정된 것들을 실행하는 실행자들인 경우가 많다. 보존자들이나 실행자들은 만일 그들의 관점을 바꾸면, 그를 따르는 추종자들을 잃어버릴 수 있다. 반면에 여론 선도자들은 기존 질서에 대한 변화를 제안하든 제안하지 않든, 혹은 그들이 공식적인 지도자적 위치에 있든지 그렇지 않든지 간에 사람들이 그들의 의견을 찾고 따르는 자들이다. 외부 주창자(outside advocate)는 어떤 사람들이 여론 선도자인지 찾아내야 할 필요가 있고, 그들에게 그들의 관점을 바꾸도록 호소하고 그 사회에 속한 나머지 사람들에게 그들의 견해를 바꾸도록 영향력을 행사하게 해야 한다.[107]

선교적 신앙운동

초대교회 기독교는 선교적 신앙운동이었다. "열정적인 선교적 신앙을 가졌던 초대교회 사람들은 헬라문화를 변혁시키기 위하여 하나님과 함께 담대하게 동역했다."[108] 우리에게 1세기를 뒤흔들었던 역동성이 필요하다. 크래프트는 초대교회와 같은 능력 있는 선교적 신앙운동이 가능하다고 주장한다. 나는 크래프트의 주장에 동의한다.

기독교의 역동성은 하나님께서 이전에 사용하셨던 문화형식의 거룩함에 있는 것이 아니다. 기독교의 역동성은 현대의 문화형식을 하나님과 인간의 상호작용에 보다 더 효과적인 도구로 사용되도록 변혁하는 일에 하나님과 함께 담대하게 참여하는 데에 있다. 우리가 추구하는 목표는 신약성경에 나타난 것과 같은 역동적인 기독교이다. 그러나 우리는 종종 친숙한 예전의 전통적인 형식을 잃어버릴까 두려워한다. 우리는 새로운 역동성이 필요하다는 사실을 깨닫지만, 문화적 조건화로 인하여 신약성경적인 역동적 기독교를 발견하도록 도와주는 실험적 태도가 자꾸 약화된다.[109]

기독교의 역동성을 재발견해야 한다. 보수적인 문화적 배경을 가진 우리는 기독교 문화형식을 지키는 데 집중하려는 경향이 있다. 하나님과의 긴밀한 상호작용을 통해 새로운 문화형식들을 창출해 낼 필요가 있다. 역동적 기독교를 발견하려는 실험적 태도가 필요하다. NCMN 운동은 이런 시도를 계속하고 있다.

우리는 사회문화적 조건화를 극복하기 어렵다. 우리는 기술분야에 있어서는 개혁적이 될 수 있지만, 종교적인 면에서는 보수주의 안에 갇혀 사는 경우가 많다. 이런 기독교는 "1세기에 세계를 뒤집어 놓았던 역동적이며 살아있는 믿음의 종교가 아니다. 우리가 알고 있는 기독교는 문화에 사로잡혀 있는 기독교이다."[110]

종교라 부르는 우리 신앙의 문화적 표현에 대한 사회문화적 조건화로 말미암아 우리는 기술분야에서 일어나고 있는 것처럼 종교적으로도 실험적이고 개혁적이 되기보다 종교적 전통에 순응하고 현재 상태를 유지하는 방향으로 가게 된다. 종교 안의 이런 보수주의는 세상 사람들에게 있어서 예외가 아니라 기준이 된다.[111]

크래프트는 우리가 초대교회의 선교적 신앙을 갖지 못하는 이유를 미국교회의 실태를 들어 설명한다. 이 내용은 미국적 기독교를 수용한 우리에게도 적절한 진단이다.

우리가 살아가는 서구문화가 어려운 시기를 향하여 나아가고 있기 때문에, 기독교에 대한 그런 역동적인 본질을 바로 인식할 필요가 있다. 우리 시대의 수많은 사람들이 자기들의 문화와 세계관에 핵심적인 가치를 제공할 수 있는 하나님을 향한 믿음을 저버리고 돌아섰기 때문에 많은 영역들이 붕괴되고 말았다.[112]

살아있는 신앙적 결단이 필요하다. 1세기의 역동성을 오늘에 되살리는 역동적 기독교가 필요하다. 우리가 처한 문화형식들을 진정한 소통이 이루어지는 문화형식으로 바꾸는 작업이 필요하다.

살아있는 신앙의 결단은 개인을 변화시킬 뿐만 아니라 미국의 개인주의와 같은 문화형식을 유기체적인 집단(이것이 바람직한 교회의 모습이다)으로 변화시킬 수 있다. 이런 역동적 기독교는 상상력이 없고, 비인격적이며, 명제적이고, "거룩한 형식"은 있지만 죽어버린 설교 형식을 진정한 의사소통이 이루어지는 문화형식(드라마, 대화 등의 형식을 사용)으로 바꿀 수 있다. 화석화된 신학적 공식들을 문화를 창의적으로 사용하여 하나님과 인간 사이에 있어야 할 역동적 상호관계를 이해하는 것으로 바꿀 수 있다. 역동적 기독교는 급속하게 해체되는 사회에 생기를 불어넣을 수 있다.[113]

절망적인 사회에 소망이 있다. 사회적 붕괴가 일어나는 순간이 문화변혁의 기회가 될 수 있다. 우리는 이런 문화변혁의 기회를 포착해야 한다.

그러므로 사회적 붕괴는 기독교인들에게 기회를 제공한다. 다른 사람들에게 살아있는 믿음을 전달하고 믿음에 대하여 보다 더 역동적인 이해와 표현을 할 수 있는 비옥한 토양을 제공한다. 모든 기독교인들이 초대교회 교인들처럼 역동적이고 선교적인 믿음을 가질 수 있게 되기를 바란다. 담대하게 하나님과 동역할 수 있기를 바란다. 우리 문화에 굳어 있는 정체성을 벗어버리고 초대교회와 같은 변혁적인 능력을 가진 기독교로 변모하여 하나님의 역사에 참여할 수 있기를 소망한다.[114]

사도행전적 전략

사도행전은 문명개혁운동에 대한 내용들로 가득하다. 사도 바울은 선교현장에서 전략적으로 선교적 접근을 했다. 구약성경을 "선교적 해석학"(mission hermeneutics)[115]으로 재해석했다. NCMN을 위한 전략을 여기에서 배울 수 있다. 하나님 나라 전략이다. "그가 고난받으신 후에 또한 그들에게 확실한 많은 증거로 친히 살아계심을 나타내사 사십 일 동안 그들에게 보이시며 하나님 나라의 일을 말씀하시니라."[116]

예수님은 하나님 나라를 전하셨다. 부활하신 예수께서 승천하시기 전에 40일을 계셨다. 많은 시간을 제자들과 함께 계셨다. 성경은 그 기간에 예수께서 '하나님의 나라의 일'을 말씀하셨다고 기록한다. 사실 그것으로 충분하다. 주님은 이미 복음서에서 하나님의 나라에 대하여 충분히 말씀하셨다. 그리고 그의 십자가와 부활을 통하여 이를 완성하셨다. 이제 이를 실행하여 드러내는 것이 남았다. 그러면 이를 실행하기 위한 하나님의 전략은 무엇인가?

사도와 함께 모이사 그들에게 분부하여 이르시되, "예루살렘을 떠나지 말고 내게서 들은 바 아버지께서 약속하신 것을 기다리라. 요한은 물로 세례를 베풀었으나 너희는 몇 날이 못되어 성령으로 세례를 받으리라" 하셨느니라… "오직 성령이 너희에게 임하시면 너희가 권능을 받고 예루

살렘과 온 유대와 사마리아와 땅 끝까지 이르러 내 증인이 되리라" 하시니라.[117]

사도행전은 선교적이다. "사도행전은 한 언어 문화집단에서 다른 집단으로 어떻게 옮겨 가는지를 보여준다. 사도행전은 그리스도에 대한 순종으로 문화와 지리적 경계를 넘어가는 타문화 선교, 즉 복음선교 역사서이다."[118]

핵심 인물 전략(People)

하나님은 핵심 인물(People)들을 통하여 하나님 나라의 일을 성취하신다. 하나님은 언제나 그의 뜻을 성취하기 위해 헌신된 믿음의 사람들을 통해서 일하셨다. "하나님께서 역사 가운데 핵심 인물들을 부르시고 연단과정을 통해 다듬어 가시는 방법을 이해하라. 이런 리더십 관점은 하나님께서 우리를 어떻게 부르시고 역사하셔서, 복음의 일꾼으로 다듬어 가시는지 그 방법을 볼 수 있는 안목을 제공한다."[119]

피어슨은 사도행전 13장을 통해 그의 핵심 인물 이론을 전개한다.

사도행전 13장은 선교적인 사건이다. 여기에 세 가지 선교학적 이론이 밝히 드러난다. 안디옥 교회 지도자들이 금식하며 기도할 때 성령께서 말씀하셨다. "내가 불러 시키는 일을 위하여 바나바와 사울을 따로 세우라"(13:2). 이 사건을 통해 최초의 선교단체가 조직되었다. 몇몇 사람들이 기도하며 금식할 때, 선교운동을 위한 핵심 인물이 드러났다. 전 교회가 선교적인 부름을 받은 것은 확실하지만 그 가운데 헌신된 사람들이 선교단체를 조직하여 선교활동을 시작해야 했다. 선교단체를 통한 선교는 사도행전의 선교원리일 뿐 아니라 전 역사에 나타난 선교원리이기도 하다.[120]

역사를 통해 알 수 있는 것은 하나님은 그와 함께 동역할 수 있는 영광을 사람에게 부여하신다는 것이다. 예수께서 사도들에게 분부하신 것은 그들을 동역자로 부르심을 말한다. 그들과 함께, 그들을 통해 일하시겠다는 것이다. 사도행전은 이같이 하나님이 사람을 통해서 일하심을 뚜렷이 볼 수 있다. 하나님은 자기 사람을 직접 부르신다. 바울의 개종 사건이 흥미롭다.

사도행전 9장에 사울의 개종 사건이 나온다. 바울은 크게 세 번이나 개종했다. 첫 번째 개종은 예수님을 주님이요 메시아로 믿게 된 것이었다. 사도행전 22장의 바울의 두 번째 개종 사건은 세계선교로의 개종이었다. 세 번째 개종은 사도행전 26장에 나오는데 이방인 사도로 특별한 사역으로의 부르심을 수용하는 것이었다. 바울의 개종 사건을 모두 살펴보면, 바울의 개종 사건의 초점은 이방인 선교에 있음을 알 수 있다. 하나님은 바울을 불러 복음을 이방인에게 전하는 특별한 사명을 주셨다.[121]

베드로와 요한을 비롯한 사도들, 순교자 스데반, 사마리아에 복음을 전하고 에디오피아 내시에게 복음을 전한 빌립, 사울에게 가서 안수하며 치유와 성령충만을 도운 아나니아, 이방인의 사도 바울, 안디옥 교회를 견고히 하며 바울을 불러 동역한 바나바, 바울의 동역자 실라, 디모데 등등이다. 금식하며 기도하는 바울이 된 사울에게 주께서 직접 일하지 않으시고 다메섹 성 안의 헌신된 제자 아나니아를 보내신 일, 경건한 이방인 고넬료 백부장에게 직접 성령충만함을 베풀지 않으시고 사람을 보내어 베드로를 초청하게 하여 일하신 일 등에서 사람들을 통해 일하시는 것이 하나님의 놀라운 전략임을 볼 수 있다.

베드로는 이방인의 오순절을 직접 경험했다. 베드로는 예루살렘에 돌아와 같은 논리로 이방인이 성령받고 세례받아 하나님의 백성이 되는 것을 설명했다. 베드로가 비록 교회 지도자였다고 할지라도 할례받지 않은 이방인들에게 세례 준 사건에 대해서는 자신을 변호할 필요가 있었다. 베드로는 유명한 전도자로 예루살렘 성도들을 예수님을 따르는 제자가 되게 했었지만, 이방인을 세례 주는 급진적인 사건에 대해서는 충분한 설명을 첨가해야만 했다. 베드로는 지혜가 있었다. 고넬료의 집을 방문하고 예루살렘으로 돌아오면서 6명과 같이 갔는데 그들이 그 사건의 증인이 되어주었다.[122]

하나님은 성령과 지혜가 충만하여 칭찬받는 사람 일곱을 택하여 예루살렘 교회의 리더로 세우셨다(행 6:3). 바나바는 착한 사람이요 성령과 믿음이 충만한 사람이었다(행 11:24). 출애굽기 18장 21절에는, "능력 있는 사람들 곧 하나님을 두려워하며 진실하며 불의한 이익을 미워하는 자를 살펴서 백성 위에 세워 천부장과 백부장과 오십부장과 십부장을 삼아" 모세와 함께 동역하게 하셨다.

피어슨은 사도행전에서 핵심 인물 이론을 강조한다. 복음은 핵심 인물을 통하여 확산된다.

핵심 인물 이론이다. 하나님과 깊은 교제를 통해 하나님의 음성을 확실하게 들은 핵심 인물의 역할이 중요하다. 세상을 향해 하나님의 심장을 가지고 나가는 새로운 비전을 가진 인물이 필요하다. 이런 인물들은 큰 위험을 감내하며 비전을 따라갔다. 자신의 비전을 다른 사람들에게 전하여 따르게 했다. 하나님께서 이런 핵심 인물들을 통하여 복음을 새로운 장소와 새로운 인간집단들에게 전했다. 하나님의 선교를 위한 도구였다. 그 중 몇 사람들을 열거해 보자. 피터 발도(Waldo), 아시시의 성 프란시스, 윌리엄 캐리(Carey), 허드슨 테일러(Taylor), 카메룬 타운젠드 (Townsend) 등이 핵심 인물이었다.[123]

성령의 능력(Power)

하나님은 그의 사람에게 성령의 능력(Power)을 주시어 일하게 하신다. 하나님이 성령을 보내신 것은 그의 사람들이 주의 나라의 임하심을 위해, 기독교 문명운동을 위해 감당할 힘을 주고자 하심이다. 주께서 사도들에게 예루살렘을 떠나지 말고 하나님의 약속하신 것을 받을 때까지 머무르라고 하셨다. 사도행전 1장 8절의 "성령의 임하심"은 곧 성령세례를 받음의 다른 표현이다. 사도행전에서 하나님은 이같이 먼저 그의 사람들, 그의 교회에게 성령으로 충만하게 하시어서 문명운동을 감당하게 하셨다. 사도행전 2장 1-4절은 오순절에 예루살렘에 모인 120명의 사람들에게 성령이 임하신 첫 번째 장면을 보여준다. "오순절은 선교적 사건이었다. 사도행전 2장에 나오는 오순절 사건을 살펴보자. 우리는 오순절을 교회의 탄생일이라 부른다. 능력의 성령이 모든 사람들에게 부어짐으로 오순절은 사도적 메시지를 확증했다."[124] 성령께서는 결정적인 순간에 역사하신다.

사도행전에는 특별한 것이 있다. 성령께서 결정적인 순간마다 독특하게 활동하신다는 점이다. 성령의 특별활동은 선교와 직결된다. 성령의 활동에 특징이 있다. 복음이 한 인간집단에서 다른 인간집단으로, 한 장소에서 다른 장소로 확산될 때 성령께서 특별히 개입하시고 역사하시는 것을 볼 수 있다.[125]

사도행전 8장 14-17절은 사마리아의 그리스도인들에게 임하신 성령의 역사를 보여준다. 사도행전 9장 17-19절은 아나니아를 통해 성령의 충만을 받는 바울의 모습이다. 주께서 그에게 사명을 맡기신 후에(행 9:15, 22:15, 26:16-18) 그 일을 감당할 능력을 주셨다. 사도행전 10장 44-48절은 최초로 이방인인 고넬료와 그의 가족, 친구들에게 성령이 임하시는 장면이다. 사도행전 19장 1-7절은 에베소의 믿는 자들에게 성령이 임하시는 장면이다.

기독교 문명운동을 성취함에 있어서 성령의 능력은 선택사항이 아니다. 그것은 필수사항이다. 먼저 성령으로 충만함을 받아야 그 일을 감당할 수 있다. 사람의 열정과 헌신, 힘과 능력, 그리고 어떤 방법으로 되는 것이 아니다. 그 일은 오직 성령으로만 가능하다. 성령은 평신도들에게도 능력을 부어주신다.

부흥운동과 선교운동은 거의 교권의 변두리에서 일어난다. 언제나 그렇다고 할 수는 없지만 거의 평신도들이 주도한다. 우리가 이 장에서 탐구한 네 가지 선교운동들 가운데 둘이 평신도의 주도하에 태동했다. 우리가 사도행전 2장 17절에 나오는 말씀, "내 영을 모든 육체에 부어주리라"는 말씀을 그대로 받아들인다면, 평신도를 들어서 선교운동을 일으키는 성령의 역사에 대해 놀랄 필요는 없을 것이다. 교회는 성도들이 가진 모든 은사를 마음껏 발휘할 때 언제나 가장 건강하고 활력이 넘친다.[126]

기도 전략(Prayer)

하나님은 기도(Prayer)를 통하여 일하신다. 기도를 통해 성령의 능력을 주시어 문명운동을 하게 하신다. 기도는 기독교 문명운동의 필수요소이다. 하나님은 그의 교회가 간절히 기도할 때 응답하시어 그의 일을 이루신다. 기도는 마치 충전기의 줄이 전원에 연결되어 충전되는 것과 같다. 기도할 때 우리의 영은 능력의 근원이신 하나님에게 연결된다. 기도는 하나님과의 연결선이다. 어느 누군가 "When man works, man works. When man prays, God works. 사람이 일하면 사람이 일하지만, 사람이 기도하면 하나님이 일하신다"라고 말하였듯이, 기도는 하나님의 차원에서 일을 성취하게 한다. 오순절 사건은 기도사건이다.

오순절 사건의 기본요소들은 다음과 같다. 교회가 기도할 때, 성령의 능력이 부어졌다. 로마제국 전역에서 사람들이 몰려왔고, 일부는 제국의 경계를 넘어서 온 사람들도 있었다. 베드로는 예수 안에서 이루신 하나님의 놀라운 역사에 대해 설교했다. 여러 문화권에서 온 사람들은 각각 자신의 모국어로 설교를 들었다.[127]

사도행전은 그의 사람들이, 교회가 지속적으로 하나님에게 기도하는 모습으로 이어지고 있다. 성령으로 세례받기 위해서 사도들을 비롯한 약 120명의 사람들이 함께 한자리에 모여서 마음을 같이하여 오로지 기도에 힘썼다(행 1:14). 이것이 오순절 성령의 임하심(행 2:1-4)의 기반이다. 모라비안들이 전심으로 주의 얼굴을 구할 때 1727년 8월에 모인 모든 사람들에게 성령이 임하셨다. 베드로와 요한은 오후 3시를 기도시간으로 정했다(행 3:1). 이 같은 기도의 삶을 통해 나면서 못 걷게 된 사람이 하나님의 능력으로 나음을 입어 걷기도 하고 뛰기도 하며 하나님을 찬송하게 되었다(행 3:2-10). 백부장 고넬료는 항상 하나님께 기도하는 사람이었다. 그가 오후 3시에 기도할 때 주께서 그의 기도를 들으시어 그와 그의 온 가족과 친구들이 이방인으로서 최초로 성령체험을 하게 됐다(행 10:1-8,44-48). 베드로는 낮 12시에 점심시간을 기다리면서도 다락에 올라가 기도했다. 이는 그의 기도의 삶을 잘 보여준다. 그로 인해서 문화적 장벽을 돌파하게 되었다(행 10:9-23). 안디옥 교회가 기도할 때에 이방 선교의 장을 열게 되었다(행 13:1-3). 장벽을 돌파하는 능력은 기도에 있다. 기독교 문명운동은 그리 쉬운 일이 아니다. 오직 기도를 통해 가능하다.

사도행전 16장에서 바울과 실라 그리고 디모데는 소아시아 어디로 가야 할지 고민하고 기도했다. 그들이 원래 계획하고 가려던 길이 막혔다. 밤에 환상중에 마게도냐 사람이 나타났다. "마게도냐로 건너와서 우리를 도우라!"(행 16:9) 이렇게 유럽선교가 시작되었다. 유럽선교는 이렇듯 성령의 구체적인 개입으로 시작되었다.[128]

교회공동체 전략(Community)

하나님은 교회공동체(Community)를 그의 문명운동의 파트너로 삼으셨다. 교회공동체는 놀라운 하나님의 작품이다. 교회공동체가 성령의 임하심으로 주어진 일을 능히 감당할 능력을 받는 모습은 마치 창세기 2장 7절의 말씀을 연상하게 한다. "여호와 하나님이 땅의 흙으로 사람을 지으시고 생기를 그 코에 불어넣으시니 사람이 생령이 되니라." 만일에 '여호와 하나님이 땅의 흙으로 사람을 지으시다'로 마친다면 사람은 어떤 모습일까? 말하고 듣고 느끼고 생각하고 결정하여 행동하는 사람이 아니라 단지 박물관에 잘 보존되어 있는 하나님의 진흙 소재의 작품일 뿐일 것이다. 그러나 생기를 그 코에 불어넣어서 사람이 생령이 되었다. 듣고 말하고 느끼고 생각하고 결정하여 행동하는 사람을 말한다. 이것은 엄청난 변화다.

사도행전 1장과 2장의 장면은 마치 창세기 2장 7절의 장면을 연상하게 한다. 다만 창세기 2장은 한 사람에 대한 것이라면 사도행전 1장은 약 120명의 기도하는 교회공동체의 모습이다. 사도행전 2장 1-4절에서 보듯이 오순절에 모인 이들에게 성령께서 임하실 때 이들은 이전과는 완연히 달라졌다. 사도행전 1장 8절의 "성령이 임하시면 '권능, DUNAMIS'을 받는다"고 하신 말씀처럼, 이들은 변화가 일어났다. 성령은 교회공동체의 영적인 호흡(:생기)이다. 창세기 2장 7절에서 단지 흙뿐이었던 사람에게 생기를 불어넣어 생명체로 변화된 것처럼 성령께서 이들 가운데 임하심으로 교회공동체는 하나님의 문명개혁을 일으킬 수 있는 능력을 가졌다.

역사를 통해서 알 수 있듯이 하나님은 성령으로 충만한 그의 교회를 통하여, 교회와 함께 기독교 문명운동을 일으키신다. 하나님은 그의 파트너로 교회를 세우셨다.

헌신된 공동체의 연합 전략(Cooperation)

하나님은 헌신된 공동체가 서로 연합(Cooperation, Partnership)을 통하여 그의 일을 이루도록 하신다. 연합이란 어떤 의미로 파트너십을 의미한다. 또한 팀사역이라고도 할 수 있다. "코이노니아는 자연스런 현상이다. 그리스도 안에서 형성된 공동체 안에는 사랑의 교제, 코이노니아가 있다. 우리는 사도행전에 나타난 신앙공동체를 통하여 이런 코이노니아를 보았다."[129] 사도행전은 헌신된 공동체의 연합을 통해 복음이 확산되어 갔음을 보여준다.

사도행전 본문에는 메시지가 있다. 우리가 어떤 상황이나 어떤 사람들과 일을 하더라도 함께 나누고, 말씀에 순종하는 초대교회 성도들과 동일한 친교를 나누기 위해 노력하고 기도해야만 한다. 복음전도는 특별한 프로그램을 통해 이루어지는 것이 아니라, 신앙공동체 안에서 보여주는 삶의 수준과 성령님의 능력을 통한 자연스런 결과물이다.[130]

사도행전에는 이러한 형태의 연합의 모습이 가득하다. 1장 15-26절에는 사도들이 가룟 유다를 대신할 사람을 선택하는 과정이 그려져 있다. 오순절 이후 베드로가 설교할 때도 "베드로가 열한 사도와 함께 서서 소리를 높여 이르되"(2:14)라고 하듯이 열두 사도가 함께했다. 베드로와 요한은 많은 경우에 팀으로 사역했다. 성전에 올라가 기도할 때(3:1), 나면서 앉은뱅이 된 자를 치유할 때도 "베드로가 요한과 더불어 주목하여"(3:4)라고 했다. 나은 사람이 "베드로와 요한을 붙잡으니"(3:11)라고 했다. 두 사람이 팀으로 서로 연합하여 사역함을 볼 수 있다. 사마리아도 성령 받기를 위해 사도들이 베드로와 요한을 보냈다(8:14). 주께서 안디옥 교회에게 선교를 명하실 때도 "바나바와 사울을 따로 세우라"(13:2)고 하셨다. 1차 선교여행에서 이들은 팀으로 사역했다. 바울이 선교할 때는 혼자 하지 않았다. 언제나 팀으로 사역했다. 사도행전 20장 4-6절의 말씀에서 바울의 팀사역에 대하여 알 수 있다.

아시아까지 함께 가는 자는 베뢰아 사람 부로의 아들 소바더와 데살로니가 사람 아리스다고와 세군도와 더베 사람 가이오와 및 디모데와 아시아 사람 두기고와 드로비모라. 그들은 먼저 가서 드로아에서 우리를 기다리더라. 우리는 무교절 후에 빌립보에서 배로 떠나 닷새 만에 드로아에 있는 그들에게 가서 이레를 머무니라.

이 구절을 볼 때 바울팀은 바울과 누가를 비롯하여 모두 최소한 9명이다. 일반적으로 바울팀은 12명 안팎이었다. 연합의 기반은 하나됨(Unity)에 있다. 하나됨, 연합은 힘이 있다. 하나님의 뜻을 능히 이룰 수 있다. 시편 133편은 말한다.

보라, 형제가 연합하여 동거함이 어찌 그리 선하고 아름다운고! 머리에 있는 보배로운 기름이 수염 곧 아론의 수염에 흘러서 그의 옷깃까지 내림 같고, 헐몬의 이슬이 시온의 산들에 내림 같도다. 거기서 여호와께서 복을 명령하셨나니 곧 영생이로다.

하나님은 연합된 곳에 복을 명령하신다. 이는 마치 주 예수께서 보리떡 다섯 개와 물고기 두 마리를 축복하시고 나누어 주실 때에 모인 사람 5,000명이 배불리 먹고 열두 바구니에 차도록 남음과 같다. 극히 적은 양이라도 주의 축복으로 모인 모든 사람이 충분히 먹고도 남음 같이, 그리스도인과 교회가 연합할 때 하나님은 복을 주신다. 세상의 필요를 채우시며 기독교 문명운동을 성취할 넉넉함을 주실 것이다. 요한복음 17장의 예수 그리스도의 대제사장적 기도에서 예수 그리스도는 믿는 사람들의 하나됨을 위해서 기도하셨다.

아버지여, 아버지께서 내 안에, 내가 아버지 안에 있는 것같이 그들도 다 하나가 되어 우리 안에 있게 하사 세상으로 아버지께서 나를 보내신 것을 믿게 하옵소서. 내게 주신 영광을 내가 그들에게 주었사오니 이는 우리가 하나가 된 것같이 그들도 하나가 되게 하려 함이니이다. 곧 내가 그들 안에 있고 아버지께서 내 안에 계시어 그들로 온전함을 이루어 하나가 되게 하려 함은, 아버지께서 나를 보내신 것과 또 나를 사랑하심같이 그들도 사랑하신 것을 세상으로 알게 하려 함이로소이다(요 17:21-23).

그리스도인 공동체가 연합할 때 두 가지 일이 일어난다. 첫째, 대규모적인 전도의 문이 열린다. 예수 그리스도의 기도인 "그들도 다 하나가 되어, 세상으로 아버지께서 나를 보내신 것을 믿게 하옵소서. 세상으로 알게 하려 함이로소이다"에서 보듯이 세상이 예수 그리스도를 알고 믿는 일이 일어난다. 둘째, 대규모적인 사랑의 혁명이 일어난다. "그들도 하나가 되게 하려 함이니이다. 아버지께서 나를 사랑하심같이 그들도 사랑하신 것을 세상으로 알게 하려 함이로소이다"에서 보듯이 세상이 하나님의 사랑을 경험하게 될 것이다

피어슨은 사도행전에서 선교조직체 이론이 중요하다고 강조한다. 역사적 상황에 맞는 선교조직체를 통하여 복음이 확산되기 때문이다.

선교조직체 이론도 중요하다. 선교가 수행되는 역사적 맥락을 이해하는 것이 중요하다. 동시에 선교단체가 있어야만 선교사를 파송할 수 있다는 사실도 기억해야 한다. 1세기 세계는 특별했다. 선교에 유익한 요소들이 많았다. 로마가 닦아 놓은 길, 코이네 헬라어, 팍스 로마나의 질서, 디아스포라의 회당, 국제 무역의 성장 등이 복음의 확산을 촉진했다. 오늘의 세계상황을 고려해 보라. 21세기는 다양한 선교적인 기회를 제공한다. 지금이 기독교인으로서 세계 어느 곳에서 살더라도 역사상 가장 쉽게 살 수 있는 시대인 것을 아는가? 나는 전문 선교사로 외국에 사는 것만을 의미하는 것이 아니라 일반 크리스천으로 세계 속에서 살아가는 것을 말한다. 로마시대를 상징하던 로마의 길은 오늘날 무엇일지 생각해 보라.[131]

문성일은 헌신된 공동체 모델로 캐리의 세람포르 트리오를 들었다. 캐리와 동역자들은 전문인 선교사들이 각자 가진 전문직과 사역을 함께 나눌 때 효과적인 사역을 이룰 수 있었다.

세람포르 트리오가 각자의 전문직 기술을 선교현지에서 사역하는 데 창의적으로 사용했다는 사실은 놀랍기 그지없다. 그들이 각자 가졌던 전문직을 포함한 자신의 전부를 선교를 위해 드렸을 때, 그들은 그들이 받았던 선교사 소명 안에서 그들의 삶의 전부를 통합할 수 있었다.[132]

전략적 거점도시(city) 전략

복음은 전략적 거점도시(city)를 중심으로 확산되었다. 하나님께서 왜 아브라함을 갈대아 우르에서 불러내어 가나안에 가라고 하셨는가? 가나안은 유럽, 아시아, 아프리카의 세 대륙을 잇는 전략적 요충지다. 하나님은 아브라함을 땅의 모든 족속을 축복하는 복의 근원으로 부르셨다. 그렇기에 먼저 아브라함에게 복을 주시고자 언약을 맺으신다.[133] 출애굽은 하나님이 그의 계획을 신실하게 이루시는 증거다. 하나님은 처음에는 개인적으로, 이제는 민족적으로, 국가적으로 그의 뜻을 이루신다. "세계가 다 내게 속하였나니 너희가 내 말을 잘 듣고 내 언약을 지키면 너희는 모든 민족 중에서 내 소유가 되겠고, 너희가 내게 대하여 제사장 나라가 되며 거룩한 백성이 되리라."[134]

하나님의 나라의 확장운동은 언제나 전략적 거점 지역을 중심으로 펼쳐진다. 교회 역사에서 볼 때 네 개의 도시가 초대교회에서 중요한 전략적 거점 지역으로 사용되었다. **예루살렘**은 영적인 면에서 마치 어머니와도 같은 역할이다. 바울은 예루살렘은 복음의 근원이요 출발지로서 마땅히 존중히 여김을 받아야 한다고 했다.[135] 예수님은 복음이 예루살렘으로부터 땅 끝까지 전파됨을 말씀하셨다.[136]

사마리아는 복음이 문화적 장벽을 넘어가는 도시가 되었다. 인종적 우월감을 가졌던 유대인들이 사마리아에 복음을 전했다.

복음은 인종 문화적 경계를 넘어갔다. 사도행전 8장에 보면 사마리아에 복음이 이르는 기사가 나온다. 유대인과 사마리아 사이에는 적대감이 팽배해 있었다. B.C. 722년 앗시리아는 북왕국 이스라엘을 정복했다. 앗시리아는 속국에 혼혈정책을 폈다. 북쪽 팔레스타인에 살던 이스라엘 사람들을 다른 곳으로 이주시키고 다른 속국 사람들을 사마리아로 이주시켰다. 목적은 분명했다. 인종적인 피를 섞게 함으로 종교적 혼합이 일어나 민족주의 정서를 최소화하려는 것이었다. 이런 역사적 배경 때문에 유대인들은 사마리아인들에 대한 우월감을 가지고 있었다. 사마리아인들은 느헤미야가 인도한 예루살렘 재건과 성전회복 운동을 차단하려 했다.[137]

알렉산드리아는 중요한 성경교사들을 배출했다. 바울과 함께 거론되는 성경교사 아볼로는 알렉산드리아 출신이다.[138] 교부시대의 오리게네스, 아리우스, 아타나시우스 등이 이곳에서 배출되었다. 예루살렘 멸망 후에는 그 역할을 대신했다.

안디옥은 스데반의 순교 이후로 예루살렘에서 온 유대인 그리스도인과 헬라인 그리스도인이 구성된 교회다. 바울과 바나바를 출발로 하여 이방선교의 선교 전진기지로 중요한 역할을 했다. "안디옥에서는 예루살렘에서 피난 온 사람들과 그곳 주민이었던 그리스도인이 그리스 족속 안에서 교량관계를 맺을 수 있는 다리를 갖게 되었다."[139]

로마는 당시 로마제국의 중심지였다. 로마제국은 권력으로 세계를 정복하였으나 결국 복음에 의해 정복당했다. 초대교회 당시에는 이같이 예루살렘, 안디옥, 알렉산드리아, 로마가 중심이 되었다.

그리고 바울팀이 복음을 전할 때마다 도시 중심의 사역, 특히 전략적으로 거점 도시를 중심으로 사역했다. 에베소는 소아시아 선교의 중심으로, 빌립보는 마게도냐의 관문도시로, 고린도는 아가야 지방의 거점 도시로 사용했다. 이러한 전략적 거점 도시는 그 주변의 작은 도시로 복음을 전파할 수 있어서 지리적으로 용이했다. 바울은 거점 도시에 있는 회당을 선교적으로 활용했다. "사도행전에서 언급된 거의 대부분의 도시들에는 회당이 있었다. 그만큼 유대인 디아스포라는 전역에 흩어져 믿음의 공동체를 형성하고 있었다. 그들은 복음이 전파되는 교량역할을 감당했다."[140] "회당은 주요한 만남의 장소였다. 회당에서 여러 종류의 사람들을 만날 수 있었다."[141]

하나님의 말씀 전략(Word of God)

하나님은 말씀사역을 통해 역사하신다. 하나님의 말씀이 흥왕해야 한다. 하나님의 말씀은 세상을 변화시킨다. 어떤 문명이라도 변화시키는 능력이 있다.[142] 캐리가 전한 복음은 인도를 변혁했다.[143] 사도행전은 복음의 전파를 중심으로 여섯 부분으로 구성되었다. 즉, 예루살렘(1:1-6:7), 온 유대와 사마리아(6:8-9:31), 안디옥(9:32-12:24), 소아시아(12:25-16:5), 그리스(16:6-19:20), 로마(19:21-28:31)이다. 그리고 각 부분의 마지막 구절들은 그 시대의 문명운동을 요약했다. 각 부분별로 자세히 살펴보면 교회의 성장과 사회의 변화와 하나님의 말씀은 긴밀한 상관관계가 있다.

예루살렘 교회(1:12-6:7)가 중요하다. 오순절 성령강림 이후에 120여 명이 중심이 되어 형성된 예루살렘 교회는 베드로의 설교로 3,000명을 더하였고[144] 구원받는 자들이 날마다 더했다.[145] 성전 미문에서 구걸하던 앉은뱅이가 낫게 된 사건으로 수많은 사람들이 모여들었고 베드로가 솔로몬 행각에서 전한 말씀을 듣고 많은 사람이 믿었다. 그때에 5,000명이 더했다. 이 숫자만 보더라도 예루살렘 교회공동체는 단기간에 최소 8,120여 명으로 늘어났다.

이들 공동체의 특징은 성령과 능력으로 충만한 교회였다. 또한 하나님의 말씀, 나눔의 교제, 기도 이 세 가지에 힘썼다.[146] 아나니아와 삽비라의 사건 이후로 예루살렘 교회는 더 확장되었다. "믿고 주께로 나아오는 자가 더 많으니 남녀의 큰 무리더라"(행 5:14)라고 했다. 예루살렘 교회의 부흥운동은 이 부분의 맨 마지막 구절에 요약되었다. "하나님의 말씀이 점점 왕성하여 예루살렘에 있는 제자의 수가 더 심히 많아지고 허다한 제사장의 무리도 이 도에 복종하니라."[147] 하나님의 말씀이 왕성한 것이 교회의 성장과 사회의 변화에 중요한 요소임을 말씀하고 있다.

온 유대와 사마리아로 흩어졌다(6:8-9:31). 스데반의 순교는 예루살렘 교회의 핍박으로 이어져 많은 그리스도인이 사방으로 흩어졌다. 흩어진 무리들로 인해 복음은 온 유대와 갈릴리와 사마리아로 전파되었다. 특히 빌립은 중요한 역할을 했다. 그는 교량역할(Bridge-Builder)을 했다. 그가 사마리아에 복음을 전하여 많은 사람이 주께로 돌아왔다. 사마리아는 유대인과 이방인을 잇는 중간지점에 있다. 그는 또한 광야로 나아가서 에디오피아 고위관리에게 복음을 전했다. 빌립은 마침 이사야서를 읽고 있던 내시가 말씀을 깨닫게 도와주었다. 그는 에디오피아 여왕 간다게의 모든 국고를 맡은 내시로서 에디오피아에 복음을 전하는 교량역할을 했다.

또한 스데반을 죽이는 데 앞장섰던 청년 사울이 다메섹 도상에서 예수를 만난 이후 전격적인 변화(radical change)를 했다. 핍박자에서 전도자로 급격히 변화된 사울로 인하여 많은 사람이 놀랐다. 이것은 바울 생애의 대전환점(turning point)이었다. 스데반의 순교는 교회를 위축되게 하는 것이 아니라 오히려 복음을 더 확장시켰다. 이레니우스가 "순교자의 피는 교회의 씨앗이다"라고 말하였듯이 스데반의 순교로 복음이 온 유대와 사마리아로 전하여졌고, 핍박자가 전도자로 변화되는 큰 이변을 낳았다.

온 유대와 갈릴리와 사마리아의 부흥운동은 이 부분의 맨 마지막 구절에 요약되어 있다. "그리하여 온 유대와 갈릴리와 사마리아 교회가 평안하여 든든히 서 가고 주를 경외함과 성령의 위로로 진행하여 수가 더 많아지니라."[148]

안디옥에 이르렀다(9:32-12:24). 베드로의 사역은 사마리아를 넘어서 룻다와 욥바에까지 이르렀다. 룻다에서는 애니아라는 중풍병자를 고치고, 욥바에서는 죽은 도르가를 살렸다. 그 결과 많은 사람들이 주께로 돌아왔다. 또한 욥바에 머무는 동안에 로마 장교인 고넬료의 요청으로 가이사랴에 가서 이방인들에게 복음을 전했고 그때 성령이 임했다. 고넬료의 초청에 응한 베드로의 사역은 복음전파의 커다란 장벽을 넘어서는 계기가 되었다. 이 사건은 복음이 사마리아를 넘어 땅끝으로 갈 수 있는 교두보 역할을 했다. 베드로는 예루살렘 교회를 중심으로 사역을 했다. 그가 다시 예루살렘으로 돌아왔을 때에 야고보와 함께 감옥에 갇혔다가 주의 초자연적인 도우심으로 풀려났다. 야고보는 사도로서 제일 먼저 순교자의 반열에 들었다.

한편, 스데반의 순교 이후에 일어난 핍박으로 흩어진 유대인들이 안디옥에 이르러 유대인만 아니라 헬라인에게도 복음을 전했다. 안디옥 교회는 최초로 유대인과 이방인이 함께 구성된 교회이다. 믿는 자들이 처음으로 "그리스도인"이라 일컬음을 받은 곳도 안디옥 교회였다. 예루살렘의 사도들은 안디옥 교회를 위하여 바나바를 파송했다. 바나바는 사울을 찾으러 다소에 가서 데리고 와 함께 안디옥 교회를 섬겼다. 베드로와 바나바와 사울의 사역은 이방인을 위한 본격적인 사역의 기반을 놓았다. 주께서는 이들의 사역을 다음과 같이 결론을 내리셨다. "하나님의 말씀은 흥왕하여 더하더라."[149]

소아시아로 향한다(12:25-16:5). 성령 하나님은 안디옥 교회의 핵심 리더인 바나바와 바울을 이방의 전도자로 부르셨다. 안디옥 교회는 이들을 안수하여 파송했다. 1차 전도여행은 소아시아 중심이었다. 바울과 바나바는 비시디아 안디옥에 이르러 회당에서 말씀을 전했다. 사도행전 13장 17-41절은 바울의 설교다. 그는 구약을 요약 설교했다. 구약의 주 메시지는 메시아다. 예수가 바로 그 메시아임을 전하고 그의 죽으심과 부활을 전했다. 경건한 유대인과 많은 이방인들이 이를 믿었다. 그 결과로 "주의 말씀이 그 지방에 두루 퍼졌다."[150] 그들이 이고니온에서 주의 말씀을 전할 때 표적과 기사가 그들의 손에서 일어났다. 왜냐하면 주께서 이들의 말씀을 증언하셨기 때문이다. 루스드라에서는 나면서 걷지 못하여 걸어 본 적이 없는 사람이 나음을 입었다. 이로 인하여 온 도시가 들썩였다. 이같이 이들이 주의 말씀을 전할 때 그 결과로 아시아 전체에 대소동이 일어났다. 사도행전은 소아시아 사역을 이같이 결론내렸다. "이에 여러 교회가 믿음이 더 굳건해지고 수가 날마다 늘어가니라."[151]

사도행전 15장에는 새로운 신학적 돌파가 나타난다. 기독교의 확장은 신학적 돌파를 통해 이루어졌다. 예루살렘 공의회는 할례 없이 믿음으로 구원을 받을 수 있다는 결정을 했다. 이방인들이 그들의 문화 속에서 기독교인이 될 수 있다고 의결했다.[152]

부흥운동과 선교운동은 새로운 신학적 돌파(theological breakthrough)를 동반한다. 새로운 신학을 발전시킨다. 성경적인 신앙원리들 가운데 전에 알려지지 않았던 새로운 신학적 원리를 발견한다. 전에 알려졌지만 묻혀 있었던 신학적 원리들을 재발견한다. 성경에 나타난 실례로 사도행전 15장을 들 수 있다. 당시 성령께서 주도하셨다. 새로 형성된 교회들에게 이방인들이 구원받기 위하여 율법을 준수하고 유대인이 되는 할례를 받지 않고도, 마음으로 하는 순종과 믿음만으로 구원을 받을 수 있다는 사실을 깨닫게 하셨다. 이것은 전혀 새로운 신학적 발견이었다. 이런 새로운 신학적 돌파를 통하여 이방인 교회들이 성장했다.[153]

그리스를 향하다(16:6-19:20). 성령은 선교사역에 있어서 선장이시다. 그는 선교전략을 제시하신다. 또한 선교방향도 결정하신다. 2차 선교여행 시기에 바울은 아시아로 선교방향을 잡았으나 성령은 이들이 유럽으로 방향을 돌리게 하셨다. 당시 유럽은 문명수준에 있어서 아시아와 비교할 수 없을 만큼 미개했다. 거의 야만적이었다. 반면에 아시아는 높은 수준의 문명을 가지고 있었다. 한국, 중국, 인도차이나, 인도의 문명은 매우 발달되어 있었다. 도덕과 철학, 종교에 있어서 이미 발달된 문명을 지니고 있었다. 그러나 유럽은 이러한 것에서 매우 뒤처져 있었다. 그러나 지난 2천 년 동안에 모든 것이 역전되었다. 아시아의 문명은 퇴보했고 유럽의 문명은 눈부시게 발전했다. 이러한 변화는 바울의 선교방향이 아시아에서 유럽으로 전환되면서 시작되었다.

바울 선교팀은 마게도냐의 환상을 통해 유럽으로 건너가 마게도냐 지방인 빌립보, 데살로니가, 베뢰아에서, 아가야 지방인 고린도, 아테네에서 복음을 전했다. 바울은 언제나 먼저 유대인의 회당에서부터 사역을 시작했다. 그는 언제나 성경을 가지고 강론했다. 그의 말씀사역은 그 지역에 큰 영향을 끼쳤다. 영향력 있는 사람들이 복음을 받아들였다. 사람들은 성경을 상고했다. 바울은 '하나님의 말씀에 붙잡힌 사람'이었다.[154] 바울은 2차 여행 시에 에베소를 잠시 지나치면서 브리스길라와 아굴라 부부를 그곳에 두었다. 그리고 3차 여행 시에는 그 곳에 오래 머물렀다. 그는 두란노서원을 세우고 3년을 밤낮으로 성경 말씀을 강론했다. 그의 사역의 결과는 우상으로 가득한 에베소 전체 를 흔들었다. 사도행전 19장 20절은 이러한 바울의 사역을 한마디로 요약했다. "이와 같이 주의 말씀이 힘이 있어 흥왕하여 세력을 얻으니 라." 바울팀이 가는 곳마다 도시에 소동이 일어났다. 기존의 이교도 문명이 말씀에 의하여 기독교 문명으로 변화되는 과정의 모습이다. 사람들은 바울팀을 "천하를 어지럽게 하는 사람들"[155]이라고 했다.

로마를 향해 나가다(19:21-28:31). 바울은 3차 선교여행에서 마게도 냐와 헬라를 다니며 견고하게 한 후에 예루살렘으로 올라갔다. 바울 의 목표는 예루살렘을 거쳐 로마로 가는 것이었다. 2차 선교여행 시 고린도에 머물며 로마의 형제들에게 쓴 로마서에서 바울의 계획을 알 수 있다. 그는 오래전부터 스페인으로 가고자 했다. 그러기 위해서 먼 저 예루살렘으로 갔다가 로마를 방문하기를 원했다.[156] 바울이 굳이 예루살렘에 먼저 가려는 것은 그동안 마게도냐와 아가야 지방의 교회 들이 예루살렘 성도 중 가난한 사람들을 위해 헌금한 것을 전달하고 자 했기 때문이었다. 바울은 많은 과정을 거쳐 드디어 로마로 갔다. 바울은 먼저 영향력 있는 유대인들을 초청하여 말씀을 전했다. 늘 그 러했듯이 그는 구약성경을 시작으로 하여 예수에 대해서와 하나님의 나라에 대하여 증언했다.

사도행전은 로마에서의 바울의 사역을 다음과 같이 요약하며 끝맺 음을 했다. "바울이… 하나님의 나라를 전파하며 주 예수 그리스도에 관한 모든 것을 담대하게 거침없이 가르치더라."[157] 우리는 이 간단한 말씀에서 장차 로마가 기독교 문명운동의 중심으로 변화될 것을 짐작 하게 된다.

사도행전에 나타나는 하나님의 나라의 전략은 "133운동"이라 요약할 수 있다.

---

133 전략운동

1W - Word of God, 하나님의 말씀이 문화변혁 운동의 중심이다.

3P's - People, 문화변혁 운동은 핵심 인물이 주도한다.

Power, 문화변혁 운동은 성령의 능력으로 가능하다.

Prayer, 문화변혁 운동은 기도에 의해서 이루어진다.

3C's - Community, 교회공동체가 문명운동의 파트너다.

Cooperation, 연합과 네트워크가 중요한 전략이다.

City, 문화변혁 운동은 전략적 거점도시를 중심으로 한다.

"1W3P3C전략"이 사도행전에 나타나는 하나님의 문명운동 전략이다.

사회의 여덟 영역

모든 사회의 각 영역에 하나님의 나라가 임해야 한다. 네덜란드의 수상이며 신학자이며 목사인 아브라함 카이퍼(Abraham Kuyper)는 "사람이 무엇을 하든지, 농업이든, 상업이든, 산업이든, 아니면 예술과 과학분야 등 어떤 일에 전념하든지, 사람은 언제나 '하나님의 면전'(Coram Deo)에 서 있으며 하나님을 섬기는 일에 종사하고 있다. 사람은 철저히 하나님께 순종해야 하며, 무엇보다도 하나님의 영광을 그 생애의 목표로 삼아야 한다"고 했다.[158]

정치적 변화를 추구한 아브라함 카이퍼, 인도사회 전반적인 영역에 영향을 주었던 윌리엄 캐리, 미국의 법, 정치, 교육, 경제 영역의 변혁을 추구한 조나단 에드워즈, 찰스 피니 등 기독교 문명운동에 힘쓴 인물들은 인간사회의 전 영역에 변화를 추구했다.

사회의 각 영역은 여덟 영역으로 구분할 수 있다. 이 전략은 1980년대에 들어서서 YWAM의 설립자인 로렌 커닝햄(Loren Cunningham)과 CCC의 설립자인 빌 브라이트(Bill Bright)에 의하여 시작되었다.[159]

이것은 마치 한 건물을 유지하는 기둥들과 같다고 할 수 있다. 이것은 개인이나 가정, 지역사회나 도시, 국가 또는 족속 등에 공통적으로 형성되어 있는 영역들이다.

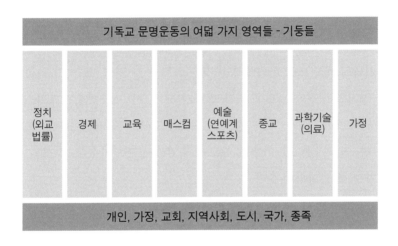

FIGURE 15 기독교 문명운동의 여덟 가지 영역들

기독교가 영향을 주어야 할 사회의 영역들을 다음과 같은 도표로 그려 볼 수 있다. 가령 영향을 주어야 할 대상이 족속이라면 각 족속은 다음과 같은 영역으로 구성되어 있다고 할 수 있다. 이것은 우리가 기독교 문명으로 변혁해야 할 영역이라고 할 수 있다.

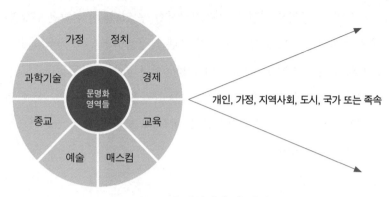

FIGURE 16 변혁해야 할 영역들

　기독교 문명으로 변혁한다는 것은 사회의 각 영역, 또는 각 족속의 각 영역이 성경적 원리를 따라 변화가 되어, 하나님과 예수 그리스도의 성품이 나타나는 것을 말한다. 하나님의 성품이 기반이 되도록 하여 하나님의 나라를 이루어 가도록 주님께서 명령하셨다. 다음의 도표가 이를 설명하여 준다.

FIGURE 17 기독교 문명화해야 할 각 영역의 하나님의 성품요소들

한 도시나 국가 또는 족속을 이루는 여덟 가지 영역을 변혁한다는 것은 이 영역을 변화시켜 예수 그리스도의 성품이 그 기반이 되게 하는 것이다. 마치 어느 황무지를 경작하여 옥토로 변화시키는 것과 같다.

정치계에는 하나님의 공의와 공평이, 경제계에는 하나님의 정직이, 교육계에는 하나님의 지혜가, 매스컴/매스미디어계에는 하나님의 진실이, 예술계에는 하나님의 거룩함이, 종교계에는 하나님의 긍휼이, 과학기술계에는 하나님의 창조가, 가정계에는 하나님의 사랑이 그 기반이 되어야 한다. 이 외에도 중요한 영역들이 있다. 예를 들면 법조계, 의료계, 군, 연예계 등이다. 법조계와 군은 정치계로, 의료계는 과학기술계로, 연예계는 예술계로 포함시킬 수 있다. 예수님이 열방을 제자로 삼으라고 명하신 것은[160] 이 모든 영역을 변화시킴을 말한다.

그러므로 모든 그리스도인들은 각자의 부르심에 따라 이 영역에서 선교적인 사명을 다해야 한다. 국가와 사회를 구성하는 이들 각 영역에 경건한 그리스도인들이 참여해야 한다. 우리의 목적은 권력, 위치, 명성, 재물에 있는 것이 아니다. 오직 성경적인 원리원칙을 따라 행하여서 각 영역에 변혁이 일어나 하나님의 나라의 특성이 형성되어 하나님이 영광을 받으시도록 하는 것이다.

우리는 열방을 변화시키는 사역자로서 하나님의 부르심에 응답하여 은사를 주신대로 이러한 영역에서 일해야 한다. 하나님의 부르심에 응답하여 일한다면 넓은 의미에서 사역자라고 할 수가 있다. 그리고 어느 영역이 더 낫거나, 더 거룩하다고 말할 수가 없다. 달란트를 받은 대로 충성을 다하는 것뿐이다.

기독교 문명운동의 영역들

열방을 제자 삼으라는 것은 넓이와 깊이에서 살펴볼 수가 있다. 사회의 각 영역에 하나님의 원리를 통해서 하나님의 성품이 나타나도록 하는 기독교 문명운동은 변혁화, 즉 제자화의 깊이라고 할 수 있다. 이제 우리는 제자화의 넓이에 대해 살펴보고자 한다. 우리는 이것을 아홉 가지의 영역으로 구분할 수가 있다. 이 영역들은 마치 아직 정복되지 않은 채 전투가 행하여지고 있는 전쟁터의 경계선과 같아서 '아홉 개의 변방지역'(9 Frontiers)이라고 부르기도 한다.

종교 및 이데올로기의 면에서 모슬렘권, 힌두권, 불교권, 공산권 등 네 개의 영역과, 명목상의 그리스도인, 가난하고 소외된 사람들, 대도시들, 미전도종족들, 세계의 작은 절반이라고 할 수 있는 20세 미만들의 다섯 가지 영역들이다. 이것을 다음과 같이 도표로 나타낼 수가 있다.

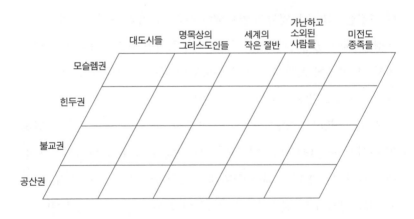

FIGURE 18 제자화와 아홉 개의 변방지역들

제자화하라는 주님의 명령은 그 넓이에 있어서는 땅 끝까지 복음이 전하여지는 것이고, 그 깊이에 있어서는 사회전반적인 영역이 경작되고 변화가 되는 것을 말한다. 그 넓이에 있어서-아홉 개의 변방들(9 Frontiers)을 말한다. 그 깊이에 있어서-여덟 개의 기둥들(8 Spheres of Society)을 말한다.

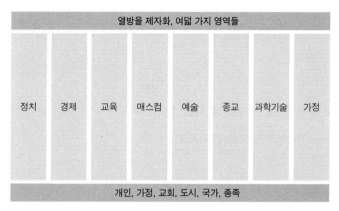

제자화(1)-그 깊이: 여덟 개의 기둥들

제자화(1)-그 넓이: 아홉 개의 변방들

FIGURE 19 제자화의 넓이와 깊이

또한 우리가 변혁해야 할 영역들은 다양하고 입체적이어서 우리의 활동도 이와 마찬가지로 다양하고 입체적이어야 한다. 두 영역들의 깊이와 넓이가 서로 연결될 때에 비로소 기독교 문명으로 변혁해야 할 영역들이 구체적으로 나타난다. 오직 우리는 이러한 영역들을 제자화하기 위해서 성경적인 기반 위에서 철저한 준비와 훈련을 해야하며 뛰어난 전문성을 가져야 한다.

문화명령

하나님의 문화적 명령에 따라 땅을 경작하다는 것은 어떤 행동인가? 다음 몇 가지 사례를 살펴보자.

몽골의 사례

1991년에 YWAM 파송으로 박해영, 이해식 두 형제가 몽골로 선교하기 위해 떠났다. 이들은 그곳에 살면서 그들을 축복할 수 있는 길을 모색했다. 몽골 사람들은 갑자기 죽음을 맞이하는 일이 많았다. 특별한 병에 걸린 것도 아닌데, 죽을 만한 어떤 신체적인 증후가 없음에도 평균 수명이 40세를 넘지 못했다. 이들이 찾은 원인은 몽골 사람들의 식생활이었다. 그들은 주식이 육류이다. 채식을 먹는 일이 드물었다. 몽골 사람들이 사는 땅은 고원지대여서 짧은 여름에만 푸른 색깔을 볼 수 있고 대부분의 시기에는 황무한 고원뿐이다. 거의 일 년 내내 추운 날씨다. 그 땅에서는 채소를 재배하기가 어렵다. 부족한 채소로 인하여 육류만 먹는 이들의 생활패턴은 수명을 단축시켰다.

이들은 그곳에서 채소를 심고 먹을 수 있는 방법을 모색했다. 비닐하우스를 통하여 채소를 심고 자라게 하는 그린하우스 프로젝트를 세웠다. 대부분이 회의적이었지만 이들은 시도했다. 결국 이들의 비닐

하우스에서 채소와 과일을 생산하게 되었다. 이 일은 몽골 역사에 처음 있는 일이었다. 온 나라가 떠들썩하여 국영 TV가 이를 방영하고 각 부처의 장관들이 방문을 했다.

이스라엘의 사례

이스라엘의 사막 한중간의 언덕에 나무가 꽉 들어찬 삼림이 있다. 그 나무들은 질서정연하게 심겨져 있고 키가 모두 비슷했다. 이스라엘 사람들이 심어 놓은 것이다. 이스라엘은 그 땅이 젖과 꿀이 흐르는 땅이라는 하나님의 말씀을 믿었고, 팔레스타인 사람들(블레셋)은 알라가 저주했다고 믿었다. 같은 땅에 대한 다른 관점들은 다른 결과를 가져오게 했다.

갈릴리 디베랴 강가의 아름다운 농장에서 밭에 농작물을 더 심기 위해 화석들과 가시넝쿨들을 모아 트럭에 실은 기계를 본 사람은 이렇게 말했다. "이스라엘 사람들은 있는 그대로의 자연현상만을 본 것이 아니고 되어야 할 것을 보았다."[161]

인도의 사례

인도의 사례를 설명한 비샬 맹갈와디는 윌리엄 캐리에 대해서 이렇게 말했다.

캐리는 벌거숭이 자연을 보면 애통해하는 데 그치지 않고 산림을 계획했다. 그는 나무를 연구하고, 심고, 산림관리를 가르쳤다. 잡초를 보면 정원에 대한 비전을 가지고 일구었다. 그는 그가 시작한 일들을 지속적으로 뒷받침하기 위해 책들을 출간하고 세미나를 열었다.[162]

"경작하라"는 것은 주어진 환경에 순응하며 사는 것이 아니라, 환경에 변화를 주어서 하나님의 영광이 나타나도록 하는 창조적인 행위다. "경작하라"는 것은 우리를 능동적이며 긍정적으로, 적극적이며 창조적인 삶으로 이끈다.

우리의 주변에는 아직도 경작해야 할 영역이 너무나 많다. 잘 경작된 기름진 땅보다는 황무지가 더 많다. 열매를 내기에는 너무 황폐한 땅들이 많다. 단지 자연을 변화시키는 농부의 입장만이 아니다. 그것은 경제, 정치, 교육, 매스컴, 예술, 가정, 과학기술 등을 포함한다. 불의와 불공평으로 이루어진 어떤 조직 구조와 시스템을 말한다. 그것은 개인과 가정에서 시작하여 공동체, 도시, 지역, 족속, 나라 등도 포함한다.

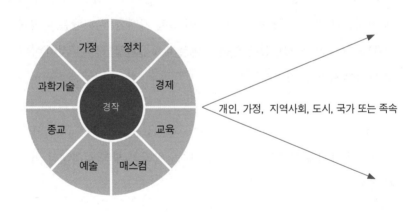

FIGURE 20 경작해야 할 영역들

사람이 경작한다. 사람 이외에는 어떤 존재도 황무지를 옥토로 바꿀 수 없다. 사람에게 가장 가깝다고 여기는 침팬지를 사람이 사는 방에 홀로 두면 방 전체가 엉망진창이 되어버린다. 밥그릇은 다 깨어지고 밥

알이 온통 사방으로 흩어져 있을 것이다. 만일 바나나 한 바구니를 갖다 두면 껍질이 사방으로 흩어져 엉망이 될 것이다. 오직 사람만 정리할 줄 알며 사람만 경작할 줄 안다. 사람만 환경에 변화를 줄 수 있다.

하나님의 나라는 경작하는 사람들의 것이다. 하나님은 경작하는 사람들과 함께 일하신다. 하나님은 이렇게 경작하는 사람들을 세워 나라와 도시와 다른 모든 영역들을 새롭게 하실 것이다. 하나님의 경작하라는 말씀에 순종하는 사람들의 행동의 결과를 문화라고 한다. 즉, 그리스도인이란 단순히 문화를 따르는 무리들이 아니라 '문화를 형성하는 무리들'이라고 정의할 수 있다. 하나님은 우리가 이 세상의 문화를 따르도록 부르지 않으셨다. 그렇다고 이 세상의 문화에서 자기만을 잘 지키도록 부르신 것도 아니다. 하나님은 우리를 부르셔서 잘못된 기반 위에 형성된 영역을 변화시켜 새로운 성경 중심의 문화를 이루도록 하신다. 주께서 우리의 믿음과 헌신을 귀하게 여기시고, 성령으로 그의 지혜와 능력을 부어주셔서 그분의 지상대명령을 성취하도록 도우실 것이라고 믿는다.

어떠한 시대에도 성령은 쉬지 않고 일하셨다. 그의 사람들, 그의 교회들을 통하여 온 땅에 대한 하나님의 마스터 플랜을 이루어 가셨다. 하나님의 성령에게 쓰임받은 사람들과 교회들을 통해 역사적인 통찰을 배워야 한다.

교회가 언제나 고민해야 할 세 가지 이슈가 있다고 피어슨은 말한다.[163] 첫째, 교회는 언제나 신앙적 갱신이 필요하다. 예수님을 향한 첫사랑으로 돌아가야만 한다. 둘째, 신앙의 핵심요소를 분명하게 규정해야 한다. 셋째, 기독교인의 삶에 대한 이해가 있어야 한다.

우리가 사회의 각 영역에서 기독교 문명운동을 성공적으로 일으키기 위한 다음 몇 가지 전략을 제안한다.

첫째, 사회의 각 영역에서 권위자가 되어야 한다. 학문적인 탁월함, 기술적인 탁월함이 필요하다. 사회의 각 분야에서 권위자가 되도록 노력해야 한다.

둘째, 탁월한 영성훈련이 있어야 한다. 시편 110편 3절의 "주의 권능의 날에 주의 백성이 거룩한 옷을 입고 즐거이 헌신하니 새벽 이슬 같은 주의 청년들이 주께 나오는도다" 하신 말씀의 성취가 일어나야 한다. 성령의 능력을 전적으로 의지해야 한다. 높은 수준의 거룩함을 가져야 한다. 다니엘은 바벨론에 의하여 자신을 더럽히지 않기로 결심했다. 생명을 드리는 헌신이 있어야 한다. 희생을 각오해야 한다. 모라비안의 형제들은 자신을 노예의 몸으로 팔아서 복음을 전했다. 이들은 남아 있는 형제들에게, "죽임을 당하신 어린양께서 고난의 보상을 받기에 합당하도다!"라고 외치며 작별을 고했다. 기도에 헌신해야 한다. 기도는 개척자보다 앞서 간다. 기도는 거친 땅을 경작하는 것과 같다. 기도로 사람이 일어난다. 사역이 조성된다. 그리고 무엇보다 집중적이고 체계적이며 지속적인 성경연구가 있어야 한다. 성경은 기독교 문명운동의 교과서이다.

셋째, 갈렙의 정신을 가져야 한다. 정복해야 할 가나안을 미리 돌아본 열두 명의 정탐꾼은 40일 후에 그 땅의 열매를 가지고 돌아왔다. 이스라엘 백성들은 그들이 가지고 온 열매를 보고 놀랐다. 그런데 그 땅에 대한 보고가 사뭇 달랐다. 10명의 정탐꾼은 "그 땅을 정복하기는 불가능하다"고 보고하였고, 2명, 특히 갈렙은 "가능하다"고 보고했다.

10명이 불가능하다고 보고한 이유를 세 가지로 들었다. "과연 그 땅에 젖과 꿀이 흐르는데 이것은 그 땅의 과일이니이다. 그러나 그 땅 거주민은 강하고 성읍은 견고하고 심히 클 뿐 아니라 거기서 아낙 자손을 보았으며 아말렉인은 남방 땅에 거주하고 헷인과 여부스인과 아모리인은 산지에 거주하고 가나안인은 해변과 요단 가에 거주하더이다… 우리는 능히 올라가서 그 백성을 치지 못하리라. 그들은 우리보다 강하니라"(민 13:27-29,31)라고 했다. 그러나 갈렙은 "우리가 곧 올라가서 그 땅을 취하자 능히 이기리라. 그 땅 백성을 두려워하지 말라. 그들은 우리의 밥이다. 그들의 보호자는 그들에게서 떠났다. 여호와는 우리와 함께하신다. 그들을 두려워하지 말라"(민 13:30, 14:9)고 강권했다. 그러나 이스라엘 백성들은 10명의 정탐꾼의 말을 듣고 믿었다. 그들은 모두 낙심했다. 그리고 하나님을 원망했다. 그들은 모두 좌절에 빠졌다.

하나님께서 그들 가운데 임하시고 갈렙의 보고가 옳다고 판단하셨다. 하나님은 10명의 정탐꾼과 그들의 말을 듣고 하나님을 원망한 백성은 모두 광야에서 죽을 것이며 오직 광야에서 태어난 다음세대가 약속의 땅에 들어갈 것이라고 말씀하셨다. 그러나 갈렙은 그 땅에 들어가서 그 땅을 차지할 것이라고 하셨다.

왜 정탐꾼들의 보고가 서로 다른가? 무슨 차이가 있는가? 갈렙도 다른 이들과 똑같이 그 땅과, 그 장대한 사람들과 거인들, 그 크고 견고한 성읍들을 보았다. 그것을 부정하지 않았다. 이스라엘 사람들은 평범한 사람들인 것도 알고 있었다.

그러나 갈렙은 크신 하나님을 보았다. 그는 하나님을 믿었다. 그가 믿고 섬기는 하나님은 전능하신 분이다. 무엇보다 약속하시는 하나님이시며 그 약속을 반드시 지키시는 신실하신 하나님이심을 믿었다. 그러나 10명은 장대한 사람들, 거인들, 크고 견고한 성읍들만 보았다. 그들의 능력으로는 정복하기가 불가능했다. 그들은 하나님을 보지 않았다. 그들은 오직 환경만 바라보았다. 하나님을 기대하는 것과 하나님을 기대하지 않는 것에는 큰 차이가 있다.

거룩한 열정을 가져야 한다. 시대를 파악하는 예리한 통찰력이 필요하다. 그리고 윌리엄 캐리가 붙잡은 말씀을 붙잡아야 한다. "네 장막터를 넓히며 네 처소의 휘장을 아끼지 말고 널리 펴되 너의 줄을 길게 하며 너의 말뚝을 견고히 할지어다. 이는 네가 좌우로 퍼지며 네 자손은 열방을 얻으며 황폐한 성읍들을 사람 살 곳이 되게 할 것임이라."[164]

요약

이 장에서는 기독교 문명운동의 전략적 관점을 기술했다. 맥가브란의 인간집단운동 전략, 하나님 나라 운동, 문화변혁 운동, 사도행전적 전략, 그리고 인간사회의 여덟 영역에 대한 NCMN 전략을 살펴보았다.

다음 장에서는 기독교 문명운동으로서의 NCMN의 사역과 사역방향에 관하여 기술할 것이다.

제 4 장

기독교 문명운동으로서의
NCMN 사역과 사역방향

이 장에서는 기독교 문명운동으로서의 NCMN 사역과 사역방향에 관하여 기술한다. 지금까지 기독교 문명운동의 성경적 관점을 삼위일체를 중심으로 한 '하나님의 선교' 패러다임으로 기술했다. 기독교 문명운동의 기독교 문명운동사적 관점을 랄프 윈터의 문명운동사와 폴 피어슨의 선교운동사 이론을 중심으로 기술했다. 기독교 역사에 나타난 다양한 문명운동들에 대한 연구는 새로운 역사적 통찰을 갖게 했다. NCMN의 전략적 관점으로 인간집단운동, 하나님 나라 운동, 문화 변혁 운동, 사도행전 전략 등에 관하여 기술했다. 이러한 관점들을 종합하여 기독교 문명운동으로서의 NCMN 사역과 사역방향을 설정한다.

기독교 문명개혁운동의 중심은 성경에 있다. 성경말씀 사역을 하는 공동체는 언제나 교회이다. 하나님께서는 교회를 통해서 하나님의 선교사역을 하셨다. 그러나 교회가 먼저 개혁되어야 사회를 개혁할 수 있다. 교회공동체의 개혁은 그리스도인 개개인의 영적 갱신이 먼저 있어야 한다. 기독교 문명개혁운동은 근본적으로 그 목표가 이사야 49장 6절에 있다.

> 그가 이르시되, "네가 나의 종이 되어 야곱의 지파들을 일으키며 이스라엘 중에 보전된 자를 돌아오게 할 것은 매우 쉬운 일이라. 내가 또 너를 이방의 빛으로 삼아 나의 구원을 베풀어서 땅 끝까지 이르게 하리라."[1]

"하나님의 구원이 땅 끝까지 이르게 하는 것"이 그 목표이다. 시편 67편은 전체가 이러한 하나님의 비전을 아는 자의 고백이다.

하나님은 우리에게 은혜를 베푸사 복을 주시고 그의 얼굴 빛을 우리에게 비추사 (셀라) 주의 도를 땅 위에, 주의 구원을 모든 나라에게 알리소서. 하나님이여, 민족들이 주를 찬송하게 하시며 모든 민족들이 주를 찬송하게 하소서. 온 백성은 기쁘고 즐겁게 노래할지니 주는 민족들을 공평히 심판하시며 땅 위의 나라들을 다스리실 것임이니이다 (셀라). 하나님이여 민족들이 주를 찬송하게 하시며 모든 민족으로 주를 찬송하게 하소서. 땅이 그의 소산을 내어 주었으니 하나님 곧 우리 하나님이 우리에게 복을 주시리로다. 하나님이 우리에게 복을 주시리니 땅의 모든 끝이 하나님을 경외하리로다.

여기에 '민족'이란 단어가 5번, '모든 나라', '온 백성', '땅 위의 나라들'이란 단어가 각각 한 번씩 나온다. 그리고 '우리에게 복을 주시리로다'가 세 번, '우리에게 은혜를 베푸사', '그의 얼굴 빛을 우리에게 비추사'가 각각 한 번씩 나온다. '우리에게 복을 주시는 것'과 '우리에게 은혜를 베푸시는 것', '그의 얼굴 빛을 우리에게 비추시는 것'이 서로 연관이 있음을 알 수 있다.

시편 기자는 하나님에게 '복을 주시도록', '은혜를 베푸시도록', 얼굴 빛을 비추어 주시도록' 담대히 요청하고 있다. 그것은 단순히 기복신앙이 아니다. 시편 기자의 마음은 '모든 민족', '모든 나라', '모든 백성'에게 이미 가 있다. 그들이 하나님을 찬송하기를 간절히 바라고 있다. '주의 도가 땅 위에', '주의 구원이 모든 나라에게' 알려지기를 간구한다.

이 모든 일이 일어나기 위해 먼저 우리에게 복을 부어주시기를 간구한다. 시편 기자는 맨 마지막 구절에서 그 결과를 말한다. "하나님이 우리에게 복을 주시리니 땅의 모든 끝이 하나님을 경외하게 될 것이다."

기독교 문명운동 사역의 출발

2010년 12월 말, 새해를 맞이하면서 주의 얼굴을 구했다. 주님께서 나에게 "새로워져야 한다"고 말씀하셨다. "교회가 새로워져야 한다. 그러나 무엇보다 네가 먼저 새로워져야 한다." 나는 "아멘!"으로 응답했다. 그때 마침 동영상 한 편을 메일로 받았다. 그것은 독수리에 관한 이야기였다.

독수리는 새 중에서 가장 오래 사는 새로 인간처럼 70년까지 살 수 있다. 그러나 70년을 살기 위해서는 40살이 되었을 때 운명적 선택을 해야 한다. 40살이 되면 긴 부리는 가슴 쪽으로 휘어져서 독수리의 목을 파고 들어가며, 날카로운 발톱이 심하게 안쪽으로 구부러진 상태로 굳어져 먹이를 잡기가 불가능해진다. 그리고 자유자재로 비상했던 날개의 깃털은 날개 근육이 감당하지 못할 정도로 두껍고 무거워져서 제대로 날 수 없게 된다.

이때 독수리는 그대로 죽음을 기다리다 1년 안에 죽든지 아니면 30년을 더 살기 위해 150일 동안 높은 산꼭대기의 벼랑 끝에 둥지를 틀고서 날지도 먹지도 않고 그 안에서 머무는 과정을 견디든지 선택해야 한다. 그는 굽은 부리가 다 부서지고 닳아질 때까지 바위에 계속 내리쳐서 부리를 완전히 없앤다. 부리가 다 없어지면 새로운 부리가 날 때까지 오랫동안 둥지에서 꼼짝 않고 기다린다.

날카롭고 곧은 부리가 나오면 그것으로 발 안쪽으로 구부러져 파고 들어가는 발톱을 하나씩 뽑아낸다. 독수리에게는 신경의 완충작용을 해주는 부위가 발톱이기 때문에 그것을 뽑는다는 것은 거의 죽음에 가까운 고통을 의미한다. 발톱을 부리로 뽑아낼 때 피가 나고 갈라져도 마지막 발톱을 다 뽑을 때까지 아무것도 먹지 않고 뽑아내야 한다. 그리고 새로운 발톱이 다 자라날 때까지 다시 둥지에 머물며 기다리는 시간을 보낸다.

　마지막으로 독수리는 새롭게 난 부리와 발톱으로 낡고 무거운 깃털을 하나씩 모조리 뽑아낸다. 그런 후에 다시 가볍고 힘찬 새 깃털이 나올 때까지 둥지에서 한 번 더 꼼짝 않고 기다린다. 그렇게 높은 절벽에서 외롭게 혼자 사투를 벌이며 극복한 인고의 150일이 지나면 따뜻한 기류가 불 때까지 기다린다. 오랫동안 날지 않아서 약해진 날개 근육으로 날다가 절벽 아래로 떨어질 수 있기 때문이다. 그래서 따뜻한 기류를 따라 서서히 하늘로 치솟으며 날개 근육의 힘을 키우고 나서야 독수리의 새로운 비행이 시작되고, 생명도 30년 더 연장된다는 내용의 동영상이었다.

　내가 받은 독수리에 관한 동영상에서 그 내용의 사실 여부는 그리 중요한 것이 아니었다. 어느 점은 사실이고 어느 점은 사실이 아닐 수도 있다. 그러나 나는 이 동영상을 통해서 주께서 나에게 하시는 메시지를 들었다. 나는 독수리 동영상에서 언급한 것처럼 주님 앞에 머무는 시간을 갖기로 결심했다. 독수리가 새로워지기 위해 150일을 가졌다면 나는 180일을 갖기로 했다. 하지만 6개월이 지난 그해 6월 말까지도 나의 날개는 여전히 무겁고 변화가 없었다. 시간만 보낸다고 새로워지는 게 아니었다. 내가 결심하는 것도 중요하지만 주께서 나를 새롭게 해주셔야 비로소 새로워지는 것을 알게 되었다.

　나는 그 시간이 얼마나 걸리든지 주님 앞에 머무는 시간을 갖기로 했다. 2011년 8월 말에 한적한 곳에서 금식하며 기도하는 한 주간을 보냈다. 주 앞에 머무는 첫날, 주께서 "내가 너를 새롭게 하리라"고 나에게 말씀하셨다. 그것은 소망의 시간이었다.

　2011년 12월에 멕시코에서 국제 YWAM 지도자 회의가 진행되고 있는 동안에 주님은 제게 "너는 새로워졌다"라고 말씀하셨습니다. 아무런 징후는 없었지만 저는 그 말씀을 믿음으로 받았습니다. 이후로 제 이와 발톱과 날개가 새로워지는 과정 중에 있습니다. [2]

그리고 그 주간 동안 모든 것을 내려놓고, 오직 주님의 뜻을 구하며 시간을 보냈다. 기다리고 귀를 기울이며 그의 뜻을 구하고 있었다. 주 앞에서 머무는 셋째 날, 주께서 나에게 새로운 사역을 시작하라고 하셨다. 'NCMN(Nations-Changer Movement & Network, NC 운동 네트워크)'은 그렇게 시작되었다.

그것은 사회의 각 영역인 정치(법률, 외교 포함), 경제, 교육, 매스컴, 축제(예술 및 연예, 스포츠), 종교, 과학기술(의료 포함), 가정 등의 영역에 성경적인 기반으로 변혁이 일어나 하나님의 나라가 이루어지는 것이다. 이것은 기독교 문명운동이다. 그러한 변혁의 구심력은 교회에 있기에 한국의 교회가 새로워져서 새로운 사역을 감당하도록 교회를 일으키는 일이 가장 중요했다.

주님께서 이 사역을 준비하면서 무엇부터 시작해야 할지 알려주셨다. '성경'과 '지도력'과 '재정', 이 세 가지 영역에서 시작할 것을 말씀하셨다. 나는 성경적인 기반을 다지기 위한 '쉐마 말씀학교', 올바른 지도력을 발휘하여 변화를 주는 '체인저 리더십 학교', 또 이 모든 것의 핵심인 '왕의 재정학교'를 위해 일 년의 준비기간을 갖기로 했다.

그리고 2012년 가을부터 준비하여, 2013년부터 NCMN의 세 가지 사역을 시작했다. 2013년 4월에 체인저 리더십 학교를 개설했으며 모두 40~50시간의 커리큘럼으로 구성했다. 그리고 2013년 7월에는 왕의 재정학교를, 10월에는 쉐마 말씀학교를 개설했다.

쉐마 말씀학교

한 나라의 변혁은 사람의 아이디어나 방법이나 전략으로 되는 것이 아니다. 그것은 오직 하나님의 말씀인 성경이 기반이 되어야 한다. 왜냐하면 나라의 각 영역이 변화되는 것은 하나님의 계획 안에 있기 때문이다. 그것은 사람이 고안한 아이디어가 아니라 하나님의 계획이다.

창세기 1장 26-28절에서 하나님은 그의 형상대로 지음 받은 사람에게 명령을 하셨다. 그것을 '문화명령' 또는 '기독교 문명운동'이라고도 한다. 마태복음 28장 18-20절의 예수님의 '지상대명령'은 창세기 1장 26-28절의 메아리와도 같다. 여기서 '문화'는 '하나님의 원칙으로, 하나님의 능력에 의해, 하나님의 성품이 드러나는 문화'를 말한다.

성경은 기독교 문명운동을 성취하기 위한 하나님의 원칙과 전략이 담겨 있다. 성경은 이것의 교과서다. 하나님의 말씀은 건축의 다림줄(수직을 살펴보기 위하여 추를 달아 늘어뜨린 줄)과 같다. 역사를 살펴보면 언제나 하나님의 말씀이 흥왕할 때 각 영역의 변혁이 일어났다.

사회의 각 영역을 올바르게 세울 수 있는 기준은 성경에 있습니다. 신명기는 이스라엘이 취하게 될 가나안에 기독교국가를 세우기 위한 지침서라고 할 수 있습니다. 그리고 그 중심에는 오직 하나님의 말씀이 있습니다. '쉐마'가 중심말씀입니다. '쉐마'란 신명기 6장 4-9절 "이스라엘아 들으라"의 '들으라'라는 뜻입니다. 하나님의 말씀을 듣고 그것으로 모든 것의 다림줄이 되게 하라는 것이지요.[3]

토마스 카힐(Thomas Cahill)은 켈트족이 유럽문명을 구원했다고 말했다.[4] 서유럽과 중부유럽에 강력한 영향을 끼친 켈트족에 의한 문명운동의 중심에는 성경을 깊이 연구함이 있었다. 아시아 기독교 문명 운동에 공헌한 네스토리안 운동은 이러한 켈트족 교회를 본받아 성경 연구와 영성훈련에 역점을 두었다.

　가장 어두운 시대인 중세에 마치 흑암 중에 빛이 비추인 것처럼 기독교 문명운동을 일으킨 것은 수도원 운동이다. 이들은 단지 수도원 이라는 세상과는 동떨어진 곳에 사는 것이 아니었다. 이들은 사회개혁에 강한 영향을 주었다. 이러한 수도원 운동의 기반에는 성경연구와 성경의 원칙을 기반으로 한 개인, 교회, 사회를 주장하였기 때문이다. 클루니, 시토파, 도미니쿠스, 프란치스코회 수도원 운동이 다 이러한 기반으로 활동했다. 위클리프를 시초로 한 롤라드 운동은 이러한 면에서 가장 칭찬을 받아야 한다. 위클리프는 성경을 깊이 연구했다. 그는 쟁기를 멘 소를 끄는 시골 소년까지도 성경을 읽기를 바랐다.

　바울팀의 헌신적인 노력에 의하여 이루어진 강력한 기독교 기반의 지역들이 단숨에 모슬렘에게 넘어간 이유는 무엇인가? 가장 큰 이유는 성경의 소홀이다. 하나님의 말씀에 대한 열정이 식었다. 더구나 다른 언어로 성경을 번역하는 일을 무시하고 오직 라틴어로만 성경을 읽게 했다.

　훗날에 성경을 다른 언어로 번역하기 시작한 일은 기독교 문명운동에 가장 큰 자원을 제공했다. 위클리프는 성경 전권을 영어로 번역했다. 그는 '종교개혁의 샛별'이라고 불릴 만큼 종교개혁에 강한 영향을 끼쳤다. 루터의 독일어 성경번역도 이와 같은 맥락에 있었다. 종교개혁에 영향을 준 사람들은 기독교 인문주의자들이었다. 이들은 성경을 강조하고 연구했다. 독일의 로이힐린, 로테르담의 에라스무스, 히메네스 데 시스네로스 추기경, 자쿠에스 레페브르 등이 이들이다. 기독교 문명운동의 원동력은 오직 성경에 있음을 확신하고 성경을 연구하고 가르치는 일에 헌신한 종교개혁자 루터와 칼뱅의 수고를 잊지 말아야 한다. 이들은 성경의 유일한 권위를 기반으로 복음을 재발견하고 적용하는 일에 목숨을 걸었다.

많은 사람들이 성경을 번역하는 힘든 작업에 뛰어들었다. 중세와 종교개혁 당시에 성경을 다른 언어로 가르친다는 것은 목숨을 거는 일이었다. 성경을 가르치며 전파하는 일에 헌신한 많은 사람들이 순교를 당했다. 우리는 이러한 수고를 한 믿음의 선배들의 희생을 결코 잊어서는 안 된다.

하나님은 말씀으로 세상을 창조하셨고 그 말씀으로 세상을 붙들고 계신다.[5] 말씀이신 예수 그리스도께서 그의 능력의 말씀으로 만물을 붙들고 계신다는 것은 우리 개개인의 삶에 그 말씀이 기반됨을 말하는 것만이 아니라 사회의 구성요소 전반에 걸쳐 그 말씀을 기반으로 하여 형성되어야 한다는 것을 말한다. 마틴 루터가 가톨릭의 제도와 신앙에 강한 반박을 할 수 있었던 것은 그가 성경을 통해서 올바른 기준이 형성되었기 때문이다. 마치 다림줄을 통해서 쌓아 놓은 담들이 잘못 쌓인 것을 보게 되는 것처럼 그는 가톨릭이 오랜 세월을 성경을 소홀히 함으로 잘못된 방향으로 가게 된 것을 알았다. 루터와 칼뱅은 잘못된 부분을 지적하는 것에 머물지 않았다. 그들은 성경을 기반으로 하여 사회의 전반적인 영역을 재구성하고 구축하는 일에 힘썼다. 정치에는 하나님의 공의가, 경제에는 하나님의 정직이, 교육에는 하나님의 지혜가, 매스컴에는 하나님의 진실이, 예술과 연예, 스포츠에는 하나님의 거룩하심이, 종교에는 하나님의 긍휼이, 과학기술에는 하나님의 창조적 능력과 지혜가, 가정에는 하나님의 사랑이 드러나도록 해야 한다. 성경은 이러한 영역에 근본적인 원리와 원칙을 제공하는 교과서이다.

하나님의 말씀, 성경은 성공에 이르는 지침서다. 영적 거장인 모세를 이은 후계자 여호수아는 부담감으로 가득했다. 그는 모세가 남긴 미완성 과업, 가나안 정복이라는 큰 도전에 직면했다. 그의 머릿속에는 온통 '성공', '형통함'이라는 단어로 가득했다. 그는 두려웠다. 실패가 두려웠다. 능력의 부족, 감당하지 못할 벅찬 과제가 그를 짓눌렀다.[6]

그에게 과업을 맡긴 하나님은 이러한 여호수아에게 그 비결을 알려주셨다. "이 율법책을 네 입에서 떠나지 말게 하며 주야로 그것을 묵상하여 그 가운데 기록한 대로 다 지켜 행하라. 그리하면 네 길이 평탄하게 될 것이라. 네가 형통하리라."[7]

하나님은 오직 한 가지만 행하면 반드시 성공한다고 알려주셨다. 그것은 오직 하나님의 말씀이다. 그것을 읽고 묵상하며 행하는 것이다. 얼마나 감사한가! 오직 한 가지만 열중하면 된다. 여호수아는 성공하기 위해서라면 100가지라도 할 각오가 있었다. 감사하게도 오직 한 가지, 하나님의 말씀인 성경에 전념하면 된다고 하셨다. 바울도 디모데에게, "내가 이를 때까지 읽는 것과 권하는 것과 가르치는 것에 전념하라"고 하였고,[8] 또 "너는 배우고 확신한 일에 거하라"고 했다.[9] 바울은 디모데에게 성공적인 사역자로서의 비결을 알려주었다.

또 (너는) 어려서부터 성경을 알았나니, 성경은 능히 너로 하여금 그리스도 예수 안에 있는 믿음으로 말미암아 구원에 이르는 지혜가 있게 하느니라. 모든 성경은 하나님의 감동으로 된 것으로 교훈과 책망과 바르게 함과 의로 교육하기에 유익하니, 이는 하나님의 사람으로 온전하게 하며 모든 선한 일을 행할 능력을 갖추게 하려 함이라.[10]

성경에 대한 바울의 확신은 다음과 같다. 첫째, 성경은 구원에 이르는 지혜가 있게 한다. 많은 사람들이 성경을 읽으면서 진리를 들었다. 진리를 구하며 방황하고 목말라 하던 사람들이 더 이상 방황하지 않게 되었다. 구주를 찾은 것이다. 성경을 접하면서 예수 그리스도를 만난다.

우물가에서 예수 그리스도를 만난 사마리아 여인은 동네 사람들에게 말하기를, "내가 행한 모든 일을 내게 말한 사람을 와서 보라. 이는 그리스도가 아니냐"고 했다.[11] 그녀는 더 이상 목말라 하지 않게 되었다. 진리를 만난 것이다. 그녀의 말을 듣고 와서 예수를 만난 동네 사람들이 그 여인에게, "이제 우리가 믿는 것은 네 말로 인함이 아니니 이는 우리가 친히 듣고 그가 참으로 세상의 구주신 줄 앎이라"고 말했다.[12] 이같이 성경은 영생에 이르는 길로 인도하는 안내자이다.

둘째, 성경은 우리의 삶에 네 가지 면에서 유익한 내비게이션 역할을 한다.

교훈을 준다. 성경은 우리가 어떻게 살아야 할 것인가, 우리의 나아갈 방향을 가리킨다. 시편 119편 105절에, "주의 말씀은 내 발에 등이요 내 길에 빛이니이다"라고 했다.

책망한다. 성경은 우리가 길을 가다가 잘못된 길로 접어들었을 때에 이를 알려주어 계속하여 잘못된 길로 가지 않도록 경고한다. 시편 119편 24절에, "주의 증거들은… 나의 충고자니이다"라고 했다.

바르게 한다. 성경은 우리가 어긋난 길에서 다시금 돌이켜 올바른 길로 들어서도록 인도한다. 시편 119편 59절에, "주의 증거들을 향하여 내 발길을 돌이켰사오며" 하고, 176절에, "잃은 양같이 내가 방황하오니 주의 종을 찾으소서. 내가 주의 계명들을 잊지 아니함이니이다" 하고, 101절에, "내가 주의 말씀을 지키려고 발을 금하여"라고 했다.

의로 교육한다. 성경은 우리를 격려하고 위로하여 힘을 주어서 우

298

리로 끝까지 올바른 방향으로 나아가도록 돕는다.

셋째, 성경은 하나님의 사람으로 온전하게 한다. 하나님의 뜻대로 살아가고자 하는 모든 그리스도인은 하나님의 사람이다. 성경은 우리로 하나님의 사람답게 살 수 있도록 도와준다. 그러한 사람으로 되어가고 행하도록 우리를 완성시킨다.

넷째, 성경은 우리로 모든 선한 일을 행할 능력을 갖추게 한다. 군인으로서 국가의 부르심을 받은 사람을 처음부터 전쟁터로 내보내지 않는다. 전쟁에서 승리하는 군인이 되려면 먼저 훈련소에서 훈련하고 익혀서 감당할 수 있도록 해야 한다. 이같이 군인을 무장시키듯 성경은 우리가 모든 선한 일을 행할 능력을 갖추게 한다.

오늘 우리는 동일한 도전에 직면해 있다. 하나님의 놀라운 일에 동참하기 위해서는 먼저 하나님의 말씀인 성경이 흥왕해야 한다. 성경으로부터 올바른 지도력과 재정 원칙이 세워지기 때문이다. 사회의 각 영역이 올바르게 세워지는 기준이 성경에 있다. 신명기는 이스라엘이 앞으로 취하게 될 가나안에 기독교국가를 세우기 위한 지침서라고 할 수 있다. 그리고 그 중심에는 오직 하나님의 말씀이 있다. 하나님의 말씀을 듣고 그것으로 모든 것의 다림줄이 되게 하라는 것이다.

이스라엘아, 들으라! 우리 하나님 여호와는 오직 유일한 여호와이시니, 너는 마음을 다하고 뜻을 다하고 힘을 다하여 네 하나님 여호와를 사랑하라.[13]

오늘 내가 네게 명하는 이 말씀을 너는 마음에 새기고 네 자녀에게 부지런히 가르치며 집에 앉았을 때에든지 길을 갈 때에든지 누워 있을 때에든지 일어날 때에든지 이 말씀을 강론할 것이며, 너는 또 그것을 네 손목

에 매어 기호를 삼으며 네 미간에 붙여 표로 삼고 또 네 집 문설주와 바깥 문에 기록할지니라.[14]

하나님을 사랑하는 것과 하나님의 말씀을 대하는 것은 서로 깊은 연관이 있다. 서로 뗄 수 없다. 앞으로 가나안에 들어가서 그 땅을 취하여 하나님의 나라를 세울 때에 가장 중요한 것은 바로 하나님을 사랑하고 그의 말씀을 따라 행하는 것이다. 하나님의 말씀을 따라 행할 때 나라가 견고하게 세워지기 때문이다. 이는 마치 견고하고 튼튼한 건물을 세울 때의 지침서와도 같다고 할 수 있다.

"쉐마"란 신명기 6장 4-9절 "이스라엘아 들으라"에서 '들으라'의 히브리어이다. 나라를 견고하게 세우려면 먼저 하나님의 말씀을 들어야 한다. 귀를 기울여야 한다. '쉐마'란 단지 들어서 지식으로 가득하라는 것이 아니다. 그 말씀을 마음에 새기라는 것이다. 놀랍게도 마음에 새겨진 것에 의하여 행동이 지배를 받는다. 그 말씀을 개인의 삶뿐만 아니라 사회의 전반적인 영역에 기초가 되게 하라는 것이다.

이는 곧 너희의 하나님 여호와께서 너희에게 가르치라고 명하신 명령과 규례와 법도라 너희가 건너가서 차지할 땅에서 행할 것이니, 곧 너와 네 아들과 네 손자들이 평생에 네 하나님 여호와를 경외하며 내가 너희에게 명한 그 모든 규례와 명령을 지키게 하기 위한 것이며, 또 네 날을 장구하게 하기 위한 것이라. 이스라엘아 듣고 삼가 그것을 행하라. 그리하면 네가 복을 받고 네 조상들의 하나님 여호와께서 네게 허락하심같이 젖과 꿀이 흐르는 땅에서 네가 크게 번성하리라.[15]

이스라엘이 장차 들어가 차지할 가나안 땅에서 하나님의 말씀을 따라 행한다면 복을 주시겠다고 하나님은 그들에게 약속을 하셨다. 하나님께서 그들의 날을 장구하게 하실 것이다. 그들이 복을 받게 될 것이다. 즉 주변의 강한 나라들 가운데 있다 할지라도 견고하여 강한 나라로 세워질 것이다. 그들의 땅이 젖과 꿀이 흐르게 됨같이 비옥한 땅, 열매 맺는 땅이 될 것이다. 그들은 크게 번성할 것이다. 사방으로 퍼져가며 영향을 끼치게 될 것이다.

물론 구약의 역사를 살펴보면 유대 민족은 말씀을 따라 행하지 않았다. 그 결과로 정반대의 결과가 나타났다. 전쟁에 휩싸이고, 나라가 약해지며 심지어는 포로로 잡혀가기도 했다. 그럼에도 불구하고 그들은 다른 나라와 민족들에 비하여 하나님을 섬기고 그의 말씀에 귀를 기울이고 순종했다. 신명기에서 말씀하신 대로 하나님의 말씀인 성경의 중요성을 더욱 절감하게 된다.

성경을 어떻게 대할 것인가?

첫째, 하나님의 말씀을 마음에 새겨야 한다. "오늘 내가 네게 명하는 이 말씀을 너는 마음에 새기고."[16] 마음에 새기라고 하신다. 그만큼 마음의 영역은 중요하기 때문이다. "모든 지킬 만한 것 중에 더욱 네 마음을 지키라. 생명의 근원이 이에서 남이니라."[17] 야고보서에서는 "마음에 심어진 말씀"[18]이라고 한다.

말씀을 단지 지식으로 머리에 두는 것이 아니라 가르침을 받은 대로 행하는 데 그 목적이 있다. 그렇게 하기 위해서는 말씀을 마음에 새겨야 한다. 말씀을 마음에 둘 때 비로소 삶의 변화가 오기 때문이다. 마음은 속사람에 해당한다. 그리고 속사람에 말씀을 새기는 비결은 오직 성령으로 가능하다. "그의 성령으로 말미암아 너희 속사람을 능력으로 강건하게 하시오며."[19] 성경을 대할 때 성령의 도우심을 구해야 한다. 성령으로 그 말씀이 우리의 마음에 새겨질 때, 그 말씀은 우리의 생각을 사로잡고 우리의 모든 행동과정과 인격을 다스린다. 성경을 마음에 새기기 위한 가장 좋은 길은 말씀을 묵상하는 것이다. 또한 말씀을 통독하는 것이다. 특히 소리를 내어서 읽는 것이다. 성경을 소리내어서 읽을 때에는 세 가지 면에서 효과가 있다. 눈으로 보고, 입으로 소리를 내고, 귀로 듣는다. 그러면 눈으로 보는 것보다, 귀로 듣는 것보다 말씀이 마음에 더 강하게 새겨질 것이다.

둘째, 하나님의 말씀을 부지런히 가르쳐야 한다. "너는 이 말씀을… 네 자녀에게 부지런히 가르치라"[20]라고 명하신다. 성경 말씀을 먼저 나의 마음에 새겨서 삶을 통해서 나타나도록 했다면 그 다음으로는 성경을 다음세대에 부지런히 가르쳐야 한다. "너와 네 아들과 네 손자들이 평생에 그 말씀을 지키라"[21]고 하신다. 세대를 통해 그 말씀이 흘러가도록 해야 한다. 또한 그 말씀을 부지런히 가르쳐야 한다. 열심을 내야 한다. 가장 최우선에 두어야 한다. 집에 앉았을 때, 길을 갈 때, 누워 있을 때에도 그 말씀을 강론해야 한다. 때와 장소를 가리지 말아야 한다. 사도 바울도 "유익한 것은 무엇이든지 공중 앞에서나 각 집에서나 거리낌이 없이 여러분에게 전하여 가르치고"[22]라고 했다. 이 말씀이 가정에서는 다음세대에게, 직장에서는 함께 수고하는 동료들에게 전달되어 삶의 모든 영역에 기반이 되어야 한다. 가정이나 나라에서 가장 좋은 유산은 성경, 즉 하나님의 말씀이다. 건강한 가정, 복된 가정, 건강한 사회, 복된 나라의 비결은 하나님의 말씀에 있다. 성경이 각 개인과 가정과 사회와 나라에 미치는 영향은 절대적이다.

셋째, 하나님을 경외하며, 또한 하나님을 사랑함으로 말씀을 대해야 한다. 하나님의 유일성이 우리의 믿음의 기초다. 우리를 하나로 집결시키는 중심부다. 이것을 유지하면 개인과 나라는 힘을 얻고 번성하게 될 것이다. 하나님의 유일성은 개인과 교회공동체와 국가의 보루다. 우리는 다른 어떤 우상도 우리의 마음에 두지 않기로 결심해야 한다. 우리는 여호수아가 "너희가 섬길 자를 오늘 택하라. 오직 나와 내 집은 여호와를 섬기겠노라"고 고백한 것처럼[23] 다른 신들을 우리 마음에 두지 않기로 결정을 해야 한다. 오직 하나님 한 분만을 섬기기로 결정해야 한다. 이 같은 굳은 결심에서 비로소 하나님을 경외하는 마음이 나온다. 하나님을 경외하는 마음의 기반 위에 하나님을 전심으로 사랑하는 마음을 가져야 한다.

하나님을 경외하는 마음이야말로[24] 말씀을 순종할 수 있는 가장 강력한 원리가 될 것이다. 마음을 다하고 뜻을 다하고 힘을 다하여 하나님을 뜨겁게 사랑함으로 말씀을 대해야 한다.[25] 전심으로 온 마음으로 하나님을 사랑하는 것이야말로 말씀을 들으며 순종하여 행할 수 있는 가장 중요한 기반이다. 그것은 말씀을 의무감이나 두려움의 공포에 사로잡혀 억지로 대하지 않고 자발적이고 기쁘고 즐겁게 대하게 해준다.

NCMN의 쉐마 말씀학교 사역은 중요하다. NCMN에서는 이같이 말씀을 나의 마음에 새기기 위해서 그리고 전달하기 위해서 학교를 개설했다. 이 학교는 단지 성경의 내용을 지식으로 익히기 위한 과정이 아니라 말씀을 마음에 새기고 삶에 적용하기 위한 것이 그 주요점이다. 또한 각 사람이 일하는 삶의 현장에 말씀이 기반이 되도록 하고자 함이다. 매주 토요일마다 9회에 걸쳐 진행이 된다. 토요일 09:00에 시작하여 19:00에 마친다. 구약의 율법서, 역사서, 시가서와 선지서를 4회에 걸쳐서, 그리고 신구약 중간사를 1회, 신약의 복음서, 역사서, 바울서신, 일반서신, 그리고 요한계시록을 4회에 걸쳐 살펴본다.

이 모든 시간의 초점은 성경의 지식보다는 성경에 나타나는 원리원칙에 둔다.

이 학교에 참석하는 사람들은 대부분 그리스도인들이다. 연령별로는 30-40대를 중심으로 20대와 50대가 그 다음으로, 10대와 60-70대가 그 다음으로 구성되어 있다. 1년에 2회에 걸쳐 진행하고 있다. 각 학교는 학생이 320명 안팎이다. 5명의 참가자를 한 개의 소그룹으로 묶고 각 그룹에는 담당 간사가 있어서 학생들이 말씀을 대하는 데 도움을 준다. 각 학교는 학생이 300여 명, 간사가 100여 명으로 이루어져 있다.

NCMN의 각 학교는 소그룹의 중요성을 강조한다. 이는 "두 사람이 한 사람보다 나음은 그들이 수고함으로 좋은 상을 얻을 것임이라. 혹시 그들이 넘어지면 하나가 그 동무를 붙들어 일으키려니와 홀로 있어 넘어지고 붙들어 일으킬 자가 없는 자에게는 화가 있으리라.…한 사람이면 패하겠거니와 두 사람이면 맞설 수 있나니 세 겹 줄은 쉽게 끊어지지 아니하느니라"[26] 하신 성경의 원칙에 의한 것이다. 각 소그룹별로 SNS를 활용하여 함께 학교의 일정을 진행한다.

학생들에게 《말씀관통 100일 통독》[27]을 사용하여 매일 성경을 10장 내외로 읽도록 이끈다. 또한 매일 말씀 묵상을 하도록 묵상진도표를 책자로 만들어 사용한다. 또한 매일 1시간 이상씩 기도를 해야 한다. 수업의 마지막 시간에는 말씀을 각 개인의 삶에 적용하도록 70분의 시간을 소그룹 모임에 할애한다. 이 모든 사항들은 학교 수료요건에 반영된다. 약 95%의 학생들이 이 요건을 충족하여 수료를 하고 있다.

말씀배가운동

쉐마 말씀학교를 통해 '말씀배가운동'을 전개하고 있다. 먼저는 수료한 학생들이 배운 바 하나님의 말씀을 자신의 삶에 적용하기 위하여 힘쓴다. 또한 그 말씀이 자신이 속한 사회의 영역에 기반이 되도록 노력한다. 학교를 수료한 후에도 계속하여 말씀을 마음에 새긴다. 특히 말씀을 통독하는 일에 헌신한다. 자신만 아니라 주변에 함께할 사람들을 모아서 소그룹으로 말씀통독을 계속한다. 이들 소그룹은 어떤 강의가 구성되지 않고 오직 성경을 통독하는 데에 그 목적이 있다.

《말씀관통 100일 통독》책을 도구로 사용하여 1년에 3독 이상 말씀 통독을 목표로 한다. 각 사람이 성경을 통독할 때 성령께서 각 사람의 눈을 떠서 보게 하고, 귀를 열어 듣게 하고, 마음으로 이해하게 하여 진리 가운데로 이끄실 줄을 확신한다. 어떤 사람은 수십 개의 소그룹을 이끄는 사람도 있다. 성경을 통독할 때 성령이 역사하는 간증들이 많다.

미국, 영국, 캐나다, 호주, 뉴질랜드, 일본, 태국, 캄보디아 등에서 그리고 서울, 경기도 여러 지역, 청주, 광주, 대구, 울산, 제주 등에서 가정, 교회, 일터, 새터민, 학교의 영역에서 200개 이상의 팀, 3,000명 이상이 말씀배가운동을 하고 있다.

재정부흥회

성경에는 재물을 다루는 원칙에 대하여 엄청나게 많이 기록되어 있다. 예수께서 주로 비유로 말씀을 가르치셨다. 그리고 그 비유의 3분의 2는 재물을 그 소재로 하셨다. 그만큼 사람들이 이해하기도 쉽고 우리의 삶과 밀접하게 연관되어 있기 때문이다.

2000년을 맞이하는 1월 1일에 주 앞에 머물 때 주께서 나에게 "너는 성경에 나타난 재정의 원칙을 나의 교회에게 전하라"고 말씀하셨다. 나는 그때까지는 당시에 내가 사역하던 선교단체 내의 학교에서와 간사들에게 이 주제로 말씀을 나누었다. 그런데 주님은 이 주제를 그의 모든 교회가 이해하고 행하기를 원하셨다. 그래서 2011년 8월에 이 주제를 본격적으로 다루기 위해 학교를 개설하기로 결정을 했다.

나중에 알게 된 것은 지금 NCMN의 핵심 리더로 동역하는 김미진 간사도 오래전에 동일한 말씀을 주께로부터 들었다는 것이다. 주께서 김미진 간사에게 이 주제를 다루는 학교를 개설할 것에 대하여 말씀하시고 구체적으로 보여주셨다고 한다. 그때 떠오른 이름이 '왕의 재정학교'였다.

성령께서는 우리 두 사람에게 각각 다른 때에 다른 장소에서 이 주제를 다루는 것이 왜 중요한가를 동일하게 말씀하셨다. 주님은 "한국교회의 부흥의 열쇠는 재정에 있다"고 말씀하셨다. 한국의 교회가 부흥의 길에서 점점 쇠퇴하여 가는 시기에 이 말씀을 하셨다. 많은 사람들이 교회의 현재와 미래를 염려했다. 매우 부정적인 견해도 많았다. 패배의식과 절망이 점차 교회로 밀고 들어왔다. 모두가 이 답답한 터널을 벗어나고자 애를 쓰고 있었다. 이러한 때에 주께서 말씀하신 것이다. 국내외적으로 여러 리더들, 목회자들, 그리스도인들이 나에게 질문을 했다. "한국교회의 부흥의 열쇠가 어디에 있다고 생각하십니까?" 주께로부터 이 말씀을 듣기 전까지는 나도 어느 것이 부흥의 열쇠인가를 찾고 있었다. 그런데 이제는 단호하고 명백하게 말한다. "한국교회의 부흥의 열쇠는 재정에 있습니다!" 지금부터 3년 전만 하더라도 내가 이같이 말하면 동의하는 사람이 없었다. 매우 생소하게 들으며 별 반응이 없었다. 그러나 지난 2년 동안에 대부분의 한국교회들이 이 주제에 대하여 매우 비상한 관심을 가지게 되었다. 2년 전 김미진 간사가 창원의 어느 교회에서 재정부흥회를 열었다. 그 교회가 강의를 녹화하여 유튜브로 띄웠다. 그런데 많은 사람들이 그것을 듣고 큰 반응을 보였다. 그 후 김미진 간사를 초청하여 재정부흥회를 개최한 여러 교회가 강의 동영상을 유튜브로 교회홈페이지에 올렸다. 마찬가지로 큰 호응을 사방에서 얻게 되었다. 2014년 6월에 규장출판사에서 《왕의 재정》을 출간하기 전에 김미진 간사의 동영상 강의를 유튜브로 조회한 횟수를 세어 보니 약 1,000만 건이 된다고 했다(2014년 기준).

김미진 간사는 지난 2년 동안에 거의 100여 개의 교회에서 이 주제로 말씀을 전했다. 처음에는 교회들이 '재정세미나'로 초청했다. 우리는 '재정부흥회'로 명명하기를 요청했다. 물론 한국교회 역사에서 이같은 제목으로 부흥회를 개최한 적이 이전에는 없었다. 주께서 교회부흥의 열쇠가 재정에 있다고 하셨기에 이같이 요청한 것이다. 지금은 초청하는 모든 교회가 '재정부흥회'로 집회를 준비한다. 현재 국내는 물론 세계의 많은 디아스포라 한국교회들이 '재정부흥회'를 개최하기를 요청하고 있다. 지금 1,000여 개의 교회들이 요청한 상태다. 이제 '재정부흥회'는 일반화되었다. 이제부터 시작이다. 한국교회는 변화되고 있다. 앞으로 부흥할 것이다.

왕의 재정학교

성경에는 재물에 대한 말씀이 여러 번 나와 있다. 왜 그런가? "성경에는 믿음에 대해 214번, 구원에 대해 218번, 재물에 대해 약 3,000번 언급한다. 믿음과 구원보다 재물에 대해 열 배 이상 더 말하는 이유는 재물이 믿음과 구원보다 더 중요해서가 아니다. 재물에 대해 우리가 알아야 하는 게 그만큼 많다는 것을 의미한다."[28]

왕의 재정학교는 재물을 어떻게 성경적인 원칙에 따라 다루느냐를 살피는 학교다. '재정'이란 재물을 성경적으로 다루는 법을 말한다. 재물을 다루는 것이 왜 중요한가? 왜 감히 한국교회의 부흥의 열쇠가 재정에 있다고 말하는가?

지난 5년 동안 한국 내뿐만 아니라 한국 밖의 외국인들도 포함하여 많은 사람들이 내게 질문을 했다. "한국교회의 부흥의 길은 어디에 있다고 생각합니까?" 내가 답변했다. "한국교회의 부흥의 열쇠는 재정에 있습니다." 내이 말에 대부분의 사람들은 선뜻 이해가 가지 않는 표정을 지었다. 그런데 최근 1~2년 사이에 많은 사람들이 이 말에 동의한다. 내가 주의 얼굴을 구할 때 '한국교회의 부흥의 열쇠는 재정에 있다'라고 주께서 말씀하셨다.[29]

재정의 중요성을 주께서 직접 말씀하신다. "지극히 작은 것에 충성된 자는 큰 것에도 충성되고, 지극히 작은 것에 불의한 자는 큰 것에도 불의하니라. 너희가 만일 불의한 재물에도 충성하지 아니하면 누가 참된 것으로 너희에게 맡기겠느냐? 너희가 만일 남의 것에 충성하지 아니하면 누가 너희의 것을 너희에게 주겠느냐?"[30]

주님은 우리가 충성해야 할 것 세 가지를 말씀하신다.

첫째는, 지극히 작은 것에 충성하라. 지극히 작은 일에 충성하는 사람이 큰 것에도 충성할 수 있다. 작은 것에 충성하지 못하면서 큰 것에 충성하는 일은 없다.

둘째는, 불의한 재물에 충성하라. 불의한 재물이란 재물이 불의하다는 뜻이 아니다. 더구나 불의한 방법으로 모은 재물을 말하는 것도 아니다. 다만 재물을 보이는 세계, 즉 이 땅에서 통용되는 재물을 세상적인 것으로 여기는 사람들에게 하시는 말씀이다. "불의한 재물에 충성하면 참된 것을 맡길 것이라" 함에서 알 수 있다. 참된 것이란 보이지 않는 세계, 즉 하늘의 것, 영적인 것, 하나님의 나라에 속한 것을 말한다. 재물 자체는 불의한 것이 아니다. 그러므로 단순히 재물에 충성하라고 하여도 무방하다. 재물에 충성할 때 하나님은 하나님의 나라를 확장하는 일에 참여하게 하실 것이다.

셋째는, 남의 것에 충성하라. 남의 것에 충성할 때 비로소 자기의 것에도 충성할 것이다. 남의 것에 충성하지 못하면 훗날 자기의 것에도 충성되지 못할 것이다.

충성해야 할 세 가지는 실제로는 한 가지를 다르게 표현한 것이다. 즉 재물을 두고 하는 말씀이다. 재물은 지극히 작은 것이라고 할 수 있다. 또한 남의 것이라고 할 수 있다. 그런데 이렇게 작고 남의 것인 재물에 충성할 때 큰 것, 자기의 것, 즉 하나님의 나라의 일에도 충성할 수가 있는 것이다. 이같이 본다면 재물을 다루는 것은 얼마나 중요한 일인가! 재물을 다루는 일을 소홀히 하면서 하나님의 나라의 일을 잘할 수는 결코 없음을 말씀하신다. 교회의 부흥은 큰 것이다. 참된 것이다. 우리의 일이다. 그렇다면 우리 그리스도인들이, 우리의 교회가 먼저 작다고 여기는 재물에 충성을 해야 한다.

자격시험

하나님 나라의 청지기에게 자격시험이 주어졌다. 재물에 충성할 수 있는지를 시험하는 것이다. 누가복음에서 예수 그리스도는 재물에 대하여 더욱 역동적으로 말씀하신다. 재물에 충성하라고 하신다.

우리 주 예수님은 "재물에 충성하라"라고 말씀하신다. 그러면 '참된 것'을 우리에게 맡기겠다고 하셨다. 재물은 보이는 이 땅에 있는 것이다. 참된 것은 보이지 않는 하늘에 있는 것이다. 하나님의 나라와 그의 의다. 주님은 우리에게 하나님의 나라를 맡기기를 원하신다. 그러나 먼저 자격시험을 치러야 한다. 우리에게 주어진 재물에 충성할 때 자격시험을 통과한다(눅 19:11-27).[31]

예수 그리스도의 이 말씀은 재물에 대한 올바른 태도와 행동에 대한 것은 물론이거니와 재물을 넘어서서 궁극적인 것도 말씀하신다. 우선 재물에 대한 것을 살핀다면, 충성해야 한다. 재물은 지극히 작은 것이지만 그것에 충성하기를 원하신다. 그리고 배가시켜야 한다. 하나님의 나라는 배가하는 나라이다. 하나님이 행하시는 것은 모두 배가의 원리가 있다. 하나님은 재물도 배가의 원리를 적용하기를 원하신다. 배가하려면 충성해야 한다. 올바르지 못한 태도와 행동은 하나님의 나라의 배가와 충성의 원리를 모르는 데 있다. 한 므나를 수건에 싸두었다가 그대로 가져온 사람이 그러한 사람이다. 그는 하나님의 배가의 원리를 몰랐다. 그래서 "당신은 두지 않은 것을 취하고 심지 않은 것을 거두나이다"[32]라고 어리석게 말했다. 하나님의 나라는 심고 거두는 법이 있다. 심은 대로 거둔다. "한 알의 밀이 땅에 떨어져 죽지 아니하면 한 알 그대로 있고 죽으면 많은 열매를 맺느니라"[33]에서 알 수 있듯이, 씨를 땅에 심지 않으면 한 알 그대로 있지만, 놀랍게도 씨 알갱이 하나를 심으면 많은 열매를 거둔다. 이것이 배가의 원리이다. 예수께서는 재물에 대하여도 이 같은 원리를 적용하신다.

그러나 이 말씀은 재물을 넘어서서 궁극적인 면을 보여준다. 주인이 멀리 가기 전에 열 명의 종들에게 각각 한 므나씩 왜 나누어 주었을까? 장사하여 많은 재물을 모으고자 한 것일까? 아니, 그보다 더 큰 이유가 있다. 그 주인이 멀리 가는 데는 목적이 있었다. 왕위를 받으러 가는 것이다. 그가 돌아오면 왕으로서 나라를 다스리게 된다. 왕으로서 왕국을 다스릴 때 가장 중요한 것이 무엇인가? 무엇보다 중요한 것은 사람이다. 함께 나라를 다스릴 사람이 필요하다. 각료를 구성해야 하고, 각 지방관, 시장이 필요하다. 그러한 리더들을 어떻게 선발할 것인가? 서류심사인가? 면접인가? 추천인가? 필기시험인가? 리더 선발 기준은 무엇인가? 학력, 경력, 외모로 선발하는가? 앞으로 왕이 될 사람으로서 이러한 생각이 가득할 것이다.

놀랍게도 그는 자격시험을 치르기로 했다. 그것은 각각에게 한 므

나를 주어서 그것으로 장사하게 하는 것이었다. 열 므나로 배가시킨 사람은 열 개의 도시를 포함하는 지역의 지방관으로 임명했다. 다섯 므나로 배가시킨 사람은 다섯 개의 도시를 포함하는 지역의 지방관으로 임명했다. 두 므나를 남긴 사람은 두 개의 도시를 포함하는 시장으로 임명했다. 그는 이런 식으로 리더를 선발했다.

이러한 방법은 과연 올바르고 공정하고 확실한가? 예수께서 이미 말씀하셨다. 재물은 지극히 작은 것이기도 하고, 남의 것이기도 하지만 그러한 재물에 충성할 수 있어야 큰 것에도, 자기의 것에도, 나라의 일에도 충성할 수 있다고 말씀하셨다. 놀랍게도 지난 2,000년의 교회역사에서 교회가 부흥하며 세상에 영향을 미치는 때는 교회가 성경에 대한 열정과 재물에 대한 충성된 삶을 살 때에 이루어졌다. 그리고 교회가 부패하고 연약하여져서 영향력을 상실했을 때는 어김없이 성경에 대한 열정이 식고 재물에 대하여 충성되지 못했다.

재물을 충성스럽게 다루는 것은 중요한 일이다! 그렇기에 왕의 재정학교를 통해서 하나님의 나라의 일꾼들을 준비시키고 훈련시켜 각자가 우리 주 예수의 자격시험에 합격하기를 바라는 것이다.

재물의 노예가 되지 않고 재물을 노예로 다룰 줄 아는 삶은 믿음으로 사는 삶을 훈련할 때 이루어진다. 재물을 보물처럼 여기지 않고 재물을 관리하는 삶은 청지기의 삶을 훈련할 때 이루어진다. 재물을 다루면서도 장막생활을 하는 삶은 단순한 삶을 훈련할 때 이루어진다. 믿음으로 사는 삶, 청지기의 삶, 단순한 삶, 이 세 가지가 재물에 충성할 수 있는 길이다. 이것이 하나님의 나라에 동참하기 위한 자격시험을 위한 훈련이다.[34]

왕의 재정학교는 단순히 돈을 다루는 학교가 아니다. 빚을 해결하

기 위한 것만이 아니다. 부자 되기 위한 것도 아니다. 왕의 재정학교
는 하나님의 나라의 확장에 있다. 그러기에 교회가 부흥해야 하고 각
개인이 부흥해야 한다. 그 첩경은 하나님이 주신 재물을 올바르게 다
루는 데서부터 시작된다. 재물에 충성할 때 이러한 일이 일어난다.

'내가 누구에게 순종할 것인가'에 따라 내가 섬길 주인을 택하는 것이다.
만일에 내가 맘몬의 말을 따라 행동한다면 맘몬이 내 주인이 될 것이다.
그러나 내가 하나님의 말씀을 따라 행동한다면 하나님이 내 주인이 될
것이다. 누가 나의 결정에 영향을 주는가? 맘몬인가, 하나님인가?[35]

왕의 재정학교 커리큘럼

다음의 내용은 왕의 재정학교에서 진행되는 커리큘럼이다.

1. 재물에 충성하는 삶이 중요하다.
2. 재물에 충성하는 삶을 살려면, 먼저, 맘몬의 영향력에서 벗어나
   야 한다. 그리고 세 가지 영역에서 성경적인 재정원칙의 삶을 살
   아야 한다.
   첫째, 재물의 노예가 되지 않고 재물을 노예로 다룰 줄 아는 삶
   을 살아야 한다.
   둘째, 재물을 보물처럼 소유하지 않고 재물을 관리할 줄 아는 삶
   을 살아야 한다.
   셋째, 재물을 다루면서도 장막생활을 할 줄 알아야 한다.
3. 재물에 충성하는 삶은 자동적으로 이루어지는 것이 아니라 훈련
   을 통해서 가능하다.

훈련이란 시간을 요구한다. 속히 결과를 보기 원하는 조급함을 경계해야 한다. 훈련이란 실수를 포함한 반복적인 연습이 필요하다. 실수를 허용해야 한다. 실제로 나의 삶에 익숙해질 때까지 반복적인 연습을 해야 한다. 위의 세 가지 영역의 재정적인 원칙의 삶은 오직 훈련을 통하여 이루어진다.

첫째, 재물의 노예가 되지 않고 재물을 노예로 다룰 줄 아는 삶은 '믿음으로 사는 삶'을 훈련할 때 이루어진다.

둘째, 재물을 보물처럼 소유하지 않고 재물을 관리할 줄 아는 삶은 '청지기의 삶'을 훈련할 때 이루어진다.

셋째, 재물을 다루면서도 장막생활을 할 줄 아는 삶은 '단순한 삶'을 훈련할 때 이루어진다.

믿음으로 사는 삶

믿음으로 산다는 것은 월급이 있고 없고를 말하는 게 아니다. 직장이 있고 없고를 말하는 것도 아니다. 로마서 10장 17절에 "믿음은 들음에서 나며 들음은 그리스도의 말씀으로 말미암았느니라"라고 하신 것처럼 믿음은 하나님의 말씀을 듣고 순종하며 신뢰하는 삶이다.[36]

주께서 베드로에게 "깊은 데로 가서 그물을 내려 고기를 잡으라"라고 말씀하실 때 베드로가 믿음으로 반응했다. "선생님, 우리들이 밤이 새도록 수고하였으되 잡은 것이 없지마는 말씀에 의지하여 내가 그물을 내리리이다."[37] 그는 자기의 경험이나 기술, 지식이나 생각에 의지하지 않고 주의 말씀에 의지했다. 그가 할 일은 오직 주의 말씀에 순종하여 깊은 데로 가서 그물을 내리는 것이다. 그럴 때 주께서 그물에 고기를 주실 것이라고 신뢰했다.

하나님이 엘리야에게 "요단 앞 그릿 시냇가로 가라"라고 명령하셨다. 그리고 "내가 까마귀들에게 명령하여 거기서 너를 먹이게 하리라"라고 약속하셨다.[38] 엘리야는 자신의 환경에 반응하지 않았다. 오직 하나님의 명령에 따라 순종하고 그 약속을 신뢰했다. 베드로와 엘리야는 믿음으로 사는 삶의 대표적인 예다.

주께서 "한 사람이 두 주인을 섬기지 못할 것이니 혹 이를 미워하고 저를 사랑하거나 혹 이를 중히 여기고 저를 경히 여김이라. 너희가 하나님과 재물(맘몬)을 겸하여 섬기지 못하느니라"라고 하셨다(마 6:24; 눅 16:13). 하나님을 섬길 것인가, 맘몬을 섬길 것인가?

> 너희 자신을 종으로 내주어 누구에게 순종하든지 그 순종함을 받는 자의 종이 되는 줄을 너희가 알지 못하느냐 혹은 죄의 종으로 사망에 이르고 혹은 순종의 종으로 의에 이르느니라.[39]

믿음으로 산다는 것은 하나님을 내 주인으로 모시고 산다는 것을 말한다. 압박감으로 결정하는 게 아니라 하나님의 말씀을 따라 결정하는 것이다. 환경을 따라 사는 게 아니라 하나님의 말씀의 원칙을 따라 사는 것이다. 나는 환경에 의해서 결정하는가, 아니면 하나님의 말씀을 듣고 그것에 따라서 결정하는가? 내가 이 직장을 왜 다니는가? 돈 때문인가, 아니면 주의 말씀을 듣고 그의 뜻을 따른 것인가? 믿음으로 산다는 것은 오직 주의 말씀을 따라 행하는 것이다. Provision(공급)은 pro(:for -을 위하여)라는 전치사와 vision(비전)이라는 명사의 합성어다. 즉 우리가 비전을 따라 행할 때 우리의 필요한 모든 것이 공급될 것이라는 뜻이다.

믿음으로 산다는 것은 다음의 세 가지 사실에 근거한다. 첫째, 내 모든 삶의 주인은 오직 예수 그리스도다. 내가 순종해야 할 이는 오직 예수 그리스도다. 둘째, 내 모든 삶의 공급자는 오직 하나님이시다. 회사의 사장이나 직장이 아니다. 하나님은 모든 것의 주인이시다. 모든 것이 다 주께 속했다. 부와 귀도 주께로 말미암는다. 주의 손에 권세와 능력이 있다(대상 29:11,12). 하나님은 "은도 내 것이요 금도 내 것이니라"(학 2:8)고 말씀하신다. 셋째, 내 모든 삶의 안정은 오직 하나님께 있다. 사람이나 직장에 있지 않다.

시간이 갈수록 우리의 영적 전쟁터는 재물에 있다. 요한계시록 13장 11-18절은 이런 모습을 잘 보여준다. 사탄이 짐승의 우상을 만들고 그 우상에게 생기를 주어 말하게 하고 모든 사람들로 그 우상에게 절하게 했다. 그리고 오른손이나 이마에 표를 가진 자만 매매할 수 있게 했다. 그 표는 짐승의 이름이나 그 이름의 수라고 했다. 먹고 사는 것에 가치를 두는 사람이라면 당연히 그 표를 받을 것이다. 그러나 하나님은 이런 일이 일어나기 전에 먼저 그의 백성들의 이마에 인을 치셔서 보호하신다(계 7:1-4).

믿음으로 사는 사람이 바로 이런 사람들이다. 주께서 베드로와 엘리야의 필요를 채우시듯 오늘 믿음으로 사는 그의 백성들의 필요를 채우실 것이다. 당신은 재물의 노예가 될 것인가, 재물을 노예로 다룰 것인가?

믿음으로 살아갈 때 증명되는 다섯 가지가 있다.

첫째, 하나님이 그분 자신을 증명하신다. 믿음으로 살 때 하나님을 경험하게 된다. 말이나 이론이 아닌 삶으로 경험하게 된다. 둘째, 하나님과의 친밀감을 갖게 된다. 하나님의 음성에 귀를 기울이고 그 뜻을 따라 순종하는 삶을 살기에 하나님의 뜻을 아는 삶, 하나님과 동행하는 삶을 산다. 셋째, 믿음이 자라난다. 데살로니가후서 1장 3절에 "믿음은 자라난다"고 한다. 적은 믿음에서 점점 큰 믿음으로 자라난다. 영적인 원칙을 배운다. 보이는 세계와 보이지 않는 세계를 이해한다. 염려와 두려움으로부터 자유하게 된다. 기쁨과 평안의 삶을 산다. 넷째, 하나님의 나라가 확장된다. 하나님의 프로젝트가 활발하게 일어나고, 하나님의 일꾼들이 세워진다. 사회의 각 영역에 하나님의 영광이 나타난다. 다섯째, 그리스도의 몸의 일치가 일어난다. 서로서로 나누어주는 삶, 섬김의 삶을 통해 진정한 그리스도의 사랑이 실천된다.

청지기의 삶

청지기의 삶이란 내 모든 재물의 소유주가 내가 아니요 오직 하나님이심을 아는 삶이다. 그리고 그것을 잘 관리하는 삶이다. 하나님께서 "너희를 위하여 보물을 땅에 쌓아 두지 말고 하늘에 쌓아 두라"(마 6:19,20)고 하신다. 이 말씀에 의하면 우리의 보물을 쌓는 장소는 두 군데이다. '땅'과 '하늘'이다. 땅을 말할 때 가장 대표적인 예가 시중은행, 각종 펀드나 주식 등을 말할 수 있다. 그렇다면 하늘에도 이 같은 것들이 있다는 것이다. 즉 하늘은행이다. 당연히 은행장은 하나님 자신이시다. 청지기의 삶이란 하늘은행 구좌를 여는 삶이다.[40]

어떻게 하늘은행에 입금할 수 있는가? 하나님이 말씀하시는 곳에 두면 된다. 씨 뿌리는 비유를 생각해 보자. 주 예수께서는 씨 뿌리는 자가 네 종류의 밭, 즉 길가 땅, 돌밭, 가시떨기 땅, 좋은 땅에 씨를 뿌린다고 하신다. 그리고 좋은 땅에 뿌려진 씨는 30배, 60배, 100배의 결실을 맺는다. 하늘은행은 분명히 좋은 땅이다. 좋은 땅은 어디를 말하는가?

첫째, 가난하고 소외된 자들, 고아나 과부, 나그네가 여기에 해당된다. 성경은 이에 대해 약 1,500번이나 언급하신다! "가난한 자를 불쌍히 여기는 것은 여호와께 꾸어드리는 것이니 그의 선행을 그에게 갚아 주시리라"(잠 19:17)라고 하시고, "여호와께서는 나그네를 보호하시며 고아와 과부를 붙드신다"(시 146:9)라고 하신다. 가난한 자를 보살피는 자에게는 복이 있다고 하신다. 시편 41편 1-3절을 묵상하자.

둘째, 하나님 나라의 프로젝트다. 지역교회나 선교회의 사업이 이에 해당된다(딤전 6:17-19).

셋째, 하나님의 나라의 일꾼들이다. 이들은 하나님의 나라의 확장에 부르심을 받았다. 이들은 재정 수입을 주께 의지하는 전임 사역자들이다. 목회자, 선교사, 간사들이 이에 해당한다. 이들을 성빈(聖貧)이라고 부른다. 성부들이 많이 일어나야 한다. 하나님께서는 성부들을 축복하시고 많은 재물을 주시어 좋은 땅에 심기를 원하신다. 내가 역사를 통해 배운 것은 성부가 속부 되기 쉽고, 성빈이 속빈이나 속부가 되기 쉽다는 것이다.

그렇게 되면 하나님의 나라에 부정적인 영향을 주게 된다. 그러면 이런 일이 일어나지 않도록 어떻게 해야 하는가? 성부는 성빈처럼 살고, 성빈은 성부처럼 사는 것이다. 디모데전서 6장 6-10,17-19절은 이에 대한 성경적 원리를 보여준다. 누구나 자족하는 삶을 살아야 한다. 부해지려고 하지 말아야 한다. 돈을 사랑하지 않아야 한다. 재물에 소망을 두지 말고 오직 하나님께 두어야 한다. 선을 행하고 선한 사업을 많이 하고 나누어주기를 좋아하고 너그러운 자가 되어야 한다. 성부나 성빈 모두 하늘은행에 입금하는 삶을 산다.

성경은 놀랍게도 재물을 다룸에 대한 것을 농사짓는 원칙으로 말씀하신다. 농부가 씨를 땅에 심으면 많은 열매를 맺는 것처럼 재물을 하늘은행에 입금하면 반드시 놀랍게 배가가 되어 지급하신다는 것이다. 고린도후서 9장 6-15절, 잠언 11장 24,25절의 말씀들이 이를 보여준다. 하나님의 법칙은 언제나 배가다. 동물, 식물, 새, 물고기 모든 것이 배가가 된다.

하나님이 능히 모든 은혜를 너희에게 넘치게 하시나니 이는 너희로 모든 일에 항상 모든 것이 넉넉하여 모든 착한 일을 넘치게 하게 하려 하심이라.[41]

심는 자에게 (심을) 씨와 먹을 양식을 주시는 이가 너희 심을 것을 주사 풍성하게 하시고 너희 의의 열매를 더하게 하시리니.[42]

얼마나 놀라운 하나님의 나라의 법칙인가! 하나님은 우리를 재물의 청지기로 살게 하기 위해 모든 것을 배가가 되게 하셨다. 우리 자신의 필요와 가난한 자들을 보살피고, 하나님의 나라의 필요를 채우기 위해 모든 것을 풍성하게 하신다.

그런데 여기에 중요한 원칙이 있다. 적게 심는 자는 적게 거두고, 많이 심는 자는 많이 거둔다는 법칙이다. 즉 우리가 만일 궁핍하게 산다면 적게 심었기 때문이다. 수확의 양은 심는 양에 의해 이루어진다. 그런데 놀라운 것은 우리가 심은 것보다 우리가 거두는 것은 엄청난 배가가 된다는 점이다.

그러므로 영적인 농부인 우리는 심는 것에 대해 비상한 관심을 갖는다. 심는다는 것은 하늘은행에 입금한다는 것이다. 좋은 땅에 심는 것이다. 가장 중요한 기본적인 심을 씨는 십일조다. 하나님은 우리를 축복하고 풍성한 삶을 주시기 위하여 십일조를 말씀하셨다. 말라기 3장 7-12절, 신명기 26장 12-15절 말씀이 이를 보여준다.

청지기의 삶에서 빚지지 않는 것이 중요하다. 빚지는 삶을 살면 청지기의 삶을 살 수 없다. 빚지는 순간부터 우리의 삶의 주인이 바뀌기 때문이다(잠 22:7). 빚지는 것을 대수롭지 않게 여겨서는 안 된다. 빚을 갚기 위해 최선을 다해야 한다. 우리의 지출을 청지기처럼 살기 위해 효과적인 예산을 세워야 한다. 의무사항과 필요사항과 요망사항,

그리고 심고 거둠의 항목으로 분류하여 예산을 집행해야 한다. 각 항목마다 봉투를 따로 마련하여 충성스럽게 관리해야 한다.

단순한 삶 [43]

눈은 몸의 등불이니 그러므로 네 눈이 성하면 온 몸이 밝을 것이요 눈이 나쁘면 온 몸이 어두울 것이니 그러므로 네게 있는 빛이 어두우면 그 어둠이 얼마나 더하겠느냐. [44]

이 말씀은 언뜻 보면 이해가 잘 안 가는 부분이다. 바로 앞의 구절은 "보물을 땅에 쌓아 두지 말고 하늘에 쌓아 두라"(마 6:19,20)라고 하시고, 또한 바로 뒤의 구절들은 "하나님과 맘몬(재물)을 겸하여 섬기지 못한다"라고 하시며, 또한 "염려하지 말고 믿음의 삶을 살라"(마 6:24,25-34)라고 하시기 때문이다.

이 구절의 앞뒤의 내용들이 모두 재물에 대해 올바른 태도를 가져야 한다고 말하고 있다. 전체적으로 재물에 대해 말씀하시면서 중간에 눈에 대해 말씀하신 의미는 무엇일까?

주님은 눈과 몸의 관계를 설명하신다. 눈은 몸의 등불이다. 눈이 성하면 온 몸이 밝고, 눈이 나쁘면 온 몸이 어둡다. 어둡다는 것은 더듬는다는 것을 말한다. 어두우면 사물을 잘 분별하지 못한다. 캄캄한 밤에 빛이 없으면 길을 갈 수가 없다. 캄캄한 방에서는 아무것도 할 수 없다. 책도 읽을 수 없다. 그래서 등불이 필요하다. 등불은 길을 밝히고 사물을 밝히 보며 목적하는 바를 이루게 도와준다.

마찬가지로 눈은 몸의 등불 역할을 한다. 그래서 눈이 좋아야 한다. 그런데 주님은 눈이 '성하면'이라고 말씀하셨다. '성하다'라는 헬라어 '하플루스'(Haplous)는 '건강하다'라는 의미다. 그러나 '단순하다'(Simple, Single) 또는 '순전하다'가 이 구절에서 의미적으로 더 적합하다. 즉 '눈이 단순하다'라는 것은 '눈의 초점이 하나다'라는 것이다. 만일에 사물이 하나로 보이지 않고 두 개로 보이면 눈에 심각한 문제가 있는 것이다. 흔히 이것을 '더블 비전'이라고 한다. 초점이 하나로 모아지지 않기 때문이다.

초점이 하나로 모아지면 사물을 밝히 보게 되는 것같이, 삶의 목적의 초점이 하나로 모아질 때 우리의 삶은 힘이 있다. 초점이 하나로 모아지는 삶, 이것이 단순한 삶이다. 장막생활은 단순한 삶이다. 장막생활은 이 세상에서 나그네의 삶을 살 때만이 가능하다. 텐트생활은 이동하기가 편리하다. 나는 여행을 많이 한다. 여행을 효과적으로 하려면 가방을 콤팩트하게 꾸려야 한다. 하나님은 이처럼 재물에 대한 우리의 눈이 단순하기를 바라신다. 즉 하나의 목적을 가지기를 원하신다. 재물에 대한 목적은 오직 하나다. 즉 하나님의 나라를 확장하는 데 있다. 관대하면서 기꺼이 주는 삶을 살아야 한다.

하나님의 나라는 사고 파는 법이 아니라 주고 받는 법이다. 주고 받는 것은 하나님의 성품이다. 하나님은 인색하지 않으시고 후히 주신다. 우리가 주고 받는 삶을 살 때, 하나님의 성품을 닮아간다. 하나님의 나라가 확장된다. 맘몬의 영으로부터 자유하게 된다. 우리의 믿음이 자라난다. 사랑과 위탁의 관계가 형성된다. 우리는 주고 받는 법을 삶의 패턴으로 만들기 위해 훈련해야 한다.

다음의 두 가지는 단순한 삶을 살기 위한 것이다.

첫째, 소유권 포기 및 이전 계약서

우리가 가진 것은 모두 주의 것이다. 주께서 우리에게 얼마 동안 관리하도록 맡기신 것이다. 우리가 주께로 갈 때에는 우리가 가진 것 어느 하나라도 가지고 갈 수 없다. 실오라기 하나라도 가져갈 수 없다. 그러므로 내가 가진 것은 소유권자가 내가 아니요 오직 하나님이심을 고백하고 언제든지 주께서 말씀하시면 그것을 내놓기로 문서에 서명한다.

둘째, 유언장 작성

우리가 가지고 있는 것들을 언제나 다른 이에게 맡길 준비가 되어야 한다. 유언장 작성은 이것을 표현한 것이다.

왕의 재정학교를 통해 다음과 같은 운동을 펼치고 있다.
첫째, 주인 바꾸기 운동이다.

한 사람이 두 주인을 섬기지 못할 것이니 혹 이를 미워하고 저를 사랑하거나, 혹 이를 중히 여기고 저를 경히 여김이라 너희가 하나님과 재물(:히, 맘몬)을 겸하여 섬기지 못하느니라(마 6:24).

빚지면 채주의 종이 된다(잠 22:7). 채주가 나의 삶에 영향력을 행사한다. 누가 나의 주인인가? 예수 그리스도인가? 맘몬인가? 맘몬으로부터 벗어나 오직 예수만을 주인으로 섬기기를 원한다면 빚지지 말아야 한다. 재물을 올바르게 다루어야 한다. 맘몬의 영향을 끊어야 한다.

둘째, 빚 갚기 운동이다.

'빚지다'와 '속이다'는 동일한 히브리어 '나샤'(Nasha)다(삼상 22:2; 창 3:13). 창세기 3장에, 뱀이 "너희가 결코 죽지 아니하리라. 너희가 그것을 먹는 날에는 너희 눈이 밝아져 하나님과 같이 되어 선악을 알 줄 하나님이 아심이니라"(창 3:4,5)라고 속였다.

마치 "빚져도 괜찮아. 빚지는 것이 지혜요 능력이야. 누구나 다 빚지고 살아"라는 말로 속이고 있다. 개인, 가정, 기업, 교회, 국가 모두 빚 갚기 운동에 전력을 다해야 한다. 잠언 6장 1-5절은 "네가 만일 빚을 졌으면 최선을 다해서 지금부터 빚 갚기를 시작하라"라는 말씀이다. 마치 노루가 사냥꾼의 손에서 벗어나고자 목숨 건 탈출을 시도하듯이 빚을 갚아야 한다. 더이상 빚지지 않기로, 오늘부터 빚 갚기로, 빚 갚을 때까지 최소한의 재정으로 살기로 결정해야 한다.

셋째, 사고 파는 법이 아니라 주고 받는 법으로 살기 운동이다.

하나님의 나라는 '사고 파는 법'이 아니라 '주고 받는 법'을 원칙으로 한다. 사도행전의 교회의 모습은 주고 받는 삶이다(행 2:44,45, 4:32). 이기주의와 인색한 영을 깨뜨리는 비결은 후하게 주는 삶을 연습하는 것에 있다. 먼저는 목회 사역자에게(갈 6:6), 다음은 믿음의 가정들에게(갈 6:10), 그리고 주변의 가난하고 궁핍한 사람들에게 주는 삶을 습관화하여야 한다.

넷째, 심고 거두는 법으로 사는 운동이다.

하나님은 심고 거두는 법칙으로 창조하셨다. 씨 맺는 채소, 씨 가진 열매 맺는 나무를 창조하셨다(창 1:11). 하나님의 창조는 언제나 배가의 법칙이다. '1+1'이라는 법칙이 아니라 배가의 법칙이다. 식물, 동물, 조류, 어류 모두 배가의 법칙으로 창조하셨다.

사람에게도 생육하고 번성하여 땅에 충만하라고 하셨다(창 1:28). 고린도후서 9장 5-11절은 재물과 농사는 같은 법칙임을 잘 보여준다. 하나님의 나라의 일꾼들, 하나님의 나라의 프로젝트, 가난하고 궁핍한 사람들을 돌아보는 것은 내 것을 나누어 주는 것만이 아니라 마치 땅에 씨를 뿌리는 것과 같다고 하신다. 주는 삶의 결과는 심고 거두는 것과 동일하다. 많은 열매로 배가가 된다. 시편 41편 1-3절, 누가복음 6장 38절, 잠언 19장 17절, 이사야 58장 7-12절의 말씀이 이를 잘 설명하고 있다.

다섯째, 단순하게 사는 운동이다.

아브라함의 삶은 제단생활과 장막생활로 표현할 수 있다. 제단생활은 하나님과 관계에서 이루어지는 삶이다. 장막생활은 이 세상을 살아가면서 재물을 다루는 삶이다. 장막생활은 단순하다. 이동하려면 모든 것이 단순해야 용이하다. 우리는 이 세상에서 나그네요 외국인이다. 우리는 재물을 다룸에 있어서 장막에 사는 것처럼 단순해야 한다. 꼭 필요한 것만을 가지고 항상 주는 삶을 살아야 한다.

여섯째, 5K 운동이다.

'5K 운동'은 NCMN이 지역교회와 함께 펼치는 운동이다. 5K란 5km(킬로미터)를 말한다. 즉 각 지역교회가 교회반경 5킬로미터 내의 이웃에 사는 가난하고 궁핍한 사람의 필요를 돌아보자는 것이다. '5K 운동'은 신명기 15장 7절과 11절, "네 하나님 여호와께서 네게 주신 땅 어느 성읍에서든지 가난한 형제가 너와 함께 거주하거든 그 가난한 형제에게 네 마음을 완악하게 하지 말며 네 손을 움켜 쥐지 말고", "땅에는 언제든지 가난한 자가 그치지 아니하겠으므로 내가 네게 명령하여 이르노니 너는 반드시 네 땅 안에 네 형제 중 곤란한 자와 궁핍한 자에게 네 손을 펼지니라" 하신 말씀에 대한 응답이다.

동시에 각 교회가 이북의 한 지역을 선정하여 반경 5킬로미터 내의 가난하고 궁핍한 사람들의 필요를 채우기 위한 운동이다. 또한 가장 복음이 필요한 선교지를 정해 5킬로미터 반경의 가난하고 궁핍한 사람들의 필요를 돌아보는 것이다. 이들 세 서클 내의 필요를 어떻게 돌아볼 것인가?

예수 그리스도의 사역이 그 모델이 된다. 예수님은 말씀을 선포하시고(preaching), 가르치시고(teaching), 병자들을 고치셨다(healing). 또한 사람들의 필요를 채우셨다. 특히 양식을 공급하셨다(feeding).

첫째는, 그들에게 성경을 준다. 각 사람은 하나님의 말씀을 들을 권리가 있다. 둘째는, 재정적인 형편의 이유로 교육을 받는 데 지장이 있는 사람들이 교육받을 수 있도록 도와준다. 각 사람은 교육을 받을 권리가 있다. 특히 유아와 어린이들에게 필요하다. 셋째는, 재정적인 형편으로 충분히 의료혜택을 받지 못하는 사람들이 건강을 위한 의료혜택을 받도록 도와준다. 각 사람은 건강할 권리가 있기 때문이다. 넷째는, 가난하고 궁핍한 사람들의 의식주를 도와준다. 각 사람은 기본적인 삶을 살 권리가 있기 때문이다.

고대도시 소돔이 멸망한 이유는 놀랍게도 가난한 사람들에게 무관심하고 어려운 사람들을 돕지 않은 것에 있다.

"소돔의 죄는 다음과 같다. 소돔과 그의 딸들은 거만하였다. 많이 먹어서 살찌고 평안했지만 다른 사람들에 대해선 무관심했다. 가난하고 어려운 사람들을 돕지 않았다. 소돔과 그의 딸들은 교만했고 내 앞에서 혐오스러운 짓들을 저질렀다. 그래서 너희가 아는 것처럼 내가 그들을 쫓아냈다."[45]

그들은 교만해서 자기의 능력과 노력으로 재물을 모았다고 생각하고 그 재물을 자기의 것이라 여겨 오직 자기들의 필요를 위해서만 사용했다. 그들은 음식물이 풍족함에도 궁핍한 사람들의 필요에 무관심했다. 가난한 사람들에게 거만한 태도를 취했다. 결국 하나님은 "그러므로 내가 보고 곧 그들을 없이 했다"[46]고 하셨다.

성경에는 1,500번 이상이나 가난하고 궁핍한 사람들의 필요를 돌아보라고 말씀하신다. 우리 교회가 이 일에 앞장서서 하나님의 마음을 전달해야 한다.

북한 5K 분양운동

북한의 전 지역을 5킬로미터를 중심으로 섹터를 나누었다. 모두 1,159개의 지역이다. 남북이 통일이 되려면 먼저 우리가 준비가 되어 있어야 한다. 문이 열릴 때부터 준비하면 너무 늦다. 더구나 한곳으로 집중적으로 치우치면 곤란하다. 그래서 한국의 교회들이 지금부터 지역을 미리 분양받아서 준비를 하여야 한다. 중보기도만 아니라 구체적으로 예수님의 4가지 사역을 모델로 하여서 준비한다. 복음전파, 구제, 교육, 의료사역을 위하여 각 교회가 준비를 한다.

현재 80개의 교회가 북한의 지역을 분양하여 준비하고 있다. 10,000개의 한국교회가 동참하도록 애를 쓰고 있다. 또한 크리스천 기업들에게도 교회들과 병행하여 각 지역을 분양하고 있다. 마찬가지로 10,000개의 기업들이 동참하도록 한다. 현재 60여 기업들이 분양받았다. 지금부터 펀드를 모으고, 구체적으로 그 지역을 리서치하여 필요한, 또한 각 교회나 기업들이 참여할 수 있는 프로젝트를 만들고 있다. NCMN에서 일 년에 4차례 분기별로 북한 5K 분양식을 시행하고 있다.

왕의 기업 (*King's Business*)

왕의 기업 프로젝트는 NCMN이 전개하는 사역이다. 왕의 재정학교를 수료한 사람들 중에서 사업하는 사람들이 성경적 원칙에 따라 기업을 경영하여 맘몬이 장악하고 있는 이 세상의 경제계에 변혁을 이루어 하나님의 나라를 이루는 것이 그 목적이다. 현재 150개의 기업들이 이를 목적으로 모이고 있다. 앞으로 1만 개의 기업들이 이에 동참하여 하나님의 기업으로 운영하여 경제계에 하나님의 영광을 드러내고자 한다.

성경적인 원리원칙들을 살피고 또한 이것을 자신의 기업에 적용하고자 매월 셋째주 금요일 오전 9:00부터 오후 6:00까지 전체적으로 모이고 있다. 또한 구체적으로 적용하고 실행하고자 10명 내외의 소그룹을 구성하여 별도로 소그룹 모임을 가지고 있다. 현재 350여 기업들이 동참하고 있다.

엄격히 말하면 이들은 아직 왕의 기업은 아니다. 왕의 기업의 서클에 들어가기 위한 예비모임이다. 왕의 기업은 하나의 서클로 형성된다. 왕의 기업에 속한 기업들의 브랜드 가치를 정직, 성실, 지도력, 상품의 탁월함, 사회의 공헌 등에 둔다. 물론 빚 없는 기업이 되어야 한다. 또한 왕의 기업의 서클에 진입하려면, 스탠리 탬(Stanley Tam)이 그의 책, 《하나님이 나의 사업을 소유하시다》[47]에서 말한 것처럼 기업의 소유주가 하나님이 되어야 한다. 미국의 크리스천 사업가 스탠리는 처음에 그의 사업에 예수 그리스도를 51%의 지분을 가진 대주주로 모셨다. 모든 결정권은 예수 그리스도께 있었다. 그러므로 그는 모든 사업에 대주주이신 예수 그리스도의 결재를 받아야 했다. 그는 경이적으로 사업에 성공했다. 결국 그는 예수 그리스도를 100% 지분을 가진 소유주로 모시고 자신은 경영인으로서 사업을 했다.

왕의 기업은 기업규모에 제한을 두지 않는다. 기업규모의 크고 작음에 있지 않고 왕의 기업의 브랜드 가치에 얼마나 합당하냐에 강조점을 둔다.

왕의 은행 (King's Bank)

왕의 은행 프로젝트는 NCMN이 전개하는 사역이다. 윌리엄 캐리는 인도사회가 만연된 고리대금으로 많은 사람들이 가난의 멍에를 벗어나지 못하는 것을 보았다. 그는 최초의 저축은행 개념을 인도사회에 도입하여 가난을 극복하고 빚을 해결하기 위해 노력했다.

이 같은 맥락에서 왕의 은행 프로젝트가 시작되었다. 아주 낮은 이자율을 적용하여 사업이 자립할 수 있도록 돕는다. 이 프로젝트에 참여하는 기업들은 성경적 재정원칙을 따른다. 목적이 돈에 있지 않고 하나님의 나라를 세우는 데 있다. 사업을 시작할 때부터 왕의 은행 컨설팅팀의 도움을 받는다. 은행의 자금은 이 프로젝트에 후원하는 개인이나 가정 또는 사업체들에서 나온다. 2년 동안 왕의 은행에 돈을 맡긴 채 이자를 받지 않는다. 2년 후에는 원금만 상환받는다. 물론 어떤 이들은 돈을 은행에 기부하기도 한다. 그러므로 왕의 은행은 협동조합 은행이라고 할 수 있다. 대출 자원이 외부 차입 없이 조합원의 출자금과 고객 예금으로 충당되기 때문이다.

'수상한 돈은 받지 않고 더러운 사업에는 돈을 대지 않는다'는 GLS은행의 방침은 왕의 은행에서는 당연히 기본이다. GLS은행은 1974년 독일에서 시작된 협동조합은행이다. 2012년까지 3년 연속 '올해의 은행상'을 수상했다.[48]

왕의 은행은 근본적으로 실물경제의 금융서비스 제공자의 역할을 하고자 하는 것이다. 왕의 은행은 '윤리적 은행', '녹색은행', '가치 지향 금융', '사회적 금융'이라 불리는 소위 '보노보 은행'(Bonobo Bank)[49]과 큰 의미에서 맥락을 같이한다. 보노보 은행은 인간의 존엄성과 공동체의 가치를 우선하는 은행이다. 사람(People), 환경(Planet), 이익(Profit)의 '3P'를 추구한다.

왕의 은행의 설립목적은 단순하다. 개인과 가정, 기업이 빚의 멍에로부터 벗어나게 하려는 것이다. 그리고 성경적 재정원칙으로 기업을 경영하여 개인과 가정, 기업뿐 아니라 국가공동체가 굳게 서게 하는 일이다. 맘몬이 장악하고 있는 경제구조를 깨뜨리고 하나님의 나라의 경제구조를 이루고자 하는 것이다.

체인저 리더십 학교

체인저 리더십 학교는 자신이 먼저 변화를 받고 나아가 자신이 속한 사회의 각 영역에서 변화를 주는 지도력을 발휘하도록 하는 것이 그 목적이다. 지도력이란 위치나 타이틀로 정의를 내리는 것이 아니라 영향력으로 정의를 내리는 것이다. 지도력의 중요성은 모두가 인식하고 있어서 새삼 설명할 필요가 없다.

우리는 국내외의 역사를 통하여 어떠한 리더십을 발휘하느냐에 따라서 단체, 도시, 사회, 국가의 방향이 현격하게 차이가 나는 것을 보아왔다.

한국과 한국교회의 미래는 무엇에 의하여 결정되는가? 그것은 '올바른 지도력'이다. 한국교회의 미래는 한국과 동아시아, 그리고 지구촌의 미래와 연관되어 있다. 우리는 1988년 서울 올림픽을 거치면서 '세계 속의 한국(Korea in the world)'으로, 2002년 한일 월드컵을 거치면서 '세계와 함께하는 한국(Korea with the world)'으로 발돋움했다. 이제 2018년 우리는 '세계를 섬기는 한국(Korea for the world)'으로 나아갈 때이다.

이런 때에 우리는 성경을 통해서 올바른 지도력을 이해하고 연습하여 거룩한 영향을 주는 그리스도인이 되어야 한다.

체인저 리더십 학교(Changer Leadership School)는 이러한 필요를 채우기 위한 과정이다. 이 시대의 요청에 응하는 그리스도인들을 "A Nations-Changer"라고 명명한다. 사회의 각 영역에 성경적 원리를 바탕으로 성령의 능력으로 하나님의 나라를 이루어 가는 지도력이다.

역사에서 가장 놀라운 Nations-Changer는 예수 그리스도다.

존스 클럽의 회장인 로리 베스 존스는 《Jesus CEO》(최고경영자 예수)[50]라는 책에서 예수를 가장 성공한 최고경영자로 소개했다. 예수 그리스도는 우리가 배우고 따라야 할 가장 놀라운 지도력의 롤모델이다. 요한계시록 5장 5,6절에서 예수 그리스도를 "유다 지파의 사자(Lion of Judah)와 하나님의 어린양(Lamb of God)"으로 소개한다. 올바른 지도력에 있어서 어린양은 올바른 태도를, 사자는 올바른 행동이 무엇인가를 보여준다.

체인저 리더십 학교에서는 예수 그리스도를 통하여 이러한 지도력을 본받고 배우고자 한다. 또한 이러한 면에서 이스라엘의 왕 다윗은 예수 그리스도를 가장 많이 닮은 지도자다. 역사상 가장 위대한 왕으로 지목된 다윗을 살펴보는 것은 매우 흥미가 있다. 그는 광야학교에서 기도를 배웠다. 그리고 성품을 닦으며 올바른 권위 사용을 연습하여 Self-Leadership을 익혔다. 그는 진정한 Nations-Changer였다.

그는 적은 무리에서 큰 무리로, 작은 일에서 큰 일로, 광야에서 왕궁으로 점차 나아가면서 어린양과 사자의 지도력을 배우고 익히며 실천했다.

체인저 리더십 학교 커리큘럼

체인저 리더십 학교의 Time Table은 NCMN에서 진행하는 세 학교가 모두 같다. 이 학교의 커리큘럼은 다음과 같다.

Jesus CEO, 가장 놀라운 지도력의 롤모델

왜 예수 그리스도의 지도력을 가장 먼저 보는가? 로리 베스 존스가 그의 책에서 언급하였듯이 예수 그리스도께서 12명의 직원을 가지고 세상을 바꾸었기 때문이다.

그 직원들은 탁월하지도 않았다. 학력이나 경력도 보잘것없었다. 팀워크도 엉망이었다. 성품은 들쑥날쑥했다. 직원들 사이에 경쟁심과 질투심이 많았다. 사장의 비전에는 별 관심도 없었다. 아니, 회사의 목표를 제대로 이해하지도 못했다. 그런데 그 기업의 사장은 거창한 목표를 세웠다. 세상을 변화시키는 기업이었다.

사람들이 만일에 이러한 기업을 본다면 비웃을 것이다. 사장을 미쳤다고 할 것이다. 그런데 놀랍게도 그 기업은 그 목표를 이루었다. 성공한 것이다. 여기에서 누구나 인정하는 사장의 리더십이 나타났다. 사원들을 훈련시켜 공동의 비전에 헌신하도록 이끌고, 사랑과 신뢰를 바탕으로 따라오도록 이끌었다. 직원들에게 동기를 부여하고 조직의 결속력을 강화시켰다. 결국 보잘것없어 보이던 직원들이 세상을 바꾸었다!

그 지도력의 비결은 무엇인가?

1. 예수 그리스도는 자신의 신분과 사명을 아셨다.

자신의 신분을 알 때 안정감, 자신감을 가진다. 주변의 사람이나 환경에 따라 흔들리지 않는 견고함이 있다. 요한복음에는 "7 I AM"이 있다. 즉 예수께서 자신이 누구신지 말씀하시는 내용이다. 무엇보다 예수님은 하나님 아버지와의 관계에서 자신의 신분을 명확히 아셨다. 예수께서 세례 요한에게 물세례를 받고 물에서 올라오실 때 세 가지의 현상이 있었다. 하늘이 열리고, 성령이 비둘기같이 그 위에 임하시고, 하늘로부터 "이는 내 사랑하는 아들이요 내 기뻐하는 자라" 하는 소리가 났다. 하나님의 아들로서, 그의 사랑받는 아들로서, 그의 기뻐하는 아들로서 예수님은 충분했다. 예수 자신은 하나님의 사랑받는, 기뻐하시는 아들임을 확신했다. 이것이 그의 신분이었다. 이것에 그는 모든 안정감을 두었다.

요한복음에는 '아버지'라는 단어가 130번이나 나온다. 예수 그리스도는 사람들이 비방할 때도, 환경적으로 어려울 때도 흔들리지 않으셨다. 심지어 가장 아끼는 제자들이 다 배반하여 떠났을 때도 평상심을 유지하셨다. 타이틀, 명성, 재물, 사람 등은 예수님의 안정감이 아니었다. 예수님은 하나님 아버지의 사랑과 신뢰, 후원과 지지에 안정감을 두셨다.

자신의 사명을 알 때에 방향성을 가진다. 낙심할 만한 상황이어도 쉽게 포기하지 않는다. 목숨을 바칠 만한 사명을 가지고 있다면 자신의 목숨까지도 기꺼이 희생한다. 예수님은 자신의 사명을 아셨다. 요한복음에는 40여 차례나 "보내심을 받았다"라는 단어가 나온다. 예수께서는 자신이 '보내심을 받은 자'임을 선언하셨다. 그가 이 세상에서 모든 것을 결산하는 때에 예수는 아버지에게 이렇게 고백했다. "아버지께서 내게 하라고 주신 일을 내가 이루어 아버지를 이 세상에서 영화롭게 하였습니다."[51] 이 얼마나 놀라운 고백인가! 예수 그리스도에게는 오직 한 가지 사명이 있었다. 그것은 하나님 아버지를 이 세상에서 영화롭게 하는 것이었다. 그리고 그 길은 오직 아버지께서 하라는 일에 집중하고 듣고 순종하는 것이었다. 그것에 목숨을 걸었다.

1-1. 나는 누구인가?

예수 그리스도의 지도력의 기반이 자신의 신분과 사명을 아는 것에 있다면 당연히 우리도 나의 신분과 사명을 아는 것이 중요하다. 하나님이 처음에 사람을 창조하실 때에 내가 누구인가에 대하여 명확히 말씀하셨다.

하나님이 이르시되, "우리의 형상을 따라 우리의 모양대로 우리가 사람을 만들고 그들로 바다의 물고기와 하늘의 새와 가축과 온 땅과 땅에 기는 모든 것을 다스리게 하자" 하시고, 하나님이 자기 형상 곧 하나님의 형상대로 사람을 창조하시되 남자와 여자를 창조하시고, 하나님이 그들에게 복을 주시며 하나님이 그들에게 이르시되, "생육하고 번성하여 땅에 충만하라. 땅을 정복하라. 바다의 물고기와 하늘의 새와 땅에 움직이는 모든 생물을 다스리라" 하시니라.[52]

나는 하나님의 형상이다. 나는 처음부터 하나님의 형상으로 지으심을 받았다.

하나님의 형상이란, 첫째, 나의 신분을 보여준다. 나의 존재가치를 보여준다. 내가 얼마나 존귀한가를 보여준다. 바울은 이것을 잘 이해했다. 그는 말하기를, "우리는 그가 만드신 바라 그리스도 예수 안에서 선한 일을 위하여 지으심을 받은 자니 이 일은 하나님이 전에 예비하사 우리로 그 가운데서 행하게 하려 하심이니라"[53]라고 했다. "우리는 그가 만드신 바라"는 것은 '우리는 그의 작품(poiema)이다'라는 것이다. 다시 말하면 '우리는 그의 걸작품이다'라는 것이다. 다윗도 자신이 누구인지를 잘 이해했다. "주께서 내 내장을 지으시며 나의 모태에서 나를 만드셨나이다. 내가 주께 감사하옴은 나를 지으심이 심히 기묘하심이라 주께서 하시는 일이 기이함을 내 영혼이 잘 아나이다."[54] 개역한글 성경에는 이를 "신묘막측하심이라"(wonderfully and fearfully made)라고 표현했다. 다윗이 말한 것과 바울이 말한 것은 동일하다. 우리는 하나님이 지으신 놀라운 존재라는 것이다. 가격을 매길 수 없는 존귀한 자이다. 이것이 나의 신분이다. 절대적인 안정감, 높은 자존감, 자신에 대한 존귀함에 대한 확신은 여기에서 비롯된다.

하나님의 형상이란, 둘째, 나의 사명을 보여준다. 삼위일체 하나님이 사람을 지으실 때의 목적은 하나님이 지으신 모든 것을 하나님을 대신하여 다스리는 데 있다. 하나님은 처음부터 나를 지도자로 부르시기 위해 창조하셨다. 하나님의 형상으로 지으심을 받은 우리는 태어날 때부터 지도자다. 지도자란 위치나 타이틀로 말하는 것이 아니라 영향을 주는 삶을 말한다. 하나님이 지으신 모든 것을 다스린다는 것은 지도자로 부르심을 받았다는 것이다. 하나님의 지도력을 우리에게 주시어 하나님을 대신하여 지도력을 발휘하라고 하신다.

다윗은 이것을 잘 이해했다. "주의 손으로 만드신 것을 다스리게 하시고 만물을 그의 발아래 두셨습니다. 나를 하나님보다 조금 못하게 하시고 영화와 존귀로 관을 씌우셨습니다."[55] 그러므로 다윗은 대자연을 바라볼 때마다 그것을 다스리는 자로 부르심을 받았음을 하나님께 감사했다.[56]

사도 요한은 세례 요한을 다음과 같이 소개했다. "하나님께로부터 보내심을 받은 사람이 있으니 그의 이름은 요한이라."[57] 세례 요한은 스스로 이 땅에 온 것이 아니다. 자기의 뜻을 가지고 온 것도 아니다. 그의 부모의 뜻에 따라 온 것도 아니다. 더구나 실수로 온 것은 더욱 아니다. 그는 하나님이 보내셔서 이 세상에 온 것이다. 여기서 "보내심을 받았다"(apostello)는 의미는 '왕의 사절, 대사'에 해당하는 것이다. 특별한 이유와 임무를 가지고 보내심을 받은 것을 말한다. 다시 말하면 하나님의 대사로서 하늘을 대신하여 이 세상에 파송된 것이다. 이것이 바로 나의 사명이다.

창세기에서의 말씀은 마태복음에서 다시 메아리처럼 반복된다. "예수께서 나아와 말씀하여 이르시되, 하늘과 땅의 모든 권세를 내게 주셨으니 그러므로 너희는 가서 모든 민족을 제자로 삼아 아버지와 아들과 성령의 이름으로 세례를 베풀고 내가 너희에게 분부한 모든 것을 가르쳐 지키게 하라. 볼지어다. 내가 세상 끝날까지 너희와 항상 함께 있으리라 하시니라."[58] 이 말씀은 지상대명령이다. 하나님이 사람을 지으실 때 "모든 것을 다스리라" 하심의 연속이다. 이 명령의 중심은 "모든 족속으로 제자를 삼으라"(Disciple the Nations)이다. 이 명령에 순종하는 사람을 "모든 족속으로 제자를 삼은 사람"(A Nations-Discipler)이라고 말한다. 나는 이것을 더 쉽게 표현하여 "A Nations-Changer"라고 부른다. 나의 사명이 여기에 있다.

2. 예수 그리스도는 셀프 리더십(Self-leadership)을 발휘하셨다.

전통적으로 '리더십'이라고 하면 자신에게 맡겨진 팀을 이끄는 힘이라고 한다. 최근에는 '전방위 리더십'(360 degree leadership)이 강조되고 있다. 즉 자신의 권위자와의 관계, 자신의 동료들과의 관계, 자신이 이끄는 팀원들과의 관계에서 발휘하는 리더십을 말한다. 물론 그러한 리더십이 중요하다. 그러나 이보다 더 우선적으로 중요한 리더십은 자기 자신을 이끄는 리더십이다.

위기상황이 올 때 진정한 리더십이 발휘된다. 위기상황이 올 때, 그 상황으로 인해 마음이 축 늘어지고, 담대함이 흔들리고, 낙담하며, 마음이 심하게 흔들릴 수 있다. 때로는 분노를 표출하거나, 타인을 원망하거나, 공격하거나 또는 포기하여 버린다. 자신을 궁지로 몰아넣기도 한다. 극단적으로 행동하기도 한다. 일반적으로 이러한 상황이 오면 타인을 원망한다. 원인 제공자를 찾아서 모든 원망과 비난을 쏟아 부으며 그 사람만 아니었다면 이렇게 극단적으로 반응하지 않았을 것이라고 자기의 행동을 합리화한다.

이러한 상황에서 누가 나를 도와줄 수 있는가? 이러한 상황에서 쉽게 포기하거나 낙심하지 않고, 평상심을 유지하며 침착하게 상황을 해결하여 가도록 누가 나를 도울 수 있는가? 자신의 리더인가? 동료인가? 애정을 쏟고 공들인 팀원들인가? 아니면 하나님인가?

아니다! 자기 자신이 이러한 상황을 해결할 유일한 열쇠다. 그러한 상황에서 발휘해야 할 지도력은 바로 자기 자신을 이끄는 지도력이다. 많은 경우에 이러한 지도력을 소홀히 하기가 쉽다. 하나님은 이러한 지도력을 발휘할 때 비로소 우리를 돕는다.

이러한 리더십은 어떻게 세워가는가? 그것은 하나님과의 지속적인 친밀한 관계에 있다. 예수 그리스도는 여기에 가장 큰 비중을 두셨다. 그것이 예수 그리스도의 지도력의 비결이다. 예수는 끊임없이, 지속적으로 하나님과의 관계를 발전시키고 지속시켰다. 아무리 바빠도, 많은 업무가 쌓여 있어도, 많은 사람들의 요구가 있어도 예수님은 먼저 하나님과의 관계에 집중하셨다. 마가복음 1장 35절과 누가복음 5장 15,16절이 이를 잘 보여준다.

새벽 아직도 밝기 전에 예수께서 일어나 나가 한적한 곳으로 가사 거기서 기도하시더니.[59]

예수의 소문이 더욱 퍼지매 수많은 무리가 말씀도 듣고 자기 병도 고침을 받고자 하여 모여 오되, 예수는 물러가사 한적한 곳에서 기도하시니라.[60]

성령은 우리가 이러한 지도력을 충분히 발휘할 수 있도록 각자에게 강점을 주시고 은사를 주신다. 나의 강점은 무엇인가? 나의 은사는 무엇인가?

2-1. 나의 셀프 리더십은 어떤가?

셀프 리더십을 발휘하려면 롤모델이신 예수 그리스도를 본받아야 한다. 경건생활의 훈련이 중요하다. 지속적으로, 습관적으로 하나님 앞에 머무는 삶을 훈련해야 한다. 기도와 말씀에 집중하는 삶이 필요하다. 영적 성장에 관심을 가지고 지속적인 성장개발에 스스로 힘써야 한다. 무엇보다 시간관리에 관심을 기울여야 한다. 시간관리 매트릭스에 주도적인 사람이 되어야 한다. '중요하지도 않고 긴급하지 않은 일'이나 '중요하지 않으나 긴급한 일'에 많은 시간을 할애하는 습관을 바꾸어서 '중요하지만 급하지 않은 일'에 집중하며 우선순위를 두는 훈련을 해야 한다. 우선순위를 정하고 일주일 단위로 일정을 관리해야 한다. 크로노스보다 카이로스에 더 중점을 두는 일정표를 작성하는 연습을 하라.

3. 예수 그리스도는 어린양과 사자의 리더십을 발휘하셨다.[61]

예수 그리스도는 하나님의 어린양(Lamb of God)이시다. 또한 유다 지파의 사자(Lion of Judah)이시다. 어린양과 사자는 외모에 있어서나 성격에 있어서 상반된다. 어떻게 한 분 예수 그리스도 안에서 이 극단적인 모습이 드러날 수 있을까? 그러나 실상 이것은 아름다운 조화를 보여준다. 예수 그리스도의 지도력은 이 두 영역에서 조화를 이루었다. 홍콩 YWAM 베이스를 방문하였을 때 흥미있는 자수를 보았다. 사자와 어린양이 서로 어울려 노는 장면이었다. 그리고 그 자수의 제목이 맨 위에 적혀 있었다. "HARMONY."

어린양의 리더십은 올바른 태도를 나타낸다. 사람과의 관계에서 나타나는 리더십이다. 섬기는 종의 리더십이다. 거룩함, 온유와 겸손, 정직, 긍휼이 그 요소이다. 희생적인 리더십(Sacrificial Leadership)을 나타낸다.

사자의 리더십은 올바른 행동을 나타낸다. 주어진 일과의 관계에서 나타나는 리더십이다. 다스리는 청지기의 리더십이다. 순종, 충성, 연합, 성령의 능력, 교육이 그 요소이다. 헌신적인 리더십(Devitional Leadership)을 나타낸다.

3-1. 나의 리더십 패러다임에 변화를 가져야 한다.

어린양과 사자의 리더십은 새로운 리더십 유형이다. 나의 일상의 삶에서 이러한 지도력을 어떻게 발휘할 것인가? 나의 가정에서, 나의 직장에서 이러한 지도력을 발휘할 기회가 있는가? 예수 그리스도의 어떤 지도력을 발휘해야 하는가? 어린양의 지도력인가? 구체적으로 어떤 영역인가? 유다 지파의 사자의 지도력인가? 구체적으로 어떤 영역에서 지도력을 발휘해야 하는가? 지도력을 발휘하지 못하고 오히려 영향을 받은 경우는 있는가? 앞으로 어떻게 극복할 것인가? 이것을 'Field Leadership'이라고 부른다. 즉 삶의 현장에서 발휘하는 Jesus-Style Leadership이다. 나의 삶에서 더 훈련되어야 할 리더십은 어떤 것들이 있는가?

필드 리더십에서 관심을 기울여야 하는 것은 균형이다. 예수께서 "너희는 뱀같이 지혜롭고 비둘기같이 순결하라"[62]고 하신 말씀에 귀를 기울여야 한다. 성령의 도우심을 받으며 뱀 같은 지혜, 비둘기 같은 순결함을 배워야 한다.

4. 다윗은 예수 그리스도의 지도력을 닮은 지도자다.

다윗의 셀프 리더십

다윗은 미래의 왕으로 예정된 떠오르는 젊은 지도자로 군대를 이끄는 법을 배우고 있었다. 대부분의 전투를 성공적으로 이끌었다. 어느 끔찍한 날이 오기 전까진 말이다. 전투를 끝내고 돌아왔을 때, 아말렉 군사들이 들이닥쳐 그들의 베이스를 공격해 여성과 어린이를 납치하고 소유물을 불태운 사실을 발견했다. 그러자 그의 부하들은 지도자 다윗에 대한 불만을 터뜨렸다. 모든 이가 누군가를 비난하려는 태세였다. 그들은 다윗을 돌로 쳐죽이려 했다.

이것은 다윗이 직면한 리더십에 대한 가장 큰 시험이었다. 누구에게 리더십이 가장 필요한지 결정해야 했다. 그의 병사들인가? 그의 장교들인가? 아니면 불평불만을 터뜨리는 사람들인가? 아니다!

답은 바로 다윗 그 자신이었다. 그는 타인을 이끌기 전에 자신을 먼저 이끌어야 했다!

백성들이 자녀들 때문에 마음이 슬퍼서 다윗을 돌로 치자 하니, 다윗이 크게 다급하였으나(:상황은 더 악화되어) 그의 하나님 여호와를 힘입고 용기를 얻었더라.[63]

다윗 자신도 그의 부하들과 함께 울 기력이 없도록 소리를 높여 울었다. 그의 두 아내가 사로잡혀 갔기 때문이다. 그런데 갑자기 더 심각한 상황이 발생했다. 그의 부하들이 이성을 잃고 다윗을 돌로 치려했다. 다윗은 더 심각한 위기를 맞이했다. 순간적으로 앞이 캄캄했다. 그러나 다윗은 그의 하나님을 신뢰함으로 스스로 위로하고 용기를 내었다.

다윗은 하나님에게 나아갔다. 하나님에게 질문했다. "제가 이 군대를 추격하면 따라잡을 수 있습니까?" 하나님이 말씀하셨다. "그를 쫓아가라. 네가 반드시 따라잡고 도로 찾으리라."[64]

그때서야 비로소 다윗은 그의 팀을 이끌고 추격해 그들의 가족과

탈취당한 소유물을 되찾을 수 있었다.

성경은 다윗의 지도력을 다음과 같이 표현했다. "그가 그들을 자기 마음의 완전함(faithful heart)으로 기르고 그의 손의 능숙함(skillful hand)으로 그들을 지도하였도다."[65]

사무엘상·하는 다윗의 지도력을 볼 수 있다. 사무엘상은 왕이 되기 위한 지도력 수업이라면 사무엘하는 왕으로서의 지도력 수업이라 할 수 있다. 다윗은 체인저 리더십 스쿨의 탁월한 학생이었다. 그는 예수 그리스도의 지도력을 배우고 훈련했다.

다윗은 어떻게 Field-Leadership을 발휘하였는가? 그가 직면한 상황은 어떤 것이었는가? 그러한 상황에서 다윗이 발휘한 구체적인 Jesus-Style Leadership은 무엇인가? 사무엘상과 사무엘하의 공부는 이것에 큰 도움이 될 것이다.

5. 지도력 학교1 - SOC(School of Christ)

SOC는 예수 그리스도께서 이끄시는 지도력 학교이다. SOC는 무형식 교육(Non-Formal Education)과 비형식 교육(Im-Formal Education)으로 이루어져 있다. 즉, 이 학교는 학위를 강조하지 않고 예수 그리스도의 지도력을 배우고 익히는 데 역점을 둔다. 이 학교는 예수께서 복음서에서 보이듯 움직이는 교실이다. 코리 텐 붐(Corrie Ten Boom)은 그의 저서 《주님 위해 걷는 사람》[66]의 서문 제목을 '온 세계가 나의 교실이다'라고 붙였다. 이 제목이 평생 나를 사로잡았다. 성령께서 교장이며 선생이시다. 동시에 우리 주변에서 만나는 사람들을 선생으로 임시채용하기도 하신다. 교육과목은 맞춤형 교육이다. 내가 처한 환경이 나의 교실이며, 내가 만나는 사람이 나의 선생이며, 내가 직면한 문제가 나의 과목이다. 이 학교는 입학은 쉽지만 졸업은 일정하지가 않다. 이 학교의 인기과목은 '광야학교'이다. 이 학교의 동문들이 대단하다. 요셉, 모세, 다윗, 바울 등이다. 무엇보다 특전이 있는데 모든 학생들에게 장학금이 수여되어서 등록금 걱정은 없다. 그러나 대가를 지불하는 법을 배워야 한다.

SOC는 우리가 Field-Leadership을 발휘하도록 훈련시키는 학교다. Jesus-Style Leadership은 하루 아침에 이루어지는 것이 아니다. 그것은 훈련으로 되어진다. 끊임없는 반복 훈련, 실패를 통한 훈련이 필요하다. 이 학교의 동문 선배들로부터 배워야 한다. 그들이 훈련받은 것을 우리의 삶의 현장에 비추어 살펴보아야 한다. 백만 불짜리 질문 (Million-dollars Question)을 해야 한다. "주님, 이 상황을 통하여 저에게 무엇을 가르치시기를 원하십니까?" 진 에드워드(Gene Edwards)의 역작, 《세 왕 이야기》(A Tale of Three Kings)[67]는 이 학교 과정의 추천 도서이다.

6. 지도력 학교2 - 권위의 학교

'권위'는 지도력에서 중추역할을 한다. 올바른 권위가 무엇인지 이해해야 한다. 권위에 대하여 어떻게 올바른 반응을 해야 하는지 이해해야 한다. 주어진 권위를 어떻게 올바르게 사용할지를 이해해야 한다. 권위의 위임과 사용 한계를 이해해야 한다. 가정, 교회, 사회, 국가의 권위구조를 이해해야 한다.

다윗은 권위를 아는 사람이었다. 그는 두 번이나 사울을 죽일 수 있는 기회가 있었다.[68] 그러나 다윗은 그 기회를 사용하여 자기의 사람들에게 권위에 순복하며 하나님을 신뢰하는 법을 가르쳤다. 하나님은 다윗이 올바른 권위자가 되기 원하셨다. 그러기 위해서는 먼저 권위자에게 올바른 반응을 하는 법을 배워야 했다. 사무엘상은 다윗이 권위자에게 올바르게 반응하는 법을 배우는 기간이다. 사무엘하는 다윗이 주어진 권위를 올바르게 사용하는 법을 배우는 기간이다.

바울은 "주께서 주신 권세는 너희를 무너뜨리려고 하신 것이 아니요 세우려고 하신 것이니 내가 이에 대하여 지나치게 자랑하여도 부끄럽지 아니하리라"[69]라고 했다. 바울은 권위를 이해하는 사람이었다. 그리고 주어진 권위를 올바르게 사용할 줄 알았다. 바울은 "그러나 우리는 분수 이상의 자랑을 하지 않고 오직 하나님이 우리에게 나누어 주신 그 범위의 한계를 따라 하노니"[70]라고 했다. 바울은 주어진 권위의 사용 한계를 알고 있었다. 하나님 외에 모든 주어진 권위는 한계가 있다. 사탄은 그 한계를 지키지 않았다. 그것을 교만이라고 한다. 그는 자기의 자리를 지키지 않았다.[71]

모세는 주어진 권위를 사용할 줄 알았다. 또한 그에게 주어진 권위에 대항할 때에 올바르게 반응하는 법을 배웠다. 권위에 대하여 무시하거나 거역할 때 온유함[72]의 어린양의 리더십이 필요하다. 나의 권위가 비방을 받을 때 나의 올바른 반응은 무엇인가?

체인저 리더십 학교는 성경적인 지도력을 배우는 학교이다. 그러나 훈련을 통하여 현장에서 지도력을 발휘하도록 하는 것이 목표다. Nations-Changer로서 삶을 살게 하는 것이다. 이러한 사람을 "NC Agent"라고 부른다.[73]

지역교회 NC Vision School

지역교회는 하나님의 선교적 도구이다. NCMN에게 주어진 비전을 성취하는 길은 지역교회 중심으로, 지역교회가 먼저 부흥하여, 지역교회를 통하여 사회의 개혁이 일어나게 하는 것이다. 그리고 지역교회와 서로 네트워크를 하여 함께 지역사회에 영향력을 주고자 하는 것이다. 우리가 교회에 도전을 주어 선교적 교회가 되게 하기 위한 단계가 있다.

선교적 교회가 되는 단계가 있다. 선교적 교회가 되고자 할 때 교회는 역동적으로 성장 발전하게 된다. 오순절날 제자들에게 임하였던 능력이 동일한 꿈과 소망, 경험과 명령으로 나타나 교회로 하여금 그리스도가 원하시는 교회가 되도록 부추긴다. 교회는 출생 순간부터 자라나 "온전한 사람을 이루어 그리스도의 장성한 분량이 충만한 데까지 이르러야" 한다 (엡 4:13).[74]

벤 엥겐은 선교적 교회가 되는 일곱 단계를 간략하게 요약했다.[75]
1. 수 명의 개종자를 얻게 되는 개척 전도 단계.
2. 교회가 형성된 후 설교자나 장로, 집사 등이 외부에서 온 유아기 단계.
3. 지도자 훈련 과정을 통하여 현지 목회자와 지도자들이 선발 훈련되어 책임을 맡는 단계.
4. 지방 단체를 결성하고 조직화하여 청소년, 여성, 지역교회들이 연합체를 갖는 단계.
5. 국가적으로 교단이 조직되어 다른 나라 교회들과 관계를 맺게 되는 단계.
6. 교회 안팎에서 이사회와 예산, 계획, 재정, 건물, 프로그램을 갖추고 특수 사역이 시작되는 단계.
7. 현지 선교사들이 세계 선교사역을 위하여 보냄을 받고 다른 사역지에서 1단계부터 사역을 다시 시작하게 되는 선교적 교회 단계.

교회가 선교적 사명을 잘 감당하는 것을 돕기 위해서 NCMN에서 주도하는 훈련프로그램이 'NC Vision School'이다. 이 학교는 전적으로 지역교회를 위한 것이다. 학교 운영은 NCMN과 네트워크 교회가 함께 주도한다. 한 개의 지역교회만을 위한 것이 아니라 NCMN의 방향을 이해하고 동참하는 교회(;'Network 교회'라고 부른다)를 거점지역으로 삼아 주변의 여러 교회들과 함께 네크워크(Network)하여 NC(Nations-Changer) 운동(Movement)을 전개하는 것이다. NCMN에서 파송한 리더와 네트워크 교회의 담임목사가 공동으로 학교를 진행한다. 간사는 공동으로 구성된다. 물론 간사교육과 강사선정, 커리큘럼, 학사일정, 일과표는 NCMN이 주도한다.

　이 학교는 매주 주일 오후/저녁, 월요일 저녁, 화요일 저녁에 진행된다. 2주간의 강의 후 세 번째 주간에는 강의는 없이 오직 강의프로세스에 집중한다. 강의프로세스 주간에는 예배, 소그룹 중보기도, 강의에 대한 소그룹 나눔, 말씀묵상 나눔, 2주간에 일어난 하나님의 음성을 듣는 삶의 결과 나눔 등이 그 중심 프로그램이다. 2주간의 강의가 모두 세 번에 걸쳐 진행된다. 즉 강의가 6주간이다. 그리고 강의프로세스가 3주간이다. 즉 강의 1, 2, 프로세스 1, 강의 3, 4, 프로세스 2, 강의 5, 6, 프로세스 3으로 진행된다. 그리고 그동안 배운 강의를 소화시키고 적용하기 위한 현장실습(Out Reach)이 4주간에 걸쳐 이어진다. 강의가 6주, 프로세스가 3주, 현장실습이 4주다. 그런데 프로세스 3과 현장실습 1주가 서로 겹쳐진다. 그래서 모두 12주 과정이다.

커리큘럼

1, 2주 : 강의 1, 2-주제 : 하나님의 음성을 듣는 삶

2주간에 걸쳐 동일한 주제로 강의가 진행된다. 이를 위하여 '말씀

묵상', '중보기도'가 강의에 포함된다. 첫 2주의 강의 후에 학교를 마칠 때까지 '하나님의 음성을 듣는 삶'의 강의 적용이 매일 진행된다. 날마다 말씀묵상을 통해서 하나님의 음성을 듣는 연습을 한다. 매일 하나님의 음성 듣는 삶을 연습한다. 주일에는 주일설교를 통하여, 월요일에는 매스컴을 통하여, 화요일에는 나의 일터에서, 수요일에는 만나는 사람들을 통하여, 목요일에는 개인 중보기도를 통하여, 금요일에는 그룹 중보기도를 통하여, 토요일에는 주님 앞에서 기다리며. 이러한 훈련의 목적은 하나님의 음성을 듣는 것이 일상적인 가운데서 진행되어야 하기 때문이다.

하나님의 음성을 특별한 경우에, 특별한 사람에게, 특별한 것들만 듣는 것으로 자주 오해하기 때문이다. 또한 첫주부터 《말씀관통 100일 통독》[76]을 중심으로 100일간의 성경읽기가 매일 진행된다.

3주 : 프로세스 1-예배, 중보기도, 묵상 나눔, 하나님의 음성을 듣는 삶의 적용 나눔

4주 : 강의 3-주제 : 성령으로 충만한 삶

-이때는 강의와 강의 적용이 함께 진행된다.

5주 : 강의 4-주제 : 속사람이 강건한 삶

-이때는 내적 치유가 중심이어서 강의보다는 기도의 시간이 중심이다.

6주 : 프로세스 2-프로세스 1과 동일한 프로그램이다.

7주 : 강의 5-주제 : 성경적 재정원칙으로 사는 삶

-이때에 재정 워크북이 주어져서 아웃리치 기간에 적용한다.

8주 : 강의 6-주제 : 성경적 지도력 Nations-Changer

-이때에 아웃리치 기간에 삶의 현장에 적용할 워크북이 주어진다.

9주 : 프로세스 3-프로세스 1, 2와 동일한 프로그램이다.

9주-12주 : 현장실습

-4주간에 걸친 현장실습은 소그룹별로 진행된다. 그 기간에 반드시 3박 4일간 소그룹별로 국내외 지역으로 가서 함께 공동생활하면서 진행한다.

12주 : 수료식

수료요건 : 강의 참석, 매일 각자가 해야 할 것들-진도표에 따른 말씀묵상, 성경읽기(:수료 전에 일독), 기도 한 시간, 하나님의 음성 듣기, 소그룹 활동 등 이 모든 것에서 각 항목 80점이 넘어야 한다.

NC전략 세미나들

NC 운동네트워크가 실행되기 위해서 3개의 학교 외에도 3개의 세미나가 병행하여 진행된다.

세미나 1-하나님의 음성을 듣는 삶 : NC Agent로 살려면 하나님의 음성에 민감하여 그의 뜻을 알고 행해야 한다.

세미나2-중보기도와 영적 전쟁 : 기독교 문명운동은 중보기도와 영적 전쟁을 이해할 때 이루어진다.

세미나3-성령의 능력으로 사는 삶 : 기독교 문명운동은 오직 성령의 능력을 힘입을 때 가능하다.

이 세 가지의 세미나는 세 개의 중심되는 학교의 내용을 보충하여 온전하게 하기 위한 것이다. 3개의 학교과정과 3개의 세미나를 통하여 Nations-Changer로 무장하기 위한 것이다. 세미나들의 진행과정은 모두 동일하다. 각 세미나는 3일간 진행된다. 09:00에 시작을 하여 17:00에 마친다. 매번 400명의 학생과 100명의 간사로 구성된다. 세미나 기간에 5명으로 이루어진 소그룹 진행을 담당할 간사가 필요하기 때문이다. 모두 80개의 소그룹으로 형성한다.

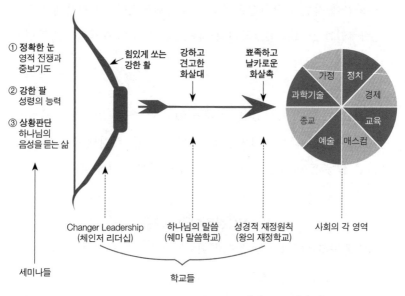

FIGURE 21 Nations Changer 기독교 문명운동

차세대 리더십 세우기 운동

다음세대를 일으키는 것은 매우 중요하다. NC 운동네트워크는 단 번에 이루어지는 것이 아니기 때문이다. 적어도 20년 이상의 수고가 따라야 한다. 그러려면 세대를 이어서 진행이 되어야 가능하다.

성경은 일반적으로 3세대로 나눈다.

하나님이 말씀하시기를 말세에 내가 내 영을 모든 육체에 부어 주리니, 너희의 자녀들은 예언할 것이요, 너희의 젊은이들은 환상을 보고, 너희의 늙은이들은 꿈을 꾸리라.[77]

마지막 때에 성령을 3세대에게 부어 주시리라 약속하셨다.

이는 곧 너희의 하나님 여호와께서 너희에게 가르치라고 명하신 명령과 규례와 법도라. 너희가 건너가서 차지할 땅에서 행할 것이니, 곧 너와 네 아들과 네 손자들이 평생에 네 하나님 여호와를 경외하며 내가 너희에게 명한 그 모든 규례와 명령을 지키게 하기 위한 것이며 또 네 날을 장구하게 하기 위한 것이라.[78]

하나님의 말씀을 듣고 행해야 할 3세대−너, 네 아들, 네 손자들−를 말한다.

또한 사사기에서도 '여호수아−장로들−다른 세대' 즉 3세대를 언급하고 있다.

백성이 여호수아가 사는 날 동안과 여호수아 뒤에 생존한 장로들 곧 여호와께서 이스라엘을 위하여 행하신 모든 큰 일을 본 자들이 사는 날 동안에 여호와를 섬겼더라… 여호수아가 백십 세에 죽으매… 그 세대의 사람도 다 그 조상들에게로 돌아갔고 그 후에 일어난 다른 세대는 여호와를 알지 못하며 여호와께서 이스라엘을 위하여 행하신 일도 알지 못하였더라.[79]

사사기의 불행은 제3세대로 인하여 시작되었다. 그들은 하나님을 경험하지 못한 세대다. 제1세대와 제2세대는 강한 나라를 형성했다. 이들의 특징은 하나님을 인격적으로 아는 세대다. 하나님의 행하신 일을 경험한 세대다. 이들 세대는 주변의 나라들을 다스리고 땅을 차지했다. 그러나 제3세대는 주변의 나라들에 의하여 다스림을 받았고 땅을 빼앗겼다. 이들 세대는 하나님을 인격적으로 알지 못했다. 지식으로만 알았다. 그들의 신앙은 종교적 행위에 불과했다. 하나님의 행하신 일을 경험하지 못했다. 바통이 제대로 이어지지 않았다. 다음세대를 일으키지 못한 결과이다.

2008년 북경 올림픽의 하이라이트 중 하나는 여자 육상 400미터 계주였다. 모든 사람들은 자메이카팀이 우승할 것이라고 100% 확신했다. 이미 100미터와 200미터에서 실력이 증명되었기 때문이다. 실제로 400미터 계주에서 제3주자까지 단독으로 앞서 달려갔다. 아무도 이 팀을 따를 수가 없었다. 그런데 이변이 벌어졌다. 제3주자가 마지막 주자에게 바통을 넘기는 과정에서 바통이 제대로 넘겨지지 않았다. 더구나 그 과정에서 두 번째로 달려오던 영국주자까지 밀치게 되었다. 이들은 안타깝게도 입상하지 못했다. 이것을 바라보면서 바통을 이어가는 것이 얼마나 중요한가를 새삼 절감했다.

NCMN의 사역은 이 같은 3세대를 아우를 수 있어야 한다. 바통을 잘 전달해야 한다. 2014년에 진행된 쉐마 말씀학교에는 10대들도 몇 명이 참석했다. 2015년 1월에 열린 왕의 재정학교에서는 키즈 왕의 재정학교도 함께 진행이 되었다. 부모가 학생이나 간사로 참석한 가정의 초등학생 자녀 46명으로 구성되었다. 처음의 예배와 마지막의 마침은 한 공간에서 진행되고, 강의는 같은 커리큘럼으로 서로 다른 공간에서 진행되었다.

2015년 1월 26일부터 29일까지는 250명가량의 청년대학생들을 대상으로 히어로 캠프(Hero Camp)가 충남 태안의 캠프장에서 진행되었다. 100여 명의 간사들, 중보기도자들이 이 캠프를 섬겼다. 이 기간에 신약성경을 소그룹별로 통독했다. 새벽시간은 '매일 영성'의 주제로 하나님과의 친밀감을, 오전시간은 '네 주인이 누구냐?'의 주제로 성경적 재정원칙을, 오후시간에는 '변화를 주는 지도력'의 주제로, 저녁에는 'Hero, Hero, Hero'의 주제로 말씀이 선포되었다. 2016년 1월

25-28일, 2017년 1월 16-19일에 강화도 유스호스텔에서 각각 350명의 청년, 100여 명의 간사들이 캠프를 진행하였다.

Youth Hero Camp(청소년 대상)도 구상중이다.

NCMN에서 진행되는 모든 학교와 세미나들은 각각 세대로 이어져서 살게 하는 것이 목표다. 학교와 세미나가 진행되는 기간은 물론 마친 후에 어떻게 지속할 것인가가 중점적으로 이루어지도록 구성되어 있다.

중보기도의 사역

데이비드 웰스(David Wells)는 기도를 "타락한 세상에 대한 반역"이라고 설명한다. 하나님께서 세우신 기준과 다른 모든 세상적인 계획과 해석을 거부하고, 세상을 변화시켜 하나님의 능력이 실현되도록 하는 것이 기도라고 정의한다.[80]

예수님의 기도는 우리에게 중보기도 사역의 모범을 제공한다. 주님께서 기도하신 유형을 웰스는 다음과 같이 정리했다.

첫째, 주님은 생애에서 중대한 결정들을 내리기 전에 간청하는 기도를 드리셨다. 이를테면 누가복음 6장 12절에서 제자들을 택할 때 말이다. 실로 주님이 그처럼 우쭐거리고 무지하며 아둔하고 변변치 못한 하층민 무리를 왜 제자로 택하셨는가에 대한 유일한 설명은 주님이 그들을 선택하시기 전에 기도하셨다는 것뿐이다. 둘째, 주님은 도저히 측량할 수 없을 만큼 압력을 받을 때, 여기저기서 수많은 사람이 그분의 에너지와 관심을 요구하는 특별히 바쁜 날에 기도하셨다(예를 들어, 마 14:23). 셋째, 주님은 세례를 받으실 때, 변화산에서 변화되실 때, 십자가 위에서 등 인생의 중대한 위기와 전환점들이 있을 때 기도하셨다(눅 3:21, 9:28,29).

마지막으로, 주님은 유별난 시련과 시험이 오기 전에, 그리고 시험을 받는 동안 기도하셨다. 그 중에서도 가장 생생한 경우는 겟세마네 기도였다(마 26:36-46). 악한 '때'가 임했을 때 그것을 대하는 예수님과 제자들의 태도에는 큰 차이가 있었다. 예수님은 계속해서 기도하신 반면 제자들은 마음이 약해져서 잠을 자고 있었다.[81]

NC 운동네크워크가 실행되기 위해서는 강력한 중보기도 사역이 병행되어야 한다. 이스라엘 백성이 애굽에서 나와 광야를 통행하는 도중, 신 광야를 지나 르비딤에 이르렀을 때에 아말렉이 막아섰다. 모세는 여호수아에게 군대를 소집하여 아말렉과 싸우도록 명했다. 모세는 아론과 훌과 함께 산꼭대기로 올라갔다. 거기에서 전쟁의 양상을 잘 볼 수 있기 때문이었다. 모세가 손을 들면 여호수아의 군대가 이기고, 피곤하여 손을 내리면 아말렉이 이겼다. 이를 옆에서 지켜본 아론과 훌이 모세를 돌의자에 앉게 하고 모세의 양팔을 각각 붙들어 올렸다. 여호수아의 군대가 대승했다.[82]

여호수아의 군대가 NCMN이라면 아말렉은 이 세상이다. 모세, 아론, 훌은 중보기도자들이다. 우리가 NC 운동네트워크를 통한 기독교문명운동을 일으키는 것은 강력한 영적 전쟁을 동반한다. 이스라엘이 가나안 땅을 차지하여 기독교국가를 건설하는 일은 거저 되는 것이 아니다. 전쟁을 치러야 한다. 아말렉은 이제 시작이다. 그 땅을 차지하고 있는 가나안의 족속들을 몰아내어야 한다. 그들의 우상을 제거해야 한다. 여호수아서는 이러한 전쟁의 치열함을 잘 보여준다. 출애굽기 17장에 나타난 아말렉과의 전쟁에서 모세와 아론과 훌은 단지 그때만 필요했던 것이 아니다. 그것은 앞으로 전개될 모든 전쟁에서의 전략을 제공하고 있다. 여호수아의 군대가 아말렉을 이기는 힘은 모세의 두 팔을 높이 들었던 데에 있었던 것처럼, 오늘의 기독교 문명 운동도 중보기도의 강력한 지원이 있어야 한다. 우리의 미래는 중보기도가 결정한다.

역사는 미래가 만들어져 간다고 믿는 중보기도자들에게 속해 있다. 상상력을 발휘하면서 새로운 필연성에 전적으로 헌신한 소수가 있으면, 미래 모습에 결정적인 영향을 끼칠 수 있다. 미래의 모습을 결정짓는 사람들은 오랫동안 갈망하던 새로운 현재인 미래를 소리쳐 구하는 중보기도자들이다. 그들은 미래가 만들어져 간다고 믿는다.[83]

기독교 문명운동이 활성화되려면 중보기도 사역은 필수다. SNS상에 방을 개설하여 날마다 이 기도에 동참하는 것과 일주일에 한 번씩 소그룹으로 모여 기도하는 것이 활성화되고 있다. 이들은 나라와 교회를 위해서 기도한다. SNS에 날마다 세계의 8개국씩 정보를 올려주어서 기도하게 한다. 그러면 한 달이면 전 세계를 모두 기도하게 된다. 또한 한국의 8도와 주요도시, 각 영역, 북한의 8도와 주요도시의 기도정보를 올려서 일주일 단위로 기도한다. 또한 교회와 NCMN의 사역을 위해 날마다 기도한다. 우리의 중보기도의 지평을 넓혀야 한다.

하나님의 '시대', 십자가에 달리신 그분의 아들의 시대가 전 세계에서 밝아오고 있다. 그러므로 우리 기도는 개인적 관심사를 넘어서 하나님이 관심을 갖고 계시는 모든 인간 삶으로 지평을 넓혀야 한다. 복음이 우주적인 것이라면 기도 역시 국지적인 것이 될 수 없다.[84]

전략 센터 운영

센터는 전략적이다. NCMN이 기독교 문명운동을 효과적으로 일으키려면 센터의 역할이 중요하다. 센터는 각 학교와 세미나와 현장(Field)을 잇는 다리역할을 한다. 각 훈련이 현장을 변화시키기 위해 충분히 무장시키는지를 살펴보아야 한다. 또한 현장의 필요를 정확히 파악하여 각 훈련에 반영해야 한다. 자칫 그르칠 수 있는 것은, 훈련 프로그램과 현장의 필요가 서로 어긋날 수 있기 때문이다. 가령, 열심히 냉장고를 만들어 현장에 배송하였는데 전기볼트가 맞지 않는다면 얼마나 어이가 없는 일인가!

그러므로 센터의 사역팀들은 각 훈련학교와 세미나를 정확히 파악하여 이해하고 있어야 한다. 뿐만 아니라 현장의 상황도 정확히 파악하여 이해하고 있어야 한다. 이같이 센터의 기능 중 하나가 R&D(Research and Developement)이다.

센터가 주력하는 것 중의 또 하나는 NCMN이 펼치는 각종 운동을 지속적이며 효과적으로 운영되도록 이끄는 것이다. 재정학교가 펼치는 5K 운동, 왕의 기업, 왕의 은행, 그리고 쉐마 말씀학교가 펼치는 말씀배가운동이 그것이다.

센터는 또한 앞으로 NCMN이 펼치고자 하는 운동들을 일으키기 위하여 기반을 닦고 세우는 일을 이끈다. 가령, 체인저 리더십 스쿨은 사회의 각 영역을 변혁시키고자 한다. 교육계-왕의 교육, 예술계(연예, 스포츠 포함)-왕국의 축제, 정치계-왕의 정치, 매스컴-왕의 메신저, 의료계-왕의 치료, 과학계-왕의 과학 등등이 앞으로 일어나도록 효과적으로 진단하고 기반을 닦는 일을 도우려 한다.

센터는 NCMN에서 진행되는 모든 사역, 앞으로 진행될 사역 등에 대하여 다음과 같은 질문을 던져야 한다.

- 이 사역들은 NCMN의 방향과 일치하는가?
- 이 사역을 통하여 NCMN이 목표하는 결과를 이루는가?
- 이 사역들의 성경적 기반은 무엇인가? 모든 사역은 하나님으로부터 시작해야 한다. 그렇다면 하나님께서 하신 말씀은 무엇인가? 경영과정은 성경적인가?
- 이 사역들은 올바른 재정적 원칙에 의하여 운영되는가?
- 이 사역을 이끄는 리더는 올바른 지도력을 발휘하는가?

센터는 또한 네트워크가 원활하게 진행되도록 돕는다. NCMN과 지역교회, 지역교회와 지역교회, 사회의 각 영역별 네트워크를 돕는 역할을 한다.

센터는 NCMN의 핵심 브레인이요, 전략팀이요, R&D이며, 사역과 학교를 잇는 브릿지(Birdge)다.

NCMN 사역의 정의

NC(Nations-Changer)

Nations-Changer는 마태복음 28장 19, 20절의 주님의 지상대명령의 핵심인 "모든 족속으로 제자를 삼으라"는 명령에 순종하여 실행하는 사람을 말한다.

Nations의 헬라어 'ethnos'는 크게는 언어별, 문화별 집단 그룹을 말한다. 그 집단을 종족이라고 한다. 그러나 작게는 사회의 각 영역을 의미한다. 즉 정치(군, 법조계, 외교 포함), 경제, 교육, 매스컴, 예술(연예, 스포츠 포함), 종교, 과학기술(의료계 포함), 가정 등이 그 영역이다.

Changer란 '제자화'의 다른 언어표현이다. 한 종족이나 사회 영역의 제자화 과정은 곧 기독교 문명운동 과정이다.

NCMN의 목적

Nations-Changer 또는 Nations-Changer Agent들을 일으켜 Nations(: 사회의 각 영역들)을 Change하는 것이다. 기독교 문명운동의 비전을 가진 사람들을 일으켜 그들로 사회의 각 영역에서 그 비전을 실현시키는 일을 하게 한다. 그러므로 NCMN은 '기독교 문명운동 네트워크', '사회영역 변혁운동 네트워크'라고 불릴 수 있다.

NCer 또는 NC Agent를 일으키기

Nations-Changer 또는 Nations-Changer Agent들을 어떻게 일으킬 것인가? NCMN에서 운영하는 훈련과정을 이수하게 한다. 이들을 NCer 또는 NC Agent라고 부른다. 여성의 리더십을 인정하고 사역에 참여하게 한다.[85]

3개 학교 : 왕의 재정학교, 체인저 리더십 학교, 쉐마 말씀학교

3개의 세미나 : 하나님의 음성을 듣는 삶, 중보기도와 영적 전쟁, 성령의 기름부으심

또한 지역교회 중심으로 하는 훈련프로그램인, NC Vision School을 통해서 일으킨다.

M-Movement

NCMN의 근본적인 성격은 운동이다. 어떤 조직이 아니다. 동일한 비전과 가치기준을 가지고 이를 각자(개인, 지역교회, 선교기관, 기업 등)의 위치에서 의미를 해석하여, 각자가 스스로 주도권을 가지고 이를 자발적으로 실행하는 것을 원칙으로 한다. 가령, 삼성이나 LG에서 TV를 개발하고 제작하여 판매하면 이를 각자가 사용하는 것과 같다. 삼성이나 LG는 서비스 센터를 운영한다. 또한 더 좋은 품질을 위하여

연구소를 운영한다. NCMN은 마치 서비스 센터나 연구소의 기능을
한다.

N-Network

기독교 문명운동에 대하여 같은 뜻을 가진 개인, 교회공동체, 선교
회, 기업들이 이러한 운동이 더욱 효과적이 되기 위하여 서로 Network
한다. 서로가 원활한 의사소통과 교류를 한다. 각자가 주도권을 가
지면서도 서로 협력하여 상호주도권을 가진다. Communication,
Cooperation, Collaboration이 이를 잘 설명해 주는 단어다.

"하나가 천을 쫓으며 둘이 만을 도망하게 한다"[86]고 성경은 말한다.
이는 서로 협력할 때의 엄청난 힘을 말한다. "두 사람이 한 사람보다
나음은 그들이 수고함으로 좋은 상을 얻을 것임이라"[87] 하셨다. "한 사
람이면 패하겠거니와 두 사람이면 맞설 수 있나니 세 겹 줄은 쉽게 끊
어지지 아니하느니라"[88] 하셨다. 같은 지역사회에서 교회가 서로 경
쟁하거나 비교하는 것이 아니라 기독교 문명운동을 위해 함께 수고할
때 하나님이 축복하신다. 존 체임버스는 고백한다.

> 저는 항상 '윈윈'(win win)이 성립할 수 있다고 믿습니다. 저는 고객이나
> 동료, 경쟁자들과 협상할 때 조금이라도 제게 더 유리한 결과를 이끌어
> 내려 하지 않았습니다. 저 혼자의 이익을 위한 협상은 제로섬입니다. 그
> 러나 협상에서 양측 모두가 타당한 결과를 얻는다면 윈윈입니다. 그 바
> 탕에는 신뢰가 있습니다. 둘째 원칙은 '내면의 자신감'(inner confidence)
> 입니다. 어떤 일을 하든 잘 준비돼 있을 때 나오는 그 자신감 말입니다.
> 이런 자신감 없이는 절대로 승리할 수 없습니다.[89]

기독교 문명운동을 이루기 위해 극복해야 할 과제

성경 전체를 통해 우리 주 예수께서 명하신 기독교 문명운동을 활성화하여 하나님의 나라가 임하고 하나님의 영광이 나타나려면 우리가 힘써서 극복해야 할 장애물이 있다.

첫 번째 장애물은 기독교 이원론이다.

하나님과의 관계와 이에 해당하는 모든 활동들은 '거룩하다'라고 하고, 반면에 이 세상과의 관계에서 주어지는 활동들은 '속되다'라고 규정하는 것이다. 성경은 처음부터 이에 대한 구분이 없다.

하나님의 형상으로 지으심을 받은 우리에게 주어진 사명은 먼저 하나님을 알고, 하나님과 교제하는 것이다. 그리고 이 세상에 하나님을 알리는 것이다. 사회의 각 영역에 나아가 성경적 기반 위에 기독교 문명을 세우는 것이다.

그러므로 특정직업만 거룩한 것이 아니라 사회 각 영역에 나아가 활동하는 것도 거룩하다.

그날에는 말방울에까지 '여호와께 성결'이라 기록될 것이라 여호와의 전에 있는 모든 솥이 제단 앞 주발과 다름이 없을 것이니 예루살렘과 유다의 모든 솥이 만군의 여호와의 성물이 될 것인즉 제사 드리는 자가 와서 이 솥을 가져다가 그것으로 고기를 삶으리라 그날에는 만군의 여호와의 전에 가나안 사람이 다시 있지 아니하리라(슥 14:20,21).

네덜란드의 수상이며 신학자요 목사인 아브라함 카이퍼의 말을 다시 새기고 싶다.

사람이 어느 곳에 있든지, 무엇을 하든지, 손을 대는 분야가 농업이든, 상업이든, 산업이든, 아니면 머리를 쓰는 예술과 과학 분야 등 어떤 일에 전념하든지 간에 사람은 언제나 '하나님의 면전'에 서 있으며 하나님을 섬기는 일에 종사하고 있다. 사람은 철저히 하나님께 순종해야 하며, 무엇보다도 하나님의 영광을 그 생애의 목표로 삼아야 한다.

목회자가 거룩하듯이 사회의 각 영역에서 일하는 사람들의 사역도 거룩하다. 하나님은 성막건축을 위하여 브살렐과 오홀리압을 부르셨다(출 31:1-11). 그들은 보석을 깎아 물리며 여러 가지 기술로 나무를 새겨 만들며, 회막과 회막의 모든 기구들을 만들며, 제사장의 옷 등등을 만들었다. 하나님은 이들을 성령으로 충만하게 하여 지혜, 총명, 지식, 재주, 재능을 주셔서 맡은 일을 감당하게 하셨다. 하나님은 우리가 예술, 건축, 행정, 제빵, 미용, 선박, 미술, 음악, 무역, 의상 등등 사회의 모든 영역에서 하나님의 영광을 위해 일하도록 하셨다.

베드로전서 4장 10절에 "각각 은사를 받은 대로 하나님의 여러 가지 은혜를 맡은 선한 청지기같이 서로 봉사하라"라고 하셨다. 그러므로 우리는 모두 사역자다. 오직 두 종류의 사역자만 있다. 목회사역자와 현장사역자다.

오늘날 교회는 마치 축구경기장에 비유된다. 11명의 축구 선구와 몇 명의 후보 선수, 감독과 코치 등의 선수단이 운동장에 나가서 축구를 한다. 그리고 수천 명의 관중들은 스탠드에 앉아서 경기를 관람하고 응원한다. 선수단을 목회자, 관중을 평신도라고 구분 짓는다. 오직 소수의 목회자만 하나님의 나라를 위해 수고하고 있다. 이것은 교회의 모습이 아니다.

나는 교회의 모습을 출애굽기 17장에서 발견한다. 이스라엘이 출애굽하여 시내산으로 가는 여정에서 아말렉이 와서 이들의 길을 가로막았다. 모세는 여호수아에게 군대를 소집하여 아말렉과 싸우라고 지시하였다. 그리고 모세는 아론과 훌과 함께 산꼭대기로 올라가 손을 들었다. 그가 손을 들면 여호수아의 군대가 이기고 피곤하여 손을 내리면 아말렉이 이겼다. 아론과 훌이 돌을 가져다가 모세를 앉게 하고 각각 모세의 팔을 해가 지도록 붙들었다. 여호수아의 군대가 아말렉을 쳐서 무찔렀다.

나는 모세와 아론과 훌을 "목회사역자팀"이라고 부르고, 여호수아의 군대를 "현장사역자팀"이라고 부른다. 두 팀이 함께 전쟁을 이끌어 승리하였다. 목회사역팀은 현장사역팀을 성경으로 가르치고 양육한다. 코칭과 멘토링을 한다. 중보기도를 한다.

아말렉은 우리가 싸워야 할 이 세상의 가치체계다. 사회의 각 영역에 아말렉이 도사리고 있다. 진정한 전쟁은 현장사역팀에 의하여 주도된다. 치열한 전쟁터다. 거기에는 DMZ가 없다. 빛과 어두움, 진리와 거짓이 서로 대치하고 있다. 이 세상은 신약교회에게 유업으로 주어진 가나안이다. 거기에 하나님의 나라가 임해야 한다. 하나님의 말씀이 기반이 되는 나라다. 하나님의 성품이 드러나는 나라다. 하나님의 통치, 하나님의 권위가 작동되는 나라다.

장애물은 목회자들에게 있다

목회자와 평신도로 나누는 잘못된 신학의 교정이 있어야 한다. 목회자의 패러다임이 먼저 바뀌어야 한다. 평신도라는 말보다는 '현장사역자'라는 말로 수정되어야 한다. "내가 곧 사역자다"라는 표어가 교회전면에 붙어야 한다. 모든 그리스도인이 외쳐야 할 표어다.

목회자가 먼저 이를 인정하고 역할 분담을 해야 한다. 물론 말씀과 가르침에 수고하는 이들은 배나 존경해야 한다. 목회사역자들은 현장 사역자들에게 성경적인 원칙을 알려주어야 한다. 성경에는 하나님과의 관계뿐 아니라 이 세상을 변혁하기 위한 모든 원리들, 원칙들이 기록되어 있다.

목회사역팀은 이를 연구하고 가르쳐야 한다. 현장사역자들을 멘토하고 코치하고 중보기도해야 한다. 현장사역자들을 너무 자주 교회로 불러들이지 말아야 한다. 모이는 교회에서 힘을 얻고 성경적 원칙을 배워야 한다. 그리고 현장사역자들을 땅 끝으로 파송하여 아말렉을 물리치고 예수 그리스도의 깃발이 거기에 휘날리도록 해야 한다. 하나님의 이름이 "여호와 닛시"임을 잊지 말아야 한다.

장애물은 현장사역자들에게 있다

자신들을 '평신도'라고 부르며 모든 헌신된 삶에서 벗어나려고 한다. 자신을 사역자로 간주하지 않는다. 말씀을 보는 것과 기도하는 것에서 타협을 하려 한다. 이런 일들은 오직 '목회자'들에게만 요구된다고 생각한다. 어찌 보면 목회자보다 더 고집이 세거나 생각이 굳어 있을 수도 있다.

패러다임의 변화가 있어야 한다. "내가 곧 사역자다"라는 고백이 있어야 한다. 날마다 말씀과 기도, 그리고 성령으로 무장해야 한다. 날마다 출근하는 일터는 먹고 살기 위한 것이 아니라 자신의 선교지임을 깊이 인식해야 한다. 내가 일하는 그곳이 바로 "나의 땅 끝"임을 고백하여야 한다. 거기에 하나님의 나라가 임하도록 사역해야 한다. "내가 또 너를 이방의 빛으로 삼아 나의 구원을 베풀어서 땅 끝까지 이르게 하리라"(사 49:6)라고 하신 말씀을 심장에 새겨야 한다.

성경을 한쪽으로 치우쳐서 이해하지 않아야 한다. 성경은 하나님 앞에 나아가 하나님과의 친밀감을 이루게 도와준다. 그러나 또한 성경은 이 세상에 나아가 아말렉을 어떻게 물리치고 거기에 하나님의 나라가 임하게 하는지도 말씀하신다.

두 번째 장애물은 교회가 서로 연합되지 않음에 있다.

우리 주님의 기도는 그의 몸된 교회의 연합이었다. 요한복음 17장 21-23절이 그것이다. 이미 언급하였듯이 우리가 연합될 때 대규모의 복음의 문이 열린다. 많은 이들이 지금 세대는 복음을 전파하기가 이전보다 어렵다고 말한다. 사람들의 마음이 굳어 있다고 말한다.

그러나 나는 말씀을 통해 이해한다. 만일 지역의 교회들이 교파와 교단을 넘어서서 지역의 복음화와 부흥을 위해, 기독교 문명운동을 위해 힘을 합친다면, 얼어붙은 마음, 딱딱한 마음, 닫힌 마음이 열릴 것이라고 확신한다. 교회가 서로 연합한다면 사랑의 혁명이 일어날 것이다. 메마르고 딱딱한 세상이 하나님의 사랑을 경험하게 될 것이다.

시편 133편에는 우리가 서로 연합할 때 하나님의 축복이 임한다고 한다. 우리 주 예수님은 보리떡 다섯 개와 생선 두 마리를 축복하셨다. 그리고 떼어 주시자 5,000명(;어린이와 여자들을 포함하면 적어도 20,000명은 될 것이다)이 배불리 먹고 12광주리가 남았다. 거기에는 주님의 축복이 있었다.

우리가 가진 것이 비록 오병이어처럼 적은 것이라 할지라도 주님의 축복이 있을 때 세상의 필요를 다 채울 것이다. 우리 교회가 주님의 축복을 받을 때 우리 주변의 지역사회, 도시와 나라가 하나님의 사랑으로 가득 채워질 것이다.

연합을 위해 무슨 조직체를 만들려 하지 말고, 오직 성령의 이끄심 아래 함께 모여서 지역과 도시, 그리고 나라의 부흥을 위해 기도한다면 거기에 반드시 주께서 응답하실 것이다.

서로 경계하거나 경쟁하거나 비교하지 말고 서로 축복해야 한다. 모여서 간절히 기도하는 시간, 눈에 눈물이 흐르며 기도하는 시간, 심장이 깨어져서 잃어버린 영혼과 지역과 도시와 나라를 위해 기도하는 시간이 있어야 한다. 거기에 부흥이 있을 것이다.

교회와 교회가 서로 네트워크해야 한다. 사회의 영역에서 같은 영역의 '현장사역자'들이 교회를 넘어서서 서로 만나고 기도하고 의논하고 전략을 구상해야 한다. 하나님의 나라가 임하기를 위하여 거룩한 음모를 함께 꾀해야 한다. '목회사역팀'이 교회를 넘어서서 이들의 울타리가 되어주고 격려하고 지지할 때 놀라운 일이 일어날 것이다.

여호와여 주는 주의 일을 이 수년 내에 부흥하게 하옵소서. 이 수년 내에 나타내시옵소서. 진노 중에라도 긍휼을 잊지 마옵소서(합 3:2).

"물이 바다를 덮음같이 여호와의 영광을 인정하는 것이 세상에 가득하리라"(합 2:14 개역한글)라고 하신 말씀의 성취를 함께 보게 될 것이다.

요약

이 장에서는 기독교 문명운동으로서의 NCMN의 역사와 사역 그리고 사역방향에 대해 기술했다. 쉐마 말씀학교, 왕의 재정학교, 체인저 리더십 학교, 중보기도, 센터 운영과 다음세대를 일으키는 전략적 사역에 대해 기술했다.

다음 장은 이 연구에 대한 결론으로 연구 결과를 요약 정리하고, 결론을 도출한 후에 이 주제에서 향후 연구가 더 필요한 내용에 대해 제언을 함으로 이 연구를 마무리할 것이다.

362

결론

이 책은 국가와 민족을 변화시킨 기독교 문명운동에 관한 연구로 한국의 NCMN 운동을 중심으로 기술한 것이다.

서론에서는 연구의 배경, 목적, 목표, 중요성, 중심 연구 과제, 연구 질문, 범위, 용어 정의, 연구 방법, 연구 개관을 다루었다.

제1장은 기독교 문명운동에 대한 성경적 이해를 기술했다. 세상을 창조하신 하나님, 사람을 창조하신 하나님의 뜻과 명령, 사람에 대한 성경적 이해, 문화적 명령, 타락, 재창조, 예수님의 구속, 지상명령 그리고 나라를 변화시키는 사람에 대한 성경적 관점을 조명했다.

제2장은 기독교 문명운동에 대한 기독교 문명사적 관점을 기술했다. 성경에 나타난 온 세상에 대한 하나님의 계획을 하나님께서 어떻게 역사 속에서 문명운동을 통하여 이루어 가시는지를 살펴보고자 했다.

기독교 문명운동으로 혁신적 변화를 일으켰던 사건들을 통해 하나님께서 역사에 간섭하시는 원칙들을 살펴보고자 했다. 왜냐하면 모든 사건에는 하나님이 개입되어 있기 때문이다. 하나님께서 자신이 세우신 경륜을 어떻게 섭리하시는가를 보고 그 의미와 중요성을 이해하면, 기독교 문명운동에 참여하는 우리가 어떻게 그의 뜻을 이어갈 수 있는지를 배울 수 있게 된다.

복음주의 부흥운동은 사회 개혁을 이루었다. 사회 전반에 걸쳐 근본적인 변화가 일어났다. 개인의 인권과 인류 평등주의 사상이 증대되었다.[1] 영국의 올리버 크롬웰(Oliver Cromwell)의 등장으로 왕정 중심의 영국은 평민 중심의 입헌 민주주의 제도를 확립했다. 여성에게도 참정권이 주어졌다. 이것은 미국의 독립선언문에도 영향을 주었다. 미국의 장로교회는 미국의 독립전쟁에 영향을 주었다. 교회가 미국의 조세제도에 강한 제동을 걸었다. 복음주의 부흥운동은 두 차례에 걸친 대각성 운동을 불러왔다. 신앙양심과 시민의식이 고취되었다. 이러한 대각성 운동은 선교주자의 바통이 가톨릭에서 개신교로 넘어오게 했다.

윌리엄 캐리를 필두로 하여서 허드슨 테일러, 그리고 카메룬 타운젠드와 맥가브란이 그 뒤를 이어 개신교의 선교시대를 이어갔다. 이들은 해안선 중심의 선교, 내지 선교, 종족 선교 운동에 기여했다.

제2차 대각성 운동 이후로 엄청난 해외선교회가 조직되었다. 미국에서만 2차 세계대전 이후에 해외선교회가 150개나 조직되었다. 또한 장기선교를 포석으로 하는 단기선교가 일어났다. 이러한 가운데 지역교회들과 경험이 많은 해외선교회들의 협력이 활발하여졌다. 또한 선교에 관한 연구가 활발하여졌다. 선교잡지, 선교에 관한 서적들이 출간되고 선교학 조사와 연구 등이 활발하게 진행되었다.

식민주의가 붕괴되고 세계주의가 등장했다. 서구 열강의 붕괴와 퇴각 현상이 일어났다. 결과적으로 식민지에 해방이 찾아왔다. 더 놀라운 것은 새로 독립한 나라들 안에 복음이 더욱 자유롭게 퍼져나갔다는 점이다. 예수 그리스도의 복음은 다양한 문화적 옷을 입고 전 세계적으로 더 자유롭게 퍼져나가고 있다. 비서구교회들은 더욱 강건해지고, 깊이 뿌리를 내려 토착화되어 가고 있다. 교회가 놀랍게 발전하고 있다.

오늘날 세계화의 추세는 엄청난 속력을 내고 있다. 이제는 어느 나라도 홀로 존재할 수 없게 되었다. 나라 사이에 상호의존성이 높아졌다. 교통과 통신의 발달은 세계를 지구촌으로 만들었다. 이제는 새로운 선교전략이 필요한 때이다.

제3장은 기독교 문명운동에 대한 전략적 관점을 기술했다. 성경과

역사에 나타난 문명개혁 운동에 관하여 정리했다. 주기도문에 나타난 관점과 사도행전에 나타난 기독교 문명운동 전략을 살펴보았다.

제4장은 기독교 문명운동의 사역방향에 대한 관점을 서술했다. 기독교 문명운동의 역사와 사역 그리고 사역방향에 대해 기술했다. 쉐마 말씀학교, 왕의 재정학교, 체인저 리더십 학교, 중보기도, 센터 운영과 다음세대를 일으키는 전략적 사역에 대해 기술했다.

결론은 연구 결과를 요약 정리하고, 이 주제에서 향후 연구가 더 필요한 내용에 대해 제언을 함으로 이 연구를 마무리한다.

이 책의 결론은 복음주의 르네상스 시대의 한국인 크리스천 리더 양성은 기독교 문명운동을 통하여 이루어질 수 있다는 것이다.

복음주의 르네상스를 위한 한국 기독교 문명운동에 관한 후속 연구를 위하여 다음 분야에 대한 집중적인 연구가 필요하다.

첫째, 하나님 나라에 대한 성경신학적 연구가 필요하다. 성경 전체에서 제시하는 하나님 나라의 신학적 의미를 포괄적으로 설명하는 신학적 연구들이 필요하다.

둘째, 기독교 문명운동사에 대한 사례연구들이 필요하다. 지금까지 인류 역사에 나타난 기독교 문명들에 대한 다양한 모델들의 강점과 약점을 분석해 보면, 새로운 모델을 제시할 수 있을 것이다.

셋째, 한국문화에 적합한 상황화된 문명운동에 대한 연구들이 필요하다. 한국문화는 장구한 역사적 배경을 가지고 있다. 종교적으로 무교, 불교, 유교 등 다양한 종교적 심성을 가진 한민족 문화 속에 기독교 문명이 새롭게 자리하기 위해 보다 적극적인 상황화 작업이 진행되어야 할 것이다. 새로운 기독교 문명을 창달하기 위한 한국적 문명운동들에 대한 연구들이 필요하다.

APPENDIX A

랄프 윈터 《기독교 문명운동사》의 기본전제들

랄프 윈터의 《기독교 문명운동사》는 독특한 윈터의 거시적 관점이 돋보인다. 윈터가 기술한 36개의 기본전제들(foundational premises)은 다음과 같다.[2]

1. 하나님은 역사의 주인이시지만 우리는 광대무변한 전쟁터에 남겨졌다.

2. 하나님은 역사 안에서 그분의 목적을 성취하시려고 새로운 일을 시작하시고 발전시켜 나가신다.

3. 하나님은 인간에게 일반계시와 특별계시를 주심으로써 인간과의 교제를 먼저 시작하신다.

4. 하나님은 그분 자신에 대해 계시하시나, 악의 권세가 일반계시와 특별계시를 왜곡하고 있다.

5. 영악한 사탄은 하나님의 창조물을 모두 전적으로 타락시켰다. 그러므로 역사의 기본적인 줄거리는(창조물들 가운데 하나님의 영광을 회복시키려고) 타락하고 왜곡된 세상을 점진적으로 정복해 나가는 것이다.

6. 하나님은 모든 시대의 모든 사람에게 계속해서 자신을 계시하신다.

7. 하나님은 인류를 구원하시고 복 주시려고, 그리고 온 땅의 모든 창조물 안에 자신의 온전한 영광을 회복하시려고 사탄의 세력을 이김으로써 그분의 목적을 성취하신다.

8. 하나님은 그분의 목적을 성취하시기 위해, 자신의 백성을 불러 함

께 일하신다.

9. 하나님 나라의 확장은, 인류를 구원하는 것뿐만 아니라 타락한 창조물을 회복하고 악한 사탄을 물리치는 것도 포함한다.

10. 역사에 나타난 하나님의 사역은 일관성을 가지고 진행되고 있으며 궁극적으로 완성될 것이다.

11. 하나님은 인간집단이 그분의 목적을 위해 역사 속에서 그분과 함께 일하는 대리인이 되기를 원하신다.

12. 성경은 하나님의 목적에 대한 하나로 통일된 이야기다.

13. 선교는 성경의 기초가 되는 진리다. 지상명령은 성경 전체를 지탱하는 척추다.

14. 성경은 하나님이 구원 계획을 이루시는 모습을 그분과 백성 사이의 언약 관계를 통해, 또 만백성의 메시아 예수를 통한 모든 인류의 구속을 통해 보여 주신다.

15. 예수님의 삶과 죽음을 통해, 하나님은 사탄을 물리치고 인류와 창조물을 구속하며 회복하신다.

16. 교회의 본질은 선교다.

17. 성경적 신앙의 특징은 모든 문화 전통에 맞는 문화적 옷을 입히는 것이다. 참된 신앙은 참된 순종이라는 증거로 나타나기 마련인데, 참된 신앙적 순종은 언제나 문화적 형식이라는 옷을 입고 나타난다.

18. 어거스틴과 신플라톤주의적 신학의 영향을 받은 복음주의 사상에는 논리적 연결성이 결여되어 있다. 죄와 악은 사탄에서 기원한 것이지, 하나님으로 말미암은 것이 아니다.

19. 하나님 나라를 확장하고 그분께 영광 돌리는 우리의 사명은 모든 곳에 존재하는 악한 사탄을 물리치는 일을 수반한다.

20. 예수 그리스도의 삶과 죽음, 그리고 부활은 유일무이하고 확실한 역사적 사건으로써, 역사의 중심이다.

21. 선교사역은 성경적인 믿음을 전하고, 서구 기독교가 아닌 그리스도를 선포하며, 우리의 삐뚤어지고 터무니없이 복잡한 역사적 전통이 아닌 성경을 선포하는 것이다.

22. 하나님은 역사와 문화 전반에 걸쳐 자신의 교회를 세우신다.

23. 기독교 운동은 긍정적인 사회 변혁을 가져왔다.

24. 하나님은 모든 문화 속에서 일하시며, 하나님의 영광을 위해 그들을 구속하기 원하신다.

25. 거의 대부분 복음은 작고 집중되어 있고 헌신된 공동체들인 선교단체들을 통해 엄청난 문화적 장벽과 지리적 장벽을 넘어 전파되었다.

26. 하나님을 더욱 간절히 구하고 그분의 음성을 더 깊이 들은 핵심 지도자들은, 하나님이 새로운 돌파를 이루실 때 쓰임 받을 수 있었다.

27. 미전도종족은 자신들의 문화와 사회 내에 토착교회 운동이 없는 인간집단이다. 그들은 문화적 장벽과 편견이라는 장벽 때문에 복음과 격리되어 있다.

28. 전혀 새로운 전방개척지를 위해 더 철저한 상황화가 시급하게 필요하다. 하나님은 예수님의 제자가 되려면 자신의 문화적 정체성을 포기해야 한다고 말씀하신 적이 없다.

29. 하나님을 대항하는 인간의 첫 번째 반역의 결과, 인간은 사회적, 영적, 심리적, 육체적, 그리고 문화적으로 사탄의 영향을 받게 되었다.

30. 선교사역을 완수할 수 있으려면 타문화 상황에 적합한 커뮤니

케이션 방식을 따르는 효과적인 타문화 복음전도가 필요하다.

31. 인간집단(민족집단)들 내에서 이루어지는 교회 개척 운동을 통해 세계 복음화가 얼마나 진척되었는지 부분적으로 측정할 수 있다. 선교사역 완수를 위해, 사회 전반의 흐름을 따르는 교회 개척 운동과 성장이 필요하다.

32. 선교사역은 완성될 수 있고, 완성될 것이다. 선교사역의 완수를 위해 다양한 문화와 전통을 가진 교회와 선교단체들이 공동으로 협력해야만 한다.

33. 사명을 완수하기 위해서는, 공동체의 발전과 교회 개척을 긴밀히 연관시키는 총체적 전략이 필요하다. (우리가 하나님을 바르게 전하려면, 모든 악에 대항하여 싸우도록 연합해야만 한다.)

34. 하나님 나라의 확장에는 인간을 구원하는 것뿐만 아니라, 악한 사탄을 물리치고 타락한 창조물을 회복하는 것도 포함시켜야만 한다.

35. 하나님은 모든 민족, 족속, 나라, 언어 집단에서 그분을 따르는 자를 부르신다. 죄를 회개하고, 예수님을 통하여 하나님께 돌아오고, 사탄을 대적하는 광대무변한 전쟁에 참여할 전사를 부르신다.

36. 역사의 종말 이후, 하나님은 모든 창조물을 완전히 회복시키실 것이다. 사자들이 어린 양과 함께 눕게 될 것이다. 모든 질병이 사라질 것이다. 하나님께서 하늘과 땅을 다스리실 것이다.

APPENDIX B
폴 피어슨의《기독교 선교운동사》이론들

피어슨의《기독교 선교운동사》이론들은 피어슨의 역사기술 방법이다. 그는 전 세계 교회의 역사를 선교학적으로 재해석하고, 거기에서 얻어지는 통찰들을 현대의 선교 전략에 적용했다. 피어슨은 교회 확장의 역동성에 초점을 둔다. 특별히 교회 갱신과 부흥의 수단과 선교의 구조(Mission Structure), 그리고 이 둘의 상관관계에 주의를 기울인다. 21세기 선교 상황에 나타나는 동향을 살핀다. 피어슨은 기독교 운동의 성장, 확장, 위축의 역학과 기독교의 번성과정을 이해하는 선교학적 관점으로 자신만의 역사기술 방법을 이용한다. 피어슨의 9가지 선교운동사 이론들은 다음과 같다.[3]

1. Two Structures Theory(두 조직체 이론): 하나님의 구속사 속에서 일어나는 선교사역은 역사 전반을 통하여 소달리티와 모달리티, 두 조직체를 통하여 전개되었다. 역사적 패턴을 연구해 보면 하나님이 성령을 통해 모달리티 조직체 이외에, 때로는 모달리티 조직체를 대신하여 소달리티 조직체를 분명하고 일관되게 사용하셨다.

2. Renewal and Expansion Theory(부흥과 확장 이론): 교회의 부흥과 확장은 상호 연결되어 있다.[4]

3. Historical/contextual conditions theory(역사/상황적 조건 이론): 교회의 부흥과 확장은 역사적/상황적 조건이 맞을 때에 일어난다.

4. Key Person Theory(핵심 인물 이론): 교회의 부흥과 확장은 대부분 핵심 인물이 주도하여 시작된다.

5. Theological Breakthrough Theory(신학적 돌파 이론): 교회의 부흥과 확장은 대부분 신학적 돌파와 함께 일어난다.

6. Spiritual dynamics Theory(영적 생활양식 이론): 교회의 부흥과 확장은 대부분 새로운 신앙생활 양식, 또는 신앙생활을 당시 상황에 맞고 생활에 적합하도록 재상황화한 새로운 신앙생활 양식들을 만든다.

7. Information distribution Theory(선교정보 확산 이론): 교회의 부흥과 확장은 선교정보가 쉽게 확산되는 상황에서 일어난다.

8. New Leadership Patterns Theory(새로운 리더십 개발양식 이론): 교회의 부흥과 확장은 대부분 새로운 지도자 개발양식을 통하여 일어난다.

9. Periphery Theory(변두리 이론): 교회의 부흥과 확장은 대부분 그 시대 교회 정치권의 변두리에서부터 시작된다.

REFERENCES CITED

Ayers, Adam D. "In Search of the Contours of a Missiological Hermeneutic." Ph.D. Dissertation. Fuller Theological Seminary, 2011.

Barclay, William. (윌리엄 바클레이의) 팔복 주기도문 해설. Translated by 문동학 and 이규민 The Beatitudes and the Lord's Prayer for Everyman. 고양: 크리스천 다이제스트, 1987.

Barnett, Homer Garner. *Innovation: The Basis of Cultural Change*. New York: McGraw-Hill Book Co, 1953.

Blauw, Johannes. 교회의 선교적 본질. Translated by 전재옥, 전호진, 송용조, The Missionary Nature of the Church : A Survey of the Biblical Theology of Mission. 서울: 대한예수교장로회 총회출판국, 1988.

Bosch, David Jacobus. *Transforming Mission : Paradigm Shifts in Theology of Mission*. Maryknoll, N.Y.: Orbis Books, 1991.

Bosh, David J. "세상에 대한 증거." In 퍼스펙티브스 *1*, edited by 스티븐 호돈, 랄프 윈터, 한철호, 157-161. 고양: 예수전도단, 2010.

Buehler, Herman Gustav. "Reaffirming the Missio Dei: A Ministries of the Liebenzell Mission." Ph.D. Dissertation. Fuller Theological Seminary, 2001.

Byker, Gaylen J. "Academia Coram Deo." *Pro Rege* 40, no. 4 (2012): 1-6.

Cahill, Thomas. *How the Irish Saved Civilization*. Vol. 1. New York, NY: Anchor, 2010.

Carey, Eustace. *Memoir of William Carey*. London: Gould, Kendall and Lincoln, 1836.

Carey, William. *An Enquiry into the Obligations of Christians to Use Means for the Conversion of the Heathens*. Leicester: Ann Ireland, 1792.

Ciszek, Walter J. 나를 이끄시는 분. Translated by 성찬성 He Leadeth Me. 서울: 성바오로출판사, 1985.

Cunningham, Loren. *Making Jesus Lord*. Seattle, WA: YWAM Publishing, 1988.

Cunningham, Loren. *Winning God's Way*. Seattle, WA: YWAM Publishing, 1989.

Cunningham, Loren. *Daring to Live on the Edge: The Adventure of Faith and Finances*. Seattle, WA: YWAM Publishing, 1991.

Cunningham, Loren and David J. Hamilton. *Why Not Women? : A Fresh Look at Scripture on Women in Missions, Ministry, and Leadership*. Seattle, WA: YWAM Pub., 2000.

Cunningham, Loren and Janice Rogers. *Is That Really You, God?* Grand Rapids, Mich.: Chosen Books, 1984.

Cunningham, Loren and Janice Rogers. *The Book That Transforms Nations: The Power of the Bible to Change Any Country*: YWAM Singapore Pub., 2006.

Edwards, Gene. 세 왕 이야기 : 깨어진 마음으로의 순례. Translated by 허령 (a) Tale of Three Kings : A Study of Brokenness. 서울: 예수전도단, 2001.

Elliston, Edgar J. *Introduction to Missiological Research Design*. Pasadena, CA: William Carey Library, 2011.

Glasser, Arthur F. 성경에 나타난 하나님의 선교. Translated by 임윤택 Announcing the Kingdom : The Story of God's Mission in the Bible. 서울: 생명의말씀사, 2006.

Goodall, Norman. *Missions under the Cross*. London: Edinburgh House Press, 1953.

Hawthorne, Steven C. "Let All the Peoples Praise Him: Toward a Teleological Paradigm of the *Missio Dei*." Ph.D. Dissertation. Fuller Theological Seminary, 2013.

Hiebert, Paul G. 21세기 선교와 세계관의 변화(*Transforming Worldviews : An Anthropological Understanding of How People Change*). Translated by 홍병룡. 서울: 복있는사람, 2010.

Im, Peter Yuntaeg. "Toward a Theological Synthesis of Missionary Discipleship: Foundations for a Korean Missiological Paradigm." Ph.D. Dissertation. Fuller Theological Seminary, 1992.

Im, Peter Yuntaeg. "선교학적 통섭 : 풀러 선교학 핵심이론." Padadena, CA: Fuller Theological Seminary, Unpublished Manuscript, 2015.

Jones, Laurie Beth. 최고경영자 예수. Translated by 김홍섭, 송경근 Jesus Ceo : Using Ancient Wisdom for Visionary Leadership. 서울: 한언, 2005.

Kaiser Jr., Walter C. "이스라엘의 선교사명." In 퍼스펙티브스 *1*, edited by 스티븐 호돈, 랄프 윈터, 한철호, 51-59. 고양: 예수전도단, 2010.

Kaiser Jr., Walter C. 구약성경과 선교 (*Mission in the Old Testament : Israel as a Light to the Nations*). Translated by 임윤택. 서울: CLC, 2005.

376

Kim, Sebastian C. H. and Kristeen Kim. *A History of Korean Christianity.* New York, NY: Cambridge University Press, 2015.

Kim, Sebastian C. H. *Theology in the Public Sphere.* London, England: SCM Press, 2011.

Kim, Sebastian C. H. and Kristeen Kim. *Christianity as a World Religion.* London, England: Continuum, 2008.

Kim, Sung Hwan. "The Holy Spirit's Mission in the Book of Acts: Its Repetition and Continuation." Th. M. Thesis. Fuller Theological Seminary, 1993.

Knudsen, Christian D. "Naughty Nuns and Promiscuous Monks: Monastic Sexual Misconduct in Late Medieval England." Ph. D. Dissertation. University of Toronto, 2012.

Kraft, Charles H. 기독교와 문화. Translated by 임윤택, 김석환 Christianity in Culture : A Study in Dynamic Biblical Theologizing in Cross-Cultural Perspective. Rev. 25th Anniversary Ed. 서울: 기독교문서선교회, 2006.

Ladd, George Eldon. "하나님 나라의 복음." In 퍼스펙티브스, 195-210. 고양: 예수전도단, 2010.

Latourette, Kenneth S. 기독교사(상). Translated by 윤두혁. 서울: 생명의말씀사, 1979.

Latourette, Kenneth Scott. 기독교사(중). Translated by 윤두혁. 2 vols. Rev. ed. 서울: 생명의말씀사, 1980.

Latourette, Kenneth Scott. 기독교사(하). Translated by 윤두혁. 서울: 생명의말씀사, 1982.

Mangalwadi, Ruth and Vishal Mangalwadi. *William Carey : A Tribute by an Indian Woman.* New Delhi: Nivedit Good Books Distributors Pvt., 1993.

Mangalwadi, Ruth and Vishal Mangalwadi. 윌리엄 캐리와 성경의 문명개혁 능력 : 대로우 밀러의 연구 과제 포함. Translated by 김정훈 William Carey : A Tribute by an Indian Woman. 서울: 예영커뮤니케이션, 1997.

Mangalwadi, Vishal. *The Book That Made Your World : How the Bible Created the Soul of Western Civilization.* Nashville, Tenn.: Thomas Nelson, 2011.

McGavran, Donald A. 하나님의 선교전략 (*the Bridges of God : A Study in the Strategy of Missions*). Translated by 이광순. 서울: 한국장로교출판사, 1993.

McGavran, Donald Anderson. 교회성장 이해. Translated by 이요한, 김종일, 전

재옥 Understanding Church Growth. 서울: 대한예수교장로회 총회출판국, 1987.

McGavran, Donald Anderson. *Understanding Church Growth*. Grand Rapids, MI: Wm. B. Eerdmans Publishing, 1990.

Middleton, Vern. *Donald Mcgavran, His Early Life and Ministry : An Apostolic Vision for Reaching The Nations*. Pasadena, CA: William Carey Library, 2011.

Miller, Darrow L. 생각은 결과를 낳는다 : 개발과 풍요에 관한 세계관. Translated by 윤명석 Discipling Nations : The Power of Truth to Transform Cultures. 서울: 예수전도단, 1999.

Moffett, Samuel H. *The Christians of Korea*. New York, NY: Friendship Press, 1962.

Moffett, Samuel Hugh. *A History of Christianity in Asia, Vol. I: Beginnings to 1500*. Maryknoll, NY: Orbis Books, 2014.

Moon, Seong-il Luke. "Toward a Missiology of the Missionary Professional with Special Reference to the Korean Church." Fuller Theological Seminary, Ph.D. Dissertation, 2004.

Neill, Stephen. 기독교 선교사 (*a History of Christian Missions*). Translated by 오만규, 홍치모. 서울: 성광문화사, 1980.

Noll, Mark A. *Turning Points: Decisive Moments in the History of Christianity*. Grand Rapids, MI: Baker Books, 2012.

Parsons, Greg H. *Ralph D. Winter: Early Life and Core Missiology*. Pasadena, CA: William Carey Library, 2012.

Patrick. *Confession et Lettre à Coroticus*. Translated by R. P. C. Hanson. Paris: Éditions du Cerf, 1978.

Pierson, Paul E. 선교학적 관점에서 본 기독교 선교운동사. Translated by 임윤택. 서울: CLC, 2009.

Richardson, Don. *Eternity in Their Hearts: Startling Evidence of Belief in the One True God in Hundreds of Cultures Throughout the World*. Rev. ed. Ventura, Calif.: Regal Books, 2006.

Robb, John D. "전략적 기도." In 퍼스펙티브스, 240-247. 고양: 예수전도단, 2010.

Schaeffer, Francis A. 프란시스 쉐퍼 전집 2, 기독교 성경관. Translated by 권혁봉 The Complete Works of Francis A. Schaeffer, V. 2, a Christian View of the Bible as Truth. 서울: 생명의말씀사, 1994.

Schaeffer, Francis A. 이성에서의 도피. Translated by 김영재 Escape from Reason. 서울: 생명의말씀사, 2006.

Schaller, Lyle E. *The Change Agent: The Strategy of Innovative Leadership.* Nashville, TN: Abingdon Press, 1972.

Schmidt, Alvin J. *How Christianity Changed the World.* Grand Rapids, MI: Zondervan, 2004.

Shaw, R. Daniel and Charles Edward van Engen. 기독교 복음전달론 (*Communicating God's Word in a Complex World : God's Truth or Hocus Pocus?*). Translated by 이대헌. 서울: CLC, 2007.

Shenk, Wilbert R. *The Transfiguration of Mission : Biblical, Theological & Historical Foundations* Missionary Studies. Scottdale, Pa.: Herald Press, 1993.

Shenk, Wilbert R. *Changing Frontiers of Mission,* American Society of Missiology Series. Maryknoll, N.Y.: Orbis Books, 1999.

Shenk, Wilbert R. "Jesus the Missionary." Pasadena, CA: Fuller Theological Seminary, Unpublished Manuscript, 2010.

Smith, George. *The Life of William Carey, D.D.: Shoemaker and Missionary.* London: Cambridge University Press, 2011.

Stott, John R. W. "살아계신 하나님은 선교하시는 하나님이시다." In 퍼스펙티브스 *1*, edited by 스티븐 호돈, 랄프 윈터, 한철호, 41-50. 고양: 예수전도단, 2010.

Tam, Stanley. 하나님이 나의 사업을 소유하시다. Translated by 이항수. 서울: 기성출판사, 2001.

Ten Boom, Corrie. 주님 위해 걷는 사람. Translated by 권명달 Tramp for the Lord. 서울: 보이스사, 1976.

Tippett, Alan Richard. *Introduction to Missiology.* Pasadena, CA: William Carey Library, 1987.

Van Engen, Charles. "Mt520-Biblical Foundations of Mission." Pasadena, CA: Fuller Theological Seminary, 2010.

Van Engen, Charles. 하나님의 선교적 교회 : 지역교회의 존재목적을 성취하는. Translated by 임윤택. 서울: 기독교문서선교회, 2014.

Van Engen, Charles Edward. *The Growth of the True Church : An Analysis of the Ecclesiology of Church Growth Theory,* Amsterdam Studies in Theology. Amsterdam: Rodopi, 1981.

Vicedom, Georg F. 하나님의宣教 : 宣教神學入門. Translated by 박근원 Einführung in Eine Theologie Der Mission. 서울: 大韓基督教出版社, 1980.

Webster, Noah and John Walker. *An American Dictionary of the English Language.* Harper & brothers, 1846.

Wells, David. "기도: 현상에 대한 반역." In 퍼스펙티브스 *1*, 212-216. 고양: 예수전도단, 2010.

White Jr., Lynn Townsend. *Medieval Technology and Social Change.* London ; New York: Oxford University Press, 1964.

Winter, Ralph D. *Frontiers in Mission: Discovering and Surmounting Barriers to the Missio Dei.* Pasadena CA: William Carey International University Press, 2005.

Winter, Ralph D. 랄프 윈터의 비서구 선교운동사 (*the Twenty-Five Unbelievable Years, 1945 to 1969*). Translated by 임윤택. 고양, 경기도: 예수전도단, 2012.

Winter, Ralph D. 하나님 나라의 탈환 작전 : 구속사의 열 시대_랄프 윈터의 기독교 문명운동사, Edited by 임윤택. 고양: 예수전도단, 2013.

Winter, Ralph D., Steven C. Hawthorne and 한철호. 퍼스펙티브스 : 세계 기독교 선교운동의 성경적·역사적·문화적·전략적 관점 *1*. Translated by 변창욱, 정옥배, 김동화, 이현모 Perspectives on the World Christian Movement : Reader. 서울: 예수전도단, 2010.

Wright, Christopher J. H. "선교와 하나님의 땅." In 퍼스펙티브스 *1*, edited by 스티븐 호돈, 랄프 윈터, 한철호, 83-91. 고양: 예수전도단, 2010.

김경철, 김영호, 엄익명, 조옥희 공저. 영,유아 교육과정(*Early Childhood Curriculum*). 서울: 학지사, 2005.

김규진. "하나님 나라를 위한 NATION CHANGER 일으키고 열방을 섬긴다." 크리스천투데이, 4.14. 2010.

김미진. 왕의 재정. 서울: 규장, 2014.

백낙준. 韓國改新教史 : *1832-1910*. 서울: 延世大學教出版部, 1973.

이종수 and 유병선. 보노보 은행 : 착한 시장을 만드는 '사회적 금융' 이야기. 서울: 부키, 2013.

이철. "1907 평양대부흥운동의 발흥과 쇠퇴 원인에 대한 종교사회학적 연구." 현상과 인식 32, no. 1·2 (2008): 109-127.

이태형. "NCMN 운동 펼치는 예수전도단 전 대표 홍성건 목사." 국민일보, 7. 22. 2013.

임윤택. (랄프 윈터의) 기독교 문명운동사 : 세계 기독교 문명사를 보는 거시적 퍼스펙티브스. 고양: 예수전도단, 2013.

홍성건. "감수의 글." In 왕의 재정, 5-18. 서울: 규장, 2014.

홍성건. 말씀관통: *100*일 통독. 서울: 규장, 2014.

미주

서론

1 커닝햄은 과학기술이 기독교 문명에 유익하게 작용했다고 주장한다. 진정으로 성경적인 기독교는 과학기술을 수용하고, 과학기술 영역에 영적 리더십을 제공해야 한다. 오늘날 이 분야를 선교지로 여기고 사역할 기독교인들이 필요하다고 역설한다. Loren Cunningham, *Winning God's Way* (Seattle, WA: YWAM Publishing, 1989), 130. 윈터는 최신과학 정보를 총망라한 과학적 사실들이 성경과 상충하지 않는다고 생각한다. 윈터는 과학을 기독교의 적으로 보지 말고 친구로 여기라고 도전한다. 임윤택, (랄프 윈터의) 기독교 문명운동사 : 세계 기독교 문명사를 보는 거시적 퍼스펙티브 (고양: 예수전도단, 2013), 43.

2 Alvin J. Schmidt, *How Christianity Changed the World* (Grand Rapids, MI: Zondervan, 2004), 7-9.

3 Kenneth S. Latourette, 기독교사(상), trans., 윤두혁 (서울: 생명의말씀사, 1979), 79.

4 Ruth Mangalwadi and Vishal Mangalwadi, 윌리엄 캐리와 성경의 문명개혁 능력 : 대로우 밀러의 연구 과제 포함, trans., 김정훈, William Carey : A Tribute by an Indian Woman (서울: 예영커뮤니케이션, 1997), 26.

5 윈터 박사는 예일대학의 역사가였던 라투렛의 사관을 바탕으로《기독교 확장사》를 학문적 출발점으로 삼고, 맥가브란 박사의 교회성장학, 그리고 UCLA 대학의 린 화이츠 교수의 중세 문명운동사를 접목하여 자신만의 독특한 기독교 문명운동사관을 정립했다. 윈터 박사는 1974년 스위스 로잔 선교대회를 전후하여 타문화 전도전략에 관한 다양한 선교학 이론들을 설파했다. 미전도종족 개념, 문화적 거리감을 표시하는 E-1, E-2, E-3, 그리고 선교지에서 지도자를 개발하는 TEE(신학연장교육) 등의 개념은 윈터 박사의 천재성을 유감없이 보여주었다. 임윤택, iii. 윈터의 생애와 선교학적 통찰에 관하여는 다음을 참조하라. Greg H. Parsons, *Ralph D. Winter: Early Life and Core Missiology* (Pasadena, CA: William Carey Library, 2012), 185-231.

6 임윤택, 143.

7 Ibid., 160.

8 Ibid., 161.

9 창 12:1-3.

10 마 24:14.

11 임윤택, 412.

12 선교 역사가인 피어슨은 갱신운동, 부흥운동, 그리고 각성운동을 문명을 변화시키는 기독교 운동으로 보았다. 윈터는 기독교 문명운동에 초점을 맞춘다. 나는 이 책에서 윈터의 이론과 피어슨의 기독교 운동 이론들을 상호호완적인 용어로 사용한다.

13 Paul E. Pierson, 선교학적 관점에서 본 기독교 선교운동사, trans., 임윤택 (서울: CLC, 2009), 35.

14 Ibid., 34.

15 Sebastian C. H. Kim and Kristeen Kim, *A History of Korean Christianity* (New York, NY: Cambridge University Press, 2015), 315.

16 Loren Cunningham and Janice Rogers, *The Book That Transforms Nations: The Power of the Bible to Change Any Country* (YWAM Singapore Pub., 2006), 51-110.

17 Loren Cunningham and Janice Rogers, *Is That Really You, God?* (Grand Rapids, Mich.: Chosen Books, 1984), 27-46. "하나님의 음성을 듣는 것은 하나님을 더욱 알아가는 것이다." Ibid., 157.

18 Loren Cunningham, *Making Jesus Lord*, (Seattle, WA: YWAM Publishing, 1988), 51-68.

19 Loren Cunningham, *Daring to Live on the Edge: The Adventure of Faith and Finances* (Seattle, WA: YWAM Publishing, 1991), 87-100. 커닝햄은 믿음으로 사는 삶이 무엇인지 보여주었다. 우리 삶의 전 영역에서 주님의 주권을 인정하고 순종하는 삶을 사는 것이 중요하다는 것을 보여주었다. "부를 이루는 것이 수단이 된다면, 언제나 참 자유가 목적이 될 것이다." Ibid., 200.

20 Loren Cunningham and David J. Hamilton,

Why Not Women? : A Fresh Look at Scripture on Women in Missions, Ministry, and Leadership (Seattle, WA: YWAM Pub., 2000), 235-239.

21 Cunningham, *Winning God's Way*, 16.

22 Ibid., 62.

23 베네딕트 수도원에서 시작된 대학은 유럽 기독교 문명운동에서 중요한 역할을 했다. Schmidt, 186-190. 열방대학은 가장 효과적인 YWAM 사역모델 가운데 하나이다.

24 이태형, "NCMN 운동 펼치는 예수전도단 전 대표 홍성건 목사," 국민일보, 7.22.2013.

25 Ibid.

26 Cunningham and Rogers, *The Book That Transforms Nations: The Power of the Bible to Change Any Country*, 16.

27 2010년 예수전도단은 설립 50주년을 맞아 "한국 예수전도단은 하나님 나라를 위해 Nation Changer를 일으키고 국제 예수전도단과 열방을 섬긴다"는 새로운 슬로건 아래 2040년까지 ONE YWAM을 통한 Nation Changer 공동체, 통일한국을 위한 준비 New Korea, 입체적 선교를 통한 최전방 선교 Call to Frontiers & Mission China, 사회 영역을 제자화하며 새로운 선교자원 동원을 위한 7 spheres Ministry 등 4가지의 비전을 제시했다. 다음 기사를 참조하라. 김규진, "하나님 나라를 위한 Nation Changer 일으키고 열방을 섬긴다," 크리스천투데이, 4.14.2010.

28 홍성건, 말씀관통 *100*일 통독 (서울: 규장, 2014).

29 Sebastian C. H. Kim, *Theology in the Public Sphere* (London, England: SCM Press, 2011), 230.

30 Sebastian C. H. Kim은 한국 기독교 역사에 대한 학문적이며 한국적인 관점을 제공한다. "Our aim is a history of the Korean church and of evangelisation rather than a history of foreign missions. From this perspective, Christianity is the latest in a series of religious and cultural influences on Korea." Kim and Kim, 3.

31 Cunningham, *Winning God's Way*, 133.

32 Edgar J. Elliston, *Introduction to Missiolog-ical Research Design* (Pasadena, CA: William Carey Library, 2011), 26-27.

33 임윤택, 234.

34 연구의 가정은 이 연구의 기본적 관점이다. 이 연구에서 기본적 관점에 대한 토론은 하지 않는다. 다음을 참조하라. Elliston, 27-28.

35 Ibid., 79-84.

36 임윤택, 355-413; Ralph D. Winter, Steven C. Hawthorne, and 한철호, 《퍼스펙티브스 : 세계 기독교 선교운동의 성경적·역사적·문화적·전략적 관점》 *1*, trans., 변창욱, 정옥배, 김동화, 이현모, Perspectives on the World Christian Movement : Reader (서울: 예수전도단, 2010). 윈터는 구속사를 중심으로 기독교 문명운동사적 관점에서 성경 전체와 세계역사를 기술했다. 윈터의 논지에 의하면 기독교 문명운동은 특정 문명의 기독교 르네상스로 만개한다. Ibid., 463-487.

37 Latourette, 77-124. 라투렛은《기독교 확장사》를 기술하면서 기독교 이전의 인류의 방향에서 출발한다. 기독교의 직접적 배경이 된 유대교를 서술하고, 기독교의 배경이 된 그리스·로마 문명에 대해 서술한다. 기독교의 기초는 예수님과 복음이다. 이 복음이 개인과 문화와 문명을 변혁했다. 이 복음이 그리스·로마 세계를 기독교 문명으로 변혁하고 세계로 확장되어 가는 과정을 방대한 자료를 바탕으로 기술했다.

38 백낙준, 韓國改新敎史 : *1832-1910* (서울: 延世大學校 出版部, 1973), iv. 백낙준은《한국개신교사》를 기술한 자신의 역사적 관점이 라투렛을 비롯한 서구 사학가들의 연구방법론을 응용한 것이라고 진술했다. Ibid., vii.

39 Moffett의 사관에 관하여는 다음을 참조하라. Samuel H. Moffett, *The Christians of Korea* (New York, NY: Friendship Press, 1962); Samuel Hugh Moffett, *A History of Christianity in Asia, Vol. I: Beginnings to 1500* (Maryknoll, NY: Orbis Books, 2014).

40 폴 피어슨은 풀러선교대학원에서 선교역사를 강의했다. 그는 랄프 윈터가 가르쳤던 선교역사 과목을 물려받았다. 그러므로 피어슨의 선교운동사에는 윈터의 두 조직체 이론, 맥가브란의 교회성장학적 관점, 라투렛의 선교확장사를 포함한 복음주의

역사관이 포함되어 있다. Pierson, 43.

41 Ibid., 31.

42 "선교학은 하나님의 선교(Missio Dei)에 동참하기 위하여, 하나님의 백성과 열방들 사이의 선교전선에서 일어나는 역동적인 상호관계들에 관한 선교학적 통섭(Missiological Consilience) 과정을 통하여 발전한다." Peter Yuntaeg Im, "선교학적 통섭 : 풀러 선교학 핵심이론," (Padadena, CA: Fuller Theological Seminary, 2015), 12.

43 Elliston, 28.

1장

1 Arthur F. Glasser, 성경에 나타난 하나님의 선교, trans., 임윤택, Announcing the Kingdom : The Story of God's Mission in the Bible (서울: 생명의 말씀사, 2006), 22.

2 Herman Gustav Buehler, "Reaffirming the Missio Dei: A Ministries of the Liebenzell Mission" (Fuller Theological Seminary, 2001), 157.

3 Ibid.

4 Adam D. Ayers, "In Search of the Contours of a Missiological Hermeneutic" (Fuller Theological Seminary, 2011), 20.

5 하손은 Missio Dei 가 유럽 선교신학 운동에 적극적으로 참여하지 않는 미국을 참여시키기 위한 새로운 신학용어이며, 당시 샬롬이나 하나님 나라 개념이 인본주의 영향을 받아 이 땅에서 확실하게 이루어지는 샬롬이나 하나님 나라의 현상을 강조하였기 때문에, 모든 보내심과 선교의 주체로서 하나님을 강조하는 Missio Dei 는 신학적으로 매력적인 면이 있었다고 설명한다. 하지만 '하나님의 선교' 개념도 교회의 선교의 기원을 어떻게 하나님의 선교에서 찾을 수 있는가에 대한 혼란을 해결하지는 못했다. Steven C. Hawthorne, "Let All the Peoples Praise Him: Toward a Teleological Paradigm of the Missio Dei" (Fuller Theological Seminary, 2013), 50.

6 Georg F. Vicedom, 하나님의 宣敎 : 宣敎神學入門, trans., 박근원, Einführung in Eine Theologie Der Mission (서울: 大韓基督敎出版社, 1980), 16.

7 Norman Goodall, Missions under the Cross (London: Edinburgh House Press, 1953), 189.

8 David J. Bosh, "세상에 대한 증거," in 퍼스펙티브스 1, ed. 스티븐 호돈, 랄프 윈터, 한철호 (고양: 예수전도단, 2010), 157.

9 Vicedom, 16.

10 Ibid., 18.

11 Ibid., 19.

12 Ibid.

13 Ibid., 20.

14 Bosh, 158.

15 Vicedom, 22.

16 Ibid., 67.

17 Ibid., 68.

18 Ibid., 69.

19 Ibid., 68.

20 Ibid., 71-72.

21 Ibid., 73.

22 Glasser, 44.

23 Ibid.

24 Ibid., 45.

25 롬 1:20.

26 Francis A. Schaeffer, 프란시스 쉐퍼 전집 2, 기독교 성경관, trans., 권혁봉, The Complete Works of Francis A. Schaeffer, V. 2, a Christian View of the Bible as Truth (서울: 생명의말씀사, 1994), 33-34.

27 Charles Van Engen, "Mt520-Biblical Foundations of Mission," SIS (Pasadena, CA: Fuller Theological Seminary, 2010), 48.

28 창 1:26.

29 창 1:27.

30 Glasser, 45.

31 Ibid., 50.

32 Noah Webster and John Walker, An American

Dictionary of the English Language (Harper & brothers, 1846).

33 Christopher J. H. Wright, "선교와 하나님의 땅," in 퍼스펙티브스 *1*, ed. 스티븐 호돈, 랄프 윈터, 한철호(고양: 예수전도단, 2010), 91.

34 Glasser, 55.

35 Schaeffer, 44.

36 창 2:4-6 개역한글.

37 Wright, 88.

38 Ibid.

39 Ibid., 91.

40 시 8:3.

41 시 8:4 개역한글.

42 시 8:5 개역한글.

43 골 2:18-19 개역한글.

44 히 1:1-14.

45 시 8:6-8 개역한글.

46 Walter J. Ciszek, 나를 이끄시는 분, trans., 성찬성, He Leadeth Me (서울: 성바오로출판사, 1985), 126.

47 Ibid., 127-129.

48 Mangalwadi and Mangalwadi, 17.

49 Ibid., 22.

50 Wright, 90.

51 Van Engen, 48.

52 Ibid.

53 Walter C. Kaiser Jr., "이스라엘의 선교사명," in 퍼스펙티브스 *1*, ed. 스티븐 호돈, 랄프 윈터, 한철호 (고양: 예수전도단, 2010), 51.

54 창 2:16,17 개역한글.

55 John D. Robb, "전략적 기도," in 퍼스펙티브스 (고양: 예수전도단, 2010), 241.]

56 호 4:1-3 개역한글.

57 Johannes Blauw, 교회의 선교적 본질, trans., 전재옥, 전호진, 송용조, The Missionary Nature of the Church : A Survey of the Biblical Theology of Mission (서울: 대한예수교장로회 총회출판국, 1988), 26.

58 Ibid.

59 Kaiser Jr., 51.

60 John R. W. Stott, "살아계신 하나님은 선교하시는 하나님이시다," in 퍼스펙티브스 *1*, ed. 스티븐 호돈, 랄프 윈터, 한철호 (고양: 예수전도단, 2010), 42.

61 창 12:1-3 개역한글.

62 Kaiser Jr., 53.

63 Ibid., 53, 54.

64 Ibid., 55.

65 Ralph D. Winter, *Frontiers in Mission: Discovering and Surmounting Barriers to the Missio Dei* (Pasadena CA: William Carey International University Press, 2005), 28-39. 윈터는 구약학자인 Walter Kaiser의 동의를 받고 이 용어를 사용하고 있다고 주장한다. 카이저의 다음 글을 보라. Kaiser Jr., 51-53.

66 Winter, 30.

67 Stott, 45.

68 Ibid., 47.

69 Glasser, 22.

70 Stott, 49.

71 Vicedom, 74.

72 Ibid.

73 Ibid., 77.

74 Ibid., 75. 성령은 하나님께서 예수 그리스도 안에서 시작하신 선교를 예수께서 재림하시어 선교를 완수하실 때까지 계속하신다. 성령은 사람들을 신앙으로 부르고, 증거하도록 인도하고, 그들을 일치시키심으로 하나님의 선교를 계속한다. Ibid., 80.

75 Ibid., 85.

76 Ibid., 86.

77 Ibid., 83.

78 Peter Yuntaeg Im, "Toward a Theological

Synthesis of Missionary Discipleship: Foundations for a Korean Missiological Paradigm" (Fuller Theological Seminary, 1992), 135.

79 Vicedom, 84.

80 Van Engen, 86.

81 Vicedom, 146.

82 Ibid., 147.

83 Wilbert R. Shenk, "Jesus the Missionary," SIS(Pasadena, CA: Fuller Theological Seminary, 2010), 3.

84 다음 책들을 참조하라. Wilbert R. Shenk, *The Transfiguration of Mission : Biblical, Theological & Historical Foundations*, Missionary Studies (Scottdale, Pa.: Herald Press, 1993); Wilbert R. Shenk, *Changing Frontiers of Mission*, American Society of Missiology Series (Maryknoll, N.Y.: Orbis Books, 1999).

85 Shenk, "Jesus the Missionary," 1.

86 Shenk, *The Transfiguration of Mission : Biblical, Theological & Historical Foundations*, 29.

87 Shenk, "Jesus the Missionary," 3.

88 Shenk, *The Transfiguration of Mission : Biblical, Theological & Historical Foundations*, 153.

89 Ibid., 5.

90 Shenk, "Jesus the Missionary," 6.

91 호 2:14-23 개역한글.

92 벧전 2:9,10 개역한글.

93 마 28:18-20 개역한글.

94 William Carey, *An Enquiry into the Obligations of Christians to Use Means for the Conversion of the Heathens* (Leicester: Ann Ireland, 1792), 7.

95 Ibid., 8-13.

96 Vicedom, 95.

97 Ibid.

98 Ibid., 96.

99 Sung Hwan Kim, "The Holy Spirit's Mission in the Book of Acts: Its Repetition and Continuation" (Fuller Theological Seminary, 1993), ii.

100 Ibid., 63-74.

101 Vicedom, 97.

102 Ibid., 99.

103 Ibid.

104 Ibid.

105 Ibid., 103.

106 Seong-il Luke Moon, "Toward a Missiology of the Missionary Professional with Special Reference to the Korean Church" (Fuller Theological Seminary, 2004), 37.

107 행 1:3-6.

108 행 1:3.

109 대상 29:11,12.

110 Walter C. Kaiser Jr., 구약성경과 선교 (*Mission in the Old Testament : Israel as a Light to the Nations*), trans., 임윤택 (서울: CLC, 2005), 44.

111 롬 16:25-27.

112 Pierson, 50.

113 행 1:4, 28:31.

114 행 1:4.

115 요 14:16-20,26, 15:26, 16:7-15.

116 행 1:5.

117 행 1:8.

118 Im, "Toward a Theological Synthesis of Missionary Discipleship: Foundations for a Korean Missiological Paradigm", 345.

119 Pierson, 54.

120 Cunningham and Rogers, *The Book That Transforms Nations: The Power of the Bible to Change Any Country*, 229.

121 Blauw.

122 Pierson, 58.

123 Ibid. 피어슨은 여기서 라투렛의 기독교 확장
사에 충실하다. Sebastian Kim은 기독교 복음이 다
양한 인종집단들이 생활하는 사회적 맥락에서 어떻
게 다양한 모습으로 신학적 통찰들을 발전시켜 나
가는지에 관심을 둔다. Sebastian C. H. Kim and
Kristeen Kim, *Christianity as a World Religion*
(London, England: Continuum, 2008), 210-230.

124 Pierson, 65.

125 Ibid., 67.

126 Ibid., 119.

127 Ibid., 107.

128 Ibid., 78.

129 Charles Edward Van Engen, *The Growth of
the True Church : An Analysis of the Ecclesiology
of Church Growth Theory*, Amsterdam Studies in
Theology (Amsterdam: Rodopi, 1981), 160.

130 Ibid., 166.

131 Ibid., 172.

132 Ibid., 178-189.

133 Vicedom, 23.

134 Ibid., 19.

135 Ibid., 15.

136 Ibid., 17.

137 Ibid.

138 Hawthorne, 345-347. Hawthorne은 이 논문
에서 모든 백성들이 예배를 통하여 하나님께 영광
을 돌리는 예배를 받기 위한 목적을 성취하기 위한
Missio Dei 패러다임을 기술한다. Ibid., ii.

139 Vicedom, 22.

140 Bosh, 161.

141 Van Engen, 178-186.

142 Van Engen, 97.

143 Ibid.

144 Vicedom, 89.

145 Ibid., 88.

146 Ibid., 90.

147 Ibid.

148 Ibid., 90-91.

149 Ibid., 91.

150 Ibid., 108.

151 Ibid., 109.

152 Ibid., 110.

153 Ibid., 114. 빌링겐 선교대회에서 교회는 주님
께서 재림하실 때까지 주님의 사역을 수행하는 하
나님의 백성으로 규정했다. Ibid., 120.

154 Ibid., 115.

155 Charles Van Engen, 하나님의 선교적 교회 :
지역교회의 존재목적을 성취하는, trans., 임윤택
(서울: 기독교문서선교회, 2014), 71.

156 Ibid., 73.

157 엡 4:4-6 개역한글.

158 Van Engen, 하나님의 선교적 교회 : 지역교회
의 존재목적을 성취하는, 75.

159 Ibid., 76.

160 엡 4:13,15-16 개역한글.

161 Van Engen, 하나님의 선교적 교회 : 지역교회
의 존재목적을 성취하는, 79.

162 Ibid., 80.

163 Ibid., 83.

164 Ibid., 84.

165 Ibid., 85.

166 Ibid., 87.

167 Ibid., 88.

168 Ibid., 91.

169 Ibid., 89.

170 Moon, 40. 문성일의 '하나님의 백성 주도적
교회' 개념은 벤 엥겐의 〈하나님의 선교적 교회〉에
나타난 조직신학적 관점과 같다. "예수 그리스도
는 교회론의 중심에 계신다. 개혁자들이 주창한 교
회의 네 가지 '특성들'과 다른 교회의 네 가지 본질
들이 네 가지 계획들을 통해 표출되고 있다. 하지

만 이 속성들은 교회 생활 가운데 은사와 사역으로 밖을 향해 펼쳐지지 않으면 교회 내에서 임재하시는 그리스도의 실체를 보여줄 수 없다. 이러한 일이 일어날 때 네 가지 속성들은 세상을 향해 밖으로 퍼져나가는 모습으로 나타난다." Van Engen, 하나님의 선교적 교회 : 지역교회의 존재목적을 성취하는, 111. 문성일은 논문에서 '하나님의 백성 주도적 교회'를 설명하는 논리인 보편적 제사장설(universal priesthood)에 대한 삼위일체적 관점을 제시한다. All Believers Have Fundamental Parity as the People of God. All Believers Have a Unique Role in the One Body of Christ. All Believers Are Anointed as Authentic Instruments of the Holy Spirit. Moon, 36-38.

171 Van Engen, 하나님의 선교적 교회: 지역교회의 존재목적을 성취하는, 115.

172 Ibid., 110.

173 Ibid., 137. 벤 엥겐의 〈참 교회의 성장〉은 '수적인 성장을 갈망함'을 조직신학적으로 논증하는 논문이다. Van Engen, 142.

174 Van Engen, 하나님의 선교적 교회 : 지역교회의 존재목적을 성취하는, 139.

175 Van Engen, 359-378. 벤 엥겐은 교회론의 본질과 교회성장학의 '수확신학'을 새롭게 정의하여 통일성, 성결성, 보편성, 사도성을 향한 '갈망'(yearning)이라는 용어를 만들었다. 교회론과 교회성장신학을 접목한 부분이 창의적이다. Ibid., 454-507.

176 Vicedom, 114. 빌링겐 선교대회는 교회를 주님께서 재림하실 때까지 주님의 사역을 수행하는 하나님의 백성으로 규정했다. Ibid., 120.

177 Ibid., 115.

178 독일 선교학에서 이해하는 '민족'은 어떤 특정 집단, 언어, 국가에 속하여 있는 막연한 숫자의 인간들이 아니라, "민족성과 종교에 의하여 규정된 조직된 집단, 공동체로서 질서 있는 연계성을 가지며, 어떤 확고한 사회적 구조와 인종적 특성을 가진 조직체이다." Ibid., 125.

179 Ibid.

180 Ibid.

181 Ibid., 130.

182 Ibid., 131.

183 Ibid., 140.

184 Ibid., 141.

185 Ibid., 143.

186 Ibid., 164.

187 George Eldon Ladd, "하나님 나라의 복음," in 퍼스펙티브스 (고양: 예수전도단, 2010), 210.

188 Vicedom, 165.

189 Ibid., 166.

2장

1 Pierson, 29, 30.

2 Sebastian Kim은 'how or where Christianity is expressed on the ground'에 대해 질문하면서 세계 기독교의 다양한 모습을 그리고 있다. 유럽, 아프리카, 북미, 라틴 아메리카, 그리고 아시아 기독교에 대한 사례들을 통하여 세계 기독교의 다양한 현장들을 보여준다. Kim and Kim, 1-22.

3 임윤택, 190.

4 Ibid., 191.

5 Ibid., 191.

6 Ralph D. Winter, 하나님 나라의 탈환작전: 구속사의 열 시대, ed. 임윤택, 랄프 윈터의 기독교 문명 운동사 (고양: 예수전도단, 2013), 365.

7 Ibid., 413.

8 임윤택, 161.

9 Pierson, 31-39.

10 Ibid., 40-41.

11 Ibid., 97.

12 Ibid.

13 임윤택, 167.

14 Pierson, 98.

15 David Jacobus Bosch, *Transforming Mission : Paradigm Shifts in Theology of Mission*

(Maryknoll, N.Y.: Orbis Books, 1991), 201.

16 고전 3:6-8.

17 Latourette, 66-68.

18 Pierson, 67.

19 Ibid., 103-106.

20 Ibid., 104.

21 Ibid.

22 Ibid., 107.

23 Latourette, 488, 489.

24 Pierson, 122.

25 Ibid.

26 Ibid., 123.

27 Kenneth Scott Latourette, 기독교사(중), trans., 윤두혁, Rev. ed., 2 vols. (서울: 생명의말씀사, 1980), 367.

28 Don Richardson, *Eternity in Their Hearts: Startling Evidence of Belief in the One True God in Hundreds of Cultures Throughout the World.*, Rev. ed. (Ventura, Calif.: Regal Books, 2006), 31-32.

29 Pierson, 125.

30 Ibid., 131.

31 Winter, *Frontiers in Mission: Discovering and Surmounting Barriers to the Missio Dei*, 198.

32 Pierson, 126.

33 Winter, *Frontiers in Mission: Discovering and Surmounting Barriers to the Missio Dei*, 209, 210.

34 Pierson, 140.

35 Ibid., 141.

36 Ibid., 143.

37 Ibid., 144.

38 Kenneth Scott Latourette, 기독교사(하), trans., 윤두혁 (서울: 생명의말씀사, 1982), 100-102.

39 Pierson, 145.

40 Ibid., 146.

41 Mark A. Noll, *Turning Points: Decisive Moments in the History of Christianity* (Grand Rapids, MI: Baker Books, 2012), 83. 임윤택, 157.

42 Pierson, 147.

43 임윤택, 147.

44 Pierson, 148.

45 수도원의 부흥에 관하여는 다음을 참조하라. Latourette, 기독교사(하), 167-172.

46 Lynn Townsend White Jr., *Medieval Technology and Social Change* (London ; New York: Oxford University Press, 1964). Lynn T. White Jr., "The Significance of Medieval Christianity", Thomas, George, ed. The Vitality of the Christian Tradition (Harper & Brothers, 1944)

47 맥가브란의 생애와 선교사상에 관한 내용은 다음을 참조하라. Vern Middleton, *Donald Mcgavran, His Early Life and Ministry: An Apostolic Vision for Reaching The Nations* (Pasadena, CA: William Carey Library, 2011), 131-188.

48 Donald Anderson McGavran, 교회성장 이해, trans., 이요한, 김종일, 전재옥, Understanding Church Growth (서울: 대한예수교장로회 총회출판국, 1987), 439.

49 Pierson, 153.

50 Ibid., 154.

51 Ibid.

52 Ibid., 155.

53 Christian D. Knudsen, "Naughty Nuns and Promiscuous Monks: Monastic Sexual Misconduct in Late Medieval England" (University of Toronto, 2012), 102-103. Knudsen은 영국 중세 수도원에서 일어난 부적절한 성적 타락은 지극히 인간적인 요소이며, 극히 제한적으로 일어났다고 주장한다. Ibid., 229.

54 Pierson, 155.

55 Ibid., 161.

56 Winter, *Frontiers in Mission: Discovering*

and Surmounting Barriers to the Missio Dei, 198.

57   Pierson, 128.

58   Ibid., 161.

59   Ibid., 129.

60   Ibid., 153.

61   Ibid., 163.

62   Stephen Neill, 기독교 선교사 (*a History of Christian Missio*ns), trans., 오만규, 홍치모 (서울: 성광문화사, 1980), 65.

63   Pierson, 164.

64   Ibid., 165.

65   Ibid., 167.

66   Patrick, *Confession ; et Lettre à Coroticus,* trans., R. P. C. Hanson (Paris: Éditions du Cerf, 1978), 133.

67   고전 15:10 개역한글.

68   Neill, 66.

69   Pierson, 166.

70   임윤택, 173.

71   Ibid., 178. Thomas Cahill, *How the Irish Saved Civilization,* vol. 1 (New York, NY: Anchor, 2010), 145.

72   Neill, 66.

73   Pierson, 166.

74   Neill, 66.

75   Pierson, 166.

76   Ibid., 182.

77   Ibid., 187.

78   고전 1:22-24.

79   골 3:11.

80   Pierson, 183.

81   Ibid.

82   Ibid., 191.

83   Ibid., 188.

84   Ibid., 193.

85   Ibid., 195.

86   Neill, 112.

87   Pierson, 195.

88   Neill, 113.

89   네스토리안은 중국, 인도, 사마르칸트, 터키스탄, 카쉬가르 등으로 퍼져갔다. Latourette, 기독교사(중), 159.

90   Pierson, 195.

91   Neill, 195.

92   Pierson, 197.

93   Ibid., 200.

94   Ibid.

95   Ibid., 201.

96   Ibid.

97   Ibid., 202.

98   Ibid., 203.

99   Ibid., 205.

100   Ibid., 209.

101   임윤택, 194.

102   Ibid., 186.

103   Ibid., 381.

104   Pierson, 209.

105   Ibid.

106   임윤택, 391.

107   Ibid., 189.

108   랄프 윈터가 구분한 기독교 문명운동사 제3시대에 바이킹이 로마와 유럽으로 쳐들어왔다. 이는 신성 로마제국에는 징벌과도 같은 일이었다. 바이킹들은 기독교화된 야만 켈트족과 고트족들의 영역을 침범했다. 그러나 바이킹족 역시 그 과정에서 우여곡절을 겪으면서 그리스도인이 되었다. Ibid., 365.

109   Ibid., 388.

110   Ibid., 191.

111 Ibid., 192.

112 Ibid., 209.

113 Ibid., 396.

114 Ibid., 395.

115 Ibid., 393.

116 Ibid.

117 Ibid., 388.

118 Pierson, 223.

119 베르나르드가 가진 영적 영향력이 시토 수도회의 개혁운동에 결정적인 요소였다. 그 덕분에, 시토 수도원 운동은 놀라운 교회개혁을 이룰 수 있었다. 교회생활에 영적 정결함을 크게 진작시켰다. 교회당은 검소했다. 꾸밈이 없고 간소했다. Ibid., 224.

120 Ibid., 223.

121 수도원의 개혁에 관하여는 다음을 참조하라. Latourette, 기독교사(중), 254.

122 Pierson, 224.

123 Ibid.

124 Ibid., 225.

125 Ibid.

126 Latourette, 672.

127 Pierson, 245.

128 Ibid., 246.

129 발도파는 가톨릭의 7성사(七聖事) 가운데 일부와 연옥(煉獄) 개념을 배척함으로써 로마 가톨릭 교회의 가르침에서 이탈했다. 이들의 견해는 단순화한 성서주의, 엄격한 도덕, 당시 교회의 부패상에 대한 비판에 근거했다. 이 운동은 급속히 스페인, 프랑스 북부, 플랑드르, 독일, 이탈리아 남부, 심지어 폴란드와 헝가리까지 퍼져나갔다. 로마 교황청은 파문에서 적극적인 박해와 처형으로 돌아섬으로써 이 운동을 막으려 했다. Ibid.

130 13세기에 많은 발도파 구성원들은 정통신앙으로 돌아왔다. 13세기 말에 이르러, 일부지역에서는 극심한 박해 때문에 발도파 자체가 자취를 감추었다. 남은 교인들은 생존을 위해 그들만의 독특한 복장을 포기했다. 이탈리아에 있는 발도파 교회에는 수천 명의 교인이 있었다. 그들은 감리교단과 합병했다. 19세기 후반 발도파 이민자들이 우루과이에 도착하였고, 아르헨티나로 갔다. 그곳에서 미국으로 온 발도파는 프랑스와 스위스에서 온 발도파 이민자들과 함께 텍사스, 유타 등지에 작은 공동체를 세웠다. 오늘날 발도파 교회는 우루과이와 아르헨티나, 그리고 미국에 남아 있다. Ibid., 248.

131 Ibid., 241.

132 Cunningham and Hamilton, 24. 커닝햄은 하나님께서 여성들을 사역자로 부르시는 경우, 그들이 자유롭게 사역할 수 있도록 길을 열어 주어야 한다고 주장한다. 선교역사에 나타난 여성 지도자들은 전 세계적으로 놀랍고 탁월한 사역을 했다. 예수님께서 여성을 자유케 하셨던 것처럼, 여성을 풀어주어 사역에 참여할 수 있게 해야 한다. Ibid., 27.

133 Pierson, 247.

134 Latourette, 기독교사(중), 266.

135 Pierson, 249.

136 Ibid., 250.

137 Latourette, 기독교사(중), 663.

138 임윤택, 214-215.

139 1382년 위클리프는 성경을 번역했다는 이유로 이단으로 몰려 정죄를 받고 출교당한 후 1년 반만에 죽었다. 그는 장사된 후에 욕을 당했다. 교황 클레멘트 8세는 위클리프의 무덤을 파헤쳐 위클리프의 관과 뼈를 스위프트 강둑에서 불태웠다. Pierson, 254.

140 Ibid., 253.

141 Ibid.

142 Ibid., 254.

143 13세기 교황권은 정치적인 면에서 하늘을 찌르고 있었다. 그런 역사적 상황에서 교회와 사회를 개혁했던 두 갱신운동인 도미니쿠스회와 프란치스코회 운동은, 전혀 교황의 계획에 포함되어 있지 않았다. 이 두 운동은 어떻게 보면 우연히 일어났다. 그들은 '탁발 수도회'라 불렸는데, 이것은 삭발을 하고 시주를 받아 연명하는 수도방식을 지칭하는 호칭이었다. Ibid., 261.

144 Ibid., 263.

145 Ibid., 264.

146 Ibid.

147 Ibid., 265.

148 Ibid., 266.

149 Ibid., 267.

150 Ibid., 269.

151 Ibid., 270.

152 Ibid., 272.

153 Ibid., 271.

154 Ibid.

155 Ibid., 283-284.

156 Ibid., 79.

157 고전적 르네상스라고 말하면, 대개 사람들은 15세기와 16세기 르네상스를 떠올리기 때문이다. 대부분 로마와 헬라문화에 대한 관심이 '부활'했던 시대를 연상한다. 임윤택, 160.

158 Francis A. Schaeffer, 이성에서의 도피, trans., 김영재, Escape from Reason (서울: 생명의 말씀사, 2006), 295.

159 Pierson, 288.

160 마그누스의 탁월한 제자인 토마스 아퀴나스(Thomas Aquinas)는 스승의 사상을 훨씬 더 발전시켰고, 중세신학의 지성적 기초를 굳건히 했다. Ibid., 265.

161 Ibid., 284.

162 Ibid., 290.

163 Ibid., 290-291.

164 Ibid., 293.

165 Schaeffer, 이성에서의 도피, 307.

166 고전 2:9-12.

167 Pierson, 310.

168 Ibid., 296.

169 Ibid., 296, 297.

170 Ibid., 298.

171 임윤택, 214.

172 Ibid.

173 Ibid., 219, 220.

174 Ibid., 167.

175 Ibid., 219.

176 Pierson, 305.

177 파렐은 레페브르(Jacques Lefevre)의 제자였다. 당시 제네바는 변화의 소용돌이 속에서 소란스러웠다. 파렐은 공개집회를 열고 개신교 사상을 설파했다. Ibid., 311.

178 Ibid., 313.

179 Ibid., 315, 316.

180 Ibid., 316.

181 Ibid., 317.

182 잠 23:10.

183 잠 22:28.

184 Pierson, 326.

185 초기 재세례파는 문화대립적 태도를 취했다. 펜실베니아 주에 사는 아미쉬(The Amish) 사람들은 문화대립적 모델의 극단적인 경우이다. 그들은 은둔적인 수도원 집단과 같은 태도를 취하고 있다. Ibid., 133.

186 Ibid., 308.

187 Ibid., 331.

188 Ibid., 377.

189 Ibid., 344.

190 Ibid., 345.

191 Ibid., 345, 346.

192 Ibid., 347.

193 Ibid., 375.

194 Ibid., 321.

195 Ibid., 382.

196 1642년 열렬한 회중교인인 올리버 크롬웰이 주도한 혁명이 일어났다. 혁명은 성공하였고 찰스 왕은 처형되었다. 크롬웰은 가톨릭을 제외한 모든 종파의 자유를 선언했다. Ibid.

197　Ibid., 383.

198　Ibid., 384.

199　Ibid., 388.

200　Ibid., 386.

201　Ibid., 383.

202　Ibid., 389, 390.

203　Ibid., 390.

204　Ibid., 391, 392.

205　겨자씨 선교회(Order of the Mustard Seed)는 학생선교운동의 중요성을 우리에게 보여주었다. Ibid., 393.

206　Ibid.

207　피어슨은 진젠도르프를 역사상 가장 탁월한 선교 지도자 가운데 한 사람으로 인정한다. Ibid., 398.

208　Ibid., 399.

209　1760년 진젠도르프는 헤른후트(Herrnhut)에서 가난하게 죽었다. 그때까지 모라비안 공동체는 226명의 선교사를 파송했다. Ibid., 405.

210　Ibid., 400.

211　Ibid., 401, 402.

212　Ibid., 402.

213　Ibid., 403.

214　Carey, 37. 캐리는 모라비아 선교사들이 강추위와 열대의 나라들과 같은 극한 상황에서 복음을 위해 수고한 노력을 감동 있게 기술한다. Ibid., 11.

215　Pierson, 405.

216　Ibid., 406.

217　Ibid., 407.

218　Ibid.

219　Ibid., 408.

220　Ibid., 409.

221　Ibid., 410.

222　Ibid., 412, 413.

223　Ibid., 414.

224　Ibid., 415.

225　Ibid., 416.

226　Ibid., 427.

227　Carey, 77-87.

228　Ibid., 86, 87.

229　캐리가 읽은 여러 책들 가운데《데이비드 브레이너드의 일기》가 결정적이었다. 데이비드 브레이너드는 뉴잉글랜드를 강타한 대부흥운동을 통하여 개종한 젊은이였다. 그는 뉴저지에 있는 아메리카 원주민들에게 복음을 전하기 위해 그들 가운데 들어가 살았다. 그는 결핵에 걸려 고생하다 죽었다. 그가 결혼하기로 약속한 사람은 조나단 에드워즈의 딸이었다. 약혼자의 간호를 받으며 에드워즈의 집에서 죽어가면서, 브레이너드는 에드워즈에게 자신의 일기장을 전해주었다. "이것을 하나님의 영광을 위해 사용해 주세요." 그것은 위대한 청교도 정신을 보여주는 말이었다. 브레이너드는 죽어가는 순간까지 청교도 선교사였다! 그는 사후에 자신의 선교사 일기를 통하여 수많은 사람들을 선교현장으로 인도했다. Pierson, 428. 브레이너드는 1743년 원주민 선교사로 파송되어 사역을 시작했다. 여러 난관들을 극복하면서 몸이 쇠약해질 때까지 선교사역을 감당했다. Carey, 69.

230　Pierson, 425.

231　Carey, 77.

232　Pierson, 429.

233　Ibid., 431, 432.

234　Ibid., 432.

235　Mangalwadi and Mangalwadi, 10.

236　Ibid., 17.

237　Ibid., 19.

238　Ibid., 22.

239　Ibid., 23.

240　Ibid., 43.

241　Ruth Mangalwadi and Vishal Mangalwadi, *William Carey : A Tribute by an Indian Woman* (New Delhi: Nivedit Good Books Distributors

Pvt., 1993), 8.

242 Mangalwadi and Mangalwadi, 윌리엄 캐리와 성경의 문명개혁 능력 : 대로우 밀러의 연구 과제 포함, 120.

243 Ibid., 121.

244 Ibid., 125.

245 Ibid., 127.

246 Ibid.

247 Ibid., 129.

248 Cunningham and Rogers, *The Book That Transforms Nations: The Power of the Bible to Change Any Country*, 51-57. 커닝햄은 윌리엄 캐리를 성경말씀으로 문명을 변화시킨 인물로 묘사한다.

249 Mangalwadi and Mangalwadi, 윌리엄 캐리와 성경의 문명개혁 능력 : 대로우 밀러의 연구 과제 포함, 132.

250 George Smith는 1818년 126개 학교에 10,000여 명의 학생이 있었으며, 7,000명 정도가 세람포르 주변에서 왔다고 기록하고 있다. George Smith, *The Life of William Carey, D.D.: Shoemaker and Missionary* (London: Cambridge University Press, 2011), 378.

251 Ibid., 384, 385. 37명 가운데 19명이 현지 기독교인들이었고 힌두교인이 17명이었다. 캐리는 이들이 하나님의 교회를 위해 중요한 일꾼들이 될 수 있기를 위해 기도했다.

252 Moon, 138, 139.

253 캐리는 1821년 6월 4일 여동생에게 편지를 쓰면서 지난 5월 30일 사랑하는 아내가 소천했다는 슬픈 소식을 전했다. 같은 편지에 덴마크 왕이 금메달과 함께 친서를 보내왔다고 기록했다. 캐리는 덴마크 왕실의 특별한 관심을 받았다. Eustace Carey, *Memoir of William Carey* (London: Gould, Kendall and Lincoln, 1836), 545.

254 Pierson, 434.

3장

1 맥가브란은 교회개척 운동을 통하여 인간집단 개종을 경험했다. 맥가브란의 인간집단운동에 관하여는 다음을 참조하라. Middleton, 65-130.

2 McGavran, 485.

3 Ibid., 486.

4 Ibid., 487.

5 Donald A. McGavran, 하나님의 선교전략 *(the Bridges of God : A Study in the Strategy of Missions)*, trans., 이광순 (서울: 한국장로교출판사, 1993), 19.

6 Ibid., 26.

7 McGavran, 337.

8 Ibid., 128.

9 Charles H. Kraft, 기독교와 문화, trans., 임윤택, 김석환, Christianity in Culture : A Study in Dynamic Biblical Theologizing in Cross-Cultural Perspective. Rev. 25th Anniversary Ed (서울: 기독교문서선교회, 2006), 580.

10 Pierson, 587.

11 McGavran, 61.

12 McGavran, 69.

13 Ibid., 347.

14 Ibid., 348.

15 Ibid., 366.

16 Ibid., 488.

17 Ibid., 498.

18 Ibid., 505.

19 Donald Anderson McGavran, *Understanding Church Growth* (Grand Rapids, MI: Wm. B. Eerdmans Publishing, 1990), 23, 24.

20 Ibid., 24.

21 Pierson, 555.

22 McGavran, 교회성장 이해, 84.

23 Kim, viii. Sebastian Kim은 공공신학 작업이 라투렛(Kenneth Latourettee)이 《기독교 확장사》를 기술하면서 관심을 가졌던 세 가지 주제들(기독교의 지리적 확장, 새로운 기독교 운동과 교단, 인

류 문명사에 대한 기독교의 공헌) 가운데 기독교의 인류 문명사적 공헌 부분이 충분히 서술되지 않았음을 지적한다. 그는 공공신학 작업이 기독교 문명운동사의 중요한 주제가 될 수 있음을 천명한다. Ibid., viii-xi.

24 McGavran, 교회성장 이해, 85.

25 Ibid., 508.

26 Ibid., 521.

27 Ibid., 520.

28 Ibid., 293.

29 Ibid., 288, 289.

30 Ibid., 294.

31 Ibid., 295.

32 Ibid., 292.

33 Ibid., 312.

34 Ibid., 297.

35 Ibid., 439.

36 Ibid., 434.

37 Pierson, 153.

38 Ibid., 225.

39 Ralph D. Winter, 랄프 윈터의 비서구 선교운동사 *(the Twenty-Five Unbelievable Years, 1945 to 1969)*, trans., 임윤택 (고양, 경기도: 예수전도단, 2012), 81-84.

40 Pierson, 657.

41 McGavran, 교회성장 이해, 622.

42 Ibid., 590.

43 Ibid., 81.

44 임윤택, 16.

45 Ladd, 198.

46 임윤택, 69.

47 Ladd, 198.

48 Im, "Toward a Theological Synthesis of Missionary Discipleship: Foundations for a Korean Missiological Paradigm", 143.

49 임윤택, 126.

50 Ibid., 352.

51 Ibid., 353.

52 Ibid., 351.

53 Im, "Toward a Theological Synthesis of Missionary Discipleship: Foundations for a Korean Missiological Paradigm", 147.

54 윈터의 두 조직체 이론은 윌리엄 캐리의 〈이교도 개종을 위한 방법들을 사용해야 하는 기독교인의 의무에 관한 연구〉를 역사적 관점으로 확대한 것이다. 다음을 참고하라. Carey, 77-87. "This society must consist of persons whose hearts are in the work, men of serious religion, and possessing a spirit of perseverance; there must be a determination not to admit any person who is not of this description, or to retain him longer than he answers to it." Ibid., 83.

55 Winter, 랄프 윈터의 비서구 선교운동사 *(the Twenty-Five Unbelievable Years, 1945 to 1969)*, 247.

56 Pierson, 7.

57 Ibid., 17.

58 Ibid., 77.

59 Winter, 랄프 윈터의 비서구 선교운동사 *(the Twenty-Five Unbelievable Years, 1945 to 1969)*, 261.

60 Pierson, 87.

61 Winter, 랄프 윈터의 비서구 선교운동사 *(the Twenty-Five Unbelievable Years, 1945 to 1969)*, 282.

62 Ibid., 283.

63 Ibid., 274.

64 임윤택, 108.

65 Ibid., 328.

66 Ibid., 69, 70.

67 William Barclay, (윌리엄 바클레이의) 팔복 주기도문 해설, trans., 문동학 and 이규민, The Beatitudes and the Lord's Prayer for Everyman (고

양: 크리스챤다이제스트, 1987), 194.

68 임윤택, 109-110.

69 Barclay, 207.

70 Ladd, 198.

71 Ibid., 201.

72 엡 2:1,5-7.

73 임윤택, 70.

74 Ladd, 207.

75 Kaiser Jr., 59.

76 Pierson, 225.

77 이철, "1907 평양대부흥운동의 발흥과 쇠퇴 원인에 대한 종교사회학적 연구," 현상과 인식 32, no. 1·2 (2008): 109-112.

78 Kaiser, 44.

79 Ibid., 46.

80 Ibid., 47.

81 Ibid., 48.

82 Ibid., 49.

83 Kraft, 572. Alan Richard Tippet, *Introduction to Missiology* (Pasadena, CA: William Carey Library, 1987), 138, 139.

84 R. Daniel Shaw and Charles Edward van Engen, 기독교 복음전달론 (*Communicating God's Word in a Complex World : God's Truth or Hocus Pocus?*), trans., 이대헌 (서울: CLC, 2007), 245.

85 Paul G. Hiebert, 21세기 선교와 세계관의 변화 (*Transforming Worldviews : An Anthropological Understanding of How People Change*), trans., 홍병룡 (서울: 복있는사람, 2010), 499.

86 바네트는 문화변혁의 특성에 관한 변혁이론을 기술한다. 문화변혁이 일어나는 배경, 역사, 그리고 문화변혁에 대한 반응에 대해 설명한다. 문화변혁에 작용하는 사회심리학적 그리고 타문화적 역학에 대해 기술한다. Homer Garner Barnett, *Innovation: The Basis of Cultural Change* (New York: McGraw-Hill Book Co, 1953), 29.

87 Shaw and Engen, 246.

88 Ibid., 258.

89 Kraft, 549.

90 Ibid., 563.

91 Ibid., 572.

92 Ibid., 573

93 Ibid., 572.

94 Ibid., 581.

95 Ibid., 583.

96 Ibid., 585.

97 Ibid., 565.

98 Ibid.

99 Ibid., 586.

100 Ibid., 587.

101 Ibid., 587, 588.

102 Ibid., 588.

103 Ibid., 595.

104 Ibid., 596.

105 Ibid., 575.

106 Ibid., 577.

107 Ibid., 579.

108 Ibid., 602.

109 Ibid., 603.

110 Ibid., 604.

111 Ibid.

112 Ibid., 605.

113 Ibid., 606.

114 Ibid., 607.

115 Ayers, 18.

116 행 1:3.

117 행 1:4-5,8.

118 Pierson, 56.

119 Ibid., 168.

120 Ibid., 65.

121 Ibid., 60.

122 Ibid., 64.

123 Ibid., 67.

124 Ibid., 56.

125 Ibid., 65.

126 Ibid., 240.

127 Ibid., 57.

128 Ibid., 66.

129 Ibid., 498.

130 Ibid., 483.

131 Ibid., 67.

132 Moon, 140.

133 창 12:1-3.

134 출 19:5,6.

135 롬 15:25-27.

136 행 1:8; 눅 24:47.

137 Pierson, 59.

138 행 18:24-28.

139 McGavran, 47.

140 Pierson, 101.

141 Ibid., 113.

142 Cunningham and Rogers, *The Book That Transforms Nations: The Power of the Bible to Change Any Country.* 커닝햄은 사회를 변혁시킨 성경의 능력을 증언한다.

143 Mangalwadi and Mangalwadi, 윌리엄 캐리와 성경의 문명개혁 능력 : 대로우 밀러의 연구 과제 포함 ; Vishal Mangalwadi, *The Book That Made Your World : How the Bible Created the Soul of Western Civilization* (Nashville, Tenn.: Thomas Nelson, 2011).

144 행 2:41.

145 행 2:47.

146 행 2:42.

147 행 6:7.

148 행 9:31.

149 행 12:24.

150 행 13:49.

151 행 16:5.

152 Pierson, 38.

153 Ibid., 18, 19.

154 행 18:24.

155 행 17:6.

156 롬 15:22-29.

157 행 28:30,31.

158 Gaylen J. Byker, "Academia Coram Deo," *Pro Rege* 40, no. 4 (2012): 1-6.

159 두 사람 모두 변화를 주어야 할 영역을 7개로 구분했다. 로렌 커닝햄은 이를 'Seven Mind Molders' 라고 부르고, 빌 브라이트는 'Seven Mountains'라고 불렀다.

160 마 28:18-20.

161 Darrow L. Miller, 생각은 결과를 낳는다 : 개발과 풍요에 관한 세계관, trans., 윤명석, Discipling Nations : The Power of Truth to Transform Cultures (서울: 예수전도단, 1999), 140-141.

162 Mangalwadi and Mangalwadi, *William Carey : A Tribute by an Indian Woman*, 68.

163 Pierson, 139.

164 사 54:2-3.

4장

1 사 49:6.

2 홍성건, 7.

3 Ibid., 8.

4 Cahill, 145-196.

5 히 1:3.

6 여호수아서는 여호수아가 이스라엘 백성을 이끌고 요단강을 건너 하나님께서 허락하신 가나안

땅을 정복해 가는 과정과 이스라엘 열두 지파에게 땅을 분배하는 과정을 설명한다. 또한 약속을 지키는 신실하신 하나님을 소개한다. 홍성건, 47.

7　수 1:8 개역한글.

8　딤전 4:13.

9　딤후 3:14.

10　딤후 3:15-17.

11　요 4:28,29.

12　요 4:40-42.

13　신 6:4-5.

14　신 6:6-9.

15　신 6:1-3.

16　신 6:6.

17　잠 4:23.

18　약 1:21.

19　엡 3:16.

20　신 6:7.

21　신 6:2,6,7.

22　행 20:20.

23　수 24:14,15.

24　신 6:2.

25　신 6:5.

26　전 4:9-12.

27　홍성건.

28　김미진, 왕의 재정 (서울: 규장, 2014), 19.

29　홍성건, "감수의 글," in 왕의 재정 (서울: 규장, 2014), 6.

30　눅 16:10-12.

31　홍성건, 8.

32　눅 19:21.

33　요 12:24.

34　홍성건, 9.

35　Ibid., 10.

36　김미진, 9-12.

37　눅 5:4,5.

38　왕상 17:2-7.

39　롬 6:16.

40　김미진, 12-15.

41　고후 9:8.

42　고후 9:10.

43　김미진, 15-17.

44　마 6:22,23.

45　겔 16:49,50 쉬운성경.

46　겔 16:50.

47　Stanley Tam, 하나님이 나의 사업을 소유하시다, trans., 이항수 (서울 : 기성출판사, 2001).

48　이종수 and 유병선, 보노보 은행 : 착한 시장을 만드는 '사회적 금융' 이야기(서울 : 부키, 2013), 24-26.

49　Ibid.

50　Laurie Beth Jones, 최고경영자 예수, trans., 김홍섭, 송경근, Jesus Ceo : Using Ancient Wisdom for Visionary Leadership (서울: 한언, 2005), 11.

51　요 17:4.

52　창 1:26-28.

53　엡 2:10.

54　시 139:13-14.

55　시 8:5,6.

56　시 8:3, 4.

57　요 1:6.

58　마 28:18-20.

59　막 1:35.

60　눅 5:15,16.

61　계 5:5,6.

62　마 10:16.

63　삼상 30:6.

64　삼상 30:7,8.

65 시 78:72.

66 Corrie Ten Boom, 주님 위해 걷는 사람, trans., 옮김 권명달, Tramp for the Lord (서울: 보이스사, 1976).

67 Gene Edwards, 세 왕 이야기 : 깨어진 마음으로의 순례, trans., 허령, (a) Tale of Three Kings : A Study of Brokenness (서울 : 예수전도단, 2001).

68 삼상 24, 26장

69 고후 10:8.

70 고후 10:13.

71 유 6절

72 민 12:3.

73 Lyle E. Schaller, *The Change Agent: The Strategy of Innovative Leadership* (Nashville, TN: Abingdon Press, 1972). 샬러는 리더십 전략으로 Change Agent를 소개한다. 나는 마태복음 28장에서 '민족을 제자 삼는 자'라는 의미와 문화변혁을 일으키는 티펫과 크래프트의 '주창자 개념을 포함한 Change Agent'가 갖는 의미를 포함하여 NCMN의 Change Agent 개념을 정의한다. 다음을 참조하라. Tippet, 146, 147. Kraft, 572-601.

74 Van Engen, 하나님의 선교적 교회 : 지역교회의 존재목적을 성취하는, 68.

75 Ibid., 68-69.

76 홍성건.

77 행 2:17.

78 신 6:1,2.

79 삿 2:7-10.

80 David Wells, "기도: 현상에 대한 반역," in 퍼스펙티브스 I(고양: 예수전도단, 2010), 213.

81 Ibid., 215.

82 수 17:8-14.

83 Robb, 247.

84 Wells, 216.

85 커닝햄은 주장한다. 여성들을 사역에 참여시키면 놀라운 변화가 일어난다. 선교적 대사명에 순종하는 수 천의 사역자들을 동원할 수 있게 된다. 참으로 하나된 리더십과 종의 리더십을 경험하게 된다. 성령 안에서 함께 사역할 수 있게 된다. 그리스도의 몸을 잘 분별하게 되고, 보다 건실한 그리스도의 몸으로 사역할 수 있게 된다. Cunningham and Hamilton, 237.

86 신 32:30.

87 전 4:9.

88 전 4:12.

89 존 체임버스. http://biz.chosun.com/site/data/html_dir/2014/12/19/2014121901767.html. 2015.2.10일접속

결론

1 임윤택, 226.

2 Ibid., 343-349.

3 Pierson, 15-20.

4 피어슨은 '교회'를 '하나님의 백성'으로 정의한다. 즉 하나님의 백성인 소달리티와 모달리티 모두를 '교회'로 본다.

기독교 문명개혁운동: 세상을 변화시키는 지도력

초판 1쇄 발행   2017년 4월 17일
초판 5쇄 발행   2019년 12월 13일

지은이   홍성건

펴낸이   여진구
책임편집   김아진
편집   이영주 김윤향 최현수 안수경
디자인   마영애 노지현 조아라 조은혜   해외저작권   기은혜
기획·홍보   김영하   마케팅지원   최영배 정나영
마케팅   김상순 강성민 허병용   제작   조영석 정도봉   경영지원   김혜경 김경희

이슬비전도학교   최경식   303비전성경암송학교   박정숙
303비전장학회 & 303비전꿈나무장학회   여운학

펴낸곳   규장

주소 06770 서울시 서초구 매헌로 16길 20(양재2동) 규장선교센터
전화 02)578-0003   팩스 02)578-7332
이메일 kyujang0691@gmail.com   홈페이지 www.kyujang.com
페이스북 facebook.com/kyujangbook   인스타그램 instagram.com/kyujang_com
카카오스토리 story.kakao.com/kyujangbook
등록일 1978.8.14. 제1-22

ⓒ 저자와의 협약 아래 인지는 생략되었습니다.
이 출판물은 저작권법에 의해 보호를 받는 저작물이므로 무단 전재와 무단 복제를 할 수 없습니다.

책값   뒤표지에 있습니다.
ISBN 978-89-6097-497-5 03230

이 도서의 국립중앙도서관 출판시도서목록(CIP)은 서지정보유통지원시스템 홈페이지(http://seoji.nl.go.kr)와
국가자료종합목록구축시스템(http://www.nl.go.kr/kolisnet)에서 이용하실 수 있습니다.
(CIP제어번호 : CIP2017009074)

규 | 장 | 수 | 칙

1. 기도로 기획하고 기도로 제작한다.
2. 오직 그리스도의 성품을 사모하는 독자가 원하고 필요로 하는 책만을 출판한다.
3. 한 활자 한 문장에 온 정성을 쏟는다.
4. 성실과 정확을 생명으로 삼고 일한다.
5. 긍정적이며 적극적인 신앙과 신행일치에의 안내자의 사명을 다한다.
6. 충고와 조언을 항상 감사로 경청한다.
7. 지상목표는 문서선교에 있다.

> 하나님을 사랑하는 자 곧 그의 뜻대로 부르심을 입은 자들에게는 모든 것이 合力하여 善을 이루느니라(롬 8:28)

규장은 문서를 통해 복음전파와 신앙교육에 주력하는 국제적 출판사들의
협의체인 복음주의출판협회(E.C.P.A:Evangelical Christian Publishers
Association)의 출판정신에 동참하는 회원(Associate Member)입니다.